《清史论丛》编委会
（以姓氏笔画为序）

王戎笙　杨　珍　杨海英　李世愉
李华川　吴伯娅　陈祖武　张捷夫
林存阳　高　翔　郭松义　赫治清

主　编　李世愉

副主编　李华川　杨海英

清史论丛

中国社会科学院　编
历史研究所清史研究室

二〇一五年　第二辑

总第三十辑

社会科学文献出版社
SOCIAL SCIENCES ACADEMIC PRESS (CHINA)

卷首语

《清史论丛》创刊于1979年，由中国社会科学院历史研究所清史研究室主办，是国内清史学界历史最为悠久的学术刊物。在历任主编杨向奎、王戎笙、张捷夫等先生的主持下，我们走过了艰辛的历程，即使在学术著作出版困难的岁月里也从未放弃。其间，得到海内外学术界的支持和保护，得以基本保持每年出版一辑的速度，主要探讨清代政治、经济、社会、文化、思想、学术、中外关系等问题，努力展示历代学人潜心治学的成果，因而在海内外清史学界具有良好影响。不看作者出身，只重论文质量；同时注重培养青年人，一直是本刊坚守的两大原则。不少清史学者的代表作和成名作均在这里发表，他们用辛勤的汗水浇灌了这个园地。为了适应学术发展需要，本刊从2015年起改由社会科学文献出版社出版，一年两期，面向海内外一切清史研究者及爱好者，栏目有专题研究、学术争鸣、读史札记、书评综述等。文章千古事，得失寸心间。让我们一起走过岁月，沉潜沉醉，沙里拾金。

《清史论丛》编委会

目 录

专题研究

清代老药铺与八旗制度关系初探：
  关于新发现的几份同仁堂档案 ………………………… 定宜庄 / 3
《清实录》所载土司承袭事例初析 …………… 陈季君　李士祥 / 18
清代普洱茶与滇东南多民族社会 ………………………… 方　铁 / 74
明清之际浙江将领黄斌卿研究 …………………………… 卢正恒 / 90
蔡伯多禄事考 ……………………………………………… 吴伯娅 / 106
吴禄贞的社会交游与清末革命 …………………………… 王鹏辉 / 123
延续、更新与断裂：清代以来长沙官方祭祀的
  嬗变及特点 ……………………………………………… 庞　毅 / 150
民间信仰与明清地方社会
  ——以三山国王信仰为考察 ……………… 〔新加坡〕李秀萍 / 176

文献研究

清雍乾时期休宁黄氏《家用收支账》的文献价值 ……… 李　娜 / 195
京郊怀柔芦庄明清碑刻考察记 …………………………… 杨海英 / 205

史家与史评

追忆英雄：南明人物的传说、历史与塑造 ………… 沈茂华 / 227
清学演进余波中的王国维及其学术思想 ……… 王　豪　林存阳 / 249

学术争鸣

明清鼎革与华夷之辨 ………………………………… 李治亭 / 279
石塘隘战役考 ………………………………………… 徐瑞根 / 290

读史札记

明德王府末代王补证 ………………………………… 王　欣 / 303
天命五年所废大福晋再讨论
　——兼论满人早期的婚姻制度 …………………… 常虚怀 / 312

CONTENTS

Research Articles

The Relationship between Old Pharmacy Shops and the
 Eight Banners System in the Qing Dynasty: Newly
 Discovered Tongrentang Sources　　　　　*Ding Yizhuang* / 3

A Preliminary Analysis of Tusi Succession Cases Recorded in the
 Qing Veritable Record　　　　*Chen Jijun, Li Shixiang* / 18

Pu'er Tea and the Multi-ethnic Society in Southeastern Yunnan
 in the Qing Dynasty　　　　　　　　　　　*Fang Tie* / 74

Huang Binqing, a Zhejiang General during the
 Ming-Qing Transition　　　　　　　　*Lu Zhengheng* / 90

A Study of Cai Peter　　　　　　　　　　　*Wu Boya* / 106

Wu Luzhen's Social Activities and the Revolution of the
 Late Qing Dynasty　　　　　　　　　*Wang Penghui* / 123

Continuity, Renewal and Rupture: The Evolution and
 Characteristics of Changsha's Official Sacrifices from
 Qing Dynasty (1644 – 1927)　　　　　　　　*Pan Yi* / 150

A Study of Folk Belief in Ming-Qing Societies: the Case of the
 Worship of the Three-Mountain Kings　　　*Li Xiuping* / 176

Sources and Archives

The Significance of the "Household Income and Expenditure
  Accounts" of the Xiuning Huang Family during the
  Qing Yongzheng and Qianlong Periods　　　　　　Li Na / 195

Ming-Qing Stele Inscriptions at Luzhuang, Huairou in
  Beijing Suburbs　　　　　　　　　　　　Yang Haiying / 205

Historiography

Remembering the Heroes: the Legends, History and Image-
  making of Southern Ming Figures (1644 – 1662)　Shen Maohua / 227

Wang Guowei and His Scholarship: Repercussions of the
  Qing Learning　　　　　　　　Wang Hao, Lin Cunyang / 249

Scholastic Debates

The Dynastic Change from Ming to Qing and the
  Distinction between Hua and Yi　　　　　　Li Zhiting / 279

Reconstructing the Battle of Shitang'ai　　　　Xu Ruigen / 290

Research Notes

New Research on the Last Prince of De of the
  Ming Dynasty　　　　　　　　　　　　　　Wang Xin / 303

Revisiting the Abdication of the Imperial Wife by Nurhaci in 1620:
  A Review of Early Manchu Marriage System　Chang Xuhuai / 312

专题研究

清代老药铺与八旗制度关系初探：
关于新发现的几份同仁堂档案

定宜庄

摘　要：本文从新发现的三件有关同仁堂的档案入手，从一个以往未曾为人注意的角度，讨论清代满洲亲贵和八旗官员通过"生息银两"制度，对民间商业施加影响和干预，以致造成商业萧条衰落后果的过程，为我们揭示了清代官商结合的一幅别样的图景。而同仁堂的兴衰，也为"生息银两"制度的建立和收撤提供了一个具体生动的实证，这是以往对同仁堂历史的研究中迄未有人注意，却是令人倍感兴趣的问题。

关键词：同仁堂　万全堂　生息银两　清代官商结合

　　同仁堂中药铺是北京久负盛名的老药铺。如今不仅在北京，而且在全世界有华人的地方，"同仁堂"的招牌触目皆是。它宣传的"炮制虽繁必不敢省人工，品味虽贵必不敢减物力"的制药法规，也已到了家喻户晓的程度。

　　同仁堂在京城的老药铺中并非历史最悠久的一个，与它有着千丝万缕联系的鹤年堂就开业于明代，延续时间比它更为长久，买卖也颇为兴隆，而同仁堂之所以能在京城当时的百余家中药铺中一枝独秀、脱颖而出，如今被广为宣传的说法，是与它自清雍正元年（1723）起就供奉御药房用药、成为承办官药的"皇差"直接相关。

　　此说的根据，是乐松生在《北京同仁堂的回顾与展望》一文中所引乾隆十八年（1753）乐礼之妻乐张氏的呈文："身夫乐礼，原承先业开设同仁堂药铺，承办官药有年，缘身夫在日所欠官项债负颇多，以致铺务难支，具呈告退官药，蒙皇恩准著都院出示招商，并无承办之人……上年四月间忽被天灾，铺中尽毁，长子继亡，将家产入官归偿资生库。一门孤寡

（尚有幼子以中）坐守待毙。复蒙天恩垂怜，将所焚铺基并堆房残货，仍赏身养活孤孀，复令提督府出示招商接办……官药客账私债准着十年后带销。"① 此后有关同仁堂在清代的历史叙述，大多沿袭此说。至于此呈文究竟出于何处，准确性如何，则无其他史料可作佐证。

不久前，中国社会科学院近代史所张建博士在中国第一历史档案馆查阅档案时，无意中发现乾隆十八年（1753）与同仁堂有关的档案史料3种，两种为汉文，一种为满文。得知我在做同仁堂的研究，遂慷慨将史料惠赠于我。披阅之下，我感到不仅可与乐礼之妻张氏的呈文互作比勘，更有诸多信息，足以弥补以往修同仁堂史中的空白，弥足珍贵，在此先向张建先生表达我的感谢。

这三份档案的发现纯属偶然，因为它们都藏身于主要由满文形成的，也主要是需要研究军事、边疆、族群等相关问题时才会查阅的档案中间。它们是：

《乾隆十八年五月初二日怡亲王等将乐礼所租房屋□间抵还滋生银两由》，藏于《军机处满文录副奏折》（在下文中简称怡亲王奏折）中，虽然是汉文，却被夹存在满文档案内，而且没有与之对应的满文奏折。

《乾隆十八年五月初二日管理都统事务弘昼具奏，为乐礼取租房屋抵还滋生银两由》，藏在《内务府奏案》②中，系汉文（在下文中简称弘昼奏折）。

《乾隆十八年五月初三日弘昼为请旨事》，则藏于《军机处满文月折档簿》，索性全系满文（在下文中简称满文奏折）。

即使专门要研究同仁堂历史，而且为此而专门去查阅档案史料，一般也不会想到去这几种档案中检索。这本身就非常有意义，不仅因为它揭示了清代同仁堂这样的药铺乃至商铺与八旗制度之间存在的某种关系，同时，它也提示给我们查阅档案的另一个方向，或者说另一种可能。

一 对同仁堂史实的几点补充与纠正

三份乾隆十八年的档案，所述都围绕着同一个事件，即开设同仁堂药

---

① 该文载《北京同仁堂史》，人民日报出版社，1993，第148~149页。
② 《弘昼奏折》载在《内务府奏案》财政类·货币金融项第592号卷第4号。

清代老药铺与八旗制度关系初探：关于新发现的几份同仁堂档案

铺的乐礼因拖欠官银，不得不将家产变价入官以抵欠项，药铺则由官府另行招商办理。与乐松生所引乐礼之妻张氏的呈文所述时间、事件内容相合，可证张氏呈文的可靠性。但由于几份档案毕竟出自官方，记载的立场、角度以及透露出的信息，却比张氏呈文更为具体详细。

为下面叙述方便起见，本文先将同仁堂后裔提供的乐氏家谱的谱系列举如下：①

乐良才—乐廷松——乐怀育—
　　　　　　　　　　乐显扬生子四——乐凤翔
　　　　　　　　　　　　　　　　　乐凤仪——乐至善——乐毓麟
　　　　　　　　　　　　　　　　　　　　　　　　　　乐毓秀
　　　　　　　　　　　　　　　　　乐凤鸣（同仁堂）——乐书
　　　　　　　　　　　　　　　　　　　　　　　　　　乐礼——乐以正
　　　　　　　　　　　　　　　　　乐凤歧

据乐松生在《北京同仁堂的回顾与展望》一文中的叙述，乐姓原籍是浙江省宁波府慈水镇，明永乐年间移居北京，原以串铃走方行医为业，这就是被乐氏奉为始迁祖的乐良才。到四世祖乐显扬（号尊育）时，当了太医院吏目（至于所谓的后来诰封登仕郎，赠中宪大夫，很可能是貤赠了）。这是乐家与宫廷扯上关系的开始。乐显扬生四子，叙述至此，有几点值得注意：

第一，"同仁堂"出现的时间：据乐松生所述，是乐显扬第三子乐凤鸣（号梧冈）因乡试落第，继承先人遗志，开设了同仁堂药室。同仁堂建立的时间，公认是在康熙八年（1669），根据是北京同仁堂乐家老铺过去所挂老匾的落款。

第二，乐家开设了另一家药铺，叫万全堂：在开设同仁堂药铺的同时，或者更早些，次子还在北京崇文门外开设了万全堂药铺。这是现在崇文门外的万全堂药铺也称为乐家老铺的原因。

万全堂与同仁堂都由乐家人开设，二者有很深的渊源关系，所以都称

---

① 此谱据边东子《国宝同仁堂——同仁堂340年记》，人民出版社，2010，第51页。此书虽然并非真正意义上的学术著作，所记史实亦均未标明出处，但却是在同仁堂集团公司的支持和协助下写成的，所提供的家谱和史料，应该具有一定的可靠性。在此特向赠我此书的边先生致谢。

为乐家老铺，凡涉及同仁堂史的研究者均如是说，这并无疑义。除了乐松生之外，20世纪80年代，中国社会科学院历史所刘永成和赫治清二位先生曾在整理万全堂档案资料的基础上①撰写《万全堂的由来与发展》②一文。这些万全堂资料是著名历史学家邓拓搜求的，包括了乾隆朝合同、议约等七件，嘉庆朝卖约、典字等五件，光绪朝售房字据一件，解放后调查所得《万全堂国药店叙述资料》一件，共十四件，都很有价值，可知对于乐家药铺早期历史，万全堂的资料要比同仁堂的更为丰富。但这些资料并未准确提供两个药铺的设立者之间存在的关系，也未提及万全堂具体的创办时间，刘、赫二位教授认为万全堂的创办时间与同仁堂相去不远，约在康熙四十年（1701）左右，仅仅是推断而已。

新发现的三份档案，则为同仁堂与万全堂的关系提供了具体明确的说明：

乐礼（从家谱看，是乐凤鸣次子，也是前述张氏之夫）拖欠官银一事，也牵连到乐家的另一支，即乐显扬的次子（乐凤鸣之兄）乐凤仪之孙乐毓麟，而据档案，乐毓麟此时正是经营万全堂的商人。他在向官府辩解时称：

> 据称万全堂系我曾祖顺治年间开设，同仁堂系我伯祖乐凤鸣康熙年间开设。我们虽系一家，祖父即分居另爨，已有多年。乾隆三年我堂叔乐礼借资生银两后，我父闻知，亦借资生银两一万两，俱系一分五厘起息。乾隆十二年间同仁堂减了五厘利息，并未减我们万全堂利银，随在王爷前递呈数次，并未援准……③

这里说得十分明白，它与以往陈说的不同之处有四：

第一，乐家最早开设药铺的，的确是四世祖乐显扬，但他开设的药铺不是同仁堂，而是万全堂。

第二，万全堂开设的时间是顺治朝，与上述刘、赫二位先生推断的康

---

① 《崇文门外万全堂药铺资料辑录》，第158页。
② 载《中国社会经济史研究》1983年第1期，第1~15页。
③ 乾隆十八年五月二十三日和硕庄亲王等，为查审员外郎平安等分赔同仁堂银两事。

熙四十年并不相符，而与乐松生模糊地说"清初"差似。至于说同仁堂设立于康熙年间，可证乐家老铺悬挂的老匾所记的康熙八年，是可靠的。据此以推，乐凤鸣设立同仁堂的时间要晚于万全堂至少十年，这中间很可能有一些缘故。

第三，万全堂的继承者是他的次子，亦即乐毓麟的祖父乐凤仪，而不是三子乐显扬。按照当时的习俗推断，次子乐凤仪应该算是继承家业的正宗支派，而且一传再传直到乐毓麟，已经是第四代。所以，所谓"万全堂的创始人就是同仁堂的创始人乐家——康熙四十年前后，世代为医的乐家两兄弟乐凤鸣和乐凤仪前后脚分别创立了万全堂和同仁堂"一说，有可能是因史实缺载，也不能排除是当时人故意的混淆视听，目的是为同仁堂争正统。这使我们更相信兄弟二人间曾有问题发生。

第四条更肯定了我们的猜测，那就是乐毓麟明确声称在他祖父（乐凤仪一代）的时候，乐凤仪与他的弟弟乐凤鸣就已经"分居另爨"。推算起来，兄弟分家与同仁堂的设立，应该大约与此同时。从乐毓麟声称乐礼借资生银两之后，乐毓麟之父（即乐至善）闻知，亦借资生银两，后来同仁堂被减五厘利息而万全堂却未减，导致乐至善"在王爷前递呈数次"的情况看，二者间存在的不像是一家人的互帮互利，而更像是竞争关系，至少并不融洽。

总之，档案中的这段文字虽然不多，但所提供的信息却至关重要。它澄清了同仁堂早期历史中始终模糊不清的几个关键问题。我们不妨做一个大胆臆测，那就是乐显扬创立万全堂之后，将它传给了次子乐凤鸣，三子乐凤仪因此而与其兄"分居另爨"，另起炉灶，再建一家药铺，即同仁堂。这种做法，其实在同仁堂后来历史中不乏其例：乐家第十代乐平泉东山再起之后，子孙分成四大房，每一房都有自己开的药铺，只是都统称"乐家老铺"而已。此事也可反过来说，那就是，后来四大房的做法，其实早有同仁堂从万全堂分出的先例。

由此亦可知，所谓同仁堂才是正支，而且是从乐显扬一脉相承而来，很可能是乐平泉"中兴"之后的附会，毕竟后来的万全堂一蹶不振，不足挂齿。但同仁堂的历史并不是像人们通常描述和想象的那样，是从一条单线传袭下来的，这正是人们谈论同仁堂时常常陷入的误区，治史者须特别留意才是。

二 与八旗的关系：生息银两

对于乐家药铺为宫廷"供奉御药"之事，同仁堂官方的历史这样讲述：

雍正年间，同仁堂充任了为宫廷供奉御药的差使，起初的方式是先采购后报销，即先要按宫廷的需要，自筹资金来采购名贵药材，制成丸散膏丹之后上交御药房验收，然后结账领款，这个过程需要的周期很长，而官药限价很死，外面药材价格又不断上涨，日久便导致同仁堂资金周转不灵，直至负债累累的结果。后经过乐礼上书和硕亲王弘昼，被准许改为先预支后结账。但还是难以为继，乐礼遂于乾隆七年（1742）上书请求停办官差，告退官药，得到乾隆帝的批准，并责令官府招商接办。由于官差无人敢接，朝廷遂转而再扶持乐礼将官差继续办下去，并预领官银三千两；同时还派官员坐镇同仁堂，不许债主逼债，从而使同仁堂渡过了危机。[①]

虽然该书没有列举史料出处，但与我们新发现的三份档案对照来看，所述事实大致不差。当然，承办官差的并非只有同仁堂一家，同时也有万全堂。所以我们下文中不用"同仁堂"，而以"乐家"或"乐家药铺"代之。

细究起来，这段陈述中有两点值得关注，其一，乐家在乾隆朝以后的"供奉御药"，采取的都是先预支银两，待药制好交付御药房之后再结账的方式，这期间是如何运作的？其二，乾隆朝时，由于同仁堂难以为继，朝廷曾"派官员坐镇同仁堂，不许债主逼债，从而使同仁堂渡过了危机"，这些官员来自哪个机构？同仁堂如果是从官府借取银两的话，所谓债主又来自何处？

这三份档案，恰好回答了这两个关键问题。

1. 何谓"生息银两"制度

《国宝同仁堂》等书中提到乐家领取官银的问题时，说所预领的官银为三千两，这其实是指档案所记的"药味银三千两"，这只是乐家药铺向官府支取的银两中的一笔，而且是数额较小的一笔。以往谈到乐家药铺与官府关系时，提到的只有这一笔，其实是把更重要的一笔账目忽略掉了。

---

① 边东子：《国宝同仁堂》第二章《供奉御药同仁堂》。

清代老药铺与八旗制度关系初探：关于新发现的几份同仁堂档案

更重要的一笔账目，是档案中清楚讲明的："乾隆三年六月内大兴县民、候选州同乐礼指伊名下开设同仁堂药铺借到臣旗惠济兵丁滋生银三万两。"与此同时，掌管万全堂的乐至善也借了资生银两一万两，俱系一分五厘起息。②

仅就同仁堂来说，他们向官府所借的，就是相当于药味银十倍的巨额借款：三万两。这正是本文中要提出来特别关注和分析的问题。

尽管预领银两的数量之多少已经很值得细察，但更关键的问题，是这笔预领款的性质。具体地说，他们所领究系何种官银，又是从哪里领取的？以往的叙述对此基本上都语焉不详，唯新发现的这三份档案讲得清楚，那就是"臣旗惠济兵丁滋生银三万两"，所谓"臣旗"，臣指雍正帝第五子、乾隆帝的兄弟、和亲王弘昼。旗，指八旗制度中的镶黄旗（与档案中所记厢黄旗同义）。弘昼于乾隆五年二月授镶黄旗满洲都统。乐礼所预领官银，这里也讲得明确，就是镶黄旗的滋生银两。

短短一句话，背后隐藏的是清代一项重要制度，那就是滋生银两制度。

滋生银两，又称"生息银两"，是清廷特地为八旗制定的一项制度。具体地说，就是由官府将巨额官款拨给八旗和内务府，让管理八旗的官员们运营取息，再将所得利息大规模用于八旗和内务府三旗官兵福利的举措。

雍正元年（1723）奉旨：发内库银九十万两生息，所得利银赏给八旗并内府三旗官员兵丁，以济婚丧之用。

又议定：

> 此项银按一分生息，所得息银，八旗满洲、蒙古，每旗每月预领银一千两，备婚丧恩赏之用。用过数目，于次月咨府，再按用过之数补给。内府三旗官兵优恤银由内库存储，官员及尚茶、尚膳人员，护军、领催等，遇喜事赏银十两，丧事二十两；骁骑喜事六两，丧事十二两；步军喜事四两，丧事八两。八旗并内府三放，各将所用银数，

---

① 《乾隆十八年五月初二日弘昼奏折》。
② 《乾隆十八年五月初二日怡亲王奏折》。

于岁终具奏，银库汇总核销。①

这一做法在最初建立时不仅惠及了京师和各驻防八旗，还为清代皇室提供了重要的财源，对清朝统治起到过重要的作用。对于这项制度，已有学者做过具体深入的研究，②只是乐家药铺作为一个民人开设的药铺，没有人会想到与这项专为八旗而设的制度联系起来。

2. 乾隆朝对"生息银两"制度的两项整顿措施

生息银两制度自康熙朝开始实施，到乾隆初期，诸多弊端已经显现，导致乾隆帝采取一些具体的整顿措施。其中一项，就是将内务府及各旗的"生息银两"本金分别交由各省督抚及分管各旗的亲王承办，具体做法是，各省督抚及亲王等领出辖属省旗的"生息本银"，负责其全部管理及运营，将生息银两的本金以贷放名义拨交给商人，责成他们按期按规定利率缴纳利息银两，这称为"交商生息"。这是负责对"生息银两"进行运作的亲王大臣最乐于采取的方式。

早在雍正七年（1729），四川提督黄廷桂就曾奏陈，拟将本管一万四千两基金中的一万三千两，分借给十三名典当商，每月收息一分（1%），并拟定出详细的贷、还、出纳手续以及监督管理的办法，雍正朱批"办理甚属妥协"，即是一例。③对负责运作的王公大臣来说，这种做法的明显优点是当月计息，很快得利，而且本息稳靠。一般地说，商人们非万不得已，都不敢稽迟交利或卷逃公帑，不敢轻易触犯官威。何况官府对于贷借公帑的商人，也会在事先采取各种防范措施。所以事实上，从商业经营的角度，大多数商家铺户都并不是真心诚意地乐于接受这种贷款。只不过慑于官威，不得不借帑本营运而已。韦庆远先生还特别提到，在有些官商之间，是存在非常微妙的关系的，有些商人是基于本身营业上的经济上的利

---

① 光绪《大清会典事例》卷1213，《内务府》。
② 关于清代康雍乾三朝对"生息银两"的研究，参见韦庆远《清代康熙时期"生息银两"的初创和运用》，《中国社会经济史研究》1986年第3期；《清代雍正时期"生息银两"制度的整顿和政策演变——清代"生息银两"制度兴衰过程研究之二》，载《明清史辨析》，中国社会科学出版社，1989，第186~228页；《乾隆时期"生息银两"制度的衰败和"收撤"——对清代"生息银两"制度兴衰研究之三》，《中国社会经济史研究》1988年第3期。
③ 《宫中档雍正朝朱批奏折》第13辑，第707~709页。

益考虑，在权衡得失以后，在两害相权取其轻的状况中，才接受贷款并承诺缴利的。而一旦出现任何折损、亏空，最后承担责任乃至变卖家产抵债的，往往也是商人。

乾隆帝为什么要责成亲王分管"生息银两"，韦庆远教授做了如下分析：首先，是乾隆帝以为亲王位尊势隆，能够令行禁止，内务府和各旗官员不敢冒犯；其次，亲王们均拥厚资，未必还会觊觎这些小利，而且万一发生赔累，也不怕他们赔不起。所以，乾隆初年好几位亲王都接受了承办任务。由和亲王弘昼任都统的镶黄旗经管乐家药铺的"生息银两"，就正是典型的一例。在弘昼的奏折中，对于同仁堂从他手中预领银两之事有如下说明：

乾隆三年六月，由弘昼经手借给同仁堂乐礼的兵丁滋生银为三万两，利息一分五厘（这比朝廷规定的月息八厘到一分的利率高出了将近一倍），而且是由该旗按月收取。双方并且约定，自借银之后倘有本利拖欠，同仁堂一方将住房以及取租房间红契质当。

这就涉及乾隆帝整顿"生息银两"的又一项措施了，那就是："商家领取生息本银之后，必须按照规定的利率（月息八厘到一分）定期定额上缴利银，不问经营运转的情况，绝不允许拖欠，如逾限不交，将伊等家产变抵。"①

这里需讨论的，有两个具体问题。

第一，从上面的说明可以知道，官府（准确说是八旗）支借给乐家药铺的银两有两种，一种是现在同仁堂传记中多次提到的"药味银"，也就是在供奉御药时用来周转的银子，仅仅三千两。而高出于"药味银"十倍的是"生息银"。问题是，同仁堂这么巨额的"生息银"是做什么的？可能的解释，只能是除了供奉御药之外，还在民间经营药业或者其他。这提醒我们，供奉宫廷御药并不是乐家药铺唯一的营生。

第二，就是这笔银两利息的高低。按照档案所记，官方规定的利率是

---

① 《内务府奏销档》乾隆十三年六月，允禄等《为变通官当原议以利作本起息奏折》，转引自韦庆远《乾隆时期"生息银两"制度的衰败和"收撤"——对清代"生息银两"制度兴衰研究之三》，第12页。

月息八厘到一分，乐家药铺已经到月息一分五厘，超过朝廷规定的几乎一倍。① 赖惠敏教授在《乾隆皇帝的荷包》一书中用了不少篇幅，讨论内务府的当铺与生息银两。一般地说，利率的高低，与本金的数额多少有着直接的关系，如果本金数额较大，又要每年按月缴纳，就成为相当繁重的负担。同仁堂的"生息银"正是这样的例子。我们可以粗略地做一个计算：乾隆三年六月乐礼借银三万两，到乾隆十五年六月，也就是预借银两的整整十二年之后，同仁堂应该缴还给弘昼名下的利银，按月息一分五厘计算，即使忽略闰月（实际当然不可能忽略）不计，应缴利息就达54000两左右，几年之后应该就已经超过了本金，已经是该药铺无力承担的了。

事实也确实如此，据弘昼给朝廷的奏报，乾隆十二年（1747）同仁堂缴还给弘昼名下的利银，已达23897两4钱有零，但还拖欠15300两。万全堂的情况也差不多。

三 乾隆十八年之变

乾隆十八年（1753），乐家药铺因出现巨额亏空，拖欠官银，受到官府"将家产严查，变价赔还"的严厉惩处，该药铺也遭破产。出现这一变故究竟是什么原因，最后怎样处理的，这是几份档案的主题。

乾隆帝责成亲王分管"生息银两"，显然是打错了算盘。他高估了这些亲王的运营能力，却低估了他们图谋私财的手段，结果是不仅按期应交的利息银被一再拖欠，许多连本银的去向也成一团烂账。和亲王弘昼在同仁堂领银放息，结果就是这样。

三份档案中，有两份是因乐家药铺出现巨额亏空，和亲王弘昼上奏请罪的折子，这揭示了乐家药铺与亲王之间那种互为利害的关系②（由于满文一份与汉文内容一样，只是更简略些，这里只以汉文一份为例）。

弘昼的奏折，与另一份档案，即怡亲王所上奏折，所述事件是同一个，时间也是同一天，都是乾隆十八年五月初二日，内容却大相歧异，其中颇有深意。

---

① 赖惠敏教授在《乾隆皇帝的荷包》一书中用了不少篇幅，讨论内务府的当铺与生息银两（详见第三、四章）。并慷慨将她收集的史料惠赠于我，特此致谢。
② 韦庆远：《乾隆时期"生息银两"制度的衰败和"收撤"——对清代"生息银两"制度兴衰研究之三》，第11~12页。

先看《弘昼奏折》:

　　自乾隆三年六月内指同仁堂药铺支借银两后,臣旗按月收取,至十五年六月止,得过同仁堂利银二万三千八百九十七两四钱零,续于乾隆十五年七月内准宗人府王大臣、八旗王大臣遵旨议覆,旗员支借未完滋生银两,停止利息,本银展限十年陆续完交等因。经臣旗奏明,将乐礼名下未完本利银一万五千三百两照依旗员停利展限交本例,作为十年,于伊每年关领御药房药价银两内,按年分交,共归还过本利银三千四百四十二两五钱外,实未完本利银一万一千八百五十七两五钱。今本年四月十八日同仁堂药铺失火,将房间药料烧毁,不能供办药料,御药房奏明另行招商办理。今乐礼名下同仁堂药铺既行烧毁,复不能供办药料,其所欠银两无项可交,臣等请将乐礼现住房及堆药房间咨行工部照例变价,以抵乐礼欠项外,复查乐礼系大兴县民人,住居正阳门外,所有取租房间坐落五城各处,臣旗难以详查,理合请旨,将乐礼红契内所有取租房间,交与该县,会同臣三旗原办理滋生银两事务之大臣、章京等查明,另行妥议办具奏可也。

再看《怡亲王奏折》:

　　查乐礼原借厢黄旗资生银三万两,除交过本利外,尚欠本银一万一千五百五十七两五钱,利银三百两。自乾隆十五年七月起,至本年五月止,不应宽免,应照一分起息,追缴利银四千六百三十七两七钱二分五厘。又领办药味银三千两,统计共应还银一万九千四百九十五两二钱二分五厘,除将乐礼住房一所计一百六十余间,约估值银三千余两,即行变价,并将交过药味未领银七百四十余两抵补外,尚不敷银一万五千七百余两,应请着落平安等名下分赔,行令各该旗籍将伊等名下家产严查,变价赔还。

下面做一简要分析:
首先,应缴利息银的数字不一致。
按照弘昼的说法,在乾隆十五年(1750)六月以后,他是按照"旗员停利展限交本例",也就是停止利息并将本银展限十年,再按年分交的。但怡亲王奏折却声称,同仁堂所欠本利银并没能宽免,"应照一分起息,追缴利银四千六百三十七两七钱二分五厘。又领办药味银三千两,统计共应还银一万九千四百九十五两二钱二分五厘"。结果是,按照弘昼奏折,同仁堂拖欠应还银两是 11857 两 5 钱,而按照怡亲王奏折,则应是 19495 两 2 钱 2 分 5 厘,竟相差近 8000 两。如果除掉药味银 3000 两(弘昼只字未提这三千两)不计,仍相差 5000 两左右。相差之银,主要是利息。所以,乾隆十五年之后同仁堂还款时是否还要缴利息银,就成了疑问,尽管怡亲王折中所说的利息已经有所宽减,即从原来的一分五厘,降到了一分。虽然目前我们能够看到的仅仅这两份档案,很多相关情况无法一一了解,而仅从这两份档案来看,利息银何以相差如此之多,尚无法得到完满的解释,但弘昼对同仁堂应缴银两有所隐瞒袒护,甚至从中上下其手,都是有可能的。

其次,更值得留意,也更关键的,是两份档案对乾隆十八年同仁堂因拖欠官银导致房屋被没收、家产被籍没,该药铺被官方出面招商接办这一事实,其发生原因的解释。

弘昼的解释是这样的:

> 今本年四月十八日同仁堂药铺失火,将房间药料烧毁,不能供办药料,御药房奏明另行招商办理……今乐礼名下同仁堂药铺既行烧毁,复不能供办药料,其所欠银两无项可交……

这与乐松生文章的说法一致,也是凡讲同仁堂史,都沿用的说法,几成不替的事实。

但是怡亲王的说法却大为不同:

> 臣等遵旨查审革职员外郎平安等侵渔民人乐礼同仁堂药铺银两,以致拖欠资生官银无着一案。缘该员等派办药铺事务,并不实心经理,一味嗜利营私,凡一切私事费用,俱将药铺银钱任意花费,甚至入银折算,重利盘剥,以此办理不善,生理日衰,遂致所借资生官银转不能按期交纳,拖欠无着。今臣等严审之下,平安等各将侵渔情

节，供吐不讳。所有同仁堂药铺现今拖欠本利官银，自应着落各犯名下赔补……药铺生理原系乐姓世产，因官人兼办之后，生意衰微，以致拖欠官项，负债累累。

尤堪注意的是，这里只字未提同仁堂药铺失火一事，而是毫不隐讳地指出，同仁堂本是民人乐姓的世产，之所以走到拖欠官项、负债累累的地步，全是"官人兼办"的恶果。

我们宁可相信后者。因为所谓同仁堂失火，细究起来是很蹊跷的事。首先，根据怡亲王奏折称，乐礼应该"除将乐礼住房一所计一百六十余间，约估值银三千余两，即行变价"，此外"今现有堆贮药料房间，及零星山货杂料药味"，可见失火并未将这些房产和堆贮药料的库房尽行烧毁。即使曾有一部分确曾被火烧毁，也未曾伤了这家药铺的元气，甚至我们也可以推测，所谓被火，是有人故意的说辞，甚至是为毁账目，也未可知。

可见，由亲王大臣"兼办"亦即干预商铺的运营的恶政，才是导致同仁堂濒临绝境的主要原因。弘昼的奏折显然有避重就轻、逃脱罪责之嫌。

对于"生息银两"制度以及伴随而来的这种由官府直接干预商家运营的行径，早在乾隆之初，大臣舒赫德就有批评："贸易通融，乃商贾之事，非朝廷之体"，"夫于京城各省，商贾之外，官立买卖取息，以为赏赐之用，名为有益，实则收百姓之余财，聚兵丁之正饷，为辗转流通地耳。且以国家之王大臣理之，体制更安在哉！"总之，这种做法必然会导致商家与官方（具体说是八旗）势力的结合，而且，既然它是亲王贵胄插手经营，就不可能不受官场各种恶习的影响和渗透，这也是乾隆朝这种弊政最终被收撤的原因。

同仁堂乐家的家史和药铺的厂史都与弘昼口径一致，为这伙官员百般回护，也许是只能看到弘昼的辩解而无法得知真相，也许是为避祸而三缄其口，以致以讹传讹，掩盖了同仁堂遭遇祸难的根本原因。

最后，怡亲王对同仁堂药铺的处理方式，为同仁堂的破产原因，提供了更为有力的证据。他的做法是不仅命乐家将"住房一所计一百六十余间，约估值银三千余两，即行变价，并将交过药味未领银七百四十余两抵补"之外，又将"尚不敷银一万五千七百余两，应请着落平安等名下分赔，行令各该旗籍将伊等名下家产严查，变价赔还"。并且落实了这些派办药铺事务却只知嗜利营私的官员应该赔补的银两：

> 平安应赔银八千一百两
> 柏昌应赔银三千一百两
> 塞勒应赔银一千两
> 观音保应赔银八百五十两
> 四德应赔银一千两
> 舒文应赔银五百两
> 二格应赔银二百五十两

从姓名来看，这几位明显都是旗人，而从平安应赔银高达八千两来看，他所嗜利营私的数额，当不在此数之下。第二名柏昌的贪赃之数也颇可观。可知这帮旗官在乐家药铺的侵渔到了何种程度。

从这几份档案记述的内容来看，到乾隆初期，万全堂的发展和规模可能已经落在同仁堂后边，这从同仁堂可以预领到官银三万两，万全堂在力争之后才预领到一万两的情况，即可看出端倪。乾隆十八年，同仁堂遭逢变故，万全堂也未能幸免，受到官府清还本利的追查。我们在本文开始时即已提到，有关万全堂的史料，远比同仁堂的丰富得多，其中就有乾隆年间乐毓麟（乐凤仪之孙）将万全堂出卖倒租与他姓的契约，还有嘉庆年间乐凤仪的第四代析产分家卖绝的字据，均载入《崇文门外万全堂药铺资料辑录》。① 并有赫治清、刘永成先生的研究论文发表，这里就不拟赘述了。

万全堂后来一蹶不振。而同仁堂虽然到乐平泉一代又重新振兴，但细究起来，乐平泉（十世）却是掌管万全堂的乐凤仪（五世）的后代，是乐毓麟（七世）的曾孙，而不是掌管同仁堂的乐礼（六世）一系的后人。这里特别提到此事的原因是说明，许多人和事的发展，都不是像人们想象的那样，是从一条线简单地发展过来的，其间往往经过各种错综复杂的、多条支线交替变换的过程，有的时候，与开始时相比，已经面目全非了。就同仁堂来说，自清入民国再到1949年以前，经历过数度起落，所有权也一度转入他人之手，尽管是一块金字招牌，但对这个药铺日后的发展究竟起

---

① 中国社会科学院历史所清史研究室编《清史资料》第一辑。

到几分作用,却是令笔者始终存疑的一个问题。

同仁堂乐家药铺,作为一个民人开设的老字号药铺,在以往人们的认识中,即使与朝廷扯上关系,也不过是向朝廷供奉御药而已,而这几份隐藏在《军机处满文月折档》、军机处录副奏折一类只有在涉及满洲、八旗和军务等内容才会去查阅的档案中的文件,却促使我们不得不从处理八旗事务的立场,来看待清朝时八旗与同仁堂这类商户的关系。这是一个颇具意味的,也是以往不会有人采用的角度,同时也为我们揭示了清代官商结合的一幅别样的图景,即八旗通过"生息银两"一类制度,对民间商业施加影响和干预,以及造成的商业萧条衰落的后果。同仁堂的兴衰,为"生息银两"制度的建立和收撤过程提供了一个具体生动的实证,这在以往对同仁堂的研究中迄未有人注意,却是本文最感兴味的问题。

(作者单位:中国社会科学院)

《清实录》所载土司承袭事例初析[①]

陈季君　李士祥

摘　要：《清实录》中所载土司承袭之事共有 858 例，涉及所有的土司地区及 558 家土司，内容丰富。它为我们研究清代土司承袭制度的执行情况提供了重要的史料。从这些事例中可以看出，清代土司承袭制度在一般情况下是依定制办理的，特殊情况可以请旨另行处理。同时，一些事例还体现了雍正改流以后土司制度的某些变化。

关键词：清实录　土司　承袭　事例　分析

笔者有幸参加国家社科基金 2012 年度重大招标项目《中国土司制度史料编纂整理与研究》的工作。在对《清实录》土司资料收集整理的过程中，发现有关土司承袭制度的内容比较丰富，特别是对土司承袭事例的记载占了相当大的比重。这些事例，为我们研究清代土司承袭制度的执行情况提供了重要的史料。本文拟就该问题做一梳理，并进行初步的分析和探讨。

一　《清实录》所载土司承袭事例基本情况

根据我们的检索，《清实录》所载各地土司的承袭事，共有 858 例。为了全面并比较清晰地了解这一情况，我们以列表的方式，将各地土司承袭事例依时间顺序进行排列。这样，比按地区排列更容易了解这一制度的发展与变化。

[①]　本文系国家社科基金 2012 年度重大招标项目《中国土司制度史料编纂整理与研究》（12&ZD135）的阶段性成果。

《清实录》土司袭替事例统计表

日期	地区	职衔	姓名	缘由	承袭者身份	说明
康熙十一年十一月庚子	湖南	茅冈安抚使	覃洪治	故	子	
康熙十二年六月壬寅	四川	天全六番招讨使	高跻泰	年老	子	
康熙二十一年十二月癸未	贵州	水西宣慰使	安坤	为吴三桂剿灭	子	灭于康熙四年
康熙二十二年四月乙巳	湖南	茅冈安抚使	覃洪治	故	弟	初以子袭，旋以弟袭
康熙二十二年十月壬寅	湖南	保靖宣慰使	彭鼎	病	子	
康熙二十三年十二月己酉	湖南	永顺宣慰使	彭肇相	故	叔祖彭廷椿	无应袭之人
康熙二十五年闰四月丙寅	湖南	永顺宣慰使	彭廷椿	故	子	
康熙二十五年五月己酉	湖北	忠峒宣抚使	田桂芳	故	子	
康熙二十五年十一月丁酉	湖北	散毛宣抚使	覃勋麟	故	子	
康熙三十二年六月丙申	湖北	忠路安抚使	覃承国	故	子	
康熙三十五年二月丙午	云南	芒市安抚使	放弥高	故	子	
康熙三十五年六月癸卯	湖北	施南宣抚使	覃懋橠	故	侄孙	
康熙三十七年八月丙午	湖南	茅冈安抚使	覃洪潮	以病乞休	侄	
康熙三十七年十二月戊申	湖北	椒山安抚使	刘元敏	故	子	
康熙三十八年六月丙辰	云南	猛卯安抚使	衍瑄	故	子	
康熙三十八年七月庚寅	四川	酉阳宣慰使	冉永沛	故	子	
康熙三十九年三月辛丑	湖北	忠建宣抚使	田世勋	故	侄	无嗣
康熙三十九年十月丁亥	云南	耿马宣抚使	罕抒忠	故	子	
康熙四十二年四月戊戌	湖北	容美宣慰使	田舜年	疏请子袭	长子田昺如	以讨吴三桂功特准
康熙四十四年三月甲辰	湖北	东乡安抚使	覃光祚	故	子	
康熙四十六年二月辛亥	湖北	容美宣慰使	田昺如	革职	田舜年次子	
康熙四十七年八月壬子	云南	陇川宣抚使	多治国	故	子	
康熙四十七年八月丁巳	湖北	五峰安抚使	田耀	故	子	
康熙四十七年八月丁巳	湖北	石梁安抚使	田焜	故	子	
康熙四十九年十二月戊寅	湖南	永顺宣慰使	彭弘海	年老辞职	子	
康熙五十一年五月戊子	湖南	桑植宣慰使	向长庚	故	子	
康熙五十四年十月戊寅	云南	芒市安抚使	放天球	故	子	

续表

日期	地区	职衔	姓名	缘由	承袭者身份	说明
康熙五十七年七月辛未	四川	已故河西宣慰使蛇蜡喳吧之妻	工喀	故	嫡女	蛇蜡喳吧故后由工喀掌印
康熙五十八年五月丁丑	四川	邛部宣抚使	岭安盘	革职	子幼，弟护理，子及岁请袭	其子于雍正十一年四月准袭
康熙五十九年四月乙巳	湖北	高罗安抚使	田经	故	子	
雍正元年十二月甲寅	四川	喇滚安抚副使	侧汪交	故	子	
雍正二年闰四月庚寅	四川	乌蒙土知府	禄鼎乾	故	子	乌蒙土府雍正五年改隶云南
雍正二年闰四月癸巳	四川	喇滚安抚使	喇玛布	故	子	
雍正二年五月己酉	四川	石砫宣慰使	马洪裔	故	子	
雍正二年六月辛卯	四川	镇雄土知府	陇联嵩	故	子	镇雄土府雍正五年改隶云南
雍正二年十一月丙辰	四川	瓜别安抚使	王珠珀	故	子	
雍正二年十二月辛巳	湖南	长茅关指挥使	覃显喆	故	甥	无嗣
雍正二年十二月庚寅	广西	下雷土知州	许定烈	故	子	
雍正二年十二月庚寅	广西	太平土知州	李蕃	故	子	
雍正三年四月辛巳	云南	蒙化土知府	左嘉谟	故	子	
雍正三年六月己丑	广西	东兰土知州	韦国栋	故	子	
雍正三年八月丁亥	广西	茗盈土知州	李演鼎	患病休致	子	
雍正三年九月丁未	四川	单东革什咱安抚使	额鲁七立	故	子	
雍正三年九月丁未	四川	董卜韩胡宣慰使	雍中七立	故	子	
雍正四年正月乙卯	甘肃	岷州卫土司	马天骥	故	子	实录未注明职衔
雍正四年正月丁巳	广西	泗城土知府	岑齐岱	故	子	
雍正四年三月乙卯	广西	忻城土知县	莫振国	故	子幼，其弟暂理印务	
雍正四年八月乙丑	云南	丽江府土通判	木钟	故	子	

续表

日期	地区	职衔	姓名	缘由	承袭者身份	说明
雍正四年八月庚辰	四川	明正宣慰使蛇蜡喳吧之女（无子，女护印）	桑结	故	桑结亲子坚参桑达结（原土司外孙）	时任董卜韩胡宣慰使，兼袭此职
雍正四年九月丙申	云南	车里宣慰使	刀召匾猛	故	子	
雍正四年九月辛丑	云南	猛卯安抚使	衎岯	故	子	
雍正四年九月壬寅	云南	盏达副宣抚使	刀思琳	故	子	
雍正四年九月己酉	云南	潞江安抚使	线于	故	子	
雍正四年十一月乙巳	广西	佶伦土知州	冯世英	故	子	
雍正四年十二月癸亥	广西	罗阳土知县	黄世瑸	故	兄	
雍正四年十二月戊寅	广西	凭祥土知州	李天锦	老病乞休	子	
雍正五年四月乙巳	云南	湾甸土知州	景先哲	故	子	
雍正五年六月乙巳	云南	孟定土知府	罕珍	故	侄	无嗣
雍正五年九月己卯	湖南	永顺宣慰使	彭肇槐	患病休致	子	
雍正五年十一月丁卯	云南	永北土知府	阿锦先	故	子	
雍正五年十二月壬寅	甘肃	临洮卫指挥使	赵煜	故	侄	
雍正六年三月丙寅	广西	忠州土知州	黄绍宗	因病乞休	子	
雍正七年三月丙子	甘肃	西宁府碾伯县土同知	赵文晖	故	子	
雍正七年十月乙卯	广西	忻城土知县	莫振国	故	子	
雍正七年十二月戊午	四川	石砫宣慰使	马宗大	革职	子	
雍正八年三月己巳	广西	佶伦土知州	冯朝宪	故	子幼，其妻协理	乾隆八年正式袭职
雍正八年三月癸未	四川	把抵安抚使	慎白利	故	子	
雍正八年十二月壬寅	云南	车里宣慰使	刀召金保	故	子幼，弟刀细闷纳协理	
雍正九年三月丁亥	云南	北胜土知州	高熙勋	故	孙幼，孙母协理	
雍正九年五月庚辰	湖南	忠路安抚使	覃建侯	故	子	
雍正九年七月庚辰	甘肃	平番县庄浪指挥金事	鲁公训	故	孙	

21

续表

日期	地区	职衔	姓名	缘由	承袭者身份	说明
雍正九年七月甲戌	广西	全茗土知州	许以桓	故	子	
雍正九年十月乙未	湖北	高罗安抚使	田国鼎	故	子	
雍正九年十一月戊子	广西	龙英土知州	赵作晋	故	弟	无嗣
雍正九年十二月甲辰	云南	景东土知府	陶大鉴	故	子	
雍正九年十二月丁未	广西	向武土知州	黄道远	故	子	
雍正十年五月辛巳	云南	耿马宣抚使	罕世藩	以病休致	子	
雍正十年十二月甲寅	贵州	镇远府土通判	杨世基	故	子	
雍正十一年四月癸酉	四川	邛部宣抚使	岭安盘	革职	子已二十岁，准袭	康熙五十八年，以子幼，由弟护理
雍正十一年四月乙亥	广西	江州土知州	黄锡璋	故	庶兄	无嗣
雍正十一年九月辛丑	广西	果化土知州	赵常茂	故	子	
雍正十一年十月甲寅	广西	镇远土知州	赵长通	故	子已十五岁，准袭	赵长通故于康熙五十九年，子幼停袭
雍正十一年十二月丁卯	云南	南甸宣抚使	刀启元	故	子已十六岁，准袭	刀启元故于雍正四年，子幼停袭
雍正十二年八月己巳	云南	车里宣慰使	刀金保	故	子已十五岁，准袭	刀金保故于雍正七年，子幼停袭
雍正十三年四月乙卯	广西	罗阳土知县	黄世瑾	故	子	
乾隆元年十月癸亥	云南	阿兴土千户	安永长	故	子	
乾隆元年十月癸亥	甘肃	西宁土司	汪基振	故	子	实录未注明职衔
乾隆元年十二月庚申	四川	长宁安抚使	苏文耀	故	孙	
乾隆元年十二月庚申	四川	松林土千户	王德洽	故	子	
乾隆元年十二月庚申	四川	阿坝土千户	春皮	故	弟	
乾隆元年十二月甲戌	四川	杂谷安抚使	班第尔吉	故	子	
乾隆元年十二月甲戌	四川	中渣坝沱土百户	扬玛齐	故	子	
乾隆二年四月己巳	广西	迁隆峒土官	黄震中	革职	弟	

续表

日期	地区	职衔	姓名	缘由	承袭者身份	说明
乾隆二年四月己卯	四川	老鸦漩土百户	汪大申	故	子	
乾隆二年五月辛丑	云南	平彝县土县丞	海藏珍	老病告替	子	
乾隆二年五月壬寅	云南	北胜州土州同	章法祖	休致	子	
乾隆二年六月丁卯	广西	江州土知州	黄锡圭	故	子	
乾隆二年八月丁巳	四川	寒盼寨土千户	丹巴札什	故	子	
乾隆三年二月壬辰	贵州	印江县土县丞	张洪鄞	故	子幼，弟暂理印务	
乾隆三年二月甲午	广西	思陵土知州	韦世华	故	子	
乾隆三年二月己酉	云南	镇南州镇南关土巡检	杨仕杰	故	子	
乾隆三年三月戊午	贵州	都匀长官司长官	吴天炳	患病解职	子	
乾隆三年七月乙卯	贵州	方番长官司长官	方珧	因病解退	子	
乾隆三年十一月丙辰	四川	白桑土百户	雍中朗结	故	子	
乾隆三年十一月己巳	甘肃	河州土百户	王镇海	故	子	
乾隆三年十二月己卯	四川	郎堕寨土百户	班地孝		子	
乾隆三年十二月己卯	四川	中岔寨土百户	公革孝	故	堂侄	无子
乾隆三年十二月壬午	广西	都康土知州	冯御绶	故	次子	冯御绶故时次子年幼未及袭，现长成，准袭
乾隆三年十二月乙酉	四川	郭罗土百户	六加布	故	子	
乾隆三年十二月乙酉	四川	五亚寨土目	点进孝	故	子	
乾隆三年十二月乙酉	贵州	土瓜长官司长官	石天锡	年老	子	
乾隆三年十二月戊子	四川	凉山明州乐土百户	路遮	故	子	
乾隆三年十二月戊子	四川	梭磨长官司副长官	囊沙加布	故	子	
乾隆三年十二月戊子	四川	长结松归土百户	雍中交	故	子	
乾隆三年十二月戊子	贵州	卢番长官司长官	卢廷珍	年老	子	
乾隆三年十二月戊子	贵州	邦水长官司长官	吴承勋	故	叔	无子
乾隆四年四月甲午	贵州	小龙长官司长官	龙雷	故	孙	

23

续表

日期	地区	职衔	姓名	缘由	承袭者身份	说明
乾隆四年五月丁卯	广西	归德土知州	黄国珩	患病乞休	子	
乾隆四年五月己巳	贵州	独山司土同知	蒙开智	故	弟	
乾隆四年七月甲戌	贵州	洪州长官司副长官	林天锦	革职	子	
乾隆四年九月丙午	贵州	平头长官司副长官	田仁任	故	嫡长孙	
乾隆四年十二月戊子	四川	班佑寨土千户	完布桑顿	故	侄	
乾隆四年十二月戊子	贵州	丰宁上长官司长官	杨师震	休致	子	
乾隆四年十二月壬辰	云南	陇川宣抚使	多世臣	休致	子	
乾隆四年十二月壬辰	四川	明正司属德尔格忒宣慰使	丹巴齐立	故	次子	
乾隆五年四月辛未	广西	白山司土巡检	王之纯	故	子	
乾隆五年九月戊寅	四川	松坪土百户	韩联甲	故	弟	
乾隆五年九月丙戌	四川	暖藏密土千户	岭安泰	故	子	
乾隆五年九月丙戌	四川	羊岗藏咱寨土目	六格	故	孙	
乾隆六年四月庚申	贵州	印江县土县丞	张洪鄭	故	弟	乾隆三年张洪鄭故时弟护印，至此袭职
乾隆六年五月乙酉	广西	思恩府旧城司土巡检	黄永安	故	庶长孙	
乾隆六年五月乙酉	贵州	烂土长官司长官	张克承	年老告休	嫡长子	
乾隆六年五月乙酉	四川	拉哩土百户	夺呀绷错喇碟	故	嫡长子	
乾隆六年六月戊申	四川	霍尔图根满碟土百户	坑太	故	嫡长子	
乾隆六年六月己未	湖南	茅冈土千总	覃纯	故	嫡孙	
乾隆六年十月戊午	四川	包坐竹当寨土千户	喇嘛肖	故	子	
乾隆六年十一月丁卯	贵州	乖西长官司副长官	刘铣	故	子	

续表

日期	地区	职衔	姓名	缘由	承袭者身份	说明
乾隆六年十一月丁卯	贵州	蛮夷长官司长官	安守仁	故	子	
乾隆六年十二月乙巳	云南	北胜土知州	高配勋	故	孙	
乾隆六年十二月乙巳	贵州	程番长官司长官	程儒	故	子	
乾隆六年十二月丁未	四川	霍耳竹窝安抚使	扎什朗结彭错纳金	故	子	
乾隆六年十二月丁未	云南	顺密府猛麻土巡检	俸召宝	故	子	
乾隆七年三月癸未	四川	土百户	白马朗结	故	子	
乾隆七年三月癸未	四川	瓦述更平东撒土百户	登朱	故	弟	
乾隆七年三月癸未	贵州	湖耳长官司副长官	杨应昌	故	弟	
乾隆七年六月丁酉	广西	田州土知州	岑应祺	分管阳万一百九十八村之弟岑应伟故	应伟子岑洁准予土州判职衔	是为分袭之例
乾隆七年七月戊寅	贵州	顶营长官司长官	罗嵩	病废	子	
乾隆七年八月乙卯	云南	姚州土州同	高崇亮	故	弟	
乾隆七年九月乙亥	广西	南丹土知州	莫我谦	病废	子	
乾隆七年十二月辛卯	四川	革赉土百户	江科	故	子	
乾隆七年十二月辛卯	贵州	黄道溪长官司长官	黄卷	患病解职	子	
乾隆八年二月甲午	广西	小镇安土舍	岑池凤	故	孙	兼巡检衔
乾隆八年三月甲子	广西	佶伦土知州	冯朝宪	故	子	雍正八年以母协理，至此袭职
乾隆八年十月丁巳	四川	姆朱土百户	阿拉乌金	故	子	
乾隆八年十月丁巳	四川	亚迭土百户	骚大	故	子	
乾隆八年十月己未	广西	东兰州同	韦朝佐	故	子	
乾隆八年十月壬申	广西	凭祥土知州	李滋泽	故	子	
乾隆八年十一月己丑	四川	大金川安抚使	色勒奔	故	弟	
乾隆八年十一月己丑	四川	结藏土百户	蒙塔尔	故	子	

续表

日期	地区	职衔	姓名	缘由	承袭者身份	说明
乾隆八年十一月己丑	四川	沙卡土百户	洛藏林琴	故	子	
乾隆八年十一月庚子	甘肃	岷州土百户	后永庆	故	孙	
乾隆八年十二月甲寅	广西	迁隆峒土官	黄在中	故	子	
乾隆八年十二月甲寅	四川	纳夺黎窝土百户	工布交	故	子	
乾隆八年十二月甲寅	四川	上革赍土百户	六枯	故	子	
乾隆八年十二月甲寅	四川	他咳土百户	格冗塔	故	子	
乾隆八年十二月戊午	贵州	朗溪长官司副长官	任世泽	故	子	
乾隆八年十二月乙丑	四川	霍耳咱安抚使	阿旺初中	故	子	
乾隆八年十二月乙丑	四川	上八义土百户	雍中多尔济	故	子	
乾隆八年十二月丁卯	甘肃	撒喇族土千户	韩大用	故	子	
乾隆八年十二月丁卯	四川	祈命寨土千户	郎阿	故	子	
乾隆九年二月甲子	广西	罗阳土知县	黄恩宪	故	子幼，族弟护印	乾隆十年族弟黄恩宪袭职
乾隆九年二月丁卯	云南	鹤庆府在城驿土驿丞	田生蕙	故	孙	子已故
乾隆九年三月辛卯	云南	临安府纳更山土巡检	龙鳞	故	弟	无嗣
乾隆九年四月壬戌	广西	罗白土知县	梁承烈	故	子幼，流官协理土县事，以其祖母护印	
乾隆九年五月己卯	四川	阿树郎达寨土百户	郎加札舍	故	子	
乾隆九年七月甲辰	广西	那地土知州	罗会禧	故	子	
乾隆九年八月庚午	云南	新平县土县丞	杨昌祚	故	子	
乾隆十年四月辛酉	广西	凭祥土知州	李桂	故	弟	无子
乾隆十年四月辛酉	云南	云南县土主簿	张祚宏	病休	子	
乾隆十年五月庚辰	四川	下阿坝阿强寨土千户	达各	故	子	

续表

日期	地区	职衔	姓名	缘由	承袭者身份	说明
乾隆十年五月己丑	云南	镇南州土州同	段恒黻	故	弟	
乾隆十年六月癸丑	四川	平夷长官司长官	王举能	故	子	
乾隆十年六月甲子	贵州	小程番长官司长官	程玉	故	孙	
乾隆十年十月戊申	四川	中渣坝土百户	唵中	故	子	
乾隆十年十月戊申	贵州	杨义长官司长官	金玉	故	弟代理	子幼
乾隆十年十月戊申	四川	拉哩土百户	多结朋错	故	子	
乾隆十年十一月丙子	四川	金川寺土司	汤鹏	故	子	实录未注明职衔
乾隆十年十一月丙子	四川	红卜苴土百户	刁安氏（女）	故	夫侄	无子
乾隆十年十一月丙戌	四川	祖卜柏哈土百户	七林	故	子	
乾隆十年十一月丙戌	四川	郭宗土百户	安初	故	子	
乾隆十年十二月辛丑	广西	罗阳土知县	黄恩宪	故	弟	恩宪子已故
乾隆十年十二月丙午	贵州	沿河佑溪长官司副长官	冉永洽	患病	子	
乾隆十年十二月壬子	贵州	沙营长官司长官	沙泯美	故	子	
乾隆十年十二月壬子	贵州	养龙长官司长官	蔡燕	故	弟	无子
乾隆十年十二月乙卯	四川	霍耳东科长官司长官	达汉格隆	故	师弟	
乾隆十年十二月丁巳	四川	上阿坝土千户	独赖林柯	故	子	
乾隆十一年三月丁卯	广西	安平土知州	李永□车	故	子	
乾隆十一年三月戊辰	四川	龙安府土通判	王懋恩	故	子	
乾隆十一年三月癸酉	云南	南涧土县丞	阿抱琛	故	子	
乾隆十一年三月壬辰	贵州	镇远府土推官	杨再瀚	故	子杨再芯	实录所载疑误，乾隆十六年子杨通明袭职，再芯似与再瀚为兄弟
乾隆十一年四月壬申	甘肃	庄浪指挥佥事	鲁甸邦	故	子	
乾隆十一年四月壬申	四川	八乌笼土百户	罗藏丙朱	故	侄	无子

续表

日期	地区	职衔	姓名	缘由	承袭者身份	说明
乾隆十一年四月壬申	广西	永定长官司长官	韦廷璧	病废	子	
乾隆十一年四月壬申	贵州	小平伐长官司长官	宋光远	故	子	
乾隆十一年五月辛丑	广西	田州土知州	岑应祺	故	长孙	
乾隆十一年十月癸未	广西	定罗司土巡检	徐国丞	故	孙	
乾隆十一年十一月乙未	广西	茗盈土知州	李天荫	革职	弟	
乾隆十二年六月乙丑	广西	下旺司土巡检	韦仕秀	病废	子	
乾隆十二年七月丁酉	四川	打箭炉作苏策土百户	江初扎什	故	子	
乾隆十二年七月丁酉	四川	漳腊营中阿坝土千户	墨丹住	故	子	
乾隆十二年七月丁酉	四川	打箭炉桑阿笼土百户	沙家平	故	侄	
乾隆十二年九月壬辰	贵州	上马桥长官司长官	方世雄	革职	弟	
乾隆十二年十月丙子	广西	上下冻土知州	赵东相	不详①	子	
乾隆十二年十一月丙申	广西	向武土知州	黄㟽	不详	子	
乾隆十三年五月己亥	广西	都康土知州	冯锠	故	子	
乾隆十三年六月壬申	甘肃	庄浪副千户	鲁君裔	不详	子	
乾隆十三年六月戊寅	四川	威龙州长官司长官	张秀	不详	子	
乾隆十三年六月戊寅	甘肃	河州保安堡土千户	韩文广	不详	子	
乾隆十三年七月丙申	云南	罗次县炼象关土巡检	李鸿杰	故	子	
乾隆十三年闰七月戊辰	云南	赵州定西岭土巡检	李正枢	故	子	
乾隆十三年八月戊申	广西	全茗土知州	许述章	故	子	
乾隆十三年九月丁丑	云南	鹤庆府土通判	高浓	故	子	
乾隆十三年十月辛丑	云南	云南县土主簿	张文裕	故	弟	
乾隆十三年十月壬寅	贵州	丰宁长官司长官	杨文谟	故	弟	

续表

日期	地区	职衔	姓名	缘由	承袭者身份	说明
乾隆十三年十月壬寅	青海	多伦尼托克业尔吉族百长	库鲁素隆	故	侄	
乾隆十三年十一月丙辰	贵州	平定长官司长官	吴光岐	故	子	
乾隆十三年十二月己丑	云南	邓川州青索鼻土巡检	杨霡	故	子幼，其叔祖协理	
乾隆十三年十二月辛卯	贵州	偏桥长官司副长官	杨清	已革	侄	
乾隆十四年六月戊寅	广西	上林土知县	黄瑞麒	休致	子	
乾隆十四年八月甲辰	云南	景东府板桥驿土驿丞	云仍	故	子	
乾隆十四年十月己卯	四川	革布什咱土司	丹津诺布尔	故	子	实录未注明职衔
乾隆十四年十月癸未	广西	都结土知州	农建业	病废乞休	子	
乾隆十四年十一月辛亥	广西	龙英土知州	赵作梁	故	子	
乾隆十五年八月辛未	云南	永宁土知府	阿有威	故	子	
乾隆十五年九月壬子	贵州	卧龙长官司长官	龙毓麟	故	子	
乾隆十五年十月乙亥	云南	广通县沙矣土巡检	苏显仁	故	侄	
乾隆十五年十月戊寅	甘肃	西宁卫指挥使	陈梦熊	故	孙	
乾隆十五年十月戊寅	四川	沈边长官司长官	余世统	故	孙	
乾隆十五年十月丙申	甘肃	河州撒喇族土千户	韩振武	故	子	
乾隆十五年十月丙申	四川	松坪土千户	马腾龙	故	子	
乾隆十五年十月丙申	四川	三大枝土百户	毕尔咱	故	子	
乾隆十五年十一月甲寅	云南	遮放宣抚副使	多量	故	子	
乾隆十五年十二月癸酉	云南	顺州土州同	子肬	以疾乞休	子	
乾隆十五年十二月乙亥	甘肃	碾伯县指挥同知	赵尔良	老病乞休	子	
乾隆十五年十二月乙亥	贵州	慕役长官司长官	礼宗殿	以病乞休	子	
乾隆十五年十二月戊子	广西	凭祥土知州	李桂	故	弟	

续表

日期	地区	职衔	姓名	缘由	承袭者身份	说明
乾隆十六年三月戊戌	贵州	镇远府土推官	杨再瀚	故	子杨通明	乾隆十一年杨再苾袭职，疑为协理或护印，通明为袭职
乾隆十六年三月己酉	四川	邛部宣抚使	岭天长	故	子	
乾隆十六年三月辛酉	四川	林葱安抚使	俄木林琴	故	子	
乾隆十六年三月辛酉	四川	拈估寨土百户	阿邦	故	子	
乾隆十六年四月甲戌	云南	临安府纳更山土巡检	龙玺	故	子	
乾隆十六年六月癸亥	四川	中羊峒郎寨土目	竹坝笑	故	孙	
乾隆十六年六月癸亥	四川	羊峒顿寨土目	革甲	故	孙	
乾隆十六年八月乙未	广西	镇安司土巡检	岑金佩	故	叔	无子
乾隆十六年十二月壬寅	贵州	盘江土巡检	李本	故	子	
乾隆十六年十二月甲辰	云南	景东府土知事	姜启武	故	子	
乾隆十六年十二月乙巳	四川	革布什咱土司	札什诺尔布	故	子	实录未注明职衔
乾隆十六年十二月乙巳	四川	寒盼寨土千户	增巴笑	故	子	
乾隆十六年十二月乙巳	四川	辖幔寨土百户	额旺	故	子	
乾隆十六年十二月乙巳	四川	下作革寨土百户	阿弄	故	子	
乾隆十六年十二月己酉	甘肃	碾伯县指挥佥事	朱永泰	故	子	
乾隆十六年十二月己酉	贵州	杨义长官司长官	金玉	故	子	
乾隆十七年五月辛巳	四川	峨眉喜寨土千户	狼柘他	故	子	
乾隆十七年五月辛巳	四川	麦杂蛇湾寨土千户	安布笑	故	子	
乾隆十七年五月辛巳	湖北	龙潭司土千总	田贵龙	故	子	
乾隆十七年五月己丑	四川	竹弄寨土百户	迫带	故	子	
乾隆十七年八月己丑	四川	继事田土百户	慕车	故	子	
乾隆十七年九月辛未	甘肃	临洮卫指挥使	赵廷基	故	子	
乾隆十七年九月辛未	贵州	程番长官司长官	程天贤	故	弟	
乾隆十七年九月壬午	贵州	龙里长官司长官	杨正位	故	子	
乾隆十八年五月己未	四川	祈命寨土千户	拔各笑	故	子	

续表

日期	地区	职衔	姓名	缘由	承袭者身份	说明
乾隆十八年十二月壬辰	云南	姚州土州同	高宗禹	故	子	
乾隆十九年二月己酉	贵州	瓮安县草塘司土县丞	宋承烈	参革	堂弟	
乾隆十九年三月丙子	云南	鹤庆州观音山土巡检	王天受	故	子	
乾隆十九年四月壬辰	广西	都结土知州	农世元	故	弟	
乾隆十九年闰四月壬戌	云南	景东府属三岔河土巡检	杨傅	故	子	
乾隆十九年五月癸巳	广西	思恩府属那马司土巡检	黄宏纬	参革	子	
乾隆十九年九月壬午	贵州	新化蛮夷长官司长官	欧阳承宗	故	子	
乾隆十九年七月辛亥	云南	陇川宣抚使	多益善	故	子	
乾隆十九年十月癸丑	四川	大定沙坝土千总	苏天福	故	子	
乾隆十九年十月庚午	贵州	独山司土同知	蒙开显	故	子	
乾隆十九年十一月庚辰	贵州	丰宁下司长官司长官	杨统	故	弟	
乾隆十九年十二月壬子	四川	磨下寨土百户	的那	故	子	
乾隆十九年十二月壬子	贵州	潭溪蛮夷长官司长官	石声淳	故	子	
乾隆二十年四月癸亥	贵州	新添长官司长官	宋廷璧	因病乞休	子	
乾隆二十年四月甲子	广西	果化土知州	赵应龙	因病乞休	子	
乾隆二十年四月甲子	贵州	金石长官司长官	石开干	因病乞休	子	
乾隆二十年六月壬子	云南	鹤庆府属观音山土驿丞	郭斌	故	侄	
乾隆二十年十月甲寅	贵州	白纳长官司副长官	赵文绣	故	子	
乾隆二十年十月甲寅	贵州	大谷龙长官司长官	宋承勋	故	子	
乾隆二十年十一月丙子	四川	阿思洞寨土千户	拆加笑	故	子	
乾隆二十年十一月丙子	四川	暖载土千户	岭崎居	故	族侄	

31

续表

日期	地区	职衔	姓名	缘由	承袭者身份	说明
乾隆二十年十一月丁丑	广西	思恩府属古零司土巡检	覃绩成	故	子	
乾隆二十年十一月庚辰	云南	楚雄县土县丞	杨世勋	故	子	
乾隆二十年十二月乙卯	甘肃	西宁指挥使	祁宪邦	故	子	
乾隆二十年十二月己未	广西	思陵土知州	韦日昱	参革	子	
乾隆二十一年三月壬午	广西	罗白土知县	梁承烈	故	子	
乾隆二十一年五月丁丑	广西	镇远土知州	赵昌龄	故	子	
乾隆二十一年七月壬辰	四川	蛮夷长官司长官	文煜	病休	子	
乾隆二十一年九月甲申	四川	建昌道属达玛土百户	八玛策结	故	子	
乾隆二十一年九月甲申	四川	里塘副土司	四郎彭楚	故	子	
乾隆二十一年九月甲申	湖南	添平所忠靖隘土把总	陈光贲	故	子	
乾隆二十一年九月己丑	四川	瓦述曲登长官司长官	丹正邦	故	弟	
乾隆二十一年九月壬辰	云南	禄丰县南平关土巡检	李毓俊	故	子	
乾隆二十一年九月癸巳	四川	上八义土百户	扎什南全	故	子	
乾隆二十一年九月癸巳	湖南	添平所遥望隘土把总	陈嗣绍	故	孙	
乾隆二十一年九月癸巳	湖南	添平所长梯隘土把总	覃远琇	休致	孙	
乾隆二十一年闰九月戊戌	云南	南甸宣抚使	刁恩赐	故	子	
乾隆二十一年闰九月戊戌	四川	鲁密达则土百户	卡交	故	子	
乾隆二十二年二月乙丑	云南	邓川州青索鼻土巡检	杨霭	故	子	
乾隆二十二年三月辛酉	云南	湾甸土知州	景荣名	故	子	
乾隆二十二年三月辛酉	云南	浪穹县浦屹崆土巡检	杨遗龙	故	子	
乾隆二十二年四月癸亥	云南	孟定土知府	罕鉴猛	故	子	

续表

日期	地区	职衔	姓名	缘由	承袭者身份	说明
乾隆二十二年七月癸巳	广西	思恩府兴隆土巡检	韦绍徽	故	子	
乾隆二十二年八月戊子	云南	景东土知府	陶淳	故	弟	
乾隆二十三年三月己丑	广西	小镇安土巡检	岑光绶	故	子幼，妻护印	下雷土州流官吏目协理司事
乾隆二十三年四月壬戌	广西	太平土知州	李璋	故	弟	
乾隆二十三年十月丁巳	广西	南丹土知州	莫遐龄	因病告休	子	
乾隆二十三年十一月乙未	四川	毛革阿按寨土千户	王乍	故	孙	
乾隆二十三年十二月己巳	甘肃	岷州土百户	马绣	故	子	
乾隆二十三年十二月己巳	青海	琼布纳克鲁族土百户	隆珠旺扎	故	子	
乾隆二十四年五月己酉	广西	忻城土知县	莫景隆	乞休	子	
乾隆二十四年十一月壬子	广西	土田州分管阳万土州判	岑洁	休致	子	
乾隆二十五年二月壬辰	云南	广南府土同知	侬振裔	故	子	
乾隆二十五年二月壬辰	广西	东兰土州同	韦振声	故	弟	
乾隆二十五年三月戊午	广西	龙英土知州	赵璞	患病告休	子幼，曾叔祖协理	
乾隆二十五年三月庚申	广西	都康土知州	冯锠	故	子	
乾隆二十六年二月乙酉	四川	松茂道属水草坪土巡检	苏文炳	故	孙	
乾隆二十六年三月癸丑	广西	归德土知州	黄世周	告休	子	
乾隆二十六年三月乙卯	贵州	都匀长官司长官	吴德仁	故	侄	
乾隆二十六年四月己卯	广西	思州土知州	黄观琏	病休	子	
乾隆二十六年七月壬戌	云南	邓川州青索鼻土巡检	杨丕昌	故	弟	
乾隆二十六年八月庚寅	广西	思恩府属兴隆土巡检	韦珖	故	兄	
乾隆二十七年三月丙辰	贵州	镇远府土同知	何毓杞	告休	子	

续表

日期	地区	职衔	姓名	缘由	承袭者身份	说明
乾隆二十七年四月壬午	四川	瓦述更平长官司长官	白马七立	故	子	
乾隆二十七年五月丁酉	贵州	乐平长官司长官	宋潢	因病告休	子	
乾隆二十七年五月庚子	贵州	都坪长官司长官	何道煌	故	子	
乾隆二十七年五月丁未	四川	松茂道属松坪土百户	韩联英	故	子	
乾隆二十七年闰五月辛巳	四川	建昌道属迷易所土千户	安世禄	故	子	
乾隆二十七年六月戊午	四川	建昌道属下临卡石土百户	纳期	故	弟	
乾隆二十七年九月甲戌	甘肃	洮州指挥佥事	昝景瑜	故	子	
乾隆二十七年九月甲戌	贵州	古州长官司长官	杨枝先	故	侄	
乾隆二十七年十月辛亥	四川	建昌道属前后山土司	罗苏衣	故	弟	实录未注明土司职衔
乾隆二十七年十月丁未	四川	党坝长官司长官	测旺	故	子	
乾隆二十七年十月丁未	贵州	安化县土主簿	杨世正	故	子	
乾隆二十七年十一月辛酉	四川	郭布土百户	工布交	故	子	
乾隆二十七年十一月辛酉	四川	上苏阿土百	户达结	故	子	
乾隆二十七年十二月庚寅	四川	料林坪土百户	杨家因	故	子	
乾隆二十七年十二月辛丑	四川	六翁土百户	都叭沙	故	子	
乾隆二十七年十二月辛丑	贵州	乖西长官司长官	杨锡祚	故	子	
乾隆二十八年十月乙酉	甘肃	河州撒喇族土司	韩玉麟	故	子	实录未注明职衔
乾隆二十九年二月丙申	广西	思恩府白山司土巡检	王有枢	予故	子	
乾隆二十九年二月丁未	贵州	黄平州重安司土吏目	张纯德	休致	子	
乾隆二十九年三月庚午	云南	北胜州土州同	章祖荫	休致	子	
乾隆二十九年四月甲午	云南	景东府土知事	姜继申	故	子	
乾隆二十九年七月丁巳	云南	北胜土知州	高龙跃	革职	子	
乾隆二十九年七月戊寅	贵州②	瓮安县草塘司土县丞	宋承勋	故	子	

续表

日期	地区	职衔	姓名	缘由	承袭者身份	说明
乾隆三十年二月己卯	云南	姚州土州同	高禹治	故	子	
乾隆三十年闰二月辛酉	云南	箭杆场土巡检	字生民	故	子	
乾隆三十年五月壬午	云南	镇南州土州同	段恒章	故	子	
乾隆三十一年四月辛亥	广西	上龙司土巡检	赵宏烈	休致	子	
乾隆三十一年十月辛酉	广西	龙英土知州	赵照	不详	子	
乾隆三十二年三月己卯	云南	平彝县土县丞	海兆昌	故	子幼，其母管理事务	
乾隆三十二年十一月庚戌	四川	迭溪营土百户	郁成	不详	弟	
乾隆三十二年十一月庚戌	甘肃	黄羊川土千户	管仲	不详	子	
乾隆三十三年三月乙未	广西	万承土知州	许健	故	子	
乾隆三十三年三月辛亥	湖南	龙山县大喇司土把总	彭炳	故	子	
乾隆三十三年三月辛亥	四川	建昌道属中渡哑出卡土百户	阿杂拉	故	子	
乾隆三十三年五月戊子	广西	江州土知州	黄承烈	故	孙	
乾隆三十三年十一月庚寅	四川	上八义土百户	阿旺	故	弟	
乾隆三十三年十一月庚寅	贵州	程番长官司长官	程天顺	故	子	
乾隆三十三年十二月乙卯	广西	下雷土知州	许庆长	故	子	
乾隆三十四年二月戊寅	四川	松冈长官司长官	衮却克嘉布	故	子	
乾隆三十四年二月戊寅	四川	黎溪州土千户	自诚明	故	子	
乾隆三十四年二月戊寅	贵州	亮寨长官司长官	龙绍俭	休致	子	
乾隆三十四年七月丁亥	甘肃	狄道州临洮卫指挥	合钿	故	子	
乾隆三十四年八月乙卯	四川	松茂道属牟托司土巡检	温如玉	告休	子	
乾隆三十四年八月甲戌	广西	思恩府那马司土巡检	黄昌会	故	弟	
乾隆三十四年十二月戊辰	甘肃	临洮厅属土千户	杨绍祖	故	子	
乾隆三十四年十二月戊辰	四川	咱哩土千户	古闻远	故	子	
乾隆三十四年十二月戊辰	四川	鲁密滚本土百户	拉布	故	子	

35

续表

日期	地区	职衔	姓名	缘由	承袭者身份	说明
乾隆三十四年十二月戊辰	四川	白路土百户	阿施	故	子	
乾隆三十四年十二月戊辰	湖北	金峒土千总	覃舜邦	故	子	
乾隆三十四年十二月戊辰	湖南	麻寮所土把总	唐祚禄	故	子	
乾隆三十五年六月庚寅	四川	松茂道竹木坎土副巡检	孙伟	故	子	
乾隆三十五年六月庚寅	云南	镇南州属阿雄关土巡检	者肇正	故	侄	
乾隆三十五年八月丁亥	贵州	安化县覃韩偏刀土巡检	陆明德	参革	子	
乾隆三十五年十二月己卯	贵州	提溪长官司长官	杨昌玉	故	子	
乾隆三十六年三月癸亥	云南	湾甸土知州	景毓瑛	故	弟	
乾隆三十六年三月庚午	贵州	永宁州盘江司土巡检	李世德	故	子	
乾隆三十六年六月甲戌	云南	景东直隶厅保甸土巡检	陶瑜	故	子	
乾隆三十六年七月丙辰	贵州	瓮安县草塘土县丞	宋琏	参革	子	
乾隆三十六年十一月己酉	广西	安平土知州	李伯	病休	子	
乾隆三十七年四月辛巳	湖南	宝庆府属土把总	赵景川	故	孙	
乾隆三十七年四月辛巳	云南	耿马宣抚使	罕国楷	故	侄	
乾隆三十七年四月辛巳	贵州	乌罗长官司副长官	冉裕谟	革职	弟	
乾隆三十七年四月甲申	广西	向武土知州	黄焕章	病休	子	
乾隆三十七年六月辛未	湖南	永顺府属下峒土把总	向梁佐	故	子	
乾隆三十七年六月辛未	云南	车里宣慰使	刀绍文	革职	子	
乾隆三十七年六月己丑	四川	龙安府土知事	薛维纲	故	子	
乾隆三十七年八月辛未	贵州	乖西长官司副长官	刘嘉祥	故	子	
乾隆三十七年九月壬子	甘肃	河州指挥同知	何福慧	故	子	
乾隆三十七年九月壬子	贵州	亮寨长官司长官	龙世勋	已革	堂弟	

续表

日期	地区	职衔	姓名	缘由	承袭者身份	说明
乾隆三十七年十二月己卯	广西	东兰土州同	韦振馨	故	子	
乾隆三十八年二月辛酉	四川	苏述土百户	塔布木	故	子	
乾隆三十八年三月辛丑	广西	思恩府下旺司土巡检	韦尚礼	病休	弟协理	
乾隆三十八年三月庚戌	广西	罗阳土知县	黄宏宪	故	子	
乾隆三十八年六月甲辰	广西	思恩府属安定司土巡检	潘正	病休	子	
乾隆三十八年八月壬子	云南	富州土知州	沈灿	故	子	
乾隆三十八年八月壬子	广西	全茗土知州	许永莅	故	子	
乾隆三十八年十月庚寅	贵州	石阡府属长官司副长官	杨光禄	革职	子	
乾隆三十九年四月甲辰	四川	麻书安抚使	丹怎旺布	故	子	
乾隆三十九年四月甲辰	四川	右所土千户	八靖邦	故	子	
乾隆三十九年四月甲辰	四川	郭拉土百户喇嘛	罗布藏桑丹	故	长徒	
乾隆三十九年五月戊午	云南	湾甸土知州	景毓璁	故	子	
乾隆三十九年五月丙子	贵州	丰宁下长官司长官	杨缓	故	侄	
乾隆四十年二月丁未	四川	河西土百户	喳拉保	故	侄	
乾隆四十年三月乙亥	贵州	定番州麻响土司	得子民	故	子	实录未注明职衔
乾隆四十年三月乙亥	贵州	黎平府属湖耳土司	杨胜槐	故	子	实录未注明职衔
乾隆四十年三月辛未	四川	梭磨安抚使	诺尔布	故	侄	
乾隆四十年四月戊子	广西	南丹土知州	莫遐龄	病休	子	
乾隆四十年七月己巳	云南	广通县回蹬关土巡检	杨恒	故	弟	
乾隆四十年九月庚戌	四川	党坝长官司长官	索诺木	故	弟	
乾隆四十年九月庚戌	四川	阿得桥土百户	羊祖	故	子	
乾隆四十年九月庚戌	云南	户撒长官司长官	赖君爱	故	子	
乾隆四十年九月庚戌	贵州	朗溪长官司长官	田大爵	休致	子	

续表

日期	地区	职衔	姓名	缘由	承袭者身份	说明
乾隆四十年九月丁卯	甘肃	河州土司	王车位	故	子	实录未注明职衔
乾隆四十年九月丁卯	四川	麻柳坝土百户	仰挖	故	子	
乾隆四十年十月丙申	云南	纳楼茶甸长官司副长官	普天民	故	子	
乾隆四十年十月壬寅	广西	思恩府属旧城司土巡检	黄绍	故	子	
乾隆四十一年二月丙寅	甘肃	碾伯县指挥同知	李国栋	告休	子	
乾隆四十一年二月丙寅	四川	大盐井土百户	者布叶	故	侄	
乾隆四十一年二月丙寅	云南	云龙州属六库土千总	段复健	故	子	
乾隆四十一年三月庚辰	广西	万承土知州	许载屏	故	侄	
乾隆四十一年三月甲申	云南	浪穹县上江嘴土巡检	杨煊	故	孙	
乾隆四十一年三月甲申	广西	上下冻土知州	赵京	告休	子	
乾隆四十一年四月乙丑	广西	东兰土州同	韦振馨	故	子	
乾隆四十一年五月戊子	云南	孟定土知府	罕大亮	故	子	
乾隆四十一年八月甲辰	广西	上林土知县	黄宪	告休	子	
乾隆四十二年十月癸卯	四川	郭罗克土司	玛克苏尔衮布	被执身故	子	实录未注明职衔
乾隆四十二年十一月辛未	云南	顺州土州同	子宗麟	病休	子	
乾隆四十二年十一月戊寅	云南	镇南州镇南关土巡检	杨桧	故	子	
乾隆四十二年十二月戊戌	四川	大定河坝土千户	苏文仪	故	子	
乾隆四十二年十二月戊戌	贵州	平定长官司长官	吴政简	故	子	
乾隆四十二年十二月戊戌	贵州	虎坠长官司长官	宋岐	故	子	
乾隆四十三年二月壬寅	广西	思恩府属兴隆司土巡检	韦瓒	故	子	
乾隆四十三年三月壬戌	云南	新兴州土州判	王钧	故	子	
乾隆四十三年五月癸酉	广西	阳万土州判	岑宜槔	故	子	
乾隆四十三年八月乙丑	甘肃	平番县土副千户	鲁烈	休致	子	

续表

日期	地区	职衔	姓名	缘由	承袭者身份	说明
乾隆四十三年八月癸酉	云南	镇康土知州	刀闷鼎	故	子	
乾隆四十三年九月乙卯	湖南	添平所龙溪隘土把总	郑作常	故	子	
乾隆四十三年九月乙卯	贵州	烂土长官司长官	张干	革职	子	
乾隆四十三年十二月戊午	云南	顺宁府属猛麻土巡检	俸晋琦	故	子	
乾隆四十四年五月壬申	云南	陇川宣抚使	多朝珍	以病告退	胞叔	无子嗣
乾隆四十四年七月癸未	四川	中郭罗克押落寨土千户	麻克苏尔衮布	故	子	
乾隆四十四年七月癸未	四川	并陆翁土百户	拉衣呷	故	子	
乾隆四十四年十月癸丑	贵州	重安司土吏目	张夔	革职	子	
乾隆四十四年十一月癸卯	广西	江州土知州	黄一凤	故	弟	
乾隆四十五年二月辛酉	贵州	独山司土同知	蒙永熙	休致	子	
乾隆四十五年四月己巳	广西	向武土知州	黄徽猷	故	嫡子幼，原任告休土知州黄焕章护印	子年岁合例请袭
乾隆四十五年四月癸酉	云南	广南府土同知	侬毓荣	故	嫡子幼，妻管理事务	子年岁合例，另请承袭
乾隆四十五年六月甲寅	云南	鹤庆州属土通判	高万松	故	子	
乾隆四十五年十一月丙戌	贵州	湖耳长官司长官	杨胜槐	已故	子	
乾隆四十五年十二月癸亥	四川	松林土千户	王珠	故	子	
乾隆四十五年十二月癸亥	四川	川柘寨土千户	拆巴克嘉布	故	子	
乾隆四十五年十二月癸亥	四川	下包坐竹当寨土千户	鲁布木嘉尔	故	子	
乾隆四十五年十二月癸亥	四川	阿坝阿强寨土千户	策凌嘉尔	故	子	
乾隆四十五年十二月癸亥	四川	郭罗克土百户	巴特玛布木	故	子	
乾隆四十五年十二月癸亥	四川	丢骨寨土千户	龙布革	故	子	

续表

日期	地区	职衔	姓名	缘由	承袭者身份	说明
乾隆四十五年十二月癸亥	四川	阿招土百户	月山	故	子	
乾隆四十五年十二月癸亥	湖南	麻寮所镇抚司土把总	李国相	故	子	
乾隆四十六年六月庚辰	广西	思恩府罗定司土巡检	徐尔梅	故	子	
乾隆四十六年七月壬寅	广西	忠州土知州	黄飞熊	故	子	
乾隆四十六年七月壬寅	云南	禄丰县南平关土巡检	李镇平	故	子	
乾隆四十六年七月丁未	云南	云南县土县丞	杨国臣	故	子	
乾隆四十六年七月己酉	云南	罗次县练象关土巡检	李荩臣	故	子	
乾隆四十七年三月丁巳	贵州	安化县土县丞	张玉白	故	子	
乾隆四十七年七月壬戌	云南	景东直隶厅属土知府	陶澄	年老告休	子	
乾隆四十七年九月乙巳	四川	松茂道属牟托司土巡检	温廷瑞	故	子	
乾隆四十七年十月乙酉	甘肃③	庄浪厅土千户	管卜	故	子	
乾隆四十七年十月丙戌	湖南	添平所土千总	覃远惠	告退	子	
乾隆四十七年十一月庚申	云南	广南府土同知	侬毓荣	故	子	
乾隆四十八年四月甲戌	广西	茗盈土知州	李天麟	故	子	
乾隆四十九年二月庚申	广西	那地土知州	罗元善	病休	子	
乾隆四十九年闰三月戊午	四川	毛阿按寨土千户	沙克嘉	故	子	
乾隆四十九年闰三月戊午	四川	口外阿坝夺杂寨土百户	噶独亚克	故	子	
乾隆四十九年闰三月戊午	青海	蒙古巴彦囊谦桑巴尔族百长	得木楚克	故	子	
乾隆四十九年闰三月戊午	青海	蒙古下扎武族百户	噶布藏	病休	子	
乾隆五十年二月戊子	云南	镇南州土州判	陈垠锡	故	子	
乾隆五十年三月甲戌	广西	向武土知州	黄徽猷	故	子	

续表

日期	地区	职衔	姓名	缘由	承袭者身份	说明
乾隆五十年八月癸卯	贵州	小平伐长官司长官	宋德彰	故	子	
乾隆五十年九月丁巳	四川	普济州长官司长官	吉廷桂	故	子	
乾隆五十年十二月辛卯	四川	鄂克什安抚使	色达克拉	年老久病	子	
乾隆五十一年三月乙巳	四川	毛革阿按寨土千户	郎哥扎化	故	叔	无子
乾隆五十一年三月丁巳	广西	思恩府属旧城司土巡检	黄瀚源	故	子	
乾隆五十一年三月壬戌	四川	七布寨土千户	郎塔尔	故	孙	子卒
乾隆五十一年三月壬戌	四川	丢骨寨土千户	查得孝	故	弟	无子
乾隆五十一年五月庚戌	广西	思恩府下旺司土巡检	韦尚礼	告休	子	
乾隆五十一年闰七月乙亥	贵州	平定长官司长官	吴启泰	故	堂兄	
乾隆五十一年十一月己丑	四川	麦杂蛇湾寨土千户	安干	故	子	
乾隆五十一年十一月己丑	云南	腾越州大塘隘土把总	刘世举	故	子	
乾隆五十二年五月己卯	云南	鹤庆州属在城驿土官	田文治	故	子	
乾隆五十二年五月戊子	广西	龙英土知州	赵承业	故	子	
乾隆五十二年五月己丑	四川	拈佑恶革寨土百户	汪扎尔	故	子	
乾隆五十二年六月癸卯	四川	苗出土百户	谷扒呷	故	子	
乾隆五十二年九月己丑	云南	镇南州属阿雄关土官	者朝英	故	子	
乾隆五十二年十一月乙酉	四川	瓦述曲登长官司长官	思德	故	弟	
乾隆五十二年十一月乙酉	贵州	镇远府属邛水司土官	杨政烨	病休	孙	
乾隆五十三年六月庚戌	四川	马喇司土官	阿衡	故	子	

41

续表

日期	地区	职衔	姓名	缘由	承袭者身份	说明
乾隆五十三年六月庚戌	四川	暖带密土官	岭峻秀	故	子	
乾隆五十三年九月乙丑	广西	思恩府安定司土巡检	潘允福	故	子	
乾隆五十三年九月辛未	广西	思恩府罗定司土巡检	徐尚文	故	弟	
乾隆五十三年十月丁未	贵州	余庆县属九品土官	杨昭	不详	子	
乾隆五十四年三月癸未	四川	琼布克鲁族土百户	不详	故	子格桑汪结	
乾隆五十四年五月庚午	贵州	镇远府属七品土官	杨通明	故	子	
乾隆五十四年十月丙寅	广西	田州土知州	岑宜栋	阵亡	四子	
乾隆五十四年十月己巳	广西	上映土知州	许甫	故	子	
乾隆五十五年二月戊寅	贵州	邦水长官司长官	吴毓秀	不详	弟	
乾隆五十五年四月丙子	贵州	卧龙长官司长官	龙定元	故	叔	
乾隆五十五年五月丙申	云南	保甸土知事	姜增	故	子	
乾隆五十五年六月癸巳	云南	浪穹县属凤羽乡土巡检	尹焯堂	革职	侄	
乾隆五十五年十一月戊戌	贵州	印江县土县丞	张洪功	故	子	
乾隆五十五年十二月癸亥	云南	镇康土知州	刁闷鉴	故	弟	
乾隆五十六年二月己未	广西	都结土知州	农世仰	故	子	
乾隆五十六年二月乙丑	云南	孟连宣抚使	刁派新	病休	子	
乾隆五十六年四月壬戌	广西	太平府属土知州	韦一麟	故	弟	
乾隆五十六年六月丁未	广西	思恩府属古零土巡检	覃子仪	故	子	
乾隆五十六年六月丙辰	贵州	坪正长官司长官	何型	故	子	
乾隆五十六年六月庚申	云南	云龙州箭杆场土巡检	字恩宠	故	弟	
乾隆五十六年十月乙巳	云南	姚州六品土官	高配忝	故	子	
乾隆五十六年十二月戊申	四川	明正宣慰使	甲尔参德沁	故	子	

《清实录》所载土司承袭事例初析

续表

日期	地区	职衔	姓名	缘由	承袭者身份	说明
乾隆五十六年十二月戊申	贵州	康庄长官司长官	于昌隆	故	子	
乾隆五十六年十二月戊申	甘肃	白利族百长	扎什丹津	故	子	
乾隆五十七年正月丁丑	甘肃	庄浪指挥使	鲁璠	鲁璠早故，妻孙氏护印	子鲁纪勋年已十五	特旨准袭，并赏戴花翎
乾隆五十七年七月甲辰	湖南	麻寮所曲溪隘土千总	吴尚德	故	孙	
乾隆五十七年七月乙丑	四川	车木塘寨土百户	旺亲布木	故	子	
乾隆五十七年七月乙丑	四川	磨下寨土百户	阿旺进巴	故	孙	
乾隆五十七年七月乙丑	贵州	洪州长官司长官	李铨	休致	子	
乾隆五十七年八月丁丑	贵州	乐平长官司长官	宋圣宣	故	子	
乾隆五十七年九月己卯	四川	上作革寨土百户	衮布策凌	故	子	
乾隆五十七年九月己卯	湖南	茅冈土千总	覃忠襄	故	子	
乾隆五十七年九月己卯	湖南	卯岗土千总	向正乐	故	子	
乾隆五十七年十月戊子	四川	九姓长官司长官	任履肃	故	子	
乾隆五十七年十二月丙子	湖南	靖安隘土把总	向广福	故	子	
乾隆五十八年二月丁卯	云南	湾甸土知州	景廷玉	病休	子	
乾隆五十八年三月辛丑	四川	商巴寨土千户	那木拉亚克	故	子	
乾隆五十八年三月辛丑	四川	阿树郎达寨土百户	索诺木达尔结	故	妻	无子
乾隆五十八年五月壬子	云南	归化县老窝土千总	段纪	故	子	
乾隆五十八年六月丁丑	广西	全茗土知州	许承祜	故	子	
乾隆五十九年四月壬戌	贵州	镇远府属六品土官	杨宪	故	子	
乾隆五十九年五月甲午	贵州	白纳长官司副长官	赵殿元	故	子	
乾隆五十九年五月癸卯	广西	结安土知州	张治宁	故	子	
乾隆五十九年五月丙午	云南	乌罗长官司长官	杨文升	故	弟	
乾隆五十九年六月庚申	广西	定罗司土巡检	徐能文	参革	弟	

43

续表

日期	地区	职衔	姓名	缘由	承袭者身份	说明
乾隆五十九年十月丁巳	四川	泥溪长官司长官	王恒	故	孙	
乾隆五十九年十一月戊申	甘肃	碾伯县属土司	朱孙林	故	子	实录未注明职衔
乾隆五十九年十一月戊申	贵州	大谷龙长官司长官	宋昕	病休	子	
乾隆五十九年十二月甲子	甘肃	西宁县土司	祁执中	故	子	实录未注明职衔
乾隆五十九年十二月甲子	云南	腾越州大塘隘土把总	刘尔游	故	子	
乾隆五十九年十二月甲子	四川	大田正土百户	马群英	故	族人	
乾隆五十九年十二月甲子	贵州	白纳长官司长官	周廷玉	故	弟	
乾隆六十年五月壬申	云南	景东厅属土知府	陶士樗	故	弟	管土知府事
乾隆六十年五月甲戌	贵州	镇远府属五品土官	何经	故	侄	
乾隆六十年十一月庚申	广西	思恩府白山司土巡检	王伟	不详	子	
乾隆六十年十二月乙酉	广西	思恩府属那马土巡检	黄昌运	参革	子	
嘉庆元年三月甲子	云南	镇康土知州	刀闷铣	故	子	
嘉庆元年四月甲申	广西	太平土知州	李禔	故	孙	
嘉庆元年五月辛亥	云南	北胜州土州同	章兆祥	因病告替	子	
嘉庆元年六月丙戌	云南	广通县属沙矣旧土巡检	苏敬	革退	子	
嘉庆元年七月辛未	云南	景东厅属土知府	陶士云	故	子	
嘉庆元年八月甲戌	云南	景东厅属三岔河土巡检	杨起彬	故	子	
嘉庆元年九月庚午	贵州	瓮安县正八品土官	犹纯仁	故	子	
嘉庆元年九月辛未	广西	凭祥土知州	李樟	因病告替	子	
嘉庆元年十一月乙巳	云南	云南县土主簿	张诏	因病告替	孙	

续表

日期	地区	职衔	姓名	缘由	承袭者身份	说明
嘉庆元年十二月壬午	贵州	潭溪长官司副长官	石音钟	故	子	
嘉庆元年十二月癸未	广西	上林土知县	黄九如	故	子	
嘉庆二年三月乙丑	云南	开化府属土经历	周尚德	故	子	
嘉庆二年五月丁巳	广西	江州土知州	黄一鹏	因病告替	子	
嘉庆二年八月己未	云南	永北厅属永宁土知府	阿启昌	故	子	
嘉庆三年四月丁酉	贵州	亮寨长官司长官	龙世宁	休致	子	
嘉庆三年五月甲子	云南	禄丰县南平关土巡检	李东来	故	子	
嘉庆三年五月癸未	四川	马边厅阿招土百户	六固	故	子	
嘉庆四年二月辛丑	云南	北胜土知州	高兴	故	弟高善	
嘉庆四年二月辛丑	云南	新兴州土州判	王雨民	故	子	
嘉庆四年七月丁丑	广西	全茗土知州	许承佑	故	子	
嘉庆四年七月丙戌	贵州	镇远府属五品土官	何道纲	故	侄	
嘉庆四年十一月癸未	广西	忻城土知县	莫若恭	故	侄	
嘉庆四年十二月丁亥	广西	罗阳土知县	黄焕琮	革退	子	
嘉庆五年二月乙未	广西	佶伦土知州	冯峻柱	因病告替	子	
嘉庆五年二月丁酉	广西	向武土知州	黄坤宁	故	子	
嘉庆五年二月庚子	广西	太平府上龙司土巡检	赵纯嘏	故	弟	
嘉庆五年二月乙巳	广西	忠州土知州	黄璂	故	子	
嘉庆五年三月丙辰	广西	那地土知州	罗起城	故	子	
嘉庆五年闰四月甲寅	广西	安平土知州	李廷栏	故	子	
嘉庆五年闰四月丙寅	四川	竹木坎土巡检	孙天德	故	子	
嘉庆五年七月甲申	广西	思恩府属定罗司土巡检	徐能文	革退	子	
嘉庆五年七月戊申	广西	思恩府属安定司土巡检	潘清淇	故	子	

续表

日期	地区	职衔	姓名	缘由	承袭者身份	说明
嘉庆五年十一月辛丑	广西	上映土知州	许维藩	故	子	
嘉庆六年二月己未	云南	蒙化厅属土知府	左元生	故	孙	
嘉庆六年三月辛丑	贵州	偏桥长官司长官	安定远	因病告替	子	
嘉庆六年三月辛丑	四川	土百户	安中	故	子	
嘉庆六年七月辛巳	广西	上下冻土知州	赵嗣献	故	子	
嘉庆六年十月乙巳	四川	巴底宣慰使	阿多	故	子	
嘉庆六年十月丙寅	四川	阿思洞寨土千户	阿双	故	子	
嘉庆六年十月丙寅	四川	丢骨寨土千户	郎仲布	故	子	
嘉庆六年十一月甲戌	贵州	安化县土主簿	杨泰运	因病告替	子	
嘉庆六年十一月甲戌	云南	景东厅属保甸土知事	姜之岐	故	弟	
嘉庆六年十一月丁丑	甘肃	土千户	韩昱	故	子	特旨赏四品顶戴
嘉庆六年十一月戊寅	贵州	余庆县正九品土官	杨报廷	故	子	
嘉庆七年五月己卯	湖南	忠路司土千总	覃殿雄	故	弟	
嘉庆七年五月己卯	湖南	添平所土把总	文显举	故	子	
嘉庆七年五月己卯	湖南	麻寮所土把总	赵鹰璧	故	孙	
嘉庆七年五月己卯	贵州	偏桥长官司副长官	杨希贤	休致	子	
嘉庆七年七月乙亥	贵州	安化县属土巡检	陆宗荣	革退	子	
嘉庆七年十月乙丑	四川	拉哩土百户	曲仲札什	故	子	
嘉庆八年二月癸卯	贵州	麻响长官司长官	得玉锦	故	子	
嘉庆八年闰二月甲戌	四川	巴旺宣慰使	雍中结	故	弟	
嘉庆八年闰二月甲戌	甘肃	庄浪厅一眼井土千户	王正武	故	子	
嘉庆八年闰二月甲戌	甘肃	平番县属西陆渠土百户	何毓璠	故	子	
嘉庆八年闰二月甲戌	贵州	太平伐长官司长官	宋之符	革退	子	

续表

日期	地区	职衔	姓名	缘由	承袭者身份	说明
嘉庆八年三月乙未	广西	庆远府属永定土司	韦尔昌	因病告替	子	实录未注明职衔
嘉庆八年八月丙子	广西	东兰土州同	韦永镇	故	子	
嘉庆八年八月丙子	广西	都康土知州	冯永吉	故	子	
嘉庆九年十二月丁巳	贵州	印江县土县丞	张希贤	故	子	
嘉庆十年四月丙子	云南	定远县土主簿	李毓英	因病告替	子	
嘉庆十年七月甲子	广西	向武土知州	黄坤宁	故	子	
嘉庆十年十一月甲戌	四川	云昌寺土千户	色浪	故	子	
嘉庆十年十一月甲戌	四川	静州长官司长官	董勤诗	故	子	
嘉庆十年十一月甲戌	贵州	乖西长官司长官	杨淞	因病告替	子	
嘉庆十年十一月乙亥	广西	那地土知州	罗起珹	故	子	
嘉庆十年十二月己亥	云南	景东厅属土知州	陶应昌	故	子	
嘉庆十一年八月戊寅	四川	松茂道属土通判	王玑	故	子	
嘉庆十一年八月甲寅	四川	阳地隘口长官司长官	王玙	故	子	
嘉庆十二年七月己巳	云南	平彝县土县丞	海绍昌	因病告替	子	
嘉庆十二年十月丁亥	四川	河西土百户	杨衣祖	故	子	
嘉庆十二年十月乙未	云南	上江登埂土千总	段允庄	故	侄	
嘉庆十二年十一月丁卯	四川	下蟾对安抚使	巴尔衮	故	孙	
嘉庆十二年十一月丁卯	四川	阿招土百户	业坐	故	弟	
嘉庆十二年十一月丁卯	四川	绰司甲布宣抚使	雍中瓦尔甲	故	子	
嘉庆十二年十二月壬申	云南	纳楼茶甸长官司副长官	普泽	老病告替	侄孙	
嘉庆十二年十二月甲申	贵州	杨义长官司长官	金坤	故	子	
嘉庆十二年十二月丙戌	四川	白桑土百户	葱旺	故	子	
嘉庆十二年十二月丙戌	湖南	添平所土千总	柳河图	故	弟	
嘉庆十三年四月己丑	广西	思安府属安定司土巡检	潘允福	革退	子	
嘉庆十三年闰五月甲戌	四川	科林坪土百户	杨芝贵	故	侄	
嘉庆十三年闰五月甲戌	四川	窝卜土百户	乌咘叱	故	子	

47

续表

日期	地区	职衔	姓名	缘由	承袭者身份	说明
嘉庆十三年闰五月丙子	云南	云龙州属漕涧土把总	左绳祖	故	孙	
嘉庆十三年七月辛卯	广西	定罗司土巡检	徐能文	革退	子	
嘉庆十三年十二月辛亥	云南	蒙化厅土县丞	阿钟琳	故	子	
嘉庆十三年十二月辛亥	云南	邓川州从九品土官	杨鼎甲	故	子	
嘉庆十四年十月乙卯	贵州	顶营长官司长官	罗景福	故	子	
嘉庆十五年八月癸未	四川	上纳夺安抚使	噶尔吗策登汪结	故	子	
嘉庆十五年八月癸未	四川	越巂厅土百户	周文玉	故	孙	
嘉庆十五年九月乙卯	湖南	麻寮所土把总	黎文炳	已故	孙	
嘉庆十五年十月丙午	甘肃	土指挥使	纳献彩	不详	子	
嘉庆十五年十二月甲午	广西	太平府土知州	闭成锈	故	子	
嘉庆十五年十二月乙亥	四川	威龙州长官司长官	张如山	故	子	
嘉庆十五年十二月乙亥	云南	云龙州土千总	段理	故	子	
嘉庆十六年三月乙卯	云南	景东厅保甸土巡检	陶中选	故	子	
嘉庆十六年九月癸巳	云南	南越宣抚使	刀维翰	故	弟	
嘉庆十六年十二月戊申	贵州	木瓜长官司副长官	顾天明	故	子	
嘉庆十六年十二月戊申	贵州	麻向长官司长官	得荣	故	子	
嘉庆十六年十二月己未	广西	阳万土州判	岑熙	故	子	
嘉庆十六年十二月甲子	四川	巴细蛇任坝寨土百户	踏爱	故	子	
嘉庆十六年十二月甲子	四川	白路土百户	申祖	故	子	
嘉庆十六年十二月甲子	四川	藏咱寨土目	由仲绊	故	孙	
嘉庆十六年十二月甲子	四川	羊峒中岔寨土百户	丹柘笑	故	孙	
嘉庆十七年三月己丑	云南	富州土知州	沈毓栋	年老告替	子	
嘉庆十七年三月庚子	广西	结安土知州	张承璧	不详	子	

续表

日期	地区	职衔	姓名	缘由	承袭者身份	说明
嘉庆十七年七月丁酉	云南	开化府土经历	周绍宗	革退	弟	
嘉庆十七年十二月乙巳	贵州	盘江从九品土官	李佐	因病告替	子	
嘉庆十七年十二月乙卯	广西	下雷土州	许瑞麟	故	子	
嘉庆十八年四月乙丑	广西	思恩州土知州	黄钟永	故	子	
嘉庆十八年十一月戊辰	广西	万承土知州	许修仁	故	弟	
嘉庆十八年十二月己亥	广西	思陵土知州	韦一彪	因病告替	子	
嘉庆十九年闰二月丙戌	湖北	忠冈司土千总	田世桂	故	子	
嘉庆十九年闰二月丙戌	甘肃	西宁称多族百户	洛智策旺	故	子	
嘉庆二十年四月丙辰	云南	大理府蒲蛇崆土巡检	杨旸	故	孙	
嘉庆二十年四月庚午	云南	楚雄府镇南关从九品土官	杨文辉	故	子	
嘉庆二十年四月壬申	贵州	新化长官司长官	欧阳澍	革退	子	
嘉庆二十年五月丁酉	广西	思恩府兴隆司土巡检	韦可法	革退	子	
嘉庆二十年五月己酉	贵州	镇远府偏桥左土官	杨廷瑄	因病休致	子	
嘉庆二十年七月癸卯	贵州	程番长官司长官	程仁澍	故	子	
嘉庆二十年七月癸卯	湖南	添平所龙溪隘土把总	郑武铉	故	子	
嘉庆二十年十月庚午	甘肃	河州属珍珠打剌二族指挥使	韩成璋	故	子	
嘉庆二十一年三月乙巳	四川	长宁安抚使	苏朝仕	故	弟	
嘉庆二十一年七月己巳	云南	永宁土知府	阿良辅	故	子	
嘉庆二十一年十一月乙丑	甘肃	河州土百户	王斌	故	子	
嘉庆二十一年十一月乙丑	西藏	琼布色尔查族土百户	彭楚旺结	故	弟	
嘉庆二十一年十一月乙丑	西藏	噶鲁族百户	索诺木札克巴纳木札尔	故	子	
嘉庆二十一年十二月乙酉	广西	归德土知州	黄昌	故	子	

续表

日期	地区	职衔	姓名	缘由	承袭者身份	说明
嘉庆二十一年十二月乙酉	贵州	黄平州重安司土吏目	张若龄	病休	子	
嘉庆二十二年三月癸酉	云南	广通县沙矣旧土巡检	苏遇禄	故	孙	
嘉庆二十二年十二月丁丑	四川	咱哩土千户	古应洪	故	子	
嘉庆二十三年四月癸巳	云南	浪穹县江嘴土巡检	何天泉	故	子	
嘉庆二十三年六月戊辰	四川	大定沙坝土千户	苏尚荣	故	孙	
嘉庆二十三年六月戊辰	贵州	顶营长官司长官	罗天骐	故	子	
嘉庆二十三年六月壬申	四川	卓克基长官司长官	色郎纳木尔吉	故	妻	
嘉庆二十三年六月壬申	湖南	麻寮所樱桃隘土把总	张武绳	故	孙	
嘉庆二十三年六月壬申	湖南	麻寮所靖安隘土把总	向祚华	故	孙	
嘉庆二十三年六月戊子	四川	松冈长官司土妇	索郎各色尔满	以病告替	养子	
嘉庆二十四年四月甲申	云南	广通县回蹬关从九品土官	杨廷桂	故	兄	
嘉庆二十五年十一月甲戌	云南	户撒长官司长官	赖兴祚	故	子	
道光元年二月癸卯	四川	瓦述余科安抚使	俄木桑珠	故	子	
道光元年四月戊申	甘肃	平番县属西陆渠土司	何廷相	故	子	实录未注明职衔
道光元年六月丙戌	广西	佶伦土知州	冯廷琚	故	子	
道光元年六月丙戌	广西	罗阳土知县	黄云汉	故	子	
道光元年九月辛亥	广西	思恩府下旺司土巡检	韦应辅	故	弟	
道光元年九月癸酉	甘肃	指挥同知	何大臣	故	子	
道光元年十月甲申	贵州	底寨长官司长官	蔡如林	故	子	
道光元年十一月乙卯	云南	临安府属纳更山土巡检	龙恩	故	弟	

续表

日期	地区	职衔	姓名	缘由	承袭者身份	说明
道光二年二月甲午	云南	永善县属阿兴土千户	安清	故	子	
道光二年三月丁未	云南	镇康土知州	刀冈济	故	子	
道光二年闰三月丁丑	甘肃	平番县属硖口土司	鲁纪文	故	子	实录未注明职衔
道光二年闰三月己丑	广西	上下冻土知州	赵承烈	故	弟	
道光二年闰三月己丑	四川	寒盼寨土千户	喇嘛笑	故	孙	
道光二年四月乙卯	云南	新平县土县丞	杨圣举	故	孙	
道光二年五月辛丑	云南	北胜土知州	高善	革退	以故土知州高兴子袭职	
道光二年十月甲子	四川	龙安府土司	薛祥	革退	孙	实录未注明职衔，疑为龙州宣抚使
道光二年十二月丙辰	云南	镇南州阿雄关从九品土官	者英文	故	子	
道光三年十月丙辰	湖北	孝感县东流司土把总	田受采	故	子	
道光三年十一月癸酉	贵州	沙营长官司土妇	沙安氏	故	婿	
道光三年十二月壬寅	贵州	黄道长官司长官	刘能任	告替	子	
道光四年五月癸亥	云南	平彝县土县丞	海沛元	故	子	
道光四年闰七月丙午	四川	瓦寺宣慰使	索诺木荣宗	故	子	
道光四年闰七月丙午	四川	琼布色尔查族百户	彭错汪札	故	弟	
道光四年闰七月丙辰	四川	瓦述崇喜长官司长官	汪甲	故	子	
道光四年九月壬子	湖南	麻寮所拦刀隘土把总	覃长乘	故	弟	
道光四年九月壬子	湖南	麻寮所贴堂土把总	毕松茂	故	孙	
道光四年九月壬子	四川	瓜别安抚使	已光宗	故	子	

续表

日期	地区	职衔	姓名	缘由	承袭者身份	说明
道光四年十月庚午	广西	太平府属上龙司土巡检	赵纯昌	参革	子	
道光五年二月乙丑	四川	泥溪长官司长官	王文质	故	弟	
道光五年三月丁酉	甘肃	西宁玉舒族土百户	诺尔布加木错	被贼失散	兄	
道光五年三月丙辰	甘肃	碾伯县指挥同知	阿进廷	休致	子	
道光五年四月丙戌	贵州	黄道长官司长官	黄崇格	故	子	
道光五年四月丙戌	贵州	古州长官司长官	杨再昌	故	子	
道光五年五月戊申	云南	禄丰县南平关从九品土官	李世忠	故	弟	
道光五年六月庚申	广西	凭祥土知州	李燕	故	子	
道光五年十月丁丑	广西	思恩府属那马土巡检	黄瑜	襛革	子	
道光五年十月戊寅	云南	大理府属定西岭土巡检	李仙升	故	孙	
道光五年十二月戊辰	云南	楚雄县土县丞	杨天泽	故	子	
道光六年二月甲戌	四川	鄂克什安抚使	苍旺杨玛尔甲	故	子	
道光六年二月甲戌	四川	大羊肠鲁咯土百户	庚儿	故	子	
道光六年四月庚申	甘肃	碾伯县属指挥同知	祁肇衍	故	子	
道光六年五月乙酉	四川	峨嵋喜寨土千户	索朗	故	子	
道光六年六月甲子	贵州	平定长官司长官	吴泰凝	故	子	
道光六年八月癸酉	湖南	桑植县下峒土把总	向正旸	故	孙	
道光六年九月庚子	云南	腾越厅属大塘隘土把总	刘学聪	告替	子	
道光七年二月庚午	广西	果化土知州	赵启贤	故	子	
道光七年三月丁丑	云南	禄丰县南平关从九品土官	李世美	故	弟	

续表

日期	地区	职衔	姓名	缘由	承袭者身份	说明
道光七年三月辛巳	甘肃	平番县属西伍渠土百户	杨万昌	故	子	
道光七年三月乙酉	四川	阿都正长官兼副长官	都泰凝	年老告替	孙	
道光七年四月辛亥	四川	龙安府土通判	王国和	故	子	
道光七年四月丙辰	云南	广南府属土同知	侬世熙	故	子	
道光七年四月甲戌	云南	北胜州土州同	章昶	故	子	
道光八年二月壬申	甘肃	平秋县属大营湾土司	鲁宪章	故	子	实录未注明职衔
道光八年二月壬申	甘肃	庄浪厅土千户	王天佑	故	子	
道光八年三月乙卯	四川	瓦述曲登长官司长官	工布罗布	故	弟	
道光八年三月乙卯	湖北	忠峒司土千总	田连保	故	弟	
道光八年三月乙卯	甘肃	大通县属土千户	才他尔加布	告休	弟	
道光九年四月壬辰	四川	暖带密土千户	岭金玉	故	子	
道光九年六月乙亥	四川	绰斯甲宣抚使	诺尔布斯丹臻	故	子	
道光九年八月癸未	云南	湾甸土知州	景庆长	不详	兄	
道光九年八月甲申	广西	茗盈土知州	李以仁	不详	孙	
道光九年十一月甲午	贵州	烂土长官司长官	张治泽	故	子	
道光九年十二月癸酉	甘肃	西昌县土司	吉晴云	故	子	实录未注明职衔
道光九年十二月己卯	甘肃	庄浪厅土千户	管志	故	兄	
道光十年三月癸巳	广西	罗白土官	梁懋英	故	侄	
道光十年三月壬寅	广西	都结土知州	农恩注	告病	子	
道光十年三月丙午	云南	腾越厅土司	刀如莲	故	子	实录未注明职衔
道光十一年九月甲戌	广西	下石西土知州	闭显荣	故	子	
道光十二年九月丁未	云南	蒙化厅属南涧土县丞	阿钟琳	故	弟	

53

续表

日期	地区	职衔	姓名	缘由	承袭者身份	说明
道光十二年九月己酉	四川	巴旺宣慰使	罗卜藏那木札尔	故	子	
道光十二年九月己酉	四川	普济州长官司长官	吉荣秋	故	子	
道光十二年九月己酉	四川	平夷长官司长官	王元臣	故	子	
道光十二年十一月癸巳	四川	革布什咱安抚使	阿葱诺尔布	告退	子	
道光十二年十二月庚申	四川	口外辖慢寨土百户	更顿札舍	故	子	
道光十二年十二月庚申	云南	云南县土县丞	杨天锡	故	子	
道光十三年五月壬辰	云南	景东厅属保甸土巡检	陶镇	不详	子	
道光十三年五月甲午	广西	思恩府属兴隆司土巡检	韦柱	故	侄	
道光十三年七月甲戌	云南	定远县土主簿	李纯	故	子	
道光十三年七月丙子	贵州	丰宁下长官司长官	杨盛名	因病告替	子	
道光十三年七月丙子	甘肃	西宁府洞巴族百长	卓特巴色布腾	因病告替	子	
道光十三年七月丙子	甘肃	西宁府洞巴族百长	噶尔楚克	故	子	
道光十三年七月丙子	甘肃	西宁府洞巴族百长	噶尔麻纳木札尔	故	子	
道光十三年七月丙子	甘肃	西宁府苏鲁克族百户	索诺木春比尔	故	子	
道光十三年七月辛卯	云南	十二关长官司副长官	李龙文	因病告替	子	
道光十三年七月戊戌	广西	思恩府下旺司土巡检	韦应弼	故	弟	
道光十三年八月癸卯	四川	大盐井土百户	叶朝栋	故	弟	

续表

日期	地区	职衔	姓名	缘由	承袭者身份	说明
道光十三年八月甲辰	贵州	大平伐长官司长官	宋安远	故	子	
道光十四年四月戊午	广西	思恩府属定罗司土巡检	徐典章	革退	嗣子	
道光十四年五月癸未	云南	车里宣慰使	刀绳武	夺职远逃	叔（土舍刀太康）之子	子弟不准袭，另择族人
道光十四年八月甲寅	云南	平彝县土县丞	海沛沅	故	子	
道光十五年十二月壬戌	云南	云龙州箭杆场土巡检	字恩隆	故	子	
道光十六年二月乙亥	广西	思恩府属白山司土巡检	王言纪	故	子	
道光十六年六月戊午	广西	思恩府属旧城司土巡检	黄中炯	故	子	
道光十六年六月癸亥	四川	中村土百户	马成鹏	故	孙	
道光十六年六月癸亥	四川	古柏树土千户	郎廷芳	故	子	
道光十六年八月乙亥	四川	大羊肠噜喀土百户	木租	故	弟	
道光十六年九月壬寅	四川	迷易土千户	安国泰	故	子	
道光十六年九月甲辰	云南	耿马宣抚使	罕恩保	故	弟	
道光十七年六月丁卯	云南	蒙化厅属土知府	左长泰	故	子	
道光十七年七月壬午	云南	广通县回蹬关土巡检	杨朝旺	故	孙	
道光十七年十一月癸巳	四川	酥州坝土千户	姜复兴	故	弟	
道光十七年十一月癸巳	贵州	都素长官司长官	周默布	年老	子	
道光十七年十二月甲寅	四川	平夷长官司长官	王朝柱	故	子	
道光十八年七月戊申	云南	邛水长官司副长官	袁本芳	故	叔	
道光十八年七月戊申	四川	河东长官司长官	安世荣	故	妻	
道光十八年七月戊申	四川	墟郎土百户	沈元贵	故	继子	
道光十八年九月己亥	云南	顺州土州同	子开泰	故	子	

55

续表

日期	地区	职衔	姓名	缘由	承袭者身份	说明
道光十八年九月戊午	云南	永昌府属孟定土知府	罕翁	因病告替	子	
道光十九年二月乙酉	甘肃	平番县土百户	何万策	故	弟	
道光十九年二月乙酉	甘肃	永昌县土千户	地木押里泮	故	弟	
道光十九年九月丁未	云南	姚州土州同	高维藩	故	子	
道光十九年十二月辛丑	甘肃	河州土千户	韩辉宗	故	子	
道光十九年十二月己卯	云南	丽江府土通判	木睿	故	子	
道光二十年三月戊午	四川	龙茂道长官司长官	王维世	故	子	
道光二十年五月庚寅	广西	思恩府属兴隆司土巡检	韦柱	故	子	
道光二十年六月庚辰	云南	景东厅属板桥驿土驿丞	云灿南	故	孙	
道光二十年十一月庚寅	云南	明光隘派赖寨土把总	杨占和	故	子	
道光二十年十二月庚午	甘肃	碾伯县指挥同知	阿英贤	故	子	
道光二十年十二月庚午	云南	盏达宣抚副使	刀思镇方	告休	子	
道光二十一年四月戊申	广西	安平土知州	李廷植	革退	弟	
道光二十一年五月丙子	贵州	镇远府属六品土官	杨凤翔	故	子	
道光二十一年五月辛巳	广西	向武土知州	黄清献	革退	弟	
道光二十一年七月癸酉	四川	三大枝土百户	印照学	故	子	
道光二十一年九月戊午	云南	临安府属纳更山土巡检	龙夔	故	孙	
道光二十一年九月戊寅	湖南	添平所细沙隘土把总	伍万岐	故	弟	
道光二十二年五月丙辰	广西	佶伦土知州	冯镶	故	子	
道光二十二年五月丁巳	贵州	永宁州盘江从九品土官	李镇衡	故	子	

续表

日期	地区	职衔	姓名	缘由	承袭者身份	说明
道光二十二年六月庚子	甘肃	碾伯县属指挥同知	李绳武	故	子	
道光二十二年十一月甲戌	云南	广通县属沙矣旧土巡检	苏庭桂	故	子	
道光二十二年十二月辛巳	云南	赵州定西岭土巡检	李泰源	故	弟	
道光二十三年十一月乙亥	四川	河西土百户	杨正禄	故	子	
道光二十四年四月甲子	甘肃	岷州土百户	赵呈瑞	故	子	
道光二十五年三月甲申	甘肃	平番县西五渠土百户	杨国宝	故	子	
道光二十五年三月甲申	四川	毛革阿按塞土千户	立窝亚	故	子	
道光二十五年七月辛巳	云南	景东厅属保甸土巡检	陶廷翙	故	子	
道光二十五年七月乙酉	云南	临安府属纳更山土巡检	龙章	故	弟	
道光二十五年十月庚戌	云南	广南府土同知	侬兆桂	故	子	
道光二十五年十一月甲子	广西	思恩府定罗司土巡检	徐千治	故	弟	
道光二十五年十一月己巳	四川	石砫厅土通判	马裕昭	年老告替	子	
道光二十六年二月癸丑	广西	忻城土知县	莫世禧	故	子	
道光二十六年三月壬午	贵州	黄道长官司长官	刘绍勋	故	子	
道光二十六年七月庚戌	广西	龙英土知州	赵奉矩	故	弟	
道光二十六年十一月己酉	四川	党坝长官司长官	斯丹增讷尔布	故	子	
道光二十七年四月辛酉	四川	大村土百户	马成贵	故	子	
道光二十七年四月辛酉	四川	架州土百户	李印春	故	子	
道光二十七年四月辛酉	四川	继事田土百户	沈宗发	故	子	
道光二十七年四月甲子	湖南	麻寮所樱桃隘土把总	黎定荣	故	孙	
道光二十八年六月己酉	四川	水草坪土巡检	苏国琓	故	弟	

57

续表

日期	地区	职衔	姓名	缘由	承袭者身份	说明
道光二十八年六月丁巳	甘肃	洮州厅土副千户	杨国成	故	子	
道光二十八年八月丙午	四川	竹木坎土巡检	应长	告替	侄孙	
道光二十八年十二月己未	云南	鹤庆州属未入流土官	田荣	故	侄	
道光二十九年五月己未	广西	南丹土知州	莫芳圃	故	子	
道光二十九年七月辛丑	四川	拈佑恶革寨土百户	拆旺蚌	故	侄孙	
同治七年十一月甲戌	四川	雷波厅千万贯长官司长官	杨石金	故	子	
同治十一年十一月丙戌	贵州	余庆县土主簿	杨茂元	故	侄	
同治十二年十二月辛卯	四川	茂州牟托土巡检	温联科	故	子	

说明：1. 表中注明实录记载时间，为节省篇幅，资料出处从略。

2. 本文旨在研究承袭制度推行情况，除特殊情况外，承袭者姓名从略。

3. 土司所在地区或因时变化，本表均依记载时间之归属，仅"湖广"据实际所在注明"湖北""湖南"。

注：① "不详"指实录未注缘由，下同。

② 《清高宗实录》卷715，乾隆二十九年七月戊寅条作"云南瓮安县"，误。瓮安县属贵州平越府（嘉庆三年改为平越州）；另，宋承勋之袭职，《清高宗实录》卷457，乾隆十九年二月己酉条作："以参革贵州瓮安县草塘司土县丞宋承烈堂弟宋承勋袭职。"今据改。

③ 《清高宗实录》卷1167，乾隆四十七年十月乙酉条作"陕西庄浪厅"，系沿旧称，时甘肃已从陕西行省中划出为甘肃行省。

上表所列858个事例中，除了重复提到的某一土司（如茅冈安抚司、永顺宣慰司、容美宣慰司、乌蒙土府、忻城土县、罗阳土县、亮寨长官司、烂土长官司等）外，共涉及558家土司。承袭事例涉及云南、贵州、广西、四川、湖南、湖北、甘肃、青海、西藏，囊括了所有的土司地区。按朝代统计，顺治朝无，康熙朝有30例，雍正朝55例，乾隆朝479例，嘉庆朝138例，道光朝153例，咸丰朝无，同治朝3例，光绪朝无。

二 《清实录》收录原则及体例

在对土司承袭事例进行分析之前，有必要对《清实录》收录此类事件的原则和体例作一说明。

1. 收录原则

《清实录》之所以收录大量土司承袭事例，是由其收录原则决定的，也就是说，土司承袭事例，是《清实录》所需收录的重要内容之一。这从历朝实录的"修纂凡例"中可以清楚看出。

自顺治朝的《清世祖实录》至光绪朝的《清德宗实录》，每朝实录的"修纂凡例"，均列有数十项所谓"书""亦书""皆书"的内容，此即表明该书的收录原则。其中《清世祖实录》所列最少，只有39项，其次是《清世宗实录》55项，而《清德宗实录》所列最多，有86项，其他各朝实录均为60余项。

《清世祖实录》"修纂凡例"中，有一项："满汉文武官制、衙门及土官设立、更改者书。"按此原则，该书只收录土司设立及更改的内容，而未及土司承袭事。这是由于清初的特殊情况所决定的。清入关后，为尽快稳定大局，在向西南用兵的过程中，对明代保留下来的土司，凡"奉印纳款"者，即"仍予世袭，制因前代"①。同时，给为清廷效力者更定土司职衔或新设为土司，因此"土官设立、更改者"是这一时期的重要历史内容，至于土司承袭制度则还在酝酿制定中。鉴于明代土司承袭中的问题，至顺治十六年始定，土司应袭子弟，"年十三以上者令入学习礼，由儒学起送承袭"②。同时，要求各土司："每遇岁终，各将世系履历及有无子嗣开报布政司注册，三年入觐时报部，以凭稽核。"③既然土司承袭制度有待健全，《清世祖实录》不收承袭事例也就可以理解了。

《清圣祖实录》之"修纂凡例"称："边远地方土司、酋长归化投诚书，宣抚、宣慰、招讨使授职、袭职书，改土归流亦书。"与上相比，收录原则的这一变化，恰恰反映了康熙的历史实际。这一时期，清代有关土司制度的各项规定日趋完善，对不法土司亦有改流者。因此，《清圣祖实录》增加了土司承袭及改土归流的事例。

《清世宗实录》"修纂凡例"较《清圣祖实录》略有变动："边远地方土司、酋长及宣抚、宣慰、招讨等使授职、袭职书，改土为流亦书。"这

---

① 雍正《太平府志·沿革》。
② 《清世祖实录》卷126，顺治十六年五月壬午。
③ 《清世祖实录》卷127，顺治十六年八月戊子。

里没有"归化投诚书"的内容，毕竟，归化投诚是征服过程中的事，在雍正朝已不是重要的内容，而当时大规模进行的改土归流，则在《清世宗实录》中有大量记载。《清高宗实录》及其后历朝的实录，均依《清世宗实录》，但无"改土为流亦书"句。显然，时过境迁，改土归流在乾隆朝及以后已不再是土司制度中的主要内容了。

《清实录》的"修纂凡例"表明，土司承袭事例是其收录的内容之一，但这并不表示此类史事均全面收录。可以肯定地说，858例承袭史事只是有清一代土司承袭事例的一部分，甚至只是一小部分。清朝所设的土司，一直处于变动之中，既有新设者（包括分袭），亦有改流者。尽管一时难以统计出清代土司的准确数字，但清代的土司至少有数百家，其承袭次数也应有数千例，《清实录》的记载远没有达到这一数字，这应该与《清实录》的编纂和篇幅有直接关系。首先，"修纂凡例"中所谓的"书""亦书"，只是表示这方面的内容应收，不可能概录无遗，实际所录只能择其要者。这一原则，并非土司承袭一事，即如"文武大臣以老乞休书""降革亦书"之类史事亦然。实录是应诏命而编纂的重要史书，而非文件档案大全，既有收载也有舍弃是合理的，也是必要的。此书所载的土司承袭事例，已可清楚地反映土司承袭制度执行的情况，我们不能奢望《清实录》成为土司的世系承袭表，这毕竟不是《清实录》的功能。其次，有关土司承袭事例的记载是以档案为基础的，因此历朝修实录时，土司承袭档案是否完备齐全，也是涉及承袭事例收录多少、如何选择的关键问题。我们在台湾"中央研究院"所藏清代内阁大库档案中，看到乾隆二年（1737）十月十一日兵部回复实录馆的一份档案："准实录馆移称，'本馆恭纂《世宗宪皇帝实录》，凡各边徼土司承袭土官世职等事例应载入'等因，应行文湖广、甘肃等省各该督抚，自康熙六十一年起至雍正十三年止，将承袭土官姓名、年月日期造册送部，以便汇送，先行咨贵馆。"① 又有吏部验封司乾隆二年十月初一日移会实录馆的档案："今将雍正十一年三月十一日以后起至十三年止各省土司承袭文职土官姓名、年月日期造具清册一本，移送查照。"② 显然，实录馆在纂修实录时，行文吏、兵二部，征调土司承袭

---

① 此档案登录号：236695-001。按：武职土司承袭事隶兵部武选司。
② 此档案登录号：175481-001。按：文职土司承袭事隶吏部验封司。

档案，而吏、兵二部又向各地督抚征调。在这一过程中，难免有征调不全和不及时的情况发生。至于咸丰、光绪两朝土司承袭事例的缺失，或许与档案征调有关，或许"修纂凡例"只是抄袭前朝实录，修纂时并未将承袭史事列入必书的内容。此外，还会有土司私袭不报的情况发生。如清末，"云南永北厅属北胜州土司章天锡，两世私袭"①。未载土司承袭史事的《清德宗实录》却记载了这一史实。最后，也是最重要的原因，所谓"应书""必书"内容实际收录多少，还取决于实录的篇幅和容量。如《清圣祖实录》收录康熙朝六十一年间土司承袭事30例，而《清高宗实录》收录乾隆朝六十年间土司承袭史事479例，毕竟《清圣祖实录》只有300卷，而《清高宗实录》则多达1500卷。

2. 体例问题

《清实录》关于土司承袭事例的记载，有相对统一的体例。事例的资料来源是档案。档案的记载不仅体现了土司承袭的申报、批准程序，而且按承袭制度的基本条例对各方面情况进行了详细阐述。实录则不同，其编纂者只是将档案所述内容高度概括，将涉及承袭制度的几个基本要素进行排列，即哪个地区的哪个土司（注明职衔），由于何种原因（主要是身故、老病、革职），由何人承袭。除《清世宗实录》，其他历朝实录凡记载土司承袭事例者，除个别情况外，均只有一句话，如：

"以故湖广忠路安抚司土官覃承国子覃世藩袭职。"②

"以参革贵州瓮安县草塘司土县丞宋承烈堂弟承勋袭职。"③

"以病休四川蛮夷长官司文煜子德厚袭职。"④

"以故广西庆远府属忻城土知县莫若恭侄世禧袭职。"⑤

"以告替云南腾越厅属大塘隘土把总刘学聪子开辅袭职。"⑥

"以故贵州余庆县土主簿杨茂元侄春鸿袭职。"⑦

---

① 《清德宗实录》卷286，光绪十六年六月癸丑。
② 《清圣祖实录》卷159，康熙三十二年六月丙申。
③ 《清高宗实录》卷457，乾隆十九年二月己酉。
④ 《清高宗实录》卷517，乾隆二十一年七月壬辰。
⑤ 《清仁宗实录》卷55，嘉庆四年十一月癸未。
⑥ 《清宣宗实录》卷106，道光六年九月庚子。
⑦ 《清穆宗实录》卷344，同治十一年十一月丙戌。

个别记载也有对承袭人作简要说明的事例，如：

"广西凭祥土知州李桂故，无子，以其弟李樟袭职。"①

"广西太平府罗阳土知县黄恩宪故，子泽远年幼，以族弟宏宪护理印务。"②

对于一些承袭过程复杂的事例，《清实录》则有详细的记载。如康熙年间容美宣慰使田舜年承袭案，《清圣祖实录》即记载了其事发、变故、调查、裁决的全过程。③

《清世宗实录》所载体例则与其他各朝有所不同，除上述基本要素外，又对题奏过程及批复情况有简要介绍。如：

"云贵总督高其倬题：'云南蒙化土知府左嘉谟故，请以其子左麟哥承袭。'下部知之。"④

"两广总督孔毓珣题：'广西茗盈土知州李演鼎患病休致，请以其子李天荫袭替。'下部知之。"⑤

以上属于按承袭条例正常承袭者，特殊情况亦有说明，如：

"两广总督孔毓珣题：'广西庆远府忻城土知县莫振国故，其子莫景隆年幼，请以其弟莫振邦暂行管理印务。'下部知之。"⑥

"云贵广西总督鄂尔泰题：'云南永北府北胜土知州高熙勋故，其孙高龙跃承袭年幼，请以高龙跃母木氏协里。'下部知之。"⑦

这里之所以强调《清实录》的书写体例，是要说明，尽管《清实录》所记土司承袭事例较为简单，但涉及承袭制度的基本内容均已包括，它对我们研究清代土司承袭制度的推行情况仍不失为重要史料之一。

三　土司承袭事例分析

《清实录》所载858例土司承袭史事，包含了大量信息，不仅充分体

---

① 《清高宗实录》卷239，乾隆十年四月辛酉。
② 《清高宗实录》卷211，乾隆九年二月甲子。
③ 见《清圣祖实录》卷212，康熙四十二年四月戊戌；卷225，康熙四十五年四月丙辰，四十五年五月壬申；卷228，康熙四十六年二月辛亥。
④ 《清世宗实录》卷31，雍正三年四月辛巳。
⑤ 《清世宗实录》卷35，雍正三年八月丁亥。
⑥ 《清世宗实录》卷42，雍正四年三月乙卯。
⑦ 《清世宗实录》卷104，雍正九年三月丁亥。

现了土司承袭制度的推行情况，而且还印证了土司制度的某些变化。下面，我们就此作些初步的分析。

1. 涉及的省区、土司及职衔

上表所列的858个承袭事例，涉及云南、贵州、广西、四川、湖南、湖北、甘肃、青海、西藏，涵盖了清代推行土司的所有地区。其中云南有184例，贵州133例，广西174例，四川241例，湖南39例，湖北18例，甘肃63例，青海4例，西藏2例。这一数字分布，大体反映了清代各省区所设土司多寡及影响。如涉及数字最多的四川，也是清代设立土司最多的省份，特别是清代新设之土司最多，而且川西北藏区土司在清代一直实行朝觐年班制度，这是云、贵等省土司所未能享受的。

在858个事例中，涉及土司有558家。如果说，《清实录》所载承袭事例只是实际事例的一小部分，那么这些事例所涉及的土司数却在清代实际存在的土司总数中占有相当大的比重。这从一个侧面证明，《清实录》所载土司承袭事例具有一定的广泛性和代表性。

此外，承袭事例所涉及的土司职衔，属武职者有宣慰使、宣抚使（副使）、安抚使、招讨使、长官司长官（副长官）、指挥使、指挥同知、指挥佥事、土千户、土副千户、土百户、百长、土千总、土把总；属文职者有土知府、土同知、土通判、土推官、土经历、土知事、土知州、土州同、土州判、土吏目、土知县、土县丞、土主簿、土巡检、土副巡检、土驿丞。共计三十二个职衔，文武职衔各十六。据《清会典》所载清代文职土司职衔，属土府者有土知府、土同知、土通判、土推官、土经历、土知事，凡六等；属土州者有土知州、土州同、土州判、土吏目，凡四等；属土县者有土知县、土县丞、土主簿、土典史，凡四等。[①] 另有土巡检、土驿丞。可以看出，《清实录》所载土司承袭事例涉及的文职职衔，除土典史未见外，其他均有。又，武职职衔，指挥使下凡七等：指挥使、指挥同知、指挥佥事、土千户、土副千户、土百户、百长。另有宣慰使、宣抚使、安抚使、招讨使、长官司长官，亦分数等，有副使、佥事等。[②] 雍正改土归流后，仿绿营官制，设立了土游击、土守备、土千总、土把总等。

---

① 见光绪《大清会典》卷12，《吏部·验封清吏司》。
② 见光绪《大清会典》卷47，《兵部·武选清吏司·土司》。

可以看出，承袭事例中属武职职衔者，指挥使下七等具在，其他系列或有未见者。总之，清代文武土司职衔在承袭事例中基本都有反映。这也表明，这部分材料具有一定的代表性。

这里需要特别说明的是，从土司承袭事例所涉及的土司职衔中可以看出清代土司制度的一些变化。如承袭例中所载有土目、土舍之承袭，这正是清代创建之土司分袭制度的体现。雍正三年（1725）始定土司分袭例："嗣后，各处土司文武官员嫡长子孙，仍令其照例承袭本职。其支庶子弟中有驯谨能办事者，俱许本土官详报督抚，具题请旨，酌量给与职衔，令其分管地方事务。其所授职衔，视本土官各降二等，一体颁给敕印、号纸。其分管地方，视本土官，多则三分之一，少则五分之一。"① 乾隆七年（1742）即有一例：吏部议准："署两广总督庆复疏报：'土田州知州岑应祺之弟应伟故，请以其子岑洁分管阳万等一百九十八村，给与州判职衔。'"② 州判较之知州刚好低二等。对于降等分袭之土司子弟，"其降等各在其司之等递降，至无等可降，则为土舍、土目，不给职衔"③。正是由于分袭制度的建立，土舍、土目也成为土司的最末一个等级，即无职衔、无品级之土司。其后，亦有专设为土舍、土目者。他们是可以世袭的，因而也有承袭的问题。《清实录》所载第一个土目承袭例，见于乾隆五年九月丙戌，④ 第一个土舍承袭例则见于乾隆八年二月甲午。⑤

又如，承袭例中有18个只列品级无职衔"土官"之承袭，这恰恰反映了雍正改土归流后的变化。雍正朝的改土归流，使一部分土司不再管理地方，甚至无实际职掌。至乾隆五十年（1785）规定："各省土官向无村寨管辖者，将原袭文职改授土官。如土通判改授正六品土官，土推官改授正七品土官，土县丞改授正八品土官，土主簿改授正九品土官，土巡检改授从九品土官。不必仍书通判、推官、县丞、主簿、巡检等字样，向有给予印信者，将印信咨送礼部销毁。"⑥ 显然，这里提到的正六品至从九品土

---

① 《清世宗实录》卷36，雍正三年九月乙巳。
② 《清高宗实录》卷168，乾隆七年六月丁酉。
③ 嘉庆《大清会典》卷37，《兵部》。
④ 见《清高宗实录》卷127。
⑤ 见《清高宗实录》卷184。
⑥ 光绪《大清会典事例》卷145，《吏部·土官·承袭》。

官，已没有了原来的职衔，既不管理村寨，也无任何行政权力，故无印信，但他们仍然可以世袭。第一例无职衔土官承袭例，是乾隆五十三年（1788）"贵州余庆县属九品土官杨昭子报廷袭职"①。其后还有17例。18例中，五品土官承袭有2例，六品土官承袭有3例，七品土官承袭有1例，八品土官承袭有1例，九品土官承袭有2例，从九品土官承袭最多，有8例，未入流土官承袭有1例。

2. 土司袭替之缘由

土司职衔可以世袭，但在什么情况下清廷允许土司子弟或族人承袭呢？按制度规定，主要有以下三种情况：一是土司身故之后，这是最主要的原因。此外还有两种情况，一是土司年老有疾，不能料理事务；二是土司缘事革职，允许另择贤者袭替。这在清廷制定的土司承袭条例中有明确的规定。如光绪《大清会典》称："土官故，或年老有疾请代"，准子孙承袭，另外，土司"有罚则处"，其处罚分罚俸、降调、革职留任、革职几等。凡有贪婪、纵容土人潜往外省及土民抢掠等案，则革职，可"择其子弟之贤者承袭"；如系"土官受贿革职，不准其子承袭，择本支叔伯兄弟子孙之贤者承袭"②。雍正四年（1726），清廷又根据鄂尔泰的建议，制定了"分别流土考成"之法。③ 随后进一步明确规定："土司不遵法度、故纵苗倮为盗、劫杀掳掠男女财物、扰害土民者，该督抚查出，即题参革职，别择承袭之人，准其承袭，至有养盗殃民，怙恶不悛者，该督抚据实题参，严拿治罪，或应改土归流，及别立土官，均请旨施行。"④ 显然，在土司身故、年老有疾或被革职的三种情况下，即可启动承袭程序。

土司身故，子孙承袭，这是最常见的承袭事例。在858个事例中，这类情况有684例，占了总数的79.7%。至于身故之原因，《清实录》中并未说明，多以"故"字来表示，少数情况写有"病故"。对于研究土司承袭制度而言，似可不必深究土司身故之原因。如果全面探讨土司制度推行情况，某些土司身故之原因还是值得关注的。如清代档案记载，道光元年

---

① 《清高宗实录》卷1315，乾隆五十三年十月丁未。
② 光绪《大清会典》卷12，《吏部·验封清吏司》。
③ 见《朱批谕旨》第25册，雍正四年八月初六日鄂尔泰奏，及《清世宗实录》卷51，雍正四年十二月戊寅。
④ 光绪《大清会典事例》卷589，《兵部·土司·议处》。

(1821)，四川建昌道右所土千户八鸣瑞因奉调出征云南永北，"在军前患暑症告假，调治不逾病故"，因无子，以其弟八鸣熙承袭。① 这类情况并不少见，至少反映了土兵征调制度的推行情况，以及清代土司对朝廷的顺从。又如，承袭事例中多有承袭人年幼的情况，至少反映土司身故时年龄并不大，这也是值得关注的一个现象。这并非本文所要探讨的内容，故不赘言。

至于"年老有疾"，实际可以从两个方面看，一是年老，二是有疾。年老体力不支，未必有疾，而有疾者也未必年老。当然，也有一些人是既年老又有疾。凡属"年老有疾"者，必须由本人申请袭替。《清实录》中，对"年老请代"者多用"年老""年老辞职""年老告休""休致""乞休""告休""告替"等表述方式；对"有疾请代"者，则用"患病""患病乞休""因病乞休""以疾休致""患病解职""病废""病废乞休"等表述方式；属于"年老有疾"者，则称"老病请休""老病告替""老病乞休"。这类袭替缘由，《清实录》中共载有113例，占858例的13%，大体可以反映清代土司的承袭情况。

对于"年老有疾请代"的具体情况，《清实录》除个别案例外，均未作具体说明，而实际上情况是多种多样、比较复杂的。如"年老休致"的问题就没有一个标准。土司制度是世袭制，故而土司就是终身制。清代的土司制度中就没有对土司"年老休致"年龄的规定，这与一般官员是不同的。因此，以"年老"提出"休致"的土司，全凭个人意愿。这里除了真正年老、体力不支的情况外，还会有其他的因素存在。如康熙四十五年（1706），容美宣慰使田舜年请以其子田昺如承袭，就是因为"暮年始生子田昺如，爱惜太过"②。另外，防止日后子孙的争袭，恐怕也是一些土司及早解决袭替问题的一个原因。

至于土司因病呈请袭替的情况，也值得关注。这里试以《清世宗实录》所载事例对照有关档案进行分析。实录载，雍正三年（1725）"广西茗盈土知州李演鼎患病休致"③；而档案记载则是："广西太平府茗盈土知

---

① 中国第一历史档案馆藏档案，内阁题本，道光元年十一月十七日四川总督蒋攸铦题，档号：02-01-02-3039-017。
② 《清圣祖实录》卷225，康熙四十五年五月壬申。
③ 《清世宗实录》卷35，雍正三年八月丁亥。

州李演鼎染患痰火之症,举动维艰,不能料理州务,呈请休致。"① 雍正四年(1726)"广西太平府凭祥土知州李天锦老病乞休"②;档案记载则是:"广西太平府凭祥土知州李天锦因染瘫症,不能料理州事,具文详请休致。"③ 雍正六年(1728),"广西南宁府忠州土知州黄绍宗因病乞休"④;档案记载则是:"广西南宁府忠州土知州黄绍宗,于雍正五年六月初二日,因患瘫痪病症,难以料理事务,具文恳请休致。"⑤ 从以上事例中可以发现,土司从患病到子孙承袭,时间较长,少则数月,多则一两年。另外,土司所患病症竟然极其相似,一是瘫痪,二是痰症。档案中还有许多记载土司"染患痰症""得染湿气流痰之症"的事例,这或许对研究土司地区的生态环境有所帮助,从而也更加理解,为什么在一些地区要保留土司而不设流官。

对于革职准袭者,情况比较复杂。除衡量犯罪轻重外,清廷还会考虑当时当地的实际情况。如康熙五十八年(1719),四川总督年羹尧等奏报"越巂地方,尽属崇山峻岭。今建昌属邛部宣抚司土司岭安盘革职,若一旦改土归流,恐别生衅端。岭安盘所辖地方宜暂令其弟岭安柱护理,俟岭安盘子岭天长年岁合例之日,另请承袭。"⑥《清实录》所载土司承袭事例大多比较简略,但可以肯定的是,以罪革除后的准袭者均经皇帝批准,《清圣祖实录》记载内容不多,但有一例对土司以罪革除后准袭的过程记载颇详,即容美土司承袭例。康熙四十二年(1703),容美土司田舜年疏请其职由"其嫡子田昺如承袭,其次子田旻如愿入京备使令"。兵部未准其请,而康熙帝以田舜年在平三藩之乱时"颇有劳绩",特予批准。⑦ 康熙四十五年(1706),湖广总督石文晟奏报,田昺如因"贪庸恶劣被参,革职

---

① 中国第一历史档案馆藏清代档案,内阁吏科史书,雍正三年八月十九日署理吏部尚书孙柱等题,图像编号:022-221。
② 《清世宗实录》卷51,雍正四年十二月戊寅。
③ 中国第一历史档案馆藏清代档案,内阁吏科史书,雍正四年十月十七日两广总督孔毓珣题,图像编号:032-233。
④ 《清世宗实录》卷67,雍正六年三月丙寅。
⑤ 中国第一历史档案馆藏清代档案,内阁吏科史书,雍正六年三月十四日吏部尚书傅敏等题,图像编号:040-589。
⑥ 《清圣祖实录》卷284,康熙五十八年五月丁丑。
⑦ 《清圣祖实录》卷212,康熙四十二年四月戊戌。

拿问",原任土司田舜年"理应将伊子正妻所生长孙申详袭职。"但"该土司报称,康熙四十年已将长孙田宜男名字报部。其时田宜男年方十二岁,不久病故,因田宜男名字乃祖父所命,不忍改易,故将次孙仍名田宜男,今实七岁","据此,田舜年明有欺隐诳报之罪"①。经此揭露,田舜年承认:"臣暮年始生子田旻如,爱惜太过,不知其恶,是以题请承袭土司",既然不准田宜男承袭,"祈皇上俯怜,准以土司之职准以第三子田曜如承袭"。康熙帝遂令湖南巡抚赵申乔、湖广提督俞益谟速作调查。② 后经调查,情况明了,兵部奏请"应将田舜年之子田旻如、田曜如、田畅如、田晙如等开列,伏候上裁"。得旨:"容美土司着田旻如承袭。"③ 这一土司革职承袭案终于了结。从这一案例可以看出,清廷对土司承袭,特别是对革职承袭案的处理是十分重视的,程序更是严谨的,毕竟土司承袭之处理,直接关系到边疆地区的稳定。土司革职承袭事例只有41例,占858例的4.78%。

除上述三种按定制承袭的情况外,尚有16例未注明缘由,以及4例特殊情况下的承袭事例。如道光五年(1825),西宁玉舒族土百户"被贼失散"④,由其兄袭职。显然,该土司遭贼袭击后不知所终,只得另找承袭之人。以上情况有20例,占总数的2.33%。

3. 承袭人之身份

清代土司承袭制度的重要内容之一,就是确定承袭者的身份。这是避免土司族内争袭仇杀、保持地方稳定的重要举措。明代在这方面是有教训的。仅《明史·土司传》所载土司族内的争袭事件就有30余起。更为荒唐的是,竟有冒袭事件的发生。如洪武初,广西东兰州土官富挠"遣土目韦钱保诣阙,上故元所授东兰州印",而钱保匿主名,以己名上之朝廷,骗取了土知州的职位。随后,居然"奉朝命赴任,阳阳设施,富挠无如何"⑤。清统治者接受了明代的教训,对土司承袭问题格外重视,并从健全制度着手,较好地解决了这一问题。我们从表中所列承袭人身份中大体可以看出这一情况。

---

① 《清圣祖实录》卷225,康熙四十五年四月丙辰。
② 《清圣祖实录》卷225,康熙四十五年五月壬申。
③ 《清圣祖实录》卷228,康熙四十六年二月辛亥。
④ 《清宣宗实录》卷82,道光五年三月丁酉。
⑤ 毛奇龄:《蛮司合志》卷12,《两广一》。

一方面，清廷在承袭人的宗支嫡庶次序上做出明确规定，总的原则是：当"土司故，或年老有病请代"时，首先是"嫡子、嫡孙承袭；无嫡子、嫡孙，则以庶子庶孙承袭；无子孙，则以弟或其族人承袭；其土官之妻及婿有为土民信服者，亦准承袭"。而革职者，或由"其子弟贤者承袭"，或"择本支叔伯兄弟子孙之贤者承袭"①。这一承袭次序，不得违反，必须严格依次执行。康熙十九年（1680）则进一步明确："土官病故，其子病废不能承袭者，准与孙袭。"②乾隆时再次强调："嫡庶不得越序。"乾隆三十三年（1768）奏准："土官袭替之例，必分嫡次长庶，不得以亲爱过继为词。"③这些补充规定，显然是针对承袭中出现的问题，进而否定了以任何借口违反承袭次序的可能。这应该是清统治者以封建帝王的传统观念强加给土司的。因为在一些少数民族内部，未必都采取嫡长子继承制。从表中所列承袭者身份中可以看出，各地在办理土司承袭手续时，是严格遵循定制的。表中列"子"者共610例，注明"长子""次子""嫡子"者只有8例；列"孙"者有52例，注明"嫡长孙""长孙""庶长孙"者只有8例。以上共计678例，约占总数的79%。显然，子孙承袭者占了绝大多数。按袭替次序而言，这应该是正常的现象。我们注意到，《清实录》中所谓的"子"，是按照承替次序规定、清政府认可的"子"，这里包括了"嫡长子""次子""庶长子""庶子"等，只是根据体例，未能注明。如果对照档案，便可了解这一情况。如雍正五年（1727），云贵总督鄂尔泰题："云南永北府土知府阿锦先故，请以其子阿有威承袭。"④而鄂尔泰题本原文则为："云南永北府土知府阿锦先患病不痊，于雍正五年四月初四日身故……有应袭阿有威，系锦先正妻程氏所生嫡亲长男，并无乞养异姓庶从过继违碍等弊，年已十五，例应承袭父职，彝民悦服，取具宗图册结，同原领号纸，详报前来。臣覆查无异，相应题请，将阿有威准其承袭永北府土知府之职。"⑤可见，永北土知府之"子"为"嫡长子"无疑。

---

① 光绪《大清会典》卷12，《吏部·验封清吏司》。
② 光绪《大清会典事例》卷589，《兵部·土司·袭职》。
③ 嘉庆《大清会典》卷12，《土官承袭》。
④ 《清世宗实录》卷63，雍正五年十一月丁卯。
⑤ 中国第一历史档案馆藏清代档案，内阁吏科史书，雍正五年九月初一日云贵总督鄂尔泰题，图像编号：038-344、345。

雍正六年（1728），两广总督孔毓珣题："广西南宁府忠州土知州黄绍宗因病乞休，请以其子黄鉴袭替。"①而孔毓珣题本原文为："广西南宁府属忠州土知州黄绍宗，因患瘫痪，难以料理事务，具文恳请休致，并请以庶长子黄鉴照例替袭……经委员验得，该土知州黄绍宗果系患病，嫡妻黄氏无嗣，官男黄鉴系绍宗妾李氏庶生长子，应袭父职，与例相符。"② 由此可见，忠州土知州之"子"为"庶长子"。另外，以"孙"袭替者，同样是按规定程序办理的。

当然，也有个别破例者。如乾隆五十四年（1789），广西田州土知州岑宜栋"受伤阵亡"，按规定应由其孙岑裕垲承袭，因其年幼，两广总督福康安奏请，由岑宜栋四子（庶出）岑煜协理，而不得承袭。然而乾隆帝认为，"岑宜栋以边土世职，深明大义，于官兵进讨安南，即带兵助剿；又复策马陷敌，临阵捐躯，情殊可悯！"至于土田州世职，因"第四子岑煜质性醇良，不必复拘嫡庶之例，着即令岑煜承袭，管理州务"③。

除"嫡子孙""庶子孙"承袭外，在承袭事例中，承袭者之身份尚有"叔祖""叔父""叔""兄""庶兄""弟""堂弟""侄""堂侄""夫侄""甥""侄孙""嫡女""继子""养子""妻""族人"等项。显然，这些人也是按承袭次序获准袭职的。这在《清实录》中大多注明了原因，如"湖广忠建宣抚使田世勋病故无嗣，以其侄田兴爵袭职"④。"以故四川松茂道属……阿树郎达寨土百户索诺木达尔结无子，以其妻折旺促袭职"⑤。另有一种特殊身份袭职者，如四川郭拉土百户喇嘛罗布藏桑丹故，以"长徒扎克巴塔尔雅"⑥袭职。这显然与藏区土司的特点有关。

另一方面，鉴于土司子弟年幼袭职，不谙政务，以致弊端丛生，清廷对承袭人的年龄做出明确规定。康熙十一年（1672）题准："土官子弟，年至十五，方准承袭。未满十五岁者，督抚报部，将土官印信事务令本族

---

① 《清世宗实录》卷67，雍正六年三月丙寅。
② 中国第一历史档案馆藏清代档案，内阁吏科史书，雍正六年两广总督孔毓珣题，图像编号：040-398。
③ 《清高宗实录》卷1340，乾隆五十四年十月丙寅。
④ 《清圣祖实录》卷198，康熙三十九年三月辛丑。
⑤ 《清高宗实录》卷1424，乾隆五十八年三月辛丑。
⑥ 《清高宗实录》卷957，乾隆三十九年四月甲辰。

土舍护理，待承袭之人年满十五，督抚题请承袭。"① 这就是说，即使按袭替次序应袭之人，也必须十五岁才能承袭任职。"如有子而年幼，或其族或其母能抚孤治事，由督抚拣委，至其子年及十五岁再令承袭。"② 从《清实录》所载土司承袭事例中可以看出，这一规定也是严格执行的。这里既有承袭人年幼由他人护印的记载，亦有承袭人年满十五岁时准予承袭的记载。前者有15例，后者有6例。如雍正八年（1730），广西太平府佶伦土知州冯朝宪故，"其子冯时昌承袭年幼"，"以其妻黄氏协理"③。乾隆三年（1738），"贵州印江县土县丞张洪鄮故，其子年幼，以其弟张洪功暂行管理印务"④。同年，两广总督鄂弥达疏报："广西都康土知州冯御绥故时，次子冯锠年未及袭，前任云贵广西总督尹继善题明，暂令官男母农氏协理，今已长成，请予承袭。"⑤ 获准。从《清实录》所载土司承袭事例中可以看出，应袭者年幼，多由其母（原土司之妻）或其叔（原土司之弟）护印，亦有"叔祖"协理者，不论何人协理，按规定都要由地方长官查明申报，最后经皇帝批准。

从以上事例中，可以看出两个问题。一是土司地区女性社会地位的提高。在护印的记载中，有8例是由土司之妻或母护印的，连同前文提及的土司无嗣由妻或女承袭，实际上女性任职者更多。这也表明，由于土司承袭制度的推行，从制度上为女性做官提供了机会和法律依据。土司地区的女性可以参政理政，实际掌管或代行土司之职，她们活跃在政治舞台上，成为土司文化的一个亮点。李世愉先生在《土司制度历史地位新论》⑥ 一文中，曾专门论述了这一问题。另一个问题，是清廷推行"流土并治"的历史作用。雍正朝改土归流期间，通过在未设流官的土府州县中新设流官，以及将原设于土府州县中职位低微的流官重新改设，真正形成了"流土并治"的局面，其目的在于加强对土司地区的控制。乾隆初年，广西布政使杨锡绂针对"土司病故，官男年未及岁"的情况提出建议："嗣后土

---

① 光绪《大清会典事例》卷589，《兵部·土司·袭职》。
② 光绪《大清会典》卷12，《吏部·验封清吏司》。
③ 《清世宗实录》卷92，雍正八年三月己巳。
④ 《清高宗实录》卷62，乾隆三年二月壬辰。
⑤ 《清高宗实录》卷82，乾隆三年十二月壬午。
⑥ 此文载《长江师范学院学报》2015年第3期。

司病故，官男年未及岁，该知府查明邻封土司有贤能之员及系官男至戚可以兼署者，详请兼署；或驻扎该土司地方之州同、州判、吏目、巡检等官有贤能之员可以管理者，该知府查明详请管理。"① 这一建议被采纳执行。所谓"驻扎该土司地方之州同、州判、吏目、巡检等官"，即属"流土并治"之流官。在《清高宗实录》中，我们可以看到这样两个事例：乾隆九年（1744），"广西罗白土县梁承烈子梁应干，应袭父职。因年未及岁，族内又无堪以协理之人"，两广总督马尔泰疏请："援照迁隆峝以汉员协理之例，请以江州州同张永昭暂行协理该土县事，以官男祖母李氏护印。"② 得到批准。乾隆二十三年（1758），"广西小镇安土巡检岑光绥故，子幼，以其妻沈氏护印，下雷土州吏目萧余淳协理司事"③。这两个事例，充分体现了"流土并治"的实施及其作用。

四　小结

土司制度在中国延续了六百余年，一些土司家族也代代相传，绵延数十年、上百年乃至三四百年。尽管对土司制度的历史评价现在利弊参半、莫衷一是，但从稳定边疆少数民族地区、维护国家的统一方面来看，其积极作用是必须肯定的。一个制度延续如此久长，非人力所能为，应该有其历史的必然性。

土司问题的研究方兴未艾，但制度层面的研究尚待加强。如果要解读土司家族和土司制度绵延久长的原因，就必须要对土司承袭制度进行剖析，及于此，我们才对"土司承袭"这一课题发生了兴趣。遗憾的是，前人的研究，特别是对清代土司承袭制度，至今无人做过专门的研究。借助于国家社科基金 2012 年度重大招标项目《中国土司制度史料编纂整理与研究》课题的平台，我们首先从《清实录》的资料着手，进行这方面的收集，在整理、归纳资料的同时进行分析，希望能在制度层面的研究上有所突破。

《清实录》是清史研究中不可或缺的重要史料来源之一，这是无可置

---

① 光绪《归顺直隶州志》卷1，"土司世系"附《节录布政使杨锡绂定土司官母护印议》。
② 《清高宗实录》卷214，乾隆九年四月壬戌。
③ 《清高宗实录》卷558，乾隆二十三年三月己丑。

疑的。《清实录》中所载土司承袭事共有858例，涉及所有的土司地区及558家土司，内容丰富。它不仅为我们研究清代土司承袭制度的执行情况提供了重要的史料，同时还反映出有关土司制度诸多方面的内容，特别是清代土司制度的某些变化。由此着手，结合其他文献资料进一步分析，可以作为土司制度整体研究的一个生长点。这是我们今后努力的方向，也是我们热切期待的。

（作者单位：遵义师范大学）

清代普洱茶与滇东南多民族社会

方 铁

摘 要：普洱茶在清代获得很大发展，成为云南地区的"大钱粮"，进贡朝廷及远销各省，享誉省内外。普洱茶很快兴起趋于繁荣，与藏区茶叶消费市场的开拓、普洱茶主要产地社会环境的优化，以及清廷的积极支持和有效管理有关。普洱茶的崛起和兴盛与滇东南多民族社会的发展，两者有如影随形的密切关系。

关键词：普洱茶 滇东南 六大茶山

云南所产普洱茶闻名中外，普洱茶兴起并大量生产始于清代。普洱茶兴起不久便形成很大的生产规模，与茶叶主要产地社会环境的改变存在互动的关系。迄今以详细占有史料为基础，探讨普洱茶相关问题的著述尚不多见。笔者在发表数文的基础上，[①]进一步收集、考订有关史料，对清代普洱茶生产与滇东南多民族社会的关系试为考述。

一

云南东南部气候炎热，雨量充沛，所见植物种类繁多，而且生长迅速，堪称繁盛。据清代记载，今西双版纳的茶山地区有茶王树，"较五茶山独大，本武侯遗种，至今夷民祀之"[②]。所述之"茶王树"，或已生长数

[①] 本文为国家社科基金2012年度重大招标项目《中国土司制度史料编纂整理与研究》（12&ZD135）的阶段性研究成果。参见方铁《清代云南普洱茶考》，《清史研究》2010年第4期；《清代云南普洱茶的兴盛及其原因》，《明清论丛》第十辑，紫禁城出版社，2010；《云南古代的饮茶与制茶》，《楚雄师范学院学报》2012年第1期；《雍正朝改土归流的原因、策略和效用》，《河北学刊》2012年第3期。

[②] 道光《云南通志》卷70，《食货志六之四·普洱府·茶》，云南省图书馆藏本。下同。

百年甚至上千年。"茶王树"多为野生植株，也有一部分是人工种植的。当地居民长年采摘古老茶树的茶叶，主要是供佐食或充当药物，作为普遍饮品的时间应较晚。

唐代云南地区出现采茶供饮的记载。据唐代《蛮书》卷七《云南管内物产》："茶出银生城界诸山，散收无采造法。蒙舍蛮以椒姜桂和烹而饮之。"南诏所建银生城位今云南景东地区，蒙舍蛮（南诏贵族）令人采其地界诸山出产之茶，与花椒、姜、肉桂同烹供饮。既言"散收无采造法"，可见所产之茶主要是供蒙舍蛮消费，采摘与加工茶叶尚无定法，表明尚未形成有明确供销关系的产业。另据宋代李石《续博物志》卷七："茶出银生诸山，采无时，杂椒姜烹而饮之。"《续博物志》的记载可能引自《蛮书》，或另有所据，但反映的是大理国时期云南地区的情形。若如此，说明大理国沿袭南诏贵族饮茶的习俗，其采摘、供饮的方式并无改变。绍兴三年（1133），大理国诸蛮赴泸南（在今四川泸州以南）售马，大理国马队所携的货物中有茶叶。① 大理国诸蛮常赴泸南等地向宋朝官府出售马匹，所携带的茶叶为风味土产，产量及交易的数量均有限。另据记载，大理国地区消费的茶叶，主要是从今广西地区输入。据道光《云南通志》："尝疑普茶不知显自何时，宋自南渡后，于桂林之静江军，以茶易西蕃之马，是谓滇南无茶也。故范公志桂林，自以司马政，而不言西蕃之有茶。"② 认为宋廷南渡之后，广西官府以当地所产茶叶换取西蕃（按：指大理国）的马匹，表明大理国地区不产茶。撰于南宋时的《桂海虞衡志》，因此仅记载广西马政的情形，而不言大理国之茶。宋代《方舆胜览》谈到西南地区所产茶叶，仅说"蒙顶茶，受阳气全，故茶芳香"③。《记纂渊海》称："蜀雅州（治今四川雅安）蒙岭产茶最佳，其常在春夏之交方茶生。"④ 宋代四川雅州出产的蒙顶茶已为内地所知，这一时期未见言及云南东南地区产茶的记载。

明代全国饮茶的方式发生改变，直接影响到各地茶叶的生产与销售。宋人饮茶，习惯将茶叶碾碎揉之制为上品，称"大小龙团"；而视散片之

---

① 毕沅：《续资治通鉴》卷112，绍兴三年四月条，岳麓书社排印本，1992，第506页。
② 道光《云南通志》卷70，《食货志六之四·普洱府·茶》。
③ 祝穆：《方舆胜览》卷55，《雅州·土产》，中华书局，2003，第978页。
④ 《记纂渊海》卷90，《茶》。

75

茶为下等茶，"故缙绅皆不贵之"。洪武二十四年（1391），因制造龙团茶颇费民力物力，明太祖朱元璋下诏罢造龙团茶，以后仅许采茶芽以进。明代各地饮茶，流行"惟取初萌之精者汲泉置鼎、一瀹便啜"的方式。明人称此法采焙俱选用茶叶的嫩芽，"无碾造之劳，而真味毕现"，这一改变，"遂开千古茗饮之宗"。①自明太祖颁诏，碾碎茶叶、揉制为龙团的生产工艺乃告结束；采芽茶晾晒保存，用时投入滚水啜饮，便逐渐演成通行的习尚，进而影响到各地茶叶的生产、加工与销售。

明代饮茶，既流行水开即饮、添水复饮的方式，盖碗茶中的茶叶是否耐泡，以及滋味醇厚与否，便为茶客所关注。云南东南部的茶树属于多年生的大叶种茶，主要特点是生长迅速、采摘期长并可多年栽培，无须施肥除虫，而且茶叶味酽耐泡，历十余泡茶味仍不少衰。滇东南的大叶种茶采摘之后，经集中堆放略为发酵（行话称为"渥堆"），便可销售泡饮；同时茶叶中的微生物黑茶菌仍继续存活，受黑茶菌活动的影响，随年限的增加茶味逐渐醇化。因此，大叶种茶不仅种植及加工简单，制成后可长期保存，而且数年后滋味更为醇厚，上述特色正好适应了散茶饮用的要求。大叶种茶还有一个特点，即有助消化和驱赶风寒。清代仕宦云南的吴大勋，称滇东南的大叶种茶能消食理气，去除积滞，驱散风寒，"最为有益之物。煎熬饮之，味极浓厚，较他茶为独胜"②。《普洱茶记》称："普洱茶名遍天下，味最酽，京师尤重之。"清人甚至说："普洱茶膏能治百病，如肚胀受寒，用姜汤发散，出汗即愈；口破喉颡，受热疼痛，用五分噙口过夜即愈；受暑擦破皮血者，研敷立愈。"③但滇东南大叶种茶的迅速崛起，并非始于流行盖碗茶的明初，而是在其后数百年的清代，其中必有耐人寻味的缘由。

滇东南出产的大叶种茶在明代并不知名，有诸多记载为证。据《万历野获编》，明代全国向朝廷进贡之茶，以产自闽地者居多，建宁府（在今福建）、庐州是重要的产茶地。宜兴、长兴两地所产贡茶，虽各仅有百十斤，但因质量上乘，"皆今之所珍"。散茶主要产自太湖与龙溪，淮南岳

---

① 沈德符：《万历野获编·补遗》卷1，《列朝·供御茶》，中华书局标点本，1959，第799页。
② 吴大勋：《滇南闻见录·团茶》，云南省图书馆藏本。
③ 赵学敏：《本草纲目拾遗》卷6，《普洱茶》，中国中医药出版社，2007，第205页。

麓、荆湖、德州等地也有出产。《万历野获编》列举全国知名的产茶之地,未见提到云南。① 明人许次纾所撰《茶疏》,称云南所产之五华茶(按:实为产自昆明太华寺之太华茶),与湖南的宝庆茶齐名。② 《万历野获编》等史籍则说大理的感通寺产茶。谢肇淛亦称云南知名之茶,有昆明太华茶与大理感通寺茶,但"(价)值不廉"。谢肇淛于万历年间任云南省右参政,天启元年(1621)因改任广西按察使离滇。足见在明天启元年前,滇东南地区所产之茶尚不③流行。

另据《明史·食货四·茶法》言,全国产茶地区上缴茶课,广西、贵州皆纳钞,"云南则征银"。《明会典》载:云南茶马司纳银17两有余。④ 看来以盖碗茶啜饮散茶的习俗,明代已传入云南地区,因饮茶者众多,致使茶叶的产量增加,云南乃向朝廷缴纳茶课,每年仅纳银十余两。明代知名的云南茶叶,见于记载的有昆明太华寺所出的太华茶,与大理感通寺所产的感通茶。崇祯十一年(1638),徐霞客在昆明啜饮太华茶,称"茶冽而兰幽,一时清供"。⑤ 据《明一统志》卷八六:"感通茶,感通寺出,味胜他处产者。"康熙《云南通志》载:"太华茶,出太华山,色味俱似松萝。""感通茶,出太和感通寺。"⑥ 至于滇东南出产的大叶种茶,由于产量有限,识者无多,以致《万历野获编》等史籍失载。明代云南边远地区交易仍流行贝币,经济较繁荣的腹地才使用银两,亦可证明上缴茶课的地区,主要限于昆明、大理等省内腹地;若滇东南出产的大叶种茶也须纳税,则不会纳以银。清初,达赖喇嘛奏请于北胜州(治今云南永胜)设互市交易茶马,吴三桂建言,"令商人于云南驿盐道领票,往普洱及川、湖产茶地方采买,赴北胜互市",亦称"本省普洱地方,产茶不多"⑦,亦可证。

二

在社会环境与边疆治理方面,清代云南发生不同于前代的剧变,由此

---

① 《万历野获编·补遗》卷2,《户部·茶式》,第850页。
② 许次纾:《茶疏·产茶》,载《茶经·附录》,中国纺织出版社,2006,第126页。
③ 谢肇淛:《滇略》卷3,《产略》,云南省图书馆藏抄本。
④ 《明会典·课程六》卷37,《户部二十四》,《万有文库》本。
⑤ 徐霞客:《徐霞客游记·滇游日记四》,云南人民出版社校注本,1985。
⑥ 康熙《云南通志》卷12,《云南府》,卷12,《大理府》,云南省图书馆藏本。
⑦ 刘健:《庭闻录·收滇入缅》,载《云南备征志》,《云南丛书》本。

推动普洱茶迅速兴起。尤其是云南成功开拓向藏区销售茶叶的市场，为普洱茶的发展提供了难得的契机。

唐宋时期，北部草原的游牧民族普遍习惯喝茶，借以解腻和帮助消化。明代尤甚。《明史》说："番人嗜乳酪，不得茶，则困以病。故唐、宋以来，行以茶易马法，用制羌、戎，而明制尤密。"① 长期以来，藏区所需的大量茶叶主要靠四川地区供应。明末因遭受战乱破坏，四川运销藏区的茶叶大幅度减少。清初吴三桂出任云南总管，总揽云南军民诸事。他看准这一商机，主要还是考虑借此联络达赖喇嘛，为将来谋反做准备，于是策划向西藏成批输出茶叶。顺治十八年（1661），达赖喇嘛等受吴三桂唆使，奏准在北胜州（治今云南永胜）试行以马换茶。康熙四年（1665），清廷批准在云南的北胜州与中甸等地，举办云南与西藏两地的茶马互市。②

滇东南出产的大叶种茶因价廉耐泡，被选为输出成茶的主要原料。据《庭闻录》：吴三桂与达赖喇嘛暗商后上奏：云南所需之马，每年须奏请朝廷遣官往西宁购买，难免长途跋涉之劳。今达赖喇嘛既愿通市，"臣愚以为允开之便"。不久又奏：云南普洱之地虽产茶不多，毕竟较别省采买为便，建议"令商人于云南驿盐道领票，往普洱及川、湖产茶地方采买，赴北胜互市，官为盘验，听与番人交易"。所言赴川、湖产茶地方采买是虚，鼓吹采买普洱之茶是实。奉旨准。滇东南所产之茶，遂得以大量生产并销往藏区。③ 滇东南的大叶种茶由于大量销藏，乃逐渐创出名气。商界以其主要产地普洱府（治今云南宁洱）有普洱山，普洱山所产茶性温味香，"名曰普洱茶"，亦称"普茶"④。为压缩包装方便运输，茶商将初采的散茶上笼略蒸，进而压制为茶块或茶饼，乃开创普洱茶或压制为茶块、茶饼的先河。

康熙二十年（1681），吴三桂叛乱失败。康熙帝随即下诏，追查吴三桂暗通达赖喇嘛之事。北胜州、中甸等地的茶马互市一度停办。⑤ 在查清达赖喇嘛与吴三桂反叛无涉后，北胜州、中甸等地的互市逐渐恢复；举办

---

① 《明史》卷80，《食货志·茶法》，中华书局点校本，1974，第1947页。
② 《清史稿》卷124，《食货五·茶法》，中华书局标点本，1977，第3655页。
③ 《庭闻录·收滇入缅》。
④ 《御定佩文斋广群芳谱》卷18，《茶谱》，《四库全书》本。
⑤ 《清史列传》卷7，《蔡毓荣传》，中华书局点校本，1987，第435页。

茶马互市的地点，还增加了鹤庆、丽江、金沙江（在今丽江以东）等多处。康熙二十二年（1683），康熙帝诏准西宁的蒙古族商人，可赶马至鹤庆等地交易茶叶。①雍正二年（1724），云贵总督高其倬上疏奏报安抚中甸等事，其中有"旧行滇茶，视打箭炉例，设引收课"等语，②可见中甸等地的茶马互市照常进行。云南与藏区之间的茶马贸易，有力地推动了滇东南大叶种茶的种植与生产，云南也逐渐成为全国知名的茶叶产地，与江苏、安徽、江西、浙江、福建、四川、两湖等传统的茶叶产地并列。③

清朝积极经营与开发云南边疆，为普洱茶的崛起与持续发展创造了有利的社会环境。清朝享国276年，前半期为古代中国最后的鼎盛时期。经过2000余年的发展演变，中国的疆域渐趋巩固和稳定。清朝诸帝以传承中华文明为己任，自视为祖宗疆土的守护者。乾隆帝说得豪迈而自信："开边黩武，朕所不为；而祖宗所有疆宇，不敢少亏尺寸。"④在完成对吴三桂所遗残破局面的整顿后，清朝将治理云南的重点，从靠内地区转移到边疆和僻地。清朝重视经营及与经济繁荣，雍正以后全国人口剧增，道光时达到前所未有的四亿。为寻求新的生存空间，流民向人口稀少的地区自发迁移。朝廷为禁止迁徙屡颁通告，但仅是空话而已。云南官府则以提供资金和耕牛等为条件，吸引流民入滇垦种。⑤雍正朝前期朝廷在云贵等地大规模进行改土归流，初衷便是解决一些地方的土司或酋领，与朝廷争夺土地、矿藏等资源，阻挠道路开通及外来移民进入，以及专横不法、危害社会与影响边防等问题。⑥

雍正六年（1728）正月，云贵总督鄂尔泰上疏，称云南东部之东川、乌蒙和镇雄，西部的镇沅、威远、恩乐、车里、茶山与孟养，"皆系凶夷盘踞，素为民害"，欲规划全省边疆，务使此数处永远宁谧。自用兵改流以来，东部渐次平定；而西部的车里、茶山、孟养等地，界连交趾、老挝

---

① 《康熙帝为准请复开鹤庆等地贸易互市事给达赖喇嘛敕谕》，中国第一历史档案馆等编《清初五世达赖喇嘛档案史料选编》，中国藏学出版社，1998，第100页。
② 《清史稿》卷292，《高其倬传》，第10302页。
③ 《清史稿》卷124，《食货五·茶法》，第3651页。
④ 《清高宗实录》卷377，日本东京大藏株式会社影印本。
⑤ 光绪《云南通志稿》卷39，《田赋·事例》，雍正十年条引高其倬奏疏，云南省图书馆藏本。
⑥ 方铁：《雍正朝改土归流的原因、策略和效用》，《河北学刊》2012年3期。

与缅甸，叛夷流窜于澜沧江内外，不仅随意劫人烧寨，还经常杀伤官兵，"肆其凶残，莫可踪迹"。又说澜沧江内外各设土司，除车里宣慰司（治今云南景洪）外，还有茶山、孟养、老挝、缅甸诸处土司。土司之间争相雄长，以强凌弱，茶山、孟养等地皆被车里吞并，乃至"凶夷肆恶，渐及内地"。车里土目刀正彦蓄谋已久，尤为凶顽，"此人不除，尤难以善后"。建议将刀正彦等尽数擒获，将六大茶山千余里之地尽行查勘，"以图一劳永逸"①。

云南巡抚朱纲随后上奏，称茶山夷人经常"梗化滋事"，解决之法是"抚绥擒剿"，在茶山等地设置营汛与州县，"务使已归者无旧主之思，未归者生欣羡之意"②。雍正六年（1728）三月，鄂尔泰再次上疏，进一步指出滇东南的六大茶山之地，如倚邦、攸乐、孟养、九龙江与橄榄坝等处，延绵千余里俱属要地，肥饶之处亦不少，"且产茶之外，盐井、厂务皆可整理"。平定之后，在六大茶山建置城垣与军营，可收"既可固边疆之藩篱，并可成遐荒之乐土"之效。③

朝廷对车里等地的改土归流，乃在上述背景之下展开。雍正六年（1728）五月，鄂尔泰传檄车里地区，令土兵堵截澜沧江之外的后路，清军则各持斧锹开路，焚栅填沟，连破险隘，进抵孟养之地。六大茶山中最大者为攸乐山，所管40余寨反叛。清军尽日不能遍搜一山箐，且搜兵既至，叛夷已遁。清军乃以降夷为向导，深入其地数千里，无险不搜。平定其地以后，清朝以"江外宜土不宜流，江内宜流不宜土"为原则，除江外保留车里土司以外，将澜沧江以内的诸土司全部改流；结束了澜沧江内外地区的土司"无事近患腹心，有事远通外国，自元迨明，代为边害"的不良情形。④

成功施行改土归流后，清廷在车里等地渐次设治并悉心治理。鉴于车

---

① 《云贵总督鄂尔泰为窝泥既靖、规画宜周、敬陈管见奏事》，（雍正六年正月初八日），《朱批谕旨》鄂尔泰折五，故宫文物馆编，故宫印刷所1930年印。
② 《云南巡抚朱纲为查茶山夷猓每多梗化滋奏事》，（雍正六年三月初三日），《朱批谕旨》朱纲奏折。
③ 《云贵总督鄂尔泰为首凶就擒、外域效命奏事》，（雍正六年三月二十八日），《朱批谕旨》鄂尔泰奏折六。
④ 《雍正西南夷改流记上》，载魏源撰《圣武记》，中华书局标点本，1984，第283页。

里、茶山等十二版纳之地，地面广，原俱隶属车里宣慰司管辖；土司刀金宝不能兼顾各处，"以致属夷肆横"。鄂尔泰乃奏准朝廷，将思茅、普藤、整董、猛乌和六大茶山，以及橄榄坝六版纳划归流官管辖，其余江外六版纳仍属车里宣慰司。随后升普洱为府，移元江协副将驻之。思茅界接茶山，为车里地区的咽喉要地，清廷乃将普洱原设的通判移驻思茅，设巡检、安千总各一员，负责捕盗及管理思茅、六大茶山的事务。[1] 橄榄坝为该地区的门户，"最关紧要"，乃立为州治，设知州一员。又于九龙江设千总，镇沅府、威远各设守备。设治之后，元江协的防地已减十之五六，朝廷乃撤销元江协，车里等地的重要地位骤显突出。境外诸国闻之震动，老挝、景迈赴清廷贡象。[2] 雍正八年（1730），云南巡抚张允随奏准修筑普洱府城、攸乐城与思茅城。以后，云南巡抚尹继善奏准将普洱府城改建为石城，修葺和加固思茅土城，并于诸城四面添筑炮台；对镇沅等地的城垣也进行维修或改建。[3] 普洱设府及移通判于思茅，使官府对其地的控制明显加强，《滇云历年传》感叹："（普洱、思茅等地）与内地之通都大邑，亦何异哉！"[4]

乾隆年间，清廷又调整六大茶山的设治，起因却是为躲避瘴气。据乾隆四十二年（1777）守臣阿桂等的奏疏：雍正年间鄂尔泰曾在茨通建攸乐营，后因瘴气甚盛，尹继善奏准撤归思茅，"以避瘴疠"。阿桂等称自乾隆三十九年（1774）于茨通设普安营，都司要员"瘴故"二人，原设兵丁400余名，"每年瘴故者不下百余人，其余亦多染病"，乃奏准撤销普安营汛，其地夷众仍归土司管辖。[5]

对滇东南普洱茶的生产与销售，清朝制定多项措施，从各方面给予积极的支持。因思茅地区界连诸处茶山，鄂尔泰于雍正五年（1727）奏准，

---

[1] 《云贵总督鄂尔泰请添设普洱府流官营制疏》，（雍正五年十一月十三日），《朱批谕旨》鄂尔泰折五。
[2] 《云贵总督鄂尔泰为钦奉圣谕、备陈愚知奏事》，（雍正六年六月十二日），《朱批谕旨》鄂尔泰折七。《雍正西南夷改流记上》。
[3] 《云贵总督尹继善筹酌普思元新善后事宜疏》，雍正《云南通志》卷29，《艺文·疏》，云南省图书馆藏本。倪蜕辑《滇云历年传》卷12，云南大学出版社，1992，第606页。
[4] 倪蜕辑《滇云历年传》，第602页。
[5] 《阿桂、李侍尧为酌移普安营汛、仍复车里土司、以资控制而筹久远奏事》，（乾隆四十二年五月二十二日），《宫中档乾隆朝奏折》，故宫博物院，1982。

将普洱原设的通判移驻思茅,以加强对思茅与六茶山地方事务的管理。其时六大茶山所产茶叶,每年约有六七千驮。雍正七年(1729),鄂尔泰又奏准在思茅设总茶店,由通判亲自主持,管理当地的茶叶交易,并颁布"不许人上山,以杜绝衅端"的规定。客商买茶,每驮须纳茶税银三钱,由通判负责管理,试行一年后,由地方官府将征税定额报部。① 思茅总茶店设立后,通判朱绣一度以"商民盘剥生事"为由,将新旧商民尽行驱逐,令茶户将所制之茶尽数运至总店,领取价值银两,"私相买卖者罪之"。朱绣施行的新政造成极大的混乱,② 不久,又恢复商民在普洱茶产地坐放收发、向普洱官府纳税后转运各地的传统做法。据乾隆三十七年(1772)入滇为官的吴大勋说,普洱府所属思茅地区的茶山极广,"夷人管业,采摘烘焙,制成团饼,贩卖客商,官为收课"③。可为证。

雍正十三年(1735),朝廷设普洱厅,管辖车里、六顺、倚邦、易武、勐腊、勐遮、勐阿、勐龙、橄榄坝九土司及攸乐、土月共八勐之地,至此六大茶山均纳入普洱厅管辖范围,普洱厅逐渐成为普洱茶购销的重要集散地。朝廷还就普洱茶的包装与税银做出规定:七个圆饼置为一筒,重49两,征收税银一分;每32筒发一茶引,每引收税银三钱二分。从雍正十三年(1735)开始,朝廷颁给云南3000份茶引,颁发各茶商以行销办课。④ 因普洱茶滋味醇厚,且有止喉炎利消肿的功效,清廷规定每年进贡。贡茶所需的银两,由布政司库铜息项下开支,每年思茅厅领银1000两,负责贡茶的采办转发,包括将优选茶叶制为茶团或茶膏,以及筹办包装所用的锡瓶、缎匣、木箱等物。⑤

三

有清一朝,堪称是普洱茶产地风云变幻的时代。随着治理的深入与开

---

① 《云贵总督鄂尔泰请添设普洱府流官营制疏》,(雍正五年十一月十三日)。倪蜕:《滇云历年传》,第602页。
② 倪蜕:《滇云历年传》,第602页。
③ 吴大勋:《滇南闻见录》卷下,《团茶》。
④ 《钦定大清会典事例》卷242,《户部·杂赋茶课·茶课》,商务印书馆排印本,1908。
⑤ 道光《云南通志》卷70,《食货志六之四·普洱府·茶》。吴大勋:《滇南闻见录·团茶》。

发的加快，普洱茶产地的社会状况不断改变。对不同时期普洱茶产地凸现的社会矛盾，清廷与地方官府积极应对，在历史画卷上留下了多笔的浓墨重彩。

明末清初，滇东南的车里、茶山等地尚处于阶级社会初期，流行随意争斗和掠夺的风俗。雍正初年鄂尔泰上疏，称六大茶山外人罕至，"地寒土瘠，不产五谷"①。车里宣慰司辖地的窝泥（今哈尼族），"盘踞万山之中，深匿丛险之内，入则借采茶以资生，出则凭剽掠为活计"②。又称当地民风"狡诈犷悍，反复无常"，橄榄坝叛夷尤为"凶顽横肆"。雍正六年（1728）正月，鄂尔泰在奏疏中说：镇沅、威远、恩乐、车里、茶山与孟养等处，"皆系凶夷盘踞，素为民害"。车里、茶山与孟养等地，"各种蛮贼凭陵江外，忽出忽没，并无定所，肆其凶残，莫可踪迹"③。

当地的大小土司亦纷争不已。普洱沿边十三版纳之地，原归车里宣慰司管辖。宣慰司长官刀维屏父子及其兄弟，因被他人逼挟而弃职潜逃，加剧了混乱的局面。④ 茶山反叛则起于土目刀正彦。刀正彦倚恃占有澜沧江外之地，"横行边境，号令群贼，劫害商民，始欲计图宣慰，后致杀伤官兵，总因逼近外域，素通诸夷，故积恶频年，无敢过问"⑤。雍正六年（1728）八月，驻防攸乐、茶山的普威营参将邱名扬奏称：车里的橄榄坝等地为"巨恶"刀正彦占踞，"指使窝泥劫杀客商，拒捕不法"。面对上述形势，清廷的应对之策是进行周密策划，果断用兵镇压，剿灭叛乱的土司及凶夷，以尽快恢复社会安定。刀正彦被清军擒获后，"六茶山及各版纳夷民俱各安生业"⑥。

随着普洱茶产地社会渐趋安定，普洱茶的生产相应获得发展。古茶树所摘之茶不敷需求，产茶地区的夷民试种大叶种茶获得成功，乃在平地大

---

① 《云贵总督鄂尔泰为窝泥既靖、规画宜周、敬陈管见奏事》，（雍正六年正月初八日）。
② 《云贵总督鄂尔泰为报明进剿窝泥逆贼奏事》，（雍正五年十一月十一日），《云贵总督鄂尔泰请添设普洱府流官营制奏疏》，（雍正五年十一月十三日），《朱批谕旨》鄂尔泰折五。
③ 《云贵总督鄂尔泰为窝泥既靖、规画宜周、敬陈管见奏事》，（雍正六年正月初八日）。
④ 《阿桂、李侍尧为酌移普安营汛、仍复车里土司、以资控制而筹久远奏事》，（乾隆四十二年五月二十二日）。
⑤ 《云贵总督事鄂尔泰为首凶就擒、外域效命奏事》，（雍正六年三月二十八日）。
⑥ 《云贵总督鄂尔泰为奏闻奏事》，（雍正六年九月初三日），《朱批谕旨》鄂尔泰折八。

量种植，以满足茶商争购的需要。《清稗类钞》说："普洱茶产于云南普洱府之普洱山，性温味厚，坝夷所种。"① 为提高普洱茶的质量，茶农改变粗放经营的传统做法，对所种茶叶勤于锄草和捉虫，"旁生草木，则味劣难售"。普洱茶成品的存置亦多讲究，"或与他物同器，即染其气而不堪饮矣"。受茶叶产地、采摘时间等因素的影响，普洱茶又分为不同的等级。生于赤土或土中杂石者最佳，于二月间采摘，茶蕊极细而白的茶叶，谓之"毛尖"，充作贡品。制作贡品的任务完成后，方许民间采摘及贩卖。茶人将所采之茶上笼蒸之，揉为团饼，其叶犹嫩、味亦佳者，称为"芽茶"。三四月采摘及加工者，称"小满茶"。采于六七月间的名"谷花茶"。闺女在雨季之前采摘、出售以备嫁妆者，则称"女儿茶"②。六大茶山生产的茶叶，官府于销售去向例有规定。质优者充为岁贡，较差的茶叶散卖省内各地，粗老的茶叶则熬膏压制成茶饼，摹印以后备馈赠亲友。③ 普洱茶的迅速兴起，使产茶地区的少数民族坐享其益。道光《云南通志》称："黑窝泥（今哈尼族）性拙，采茶卖茶其业也。"④

车里、茶山等地的官员与兵将，眼红经营茶叶所获之巨利，遂出现官员贩卖私茶、士卒入山扰累的弊端，而且愈演愈烈，严重影响社会的安定。雍正十一年（1733），新任云贵总督尹继善上疏：

"官员贩卖私茶，兵役入山扰累之弊，宜严定处分也。思茅茶山，地方瘠薄，不产米谷，夷人穷苦，惟藉茶叶养生，无如文武各员，每岁二三月间，即差兵役入山采取，任意作践，短价强买，四处贩卖，滥派人夫，沿途运送，是小民养命之源，竟成官员兵役射利之薮，夷民甚为受累。前经升任督臣鄂尔泰题明禁止，兵役不许入山。臣等又将官贩私茶严行查禁，但不严定处分，弊累不能永除。请嗣后责成思茅文武，互相稽查，如有官员贩茶图利，以及兵役入山滋扰者，许彼此据实禀报，如有徇隐，一经察出，除本员及兵役严参治罪外，并将徇隐之同城文武及失察之总兵、知府，照苗疆文武互相稽察例，分别议处，庶官员兵役，不敢夺夷人之

---

① 徐珂编撰《清稗类钞·植物类·普洱茶》，中华书局，1981，第5919页。
② 道光《云南通志》卷70，《食货志六之四·普洱府·茶》，引《思茅志稿》。
③ 张泓：《滇南新语·滇茶》，《小方壶斋舆地丛钞》本。
④ 道光《云南通志》卷183，《南蛮志·种人》。

利，而穷黎得以安生矣。"①

其言思茅、茶山等处土地瘠薄，"夷人穷苦，惟藉茶叶养生"。每年二三月间，有文武官员差遣士卒入山采茶，低价强买，四处贩卖，遂使百姓养命之根由，竟成官员、士卒获利的渊薮。雍正初年，鄂尔泰任云贵总督，明令兵卒不许入山。但不久，盘剥茶民的劣行卷土重来。尹继善因此建议由朝廷发文，令思茅文武官员互相稽查，如有官员贩茶图利，以及兵役入山滋扰，官府当据实禀报。如有隐瞒，一经查出，除涉事官员及士卒从严治罪，同城文武官员和失察的总兵与知府也分别处分。尹继善与云南巡抚张允随、云南提督蔡成贵联合上奏此事，亦可见情况严重的程度。经过这一次认真治理，查禁取得较明显的效果。雍正末年，至滇任职的吴应枚称："普洱产茶，旧颇为民害，今已尽行革除矣。"② 大致反映了查禁以后的情形。

四

清代内地流民大量进入边疆和僻地，车里、茶山等地亦为流民较集中的地区。受其影响，滇东南普洱茶产地的社会关系渐趋复杂。

内地移民大量进入云南地区，可溯自明代。明朝认为蛮夷强悍难治，在云南常驻重兵。明朝的军事制度以卫所为基础。其特点一是军士来自军户，军户世代当兵；二是纳入卫所管理的军士，须在指定地区屯田或戍守，有事作战，无事务农，由此形成以驻军为形式的大规模移民垦荒浪潮。明朝还将一些内地百姓迁至云南屯垦。明廷在云南各地所置卫所，分布在今腾冲、保山以东，景东、红河以北的地区，滇南、滇西等蛮夷集中地区则由土司管辖。卫所军士、迁来百姓主要分布在农业地区，其作用不可小视。明人王士性说：云南新置郡邑，皆建卫所之中，以卫所为主，郡邑为客，缙绅拜表祝圣皆在卫所；"故卫所所治皆中国人（按：指汉人）"。省内腹地的发展速度乃远超边疆和僻地。王士性称，设治之地，"惟云南、临安、大理、鹤庆、楚雄五府嵌居中腹地，颇饶沃，余俱瘠壤瘴警区"③。因

---

① 《云贵总督尹继善筹酌普思元新善后事宜奏疏》。
② 吴应枚：《滇南杂记》，《小方壶斋舆地丛钞》本。
③ 王士性：《广志绎·西南诸省·云南》，中华书局点校本，1981，第127页。

外来人口甚少,且长期被土司控制,滇东南等边疆地区长期封闭及落后,难以形成普洱茶萌生及发展的社会条件。

清代情形发生明显的改变。自发迁居云南的外地流民,大都拖儿带女、贫穷拮据,既无插足富庶之地的条件,亦无创业经营的资本。远赴边疆和僻地垦荒、烧炭,或至矿厂充当砂丁,便成为其中不少人的选择,清代云南俗语:"穷赴夷方急走厂。"另外一些人则以经商或货郎为职业,游走于穷乡僻壤。清人对此有生动的描述:"各省相继入滇者愈众,旋因开矿,宝庆、衡州人所在皆是,禹王宫、寿福寺遍于全滇;近代蜀人以小贸、经商、夫役用力,穷乡僻壤,靡不充斥。"① 另有清人说:凡歇店饭铺,估客厂民,以及夷寨中之客商铺户,以江西、湖南两省之人居多,他们积攒成家,娶妻置产,"虽穷村僻壤,无不有此两省人混迹其间",乃至"反客为主,竟成乐国"②。以江西、湖南人为主的外来流民,在迁居车里与茶山等地之后,凭借在家乡掌握的制茶知识,很快投身于普洱茶生产及销售的浪潮,尤以从事收购、加工及贩卖者居多。雍正六年(1728),鄂尔泰的奏疏称:思茅、猛旺、整董、小孟养、小孟仑、六大茶山以及橄榄坝、九龙江各处,原有微瘴,"现在汉民商客往来贸易",并不以微瘴为害。③ 每年逢采茶季节,普洱府所属的六大茶山方圆600余里,"入山作茶者数十万人。茶客收买,运于各处,每盈路,可谓大钱粮矣"④。由此可见茶山繁荣之状。活跃于滇东南从事普洱茶经营者,有不少便是外来的流民。

一些内地流民因此落籍滇东南地区。雍正六年(1728)六月,鄂尔泰的奏疏称:澜沧江内各版纳百姓富庶,"已不下数万户口"⑤,其中一部分便是外来流民,他们与当地民族融洽相处。但也有少数流民偷奸耍滑,欺骗乃至欺负当地少数民族,后者或聚众反抗。吴大勋说,江西、湖南两省之人,有"只身至滇,经营欺骗,夷人愚蠢,受其笼络"的情形。⑥ 雍正

---

① 谈者己巳居士撰《幻影谈·杂记第七》,云南大学图书馆藏本。
② 吴大勋:《滇南闻见录·汉人》。
③ 《云贵总督鄂尔泰为钦奉圣谕、备陈愚知奏事》,(雍正六年六月十二日)。
④ 檀萃辑《滇海虞衡志》,云南人民出版社校注本,1990,第269页。
⑤ 《云贵总督鄂尔泰为钦奉圣谕、备陈愚知奏事》,(雍正六年六月十二日)。
⑥ 吴大勋:《滇南闻见录·汉人》。

五年（1727）十一月，鄂尔泰奏疏称："思茅接壤茶山，系车里咽喉之地，请将普洱原设通判移驻思茅，职任捕盗、经管思茅、六茶山地方事务。从前贩茶奸商重债剥民、各山垄断，以致夷民情急操戈。查六茶山产茶每年约六七千驮，即于适中之地设立总店买卖交易，不许容人上山，永可杜绝衅端。"① 可见贩茶奸商重债剥民、据山垄断，夷民情急操戈反抗的情形，在雍正初年已出现。

鄂尔泰的另一奏疏，则报告了麻布朋聚众反抗的事件。奏疏称窝泥人麻布朋等于路口，"劫杀行人、茶商，客众多被杀伤，各皆奔命"。土目刀正彦向普威营参将邱名扬等申诉，称起因是茶商、众客以重利盘剥窝泥，导致麻布朋等肆行劫杀。《滇云历年传》则称麻布朋等反叛，缘由是麻布朋所居之莽芝产茶，"商贩践更收发，往往舍于茶户"。有江西茶商淫麻布朋之妻，麻布朋杀之，传其辫发传示诸商，诸商乃相传被夷人盗杀。② 邱名扬等领官兵约土目刀正彦同至茶山，"代为清算"③。刀正彦暗中煽动窝泥反叛，焚烧各寨堵塞路口，杀死官兵数十人，战端由此而开，很快遍及六大茶山，众多窝泥被麻布朋等胁裹参加。面对清军的围剿与镇压，投降者跪称，原是好百姓，被麻布朋等威逼反叛，"若不依他，便要烧要杀"。由麻布朋事件诱发的六大茶山动乱，成为清朝在车里、茶山等地改流的导火线。④ 雍正十年（1732），茶山又发生土千户刀兴国率众反抗的事件。起因是刀兴国不堪普洱府知府佟世荫的欺压，怨言中有"民力已绝，茶又归官"等语，反映出官民矛盾已甚尖锐。起事被提督蔡成贵率兵镇压。⑤

平定茶山夷人的起事后，清廷对可能导致动乱的夷汉纠纷事件，尤其是单身流民进入云南边疆，始终保持高度的警惕。乾隆二十年（1755），云南巡抚郭一裕奏："滇省居民，夷多汉少，所谓汉人者，多系江西、湖南、川陕等省流寓之人，相传数代，便成土著。而挟赀往来贸易者，名为客民。其余蛮倮种类甚繁，数十年以来，沐浴圣化，极为恭顺，或耕或牧，熙熙皞皞，颇有太古风气。因其性愚而直，汉人中之狡黠者，每每从

---

① 《云贵总督鄂尔泰请添设普洱府流官营制疏》，（雍正五年十一月十三日）。
② 倪蜕：《滇云历年传》，第596页。
③ 《云贵总督鄂尔泰请添设普洱府流官营制疏》，（雍正五年十一月十三日）。
④ 《云贵总督鄂尔泰为窝泥既靖、规画宜周、敬陈管见奏事》，（雍正六年正月初八日）。
⑤ 倪蜕：《滇云历年传》，第622页。

而欺之，伊等俯首帖服，不敢与较。虽前任巡抚、督臣俱经力为整饬，而此风尚未尽革。此急当整饬者。"① 乾隆四十三年（1778），云贵总督裴宗锡的奏疏称，"倚邦、茶山一带产有土茶，例准商民采贩"，向归思茅同知管理。建议朝廷颁文思茅同知，令其于商人领票往返之时，稽查往来货物，并登记行商的人数与出境月日，回日缴票时按名核对，若逾期不回，即令该处土司严究。"永昌、顺宁二府，与缅酋接壤，惟封关禁市，为控制匪夷之要务，而捕逐江楚游民，又为肃清关隘之要务"。因永昌（治今云南保山）等处辑查既严，"（奸商）向普洱一路夹带走私，或只身游民私自出边"，因此成为官府防范的重点。裴宗锡奏请于各处隘口严查巡逻，"倘有奸匪出入，并只身江楚游民，立行拿解，由镇道报省查办"，务使"奸民私贩毫无隙漏可乘"②。

由于清廷加强管理，滇东南地区的社会渐趋安定，夷民得以安居乐业。乾隆五十二年（1787），云贵总督富纲的奏疏称：云南普洱之思茅等地，尤为极边紧要之区，自雍正七年（1729）改土归流，"初时或尚有野性未训，致有煽惑蠢动之事，今涵濡圣泽五十余年，多有薙发衣冠、读书入泮，其语言、服食与内地人民无异，余则尽属务农，非若从前之专以射猎打牲为事"③。乾隆五十九年（1794），云南守臣福康安奏报：云贵两省收成丰稔，粮价平减，"民情一律恬熙。腾越、普洱、开化等处边疆地区俱极安静"④。

由于具备较为安定、宽松的社会环境，普洱茶的生产得以持续发展，在云南成为举足轻重的产业。《滇海虞衡志校注》称："普茶，名重于天下，此滇之所以为产而资利赖者也。"在全省各地，普洱茶成为随处可见的饮用茶。⑤ 雍正七年（1729），普洱茶被列为贡茶，至光绪三十年（1904）

---

① 《云南巡抚郭一裕为备陈地方情形奏事》，（乾隆二十年十月初三日），《宫中档乾隆朝奏折》。
② 《云贵总督裴宗锡为汇查潞江等处盘获外省游民、并酌定普洱一路照办章程奏事》，（乾隆四十三年六月十六日），《宫中档乾隆朝奏折》。
③ 《云贵总督富纲为敬遵圣训、恭折复奏事》，（乾隆五十二年正月初六日），《宫中档乾隆朝奏折》。
④ 《福康安为行抵云南省城日期及查办地方钱法奏事》，（乾隆五十九年十一月初八日）。档号：04-01-35-1346-006；微缩号：04-01-35-063-1353。
⑤ 《滇海虞衡志》，第269页。

贡茶中止，普洱茶上贡朝廷长达176年。朝廷每年支银1000两采购普洱茶。据道光《普洱府志》卷八："每岁除采办贡茶外，商贸货之远方。按思茅厅每岁承办贡茶例，于藩库铜息项下支银一千两，转发采办，并置办收茶锡瓶、缎匣、木箱等费。"每年运京的成茶多达五六十箱，运茶队伍由云南府（治今昆明）顺驿路而行，经沾益、平彝（今富源）入贵州之境，过湖南、湖北、河南达北京，沿途由地方官府派兵勇及差役护送。[①] 光绪二年（1876），朝廷为表彰倚邦衙门采办普洱茶有功，赐给"福庇西南"匾额一面。[②] 至于在云南本地销售以及运销外地的普洱茶，也达到很大的规模。清代普洱茶的生产与销售，可说是长盛不衰。晚清在国际茶叶市场，中国茶叶遭遇印度等国茶的排挤，但普洱茶仍大量输出省外，输出的数量约占其总产量的1/2。[③] 这证明延至晚清，普洱茶一直保持了旺盛发展的势头。

（作者单位：云南大学）

[①] 罗养儒：《云南掌故》卷18，《解茶贡》，云南民族出版社，1996，第661页。
[②] 徐斌：《马背上的贡品——普洱茶入宫记》，《紫禁城》2006年第3期。
[③] 《云南掌故》卷9，《滇中出产物品之丰富》，第316页。

明清之际浙江将领黄斌卿研究

卢正恒

摘　要：黄斌卿为南明弘光、隆武时期控制舟山的将领，以往史书、学界对其评价颇为负面，多认为其行为无异于割据一方的军阀。然而，黄斌卿在南明朝廷实际为诸朝廷中所谓"清流"，如东林党、复社成员、阁员等重臣所仰赖的水师将领，而原因或许即出在其军籍的背景与交友关系。本文拟透过黄斌卿的生平事迹重新省视在明清鼎革之际这一位举足轻重的将领。

关键词：南明　明清鼎革　复社　军籍

一　前言

美国学者司徒琳（Lynn A. Struve）的《南明史（1644～1662）》可谓是西方学界对于南明最深刻的作品。[①] 该书分析政治结构、社会问题、人格特质及诸军阀观点，对于南明诸政权成败原因进行了相当细致的阐述，并且花了相当的篇幅着墨于明朝地位低下的武人，如何在南明时期因为偏安政权的特殊因素，进而影响了南明政权的兴衰。然而，武人地位的改变或许能追溯到明中叶以后，明代卫所制度根深蒂固，甚至到了清代仍有一定的社会维持能力。[②] 从前学界认为明代由于军户劳役众多，致使逃兵逃

---

① 本书最初以英文出版于 1984 年，后于 1992 年由李荣庆等人翻译，上海古籍出版社出版中文译本。参见 Struve, Lynn A., *The Southern Ming, 1644 - 1662*, (New Haven; London: Yale University Press, 1984)，中文版见司徒琳《南明史（1644～1662）》，李荣庆等译，上海古籍出版社，1992。
② 虽然各地状况不同，但如江西地区因为漕运的关系而直至清代都保留下来成为地方、国家上相当重要的制度；参见于志嘉《卫所、军户与军役：以明清江西地区为中心的研究》，第 236～289 页。

户情况屡屡发生,社会地位低下。近年来不少研究提出了相反的观点,张金奎即认为明初军户、军人的社会地位较高,但社会经济均趋于稳定与重文轻武的社会风气,致使军户的地位也因而下降,军户子弟开始以习文为目标。明中叶以降,触底反弹的军户社会地位渐渐上升,包括营兵制等因素,均促使军户卫所摆脱了社会地位低下的局面。①

再将视野拉回司徒琳对南明将领的观点,将南明分期为弘光政权的初次抵抗与失败、鲁监国与隆武政权的二次抵抗与失败、永历政权的三次抵抗与失败、大西南地区的最后抵抗与失败。对于军事与将领大略可分为陆上将领,如明朝勋旧与将领、地方势力、流寇降将、清朝降将;海上水师,如明朝旧部。南炳文也持相同的观点,认为黄斌卿只希望建立一方割据政权。② 司徒琳认为当时将领对于明朝陈旧的重文轻武政治生态有所反抗,各朝廷中诸臣分属不同派系,皇帝又需要武将的军事支持,致使军事将领对于南明政权的态度和战略有了举足轻重的影响。许多军事将领甚至目不识丁,连带不为文臣们所接受,也成为南明时期的另一个问题:文臣武将之间的隔阂。③ 例如,隆武政权失败的原因除了隆武帝本身的性格使然、与鲁政权间的矛盾、与其他地区联络的不顺遂外,另一个原因在于以"清流"黄道周为首的文臣和以郑芝龙为首的武将间的冲突。④ 顾诚亦持相同观点,如弘光朝初立时,复社成员多为朝中重臣,但随后即被排挤出朝。⑤

因此,由于不少将领失败的军事行动、背叛无常的举动与结党营私的行为,让不少南明史家都将南明的失败归咎于武将身上;黄斌卿的评价自然也颇差。顾诚把黄斌卿评价为一个据地为王、背信忘义和排挤部下的人,且认为黄斌卿之所以能够如此,皆因隆武帝对其之纵容。⑥ 另一位重要的南明史学家谢国桢对于黄斌卿的评价可谓更负面,认为其个性猜忌,对地方搜刮,于军事怯懦,对于大局自私自利。简言之,黄斌卿的"外强

---

① 参见张金奎《明代卫所军户研究》,第385~395页。
② 南炳文:《南明史》,第258~259页。
③ 司徒琳:《南明史(1644~1662)》,李荣庆等译,第3~8页。
④ 司徒琳:《南明史(1644~1662)》,李荣庆等译,第73~74页。
⑤ 顾诚:《南明史》,第49、53页。
⑥ 顾诚:《南明史》,第215、283~285页。

中干"和"不得人心"让这位控制重要据点舟山群岛的将领需要对当时南明、浙东复兴大业之失败负上极大的责任。① 司徒琳亦认为黄斌卿的海盗性格和军阀作风,让他成为仅是一名拥兵自重于舟山群岛的武将罢了。② 然而,笔者认为这些评论出于对黄斌卿身份背景之不熟稔。因此,本文拟从黄斌卿自明末开始的任官历程讨论其背景、人脉网络,进而了解黄斌卿实际上为当时诸朝廷中"清流"派的重要仰赖对象,且具有号召力,是文武双全的军事领袖。

二 启祯时期

黄斌卿,福建莆田兴化卫人,字明辅,又字虎癡,万历二十五年(1597)出生。③ 据黄宗羲的《舟山兴废》所载,黄斌卿少时随其父于京邸流落,后因恩例授为把总,后有妓刘氏捐资助其,而刘氏后又被黄妻所妒而死。④ 但这些描述或许有其偏颇之处,因为据方志所载,斌卿之父为黄启鸣,曾任为桐梓典史,天启元年(1621)永宁土司奢崇明反叛,部下奢应周陷桐梓,知县洪维翰,典史黄启鸣及弟、子双双殉国。⑤ 因此故,启鸣于天启元年时被赠重庆通判,并荫斌卿为试百户。

崇祯二年(1629)闰四月,川贵总督朱燮元遣贵州总兵许成名由永宁复赤水卫三城,而斌卿也因此功而升任铜山水寨钦依把总。⑥ 在铜山任官期间,斌卿对于地方上的贡献甚高,乾隆年间的《铜山志》即载:

---

① 谢国桢:《南明史略》,第114~116页。
② 司徒琳:《南明史(1644~1662)》,李荣庆等译,第99~100页。
③ 崇祯九年(1636)四月黄斌卿推补任福建巡抚标下游击将军时,时年四十岁,因此其出生该为万历二十五年。
④ 黄宗羲:《舟山兴废》,《行朝录》,载《中国野史集成》。
⑤ 奢崇明为永宁土司,万历三十二年五月袭祖职。天启元年四月,崇明上奏,希望协剿东北为借口,调兵遣将,同年九月崇明杀巡抚徐可求,其党先攻陷成都,建国大梁,接着连陷重庆、遵义、贵阳,奢应周亦于同年攻陷桐梓,但明军亦同时展开反击。天启二年正月,被围于成都的奢军尝试突围,却惨遭明军所败,加上奢军先锋罗干象反叛,奢氏父子狼狈逃离成都。三月,安邦彦于贵州起事。崇祯二年,朱燮元总督五省军力平定之。参见《明神宗实录》卷396,第7451页。《明熹宗实录》卷9,第439~441页;卷14,第715页,卷18,第945页。
⑥ 干隆:《莆田县志》卷29,第5~6页;卷33,第15页。《崇祯实录》卷2,第51页。

水寨署在九仙山阴之麓，离城里许，周围五十丈。万历二十二年，把总秦经国请诸当道，遂千烟墩山下建立公署三座，前门、中堂、后寝、迎宾馆、捕房。天启七年，海寇恣毁数岁告急。至莆黄斌卿临任御夷成功之际，慨然捐资重修，崇祯九年告竣，其气象如新焉。[1]

除捐资修建水寨署外，黄斌卿另一大功是在铜山"御夷"有功。但实际上黄斌卿任官铜山时，并没有真正击败过"夷"。当时荷兰东印度公司、海盗刘香、李国助结成联盟，骚扰闽粤沿海。崇祯六年七月，荷兰攻击两艘停靠在东山的大商船，并遭遇几艘明军战船，然而明军不战先退，沿岸碉堡和附近村落皆被荷军烧毁。[2] 崇祯七年，在大胆岛被郑芝龙击败的刘香南下东山岛并进犯铜山，施邦耀谋划策略，令铜山把总黄斌卿败之；刘香自此"狼狈遁粤"再无返回闽地。[3]

崇祯九年五月，时任福建铜山水寨把总事署都指挥佥事一职的黄斌卿，被推举为福建巡抚标下中军游击。[4] 标下游击将军为福建巡抚所直辖，有权统辖福建诸游兵，可谓相当重要的水师职务。其间曾奉命攻打江西张普薇之乱。[5] 之后又升任福建北路参将，崇祯十三年闽浙交界处有沙贼作乱，黄斌卿即率领部下如黄明卿、贺君尧、欧文全、郑兆馨、阮进等人出力歼敌。[6] 且一如福建的局势，将海盗收罗至帐下为己用。例如海盗刘香之子金世祯在刘香败亡后，降于浙江，并曾在崇祯十三年时担任把总一职；又十三年，浙闽交界的沙贼余国泰在闽浙交界的沙埕投降于明军，效力于黄斌卿麾下。这位余国泰在南明时期，曾在黄斌卿麾下担任大将，待鲁王及张名振攻破舟山时，与顾乃德等人一同降于鲁政权之列。[7] 崇祯十

---

[1] 陈振藻纂《铜山志》卷2，第3页。
[2] 江树生译注《热兰遮城日志（第一册）》，第119页。
[3] 《明清史料》，乙编，第七本，第698页。此役未说明年份，但崇祯六年时李国助还和刘香联盟，因此此事应发生于崇祯七年，符合闽师大捷之顺序。
[4] 《明清史料》，辛编，第3本，第242页。
[5] 冯鼎高修，王显曾纂《华亭县志》卷13，第10页。
[6] 《明清史料》，戊编，第一本，第11~12页。
[7] 参见《明清史料》，乙编，第8本，第757~758页；戊编，第1本，第11~12页；壬编，第4本，第373页。钱海岳：《南明史》卷49，第2448页。

六年，这时已经担任浙江副总兵的黄斌卿陆续平定浙海的海盗，如陈佳、郑七、陈玉老等人。① 崇祯十六年八月，明廷增设池州参将，由浙江副总兵管宁绍参将事的黄斌卿接任此职。②

综观斌卿在明末的活动，曾在贵州山区作战，并获得胜绩。移防福建后，首战即遭遇当时横扫全球未尝败绩的荷兰东印度公司船队，在17世纪时荷兰东印度公司横行全球未逢败绩，要直到数月之后才首次败于郑芝龙的火船战术之下。③ 对于黄斌卿而言，或可为非战之罪。然而，斌卿对阵海盗刘香获胜，此后对平定闽浙沿海的沙贼出力甚巨，并在移防浙江后，确实地平定浙江海上势力。若将东南沿海三省相互比较，相较于早先安定的福建，黄斌卿安定浙江海上情势虽然较晚，但远较于广东沿海骚扰不断好上许多。④ 因此，黄斌卿实际上在明末时期对于沿海的安定起了相当的作用。

此外，相较于当时部分武将目不识丁，明中叶时期能够与文人相交的武将并不多。黄斌卿则擅长文采，据称"下笔千言"，更称："好聚书，夜必张灯读史，鸡鸣治军，日以为常。"曾著有《铜塞实历》《平妖实纪》《东南纪略》《来威堂存稿》《闽浙杂咏》等书。此外，据称黄斌卿又"好三式及天官、风角、鸟占、阴符、韬钤、图谶、日谈王霸大略"。其中三式、天官、风角、鸟占、图谶均指算命占卜等事。⑤ 同一时间，在黄斌卿驻扎铜山时期，当时黄道周正被免官在家乡东山教书授课。斌卿为该地军事首长，既善文喜阅卷，又双方均为军籍出身，祖籍亦都是莆田，亲上加

---

① 《明清史料》，辛编，第10本，第940~941页。
② 《明清史料》，辛编，第10本，第937页。
③ Leonard Blussé, "Minnen-Jen or Cosmopolitan? The Rise of Cheng Chih-Lung Alias Nicolas Iquan," E. B. Vermeer, Development and decline of Fukien province in the 17th and 18th centuries (Leiden: E. J. Brill, 1990), pp. 245 – 264; 包乐史：《中国梦魇——一次撤退，两次战败》，收入刘序枫主编《中国海洋发展史论文集》，第9辑，台北"中央研究院"人文社会科学研究中心，2005，第139~168页。
④ Cheng-Heng Lu, "Between Bureaucrats and Bandits: the Rise of Zheng Zhilong and His Organization, the Zheng Ministry (Zheng Bu, 郑部)", Tonio Andrade edit., *Sea Rovers, Silver, and Samurai: Maritime East Asia in World History*, 1500 – 1700, (Hawaii: University of Hawaii Press, 2015) publishing.
⑤ 在明代这些并不一定被视为迷信，甚至不少儒家士大夫亦精于此道，也让这些占卜行为更为缜密化、哲理化。参见陈宝良《明代社会生活史》，第126~129页。

亲的关系，双方或许因此结为好友，也才影响着之后南明时期彼此的发展。①

简言之，黄斌卿于明末本于贵州、四川、云南等地征战，当时效力于许成名帐下。之后调任回福建原乡担任福建五水寨之一的铜山寨把总，并与海盗、荷兰东印度公司交战，继而成为浙江副总兵，平定当地沙贼。此外，身为军籍后裔的黄斌卿亦擅长文采，并与士人结交，这段时期也与文坛领袖黄道周结识，对黄斌卿一生影响甚巨。

表 1　黄斌卿明末任职表

年份	职名	备注
崇祯元年		
崇祯二年		
崇祯三年		
崇祯四年	铜山寨钦依把总	
崇祯五年		
崇祯六年		
崇祯七年	铜山寨钦依把总加都司金事	
崇祯八年	铜山寨钦依把总游击管事	
崇祯九年	福建巡抚标下中军游击将军	福建巡抚沈犹龙
崇祯十年		
崇祯十一年		
崇祯十二年		
崇祯十三年	福建北路参将	
崇祯十四年		
崇祯十五年	浙江副总兵管宁绍参将事	
崇祯十六年	浙江副总兵管宁绍参将事兼管池州参将	
崇祯十七年		

---

① 笔者并无找到直接的证据说明此一推论，但是合理的逻辑是二人熟识彼此，道周多次推荐斌卿。虽然目前笔者查找到黄道周的家谱，但是仍未查到斌卿家谱，无法证实二人是否真的有亲戚关系，尤其莆田黄氏众多，仍有待后续研究。

三 弘光时期跃上政治中心

李自成攻陷北京城，崇祯皇帝自尽于煤山，福王被拥立于南京即位，成立了南明第一个偏安朝廷。入关击败李自成的满洲人成了北京城的新主人，并派军南下攻打各地的旧明势力。如前所述，新成立的朝廷除了外患也有内忧的问题，文武群臣的冲突与结党攻讦的摩擦，致使弘光朝廷初立就已经陷入混乱。由于偏安朝廷成立仓促，因而急需各地武装的支持，江北四镇的黄得功、刘良佐、高杰、刘泽清，以及武昌的左良玉构成当时最主要的武装力量。① 手中无兵的诸文臣自然也希望获得这些他们不太重视的武将的支持。

此外，首都南京紧挨长江，为了固守长江天险，沿海水师也是朝廷急需收编的武力。因此，几位还在南方的水师将领，如黄蜚、郑鸿逵与黄斌卿就在此时被纳入京师防卫体系内：黄斌卿驻九江，郑鸿逵驻镇江，黄蜚驻采石。② 而黄斌卿深得侍郎左光先赏识。③ 又，葛麟在与史可法的书信中对于四镇颇有微词，但对于黄斌卿则相当赞许，称："浙帅黄斌卿，前至京口，甚有节制，兵民相安。"④ 当时朝中称"今黄蜚虽未受事，而上有郑鸿逵之师，下有黄斌卿之帅，以南将南兵守江计颇得矣"。并要求朝廷令郑、黄二师各统领一万五千人，船五百只，且派兵部侍郎监督军队；同时要求尽速将斌卿所需要的敕印发给。⑤ 当时江南初期的分派为采石黄蜚、京口郑鸿逵、九江黄斌卿、定海王之仁、温州贺若尧、扬州高进忠，此一沿江布阵，力图巩固京师。⑥

众人对于黄斌卿的评价颇高，如当黄斌卿抵达京口时，祁彪佳赞扬黄斌卿所带军队。⑦ 再加上弘光元年正月黄斌卿好友黄道周推荐蒋德璟、林欲楫、朱继祚及黄斌卿等七人为官。⑧ 在诸臣的推荐之下，黄斌卿随即被

---

① 顾诚：《南明史》，第43~47页。
② 东村八十一老人：《明季甲乙汇编》卷2，第31页。
③ 干隆：《莆田县志》卷29，第5~6页。
④ 刘诰修、徐锡麟纂《重修丹阳县志》卷32，第13页。
⑤ 周时庸：《兴朝治略》卷2，第54页。
⑥ 顾炎武：《顾亭林诗文集》，亭林佚文辑补，第221页。
⑦ 东村八十一老人：《明季甲乙汇编》卷2，第21页。
⑧ 庄起俦：《黄忠端公年谱》卷4，第5~6页。

朝廷册封为"太子少傅，前军都督府左都督"，更握镇南将军印充总兵官，统领闽浙水师。奉命镇守南直隶、镇江、常州、苏州等地方。这些地方为京口之屏障，朝廷的策略为以水师固守长江南岸，以期"与江北诸镇互为表里"。此外，并增设直属于此总兵的标下水师一万人，统辖"上自龙潭，下至吴、淞、福、山沿海"，而江南副总兵以下诸官均属黄斌卿所节制。该份奏折更称赞黄斌卿为"须廉已倡，耦益励劳，勤能建殊功"①。之后黄斌卿升任为征蛮将军、广西总兵。与此同时，清军正逼近长江，准备渡江而下，因此黄斌卿请求留下驻防沿江，获准；更随即在与清军的作战中取胜。②

可知当时朝中所谓的"清流"重臣对于这位军户出身的将军极为信任，并推荐其驻扎于重镇。而黄斌卿也不负众望，当驻扎沿江后，斌卿与清军、散兵多次交火，缔造了上江大捷，黄斌卿在叙功名单中，仅次于刘孔昭、朱大典、黄得功、阮大铖四人，为水师将领和沿江诸镇第一人。③当清兵进占瓜洲时，黄斌卿与杨文骢列兵于南岸，与郑鸿逵的舟师相呼应，隔江屡发炮火轰炸已经控制瓜洲的清军三日之久，但因郑鸿逵等人遁走而撤回南京。④又弘光元年四月，担任都督的黄斌卿也曾于铜陵击败叛变的左良玉，沉其战舰三十艘。⑤

史家均同意，弘光朝之失败原因甚多，当中自然也包括武将的怯懦与不善战。然而，黄斌卿在这些逆势中仍能够对清军、叛军、散兵等进行有效的作战，纵使战果不足以影响大局，却也不会是一位苟且偷生之将。且当时朝中诸臣并非庸臣，多人举荐之下，朝廷也几无异议让这位浙江水师将领统管南京周围所有水师。可知黄斌卿在当时朝中确实有其过人之处，不少名士亦纷纷投效黄斌卿，如舟山守备翁之琪此时即率军跟随黄斌卿。⑥

本文开始即谈到所谓的"清流"。根据司徒琳的定义，"清流"指称当时一干东林党或是复社成员。而弘光朝初期因为江北仍有许多控制下的领

---

① 王铎：《拟山园选集》卷2，第12~14页。
② 东村八十一老人：《明季甲乙汇编》卷3，第30~31页、38页。
③ 东村八十一老人：《明季甲乙汇编》卷3，第40页。
④ 东村八十一老人：《明季甲乙汇编》卷3，第45页。
⑤ 柳无忌编《南明史纲·史料》，第10、16、26、31、34页。
⑥ 康熙《杭州府志》卷40，第22页。

土，因此江北诸镇当然较为重视；但是，朝中诸臣，尤其文臣对于这些曾是盗贼或是骄纵的武将并非全然信服，也因此文武之争成为弘光朝另一个重要的问题。

四　隆武、鲁监国时期与文人交往

弘光政权覆灭后，潞王也于浙江降清，另一位明宗室藩王唐王被郑鸿逵、黄道周等人拥立至福建称帝。与此同时，黄斌卿则领军八千，水艍船百艘、沙唬船二百艘退入舟山，隔岸与清军对抗，并奉隆武正朔。① 张煌言曾作《和肃虏侯黄虎痴承制颁历韵》，该诗称：

> 骏驭遥巡断赭鞭，孤臣频岁纪星躔。晓筹冷落鸡人唱，寒管惊回龙子眠。旧放梅花知汉腊，新添蓂叶是尧年。义熙何用陶潜载，日月中天正朗悬。②

诗句中用晋安帝的年号"义熙"比喻也颇值得玩味。义熙年号起于安帝脱离桓振在江陵的掌握，但是皇权大幅下降，大权旁落至武将重臣刘裕手中，并北伐成功。对照此时的情况，隆武帝被权臣郑芝龙掌握在手上，黄道周等人急欲北伐。因此，张煌言似乎暗示隆武帝希望脱离郑氏控制，亦希冀北伐成功。郑芝龙实际上是桓玄、桓振等挟持皇帝者，又同时是具有武力能够北伐却控制朝政的刘裕；相较于此，黄斌卿则是在舟山奉隆武正朔者，更以陶潜譬喻之。此时，黄斌卿不仅仅在舟山颁布隆武帝的历法，可知当时恭奉正朔的认知。

学者往往认为黄斌卿虽然得到隆武帝之令驻守，但并没有实际上的作为。事实似乎并非如此，如隆武二年春正月，黄斌卿以舟师伺间吴淞，联络登莱一带。③ 而黄斌卿仍多次对于浙江沿海有过威胁性的攻势，宛如清廷一根芒刺。如顺治四年五月，浙江巡抚萧起元捕获的慈溪县钱三一等人即与黄斌卿勾结，约定四月八日攻打慈溪县。④ 七月，南明降将张国柱与

---

① 金钟：《皇明末造录》卷上，第4~5页。
② 张煌言：《张忠烈公集》卷6，第1页。
③ 查继佐：《罪惟录》，帝纪，卷20，第4页。
④ 《明清史料》，己编，第1本，第26页。

韩固山、胡胜兆，领兵三万，船六百艘，从松江攻打舟山，并与黄斌卿战于横水洋。此役，黄斌卿因军力过少而求援于张名振与阮进，阮进以少胜多大败清军。据载，战死的清军两万余人，尸体蔽港。① 黄斌卿也曾拥船八十余直犯宁波。② 因而，在了解隆武朝廷和鲁监国时期的局势后，可以发现黄斌卿实际上并非毫无作为，相较于当时南明采取守势的状况，黄斌卿仍曾经主动出击。又如在浙东地区，张煌言等人的山寨义兵可谓是复社等团体在南明时期的武装化结果，而当钱肃乐起义后，翻城之役时，五君子也曾同时联络黄斌卿一同攻打浙东。③

前述曾提到许多名士均曾投靠黄斌卿，隆武时期更是达到高峰。例如曾是黄斌卿直属上司的沈犹龙，其子沈明初于南明时期同赴舟山投靠黄斌卿，后舟山被破，明初于是出家为僧。④ 又如崇明人沈廷扬在崇祯年间即以习海道水事，造海船从登州直达宁远，解决了运粮的耗时及庞大花费问题。后又航至舟山投靠黄斌卿，唐王授兵部右侍郎，总督水师。⑤ 又，几社六子的曹从龙也曾在舟山被黄斌卿以国士之礼礼遇。⑥

此外，在舟山期间，黄斌卿仍与文臣名士间保持着相当友好的关系，并结交好友。如九月九日重阳节时，安昌王、黄斌卿、张名振、朱永祐、张肯堂、徐孚远、张煌言等人曾一同前往锁山游玩。⑦ 而当既为好友亦是推荐自己的黄道周北伐失败、被清军掳获斩首后，黄斌卿则上奏隆武帝称：

> 黄斌卿疏陈："古今多一精忠，中兴少一名相！"王览奏曰："辅臣道局精忠大节，就义从容，真足感动天人、争光日月。朕方恢中兴大业，而一代纯臣先殉国难；抚念今昔，倍为怆怀！翁龙楠现在何处？著该部再行察访，务得实信回奏，以凭从优恤录。其毛玄水四

---

① 金钟：《皇明末造录》卷上，第10页。
② 《清世祖实录》卷35，第285页。
③ 谢国祯：《明清之际党社运动考》，第169~173页。
④ 钱海岳：《南明史》卷46，第2225页。
⑤ 《明史》卷277，第7107页。
⑥ 张煌言：《张忠烈公集》卷1，第2~3页。
⑦ 张煌言：《张忠烈公集》卷6，第1页。

员，并与察恤。"①

由上述可知，当时黄斌卿确实与朝中文人，尤其是复社成员等"清流"关系极为密切。

长久以来，有四个事件致使黄斌卿的评价低下。其一是王之仁事件，其二为荆本彻事件，其三为贺君尧事件，其四则是日本乞师之争。隆武元年四月，绍兴失守，宁国公王之仁舟出定海，王之仁是黄斌卿任参将时的浙江总兵。斌卿派人前去迎接，并要出兵攻打降清将领张国柱，但却又趁王之仁不备，抢劫王之仁，之仁于是自沉其家属九十三人，并将二子鸣谦及宣佐放至陆地逃生，王之仁亦自尽。② 另外一件则是荆本彻事件，荆本彻在弘光朝灭亡后，招集军队与名士，包括沈廷扬亦在内，驻扎于浙东地区，鲁王任其为副使，后黄斌卿攻打其军队并击杀之。③ 又，贺君尧为忠威伯，黄斌卿杀之并夺其货。然而君尧控制温州之时，曾试图杀礼部尚书顾锡畴，又在温州大收渔税，并试图将其势力影响至舟山，斌卿于是派人将其暗杀。④ 最后，舟山长久以来即是通往日本的航道，南明时除郑芝龙曾派使向日本求援兵外，黄斌卿亦曾派凌士弘、冯京第前往日本求取援兵。抵达日本萨摩，但最终日本不肯发兵救援。⑤ 另外，当周鹤芝前往日本求援时，黄斌卿曾派其弟黄孝卿前去阻止日本派兵。⑥ 这一事件被史家描述为黄斌卿不希望有人能够获得更强大的后援，又说黄斌卿实际上并不希望帮助南明复国。

不可否认，黄斌卿在这四件事上面，处理并不得宜，对于大局的观察不够透彻。黄斌卿身为隆武朝廷任命驻扎舟山者，理论上不该允许鲁王的任何军队进入其领土范围，但黄斌卿仍然接纳了鲁王，甚至与鲁王的臣下互相交流，从这点而言或许即能说明斌卿心胸并非狭小。荆本彻为鲁王将领，拥军一方，王之仁也拥有军队在附近活动；在当时浙东地区私人武装

---

① 李天根：《爝火录》卷15，第806页。
② 查继佐：《鲁春秋》（大通书局），第22、28页。
③ 翁洲老民：《海东逸史》（《四明丛书》）卷7，第5页。
④ 黄宗羲：《舟山兴废》，第2页。
⑤ 查继佐：《罪惟录》，列传，卷36，第20~21页。
⑥ 陈鹤：《明纪》（中华书局）卷60，第4页。

纷乱的状况下，黄斌卿无法辨明何者为其同道中人，因而攻打诸武力，仅能说斌卿不能了解大局，或是有其他考量；毕竟，当时的混乱局势，谁也无法得知这些武装力量会不会掉转矛头，甚至降清而成为清军的一部分。

当黄斌卿镇守舟山时，不久张名振亦前来，双方均以唐王之命守舟山。张名振前来舟山时，黄斌卿有一部下朱玖长年与名振素有嫌隙。名振得知后，则托言屯练，前往南田避朱玖，并试图与斌卿结交，双方许诺名振女嫁与斌卿子。由此可知，张名振亦知黄斌卿是一位值得拉拢结交的武将。后黄斌卿家属要前往舟山时，途经南田，张名振之妻听闻斌卿之女贤慧聪颖，又因是其女儿之姑的关系，希望能见黄女一面。但斌卿女称："不得父命，且未字，安得走入军中。"但张名振及其妻仍邀之，并命人带黄斌卿之女入舟相见，张氏夫妻极爱此女。但此时误报却传入舟山，说斌卿之女被"富平所劫"。如此一来惹恼了黄斌卿，恰好张名振之母及其家属均在舟山，黄斌卿于是拘张母于军中；不久又得知张名振实为好意，并甚是疼爱其女，斌卿于是一改对张母的态度。然而，双方心结已结，张名振此时已恨斌卿入骨，恰好此时平西伯王朝先因处处为斌卿所制，张名振于是密与荡湖伯阮进深相结，并联络原名振在舟山的军队，趁该年冬天鲁王欲跸舟山、斌卿拒绝之际，与阮进、王朝先起兵击杀黄斌卿。① 这一切实际上颇令人感慨，讯息错置，以及与部下间的误会导致这次的浩劫。

当黄斌卿去世后，包括徐孚远与张煌言二位同在舟山的文臣，均作诗挽黄斌卿之死。徐孚远，字暗公，华亭人，曾与陈子龙、夏允彝等人组成几社，云间六子之一，曾获黄道周举荐任隆武政权兵科给事中，后从鲁王。黄斌卿死后，徐曾经作诗二首，第一首是《挽黄斌卿》：

忆昔相依水一方，似君风度使人伤，高名早见推元体，隽笔何须借孔璋。海内英流归俎豆，千群铁骑惮舟航，自矜天意终扶汉，常拥遗书看小匡。变来昌国事悠悠，帝子当年岂自由，纵使脱鳌非负宋，从教化碧尚尊周。海潮添恨君何似，越绝成书我更愁，南去空怀三载泪，难将佩剑挂遗丘。②

---

① 查继佐：《罪惟录》，列传，卷12下，第102~103页。
② 徐孚远：《钓璜堂存稿》卷13，《清代诗文集汇编》，第14册，第17页。

该诗中除了称斌卿文笔如建安七子的孔璋外,更称其水师能令八旗铁骑所惧。并以"英流"和"化碧"来形容斌卿,对于有"扶汉"之志的斌卿之死更是充满无奈与哀愁。

另外,又作《种瓜篇》,哀黄斌卿:

> 种瓜东皋上,半夜起桔槔,瓜蔓始绵延,主人已嗷嗷。但愿瓜实早,不惜瓜根伤。同根而异带,乃还自相戕。往谢彼姝子,作事何不量。本枝当相扶,隶萼永芬芳。东周刺王叔,达人美子臧。嗟此灌园苦,愿君勿暂忘。①

此诗或许可作为最恰当的描述。"种瓜"典故出自西汉时期丞相萧何门生,故秦东陵侯召平,当时在长安城旁种瓜的召平劝说萧何捐出家产以资军力,避免刘邦猜忌。诗中先以种瓜描述当时的局势,南明朝廷一如瓜般在田园上发展,但是当如黄斌卿等诸势力的"瓜蔓"才刚开始绵延,当中"主人"或许暗指鲁王过于积极地想要获得利益和成果,于是不惜控取瓜的根处,这就是意味着黄斌卿已经深根于舟山,却仍被连根挖起,而如何挖起,则是仰赖着同样是瓜却不同根者,暗指效命鲁王的张名振与效命隆武的黄斌卿间的关系。徐孚远在诗中,透露出了对局势的见解,认为当时应该彼此合作,而非互相攻击。文末说了田园之苦,即是说明黄斌卿之死一事已经过去,"愿君勿暂忘"中,或许是对张名振或鲁王的劝说。毕竟徐孚远当时仍是效力于鲁王,心中充满着好友斌卿之死与局势变化之无奈,也透露出对张名振击杀黄斌卿一事颇有不满。

张煌言,字玄箸,号沧水,浙江鄞县人,效力于鲁王政权。他在《吊肃虏侯黄虎痴》中言道:

> 百年心事总休论,堕泪凭看石上痕,竹帛早应传魏胜,河山终不负刘琨。当时杖履知何在,此日衣冠赖孰存?一自将台星殒后,胡尘

---

① 徐孚远:《钓璜堂存稿》卷2,第34页。

天地尚黄昏。①

诗中以南宋受谗言后被平反的魏胜与西晋时期的文武双全的武将刘琨为例，二人均抵抗胡人，与黄斌卿抵抗清军相类似。或许张煌言在此时，已经预料到黄斌卿将会被接下来的史书或是时人所攻击，但是确定黄斌卿的努力并不会白费。有趣的是，从诗文所引的典故来看，南宋的魏胜与东晋的刘琨，二人最终均是支撑着如南明一样的偏安政权，南宋、东晋所面对的北方敌人也均是所谓的"胡虏"，而这两个政权最终也未推翻胡虏。对于张煌言而言，他颇为清楚当前的局势已经让他不得不思考偏安而非恢复大明，而黄斌卿一度有机会成为将台，一如魏胜与刘琨等名将，却再也没有可能了。

黄斌卿被杀后，张名振曾上奏请求赐予祭典，并保证其家族的安全。然而，在南明灭亡后，清代对于黄斌卿的评价愈趋负面，而当中影响最巨者应该是黄宗羲的资料。万斯同承袭其师黄宗羲的历史脉络，在编修《明史》时，甚至完全没为黄斌卿作传。黄宗羲对斌卿的评价不仅仅影响了中央、正史的观点，甚至影响了地方社会。如定海县成仁祠，其中祀当年在舟山南明时殉难者而死者共二百余名，当中也包括黄斌卿与其二女。②黄宗羲的另一弟子全祖望，也依《明史》的评价与脉络，将成仁祠当中的黄斌卿牌位取消，不仅仅将黄斌卿之位逐出成仁祠，更重新罗列当时祭祀之顺序。③直至清末，才由缪荃孙重新考证此后而细查此成仁祠，发现当年此祠初建于康熙四十二年（1703）时，黄斌卿当时并无得到其适当的评价，此后才在考证之下，发现斌卿不仅文武全才，更深得地方人心，因而重新被祭祀于此祠，更位于首位。④

---

① 张煌言：《张忠烈公集》卷6，第3页。
② 陈训正纂修《定海县志》，册4丙，第8页。
③ 全祖望：《鲒埼亭集》卷33，第17页。全祖望对于黄斌卿的评价或许来自其师黄宗羲的著作，如宗羲描述黄斌卿为"为人猜忌""怯于战"等。参见黄宗羲《舟山兴废》。纵然张煌言实际上与黄斌卿关系颇为友好，在全祖望所写的神道碑铭中，仍描述了黄斌卿不接纳鲁王，而沈廷扬、张煌言、冯京第等人劝张名振监管斌卿军队之事。从中可知，全祖望其实在这当中添加了自己的观点于其中。参见张煌言《张忠烈公集》卷首，第10页。
④ 缪荃孙：《艺风堂文续集》卷8，第20页。而查《钦定胜朝殉节诸臣录》中，黄斌卿名列"鲁王殉节"之首位，参见于敏中、舒赫德《钦定胜朝殉节诸臣录》卷7，第6页。

五 小结

清军八旗的优势武力和团结固然为入主中原的重要原因，然而当时南明诸朝廷内部问题更是导致崩溃的主因。前人学者结论当时将领具有军阀特性，结党营私，并将多数将领无能的军事能力、不杰出的政治素养，甚至毫无文学素养的军事背景概括成为一个普遍性的问题。又，自明末以来，广东、福建、浙江三省成为对外走私的大本营，许多军人亦参与其中，郑芝龙最终的崛起更成为一个完美的例子来述说水师诸镇的海盗特性。黄斌卿或许具有部分性格，此点无可否认，也因此被南明史家着墨于其军事失利的部分。

然而，黄斌卿出身自军户家族，自明中叶以降，许多军户家族早已成为地方世族。他们参与地方上的社会事务，成员参加科举考试，亦有人继续其军事义务，更有人成为海上走私贸易的要角，这些多重身份或许能称为分工合作，加速了军户家族在明末的发展。[①]

弘光时期在诸臣的推荐下，黄斌卿曾经负责长江以南所有水师的管辖权，与江北诸镇相望。当时可说是政治中心中的水师第一人，声望或是实际权力，远胜于同样在政治中心的郑鸿逵，更超越不在政治中枢的郑芝龙。

从人际关系的角度观察，发现曾经举荐黄斌卿者有黄道周与祁彪佳；而曾赞誉黄斌卿者有葛麟、左光先；而与之有交情者则包括徐孚远、张煌言、张肯堂；曾仰赖其能力者则有沈犹龙等人。当中，黄道周为文坛领袖，徐孚远、陈子龙曾筹组几社，张肯堂和沈犹龙则均曾在明末与斌卿共

[①] 这方面的相关研究极为丰富，可参见 John E. Wills Jr., "Maritime China from Wang Chih to Shih Lang Themes in Peripheral History", edit. by Jonathan D. Spence and John E. wills Jr., From Ming to Ch'ing: Coquest, Region, and Cotinuity in Seventeenth Century China (New Haven: Yale University Press, 1979), pp. 217 – 219; Leonard Blussé, "Minnen-Jen or Cosmopolitan? The Rise of Cheng Chih-Lung Alias Nicolas Iquan," E. B. Vermeer, Development and decline of Fukien province in the 17th and 18th centuries (Leiden: E. J. Brill, 1990), pp. 245 – 264。林仁川：《明末清初私人海上贸易》，华东师范大学出版社，1987，第 111～124 页；晁中辰：《明代海禁与海外贸易》，人民出版社，2005，第 251～259 页；翁佳音：《荷兰时代台湾史的连续性问题》，台北稻乡出版社，2008，第 147～180 页；陈支平：《民间文书与明清东南族商研究》，中华书局，2009，第 330～353 页。

事于福建，深知其军事实力；葛麟、左光先等人也均为当时政坛上所谓的"清流"。因此，黄斌卿至少在当时是少数，甚至是唯一一位能够被这些"清流"所接纳具有武装力量的武人。一如司徒琳的研究所言，当时东林党领袖虽然贵为大学士、尚书等，但是这些"清流"与军事将领之间相处不融洽，往往成为之后无法一展抱负的原因。因而，黄斌卿的出身与素养，加上身为军户，不同于如郑芝龙、左良玉等人的盗贼背景，又不若何腾蛟军事素养不佳，更较无实际战斗经验的史可法有丰富的作战经历，相较于地方势力仅是依赖崇高的抗清意识结合的乌合之众相比更是有着忠诚的亲军当后盾，拥有强大水师更是能够优于清军的重要武力。综合上述原因，黄斌卿因而或许就成为弘光、鲁监国、隆武三个政权当中"清流"们所极力拉拢的对象。

一般而言，王之仁、荆本彻、贺君尧与日本乞师四件事被当作黄斌卿并不真心与南明合作与心胸狭小之证明。然而，在当时的混乱局势中，谁也不敢保证王之仁与荆本彻的动向，更何况当时地方武装纷起，如张煌言亦曾是地方武装的一分子，但黄斌卿即接纳他。而曾经投奔荆本彻的沈廷扬也在最后选择与黄斌卿合作。甚至若是斌卿真的心胸狭隘，奉隆武正朔的他何须接纳鲁王入驻舟山？因而笔者认为，黄斌卿人格上或许真有缺陷，但对于大局，他并非一事无成，更非完全无贡献。

以当时局势而言，他仍是一个相当重要且受到敬重、支持的将领。南明史或许也该着重于把当时参与的文臣、将领的背景列入思考范畴，他们的出身对于其决策的影响多寡均需要多方思考。

[作者系美国艾默理大学（Emory University）历史系博士生]

蔡伯多禄事考

吴伯娅

摘　要：1784年至1785年，为了抓捕蔡伯多禄，乾隆帝一遍又一遍地下达旨令，亲自指挥各地督抚进行搜查。各地督抚不断上奏，汇报搜查情况。一个天主教徒的名字像幽灵一样，盘旋在皇帝的谕旨和大臣的奏章之中，久久不去。蔡伯多禄是谁？为何受到清廷如此重视？他的生平事迹如何？在中国天主教史上有何地位？这些问题值得我们认真研究。本文依据清实录和清官档案，结合其他中外文史料，对蔡伯多禄作初步探讨。

关键词：蔡伯多禄　天主教徒　秘密传教

乾隆四十九年（1784）至五十年（1785），为了抓捕蔡伯多禄，乾隆帝一遍又一遍地下达旨令，亲自指挥各地督抚进行搜查。各地督抚不断上奏，汇报搜查情况。一个天主教徒的名字像幽灵一样，盘旋在皇帝的谕旨和大臣的奏章之中，久久不去。《清中前期西洋天主教在华活动档案》中，涉及蔡伯多禄的档案多达80余件。蔡伯多禄是谁？为何受到清廷如此重视？他的生平事迹如何？在中国天主教史上有何地位？这些问题值得我们认真研究。

然而，迄今为止，学术界尚缺乏对蔡伯多禄的专题研究。方豪的《中国天主教史人物传》中，虽然有一篇包括蔡伯多禄在内的8人合传，但只简略地引用了几道上谕和奏折，对于我们了解蔡伯多禄来说远远不够。有鉴于此，本文依据清实录和清官档案，结合其他中外文史料，对蔡伯多禄作初步探讨。

一　蔡伯多禄案的爆发及其蔓延

乾隆四十九年八月初九日，湖广总督特成额向朝廷奏报："兹据郧阳镇右营守备舒万年禀称，七月十二日巡查水汛至白家湾，见对河小船内有人吵闹，随带弁员保甲渡河，见船内四人面貌异样。据水手云称系西洋人，往陕西传教。"①官兵上船搜查，在一个小木箱内发现了一封署名为蔡伯多禄的汉文信。

信中写道："罗马当家现发四位铎德往陕传教，委晚在广东办人送至湘潭暂住，再办前往樊城，直走西安。但念走旱路比走水路更难，非得一二江湖练达之士难以承办。左右思维，惟台府上晚爷更为合式，敢恳为天主分上，暂令抛离家务，信到日即便束装就道，建立圣功，免致四铎悬望，不胜厚幸。所有领受隆情，容晚再来贵地日面谢。恭候阁府宠福金安，崮此上李大爷李二爷二位文几。铎末蔡伯多禄字拜。"②

这封信使蔡伯多禄进入了官方的视野，被认定为接送洋人、潜行传教的要犯，下令严查。蔡伯多禄案由此爆发。

八月二十日，乾隆帝就此案发布谕令。首先，他指出清廷早已颁布禁止天主教在华传播的法令。禁教期间，虽然允许有一技之长的西洋传教士进京行艺，但必须报明地方官，由地方官上奏，获准后方许进京。今罗马当家并未禀知督抚，辄遣人私至内地，送信传教，是严重的违法行为，必须严肃处理。其次，他对广东督抚等地方官极为不满。因为自一口通商之后，西方人难以进入中国。舒常、孙士毅身为广东督抚，竟对罗马当家私遣多人潜往内地传教，漫无觉察。尤其令他惊异不解的是，西洋人面貌异样，不难识别，他们由粤赴楚，沿途地方官吏为何一无稽查，至襄阳始行盘获？因此，他传旨申饬舒常、孙士毅，并命特成额详细审讯被捕的传教士，弄清他们由粤至楚的行程，将沿途失察的各地官员查明参奏。最后，联想到此时陕甘地区的回民起义，他对传教士此行的目的产生了高度的警惕，认为"西洋人与回人向属一教，恐其得有逆回滋事之信，故遣人赴陕，潜通消息，亦未可定"③。因此，他下令务将蔡伯多禄捉拿归案，所有接送过传教士、为传教士送信、留传教士住宿的中国教民一律逮捕究办。并查明罗马当家派往陕西传教者究竟要传与何人，按名拿办。蔡伯多禄案

---

① 中国第一历史档案馆编《清中前期西洋天主教在华活动档案》第1册，中华书局，2003，第344页。
② 《清中前期西洋天主教在华活动档案》第1册，第346页。
③ 《清高宗实录》卷1213，乾隆四十九年八月癸卯。

由此迅速蔓延。

广东方面逮捕了罗马当家和多名中国教徒,查明了他们与蔡伯多禄的联系,以及派送西洋人赴陕传教的经过。"罗马当家"是一名意大利传教士,名叫多罗(Msgr·della Torre)。因京城传教士的请求,乾隆帝允许他长驻广州,负责办理京城传教士与欧洲方面的乡信往来。他供称:"我叫多罗,因管理罗马地方的事,人都叫我做罗马当家,是本国派来天朝地方料理夷人往来的事,故此住在省城。我向来从未与西安人往还,因蔡伯多禄向我延访西洋人,曾说西安新修天主堂,有秦伯多禄并焦姓托他转请西洋人前往住持传教。我实不知天朝禁令,只说传教是劝人行善,就与他邀了四名,交他送去。"①

广东方面还抓捕了办理西洋人寄信事务的艾球三,据艾供称:"蔡伯多禄系福建龙溪人,向在白衿观药铺行医。"白衿观及其弟白国观因此被捕。他们供称:"本年四月初旬,有湖广两人同蔡伯多禄到多罗夷馆,延请四个西洋人同往湖广,又邀了乐昌县人谢伯多禄,高要县人谢禄茂一同起身。自此蔡伯多禄不复见面。"②

广东乐昌县教徒谢伯多禄供称:"本年二月内,有同教福建人蔡伯多禄同湖北巴东县人张沙勿经过乐昌,说西安秦伯多禄并焦姓因他那里新修天主堂,无人住持,要请西洋夷人到那里传教。叫小的到省帮同伴送。"谢伯多禄便与蔡伯多禄同去省城,在夷馆见过多罗。闰三月二十日,蔡伯多禄同湖广衡州人刘保禄雇定龙姓倒划船一只,向多罗请了四个西洋人,改换衣装。蔡伯多禄又雇了高要县人谢禄茂,同张沙勿、刘保禄、谢伯多禄一同伴送,由广西行走。行至湘潭,有西门外同教的周正,教名周依纳爵,另坐船只同行。六月内到了衡州。刘保禄引领夷人到他家住歇。③

湖广方面逮捕了船户龙国珍等人,查明了蔡伯多禄及4名传教士的行程。据龙国珍供称:"先从湖南湘潭县驾船至广东。本年三月自粤接引西洋人下船,由广东广西水路于六月十三日抵湘潭,由长沙、岳州、新滩口、仙桃镇、岳家口一带至襄阳。"④ 湖广方面还查明蔡伯多禄信中的李大

---

① 《清中前期西洋天主教在华活动档案》第 1 册,第 386 页。
② 《清中前期西洋天主教在华活动档案》第 1 册,第 394 页。
③ 《清中前期西洋天主教在华活动档案》第 1 册,第 384 页。
④ 《清中前期西洋天主教在华活动档案》第 2 册,第 623~624 页。

就是武陵县的李馨远，李二就是李文远，李晚就是李志远。① 他们三人以及与此案有关的教民刘绘川、刘十七、刘盛传、刘开寅、刘开逵、刘开迪等人先后被捕。

审讯中，湘潭教民刘绘川供出了他信奉天主教的原因，与蔡伯多禄相识、受蔡伯多禄之托接送洋人的经过，以及蔡伯多禄的真实姓名、籍贯、住址、面貌特征等。关于信教的原因，刘绘川供称："小的年二十五岁，住在湘潭县上四都半村地方，父母俱故。妻子陈氏生两个儿子，都止一两岁。小的祖父刘春吃天主斋，后奉查禁，就把些经像都烧毁了。小的并不晓得念经，只记得天主教斋期，照旧吃斋。"关于与蔡伯多禄的相识，刘绘川供称："乾隆四十年上，有个福建人蔡鸣皋挑广货担在湘潭地方发卖，小的因买货认识。后来他隔一两年常来卖货，又说他叫蔡伯多禄，也吃天主斋。又有个伙计名谢隆茂，是广东人，也同来卖过广货，就都认识了。"关于受蔡伯多禄之托接送洋人的经过，刘绘川供称："六月十三日午间，有素识不宗的刘盛传来看病，小的留他吃晚饭，忽见谢隆茂走进来，还带着一个人，说是跟随蔡鸣皋的，叫张永信，是湖北郧阳府人。谢隆茂对小的说，有四个西洋人要往西安府去游方念经。蔡鸣皋叫他来托小的雇船觅人伴送樊城。小的因与蔡鸣皋相好，只得留他暂住。因自己患病，想起族叔刘十七，即君弼，家里穷苦，常与人雇工。着人请了他来，要他送往樊城去。"最后，刘绘川又供出："那蔡鸣皋他说住在广东省城第五铺，约年四十岁，身长面黑有须。"②

湘潭教民刘十七供认了雇船伴送洋人的具体经过："今年六月十三日将晚时候，族侄绘川着人请小的去，说有个相好蔡姓央他雇船，并觅二人送四个洋人往樊城去。只要一路与他买菜煮饭，送到樊城刘宗选行里你就回来。小的应允。"当时在场的还有刘盛传，也情愿同去。于是刘十七便与刘盛传、谢隆茂、张永信同去雇了两只倒划船。船户是父子二人，父亲名叫龙国忠，年约四十五六岁。儿子名叫龙名芳，约年二十岁，俱是湘乡人。十六日一早开船启行，七月初七日到达樊城。③

---

① 《清中前期西洋天主教在华活动档案》第 1 册，第 376 页。
② 《清中前期西洋天主教在华活动档案》第 1 册，第 350~351 页。
③ 《清中前期西洋天主教在华活动档案》第 1 册，第 351~352 页。

湖广沅江的刘开迪供认了自己的教徒身份，与蔡伯多禄的联系，以及受蔡伯多禄之托雇船接送传教士的经过。他说："小的是沅江县人，刘开寅、刘开逵俱是胞兄，由祖父相传下来俱习天主教。小的从十五岁就往广东生理，来往澳门，还到过西洋吕宋国，所以会说西洋话，能写西洋字。就是家里起出的十字架、洋汉字经本，都是吕宋国买来。"他还说："蔡伯多禄名叫蔡如祥，是福建人，与他哥子蔡九思在细沙河买田住家。小的因他们与父亲相好在前，于四十六年到他家内认识。随后蔡九思在广东身故。蔡如祥亦于四十八年带了雇工人张大朝即张沙勿回转福建。"他又供称："今年春间，蔡伯多禄又在广东托秦伯多禄带信交与小的，要雇船到广东，延请西洋人赴陕传教的话。小的就到湘潭，同周正雇了龙国珍父子船只，又写信交龙国珍带至广东，转交蔡伯多禄。"①

陕西是传教士此行的目的地。蔡伯多禄案爆发后，乾隆帝就指令："查明罗马当家派往陕西传教者，究竟要传与何人？按名拿办。"②陕西督抚闻风而动，开始搜捕。很快就查明"焦振纲系西安省城人，秦伯多禄系山西降州人，名叫秦其龙。另有杜于牙，现住西安城内，实有修建天主堂之事"。焦明贵供称："年二十八岁，是长安县人。父亲焦振纲，是祖传的天主教，家中供有十字木位，并无经卷画像。父亲常同秦禄往广东贩卖药材。上年，听得他们商量说广东西洋人念的经好，要请两三个人来教经。秦禄留下二十两银子，托刘义长修理房子，等西洋人来居住。"刘义长供："小的是祖传天主教，家中原供有十字木位并抄本经四本。小的与焦振纲、秦禄认识。上年，秦禄们因要请西洋人来，留下二十两银子。小的就把中间原供十字木位的两间房子做了修理。"雷光悦供："小的是父亲传下的天主教，家里有抄本经一本。小的与焦振纲、秦禄认识。上年，听得他们说要请西洋人来。今年三月里，小的曾问过焦振纲们，既然修下房子，为何不把西洋人请来？他们说路上盘查得紧。将来去时要请的。"③

陕西方面逮捕了许多中国教徒，并在渭南县教民徐宗福、韩奉村的家中搜捕了传教士呢吗方济各和马诺。陕西巡抚毕沅向朝廷奏报：呢吗方济

---

① 《清中前期西洋天主教在华活动档案》第2册，第516页。
② 《清高宗实录》卷1213，乾隆四十九年八月癸卯。
③ 《清中前期西洋天主教在华活动档案》第2册，第474页。

各是意大利人，潜住陕西已达23年。他是通过中国苏神父的引领进入广东，又由广东到山西、陕西传教。马诺是澳门人，自幼赴欧洲学习天主教，后回到广东，由陕西渭南县人张多明我接到西安居住。毕沅还根据教士教民的招供，向朝廷奏报："该省汉中府，山西洪洞县、潞安府、大同府，及山东、湖广、直隶等省，俱有学习天主教，及西洋人在彼传教。本年罗马当家寄信内言，现派十人，分往山陕、湖广、山东、直隶等省。"①

毕沅的奏报使乾隆帝得知，中国境内的传教活动远比清廷估计的严重得多，私入内地的传教士也远不止4人，而是蔓延数省。十一月十一日，乾隆帝发布谕旨，指出天主教秘密传播的严重情况，斥责各地方官的失察行为。他说道："西洋人天主教于雍正年间即奉严禁，不许内地人传习。乃呢吗方济各等初则为内地人勾引至广，继则纷纷潜至各省居住传教。时阅二十余年，地则连及数省。各地方官何竟毫无知觉？且西洋人面貌语言与内地迥别，即该犯等形踪诡秘，止与同教人往来，而地方有此形迹可疑之人，自当即时访察严拿，不使乡愚互相煽惑。"他认为："西洋人及内地人辗转传教，最为人心风俗之害"，各地督抚必须严密查拿，将紧要之犯迅速解京，毋使该犯闻风远飏。并明确提出："如各省经此次查办之后，复有勾引西洋人及私自传习邪教之案，则是该督抚查办不力，漫不经心。将来别经发觉，惟该督抚是问。"② 因此，教案迅速扩大。

广东方面再次审讯多罗。多罗供称除了派蔡伯多禄送4名传教士之外，他还曾派遣多名传教士潜入内地。具体情况是："四十八年三月内，有西洋二人，一名吧地里亚度、一名吧里几里地来对我说，有山东李姓，教名吧多罗吗要引他二人往山东传教，在我楼上住了一夜去的。九月内又有西洋二人，一名吧地里佛列地，要往湖广去传教，一名吧地里呋哂，要往四川去传教，都在我楼上住了一日，也是那姓李的山东人引去的。十二月内，又有西洋人唪兰斯是噶来说，有江西人姜保禄要接他往江西传教，在我楼上住了两日去的。"③ 多罗还供出，伴送西洋人的有广东人李刚义、鄂

---

① 《清高宗实录》卷1218，乾隆四十九年十一月壬戌。
② 《清高宗实录》卷1218，乾隆四十九年十一月壬戌。
③ 《清中前期西洋天主教在华活动档案》第2册，第608页。

斯定等。① 孙士毅顺藤摸瓜，先后抓捕了李刚义、鄂斯定、戴加爵等多名接送传教士的教民，并逮捕了近百名奉习天主教的教民。

山东督抚根据广东等地提供的情报进行搜查，先后抓获了两名西方传教士和许多中国教民。乾隆五十年二月，山东巡抚明兴奏报："将西洋人吧地里亚度、格雷西洋诺，及接引之李松、邵珩，妄称神甫之朱行义即朱里官，并辗转窝留之任文臬、张泰、胡恒、韩三等押解赴京，送交刑部归案。"②

山西督抚在全境四处搜查，逮捕多名中国教徒，"拿获西洋人安多呢，讯据供称，系四十六年由京赴晋，在范天保家居住传教"③。

四川督抚在天全州彭三桂家拿获西洋人冯若望即得三马尔定，在崇宁县拿获西洋人李多林即都费斯，在巴县拿获西洋人额地夷德窝，以及接引和容留传教士的张万钟、张万效、谢懋学、唐正文等人。④

江西督抚抓获了西洋人李玛诺，并窝留李玛诺在家之刘林桂，及引领前赴庐陵等处传教之彭彝叙等人。⑤

福建督抚逮捕了私习天主教的吴永隆、吴兴顺、朱见良等人。缉获从江西来闽的西洋人方济觉，并将容留方济觉的伊益德及奉教之人涂德先等捉拿归案。

直隶督抚逮捕了教民王天德、刘三、郝保禄等人，郝保禄供认："自幼随父奉天主教，与威县任文臬、清河县安三均素相识。四十八年九月内令安三赴广东接白、伊二神甫。"⑥

综上所述，蔡伯多禄案自爆发之后，迅速蔓延，形成全国性的大教案。这场教案来势之猛、发展之快、范围之广、缉查之严，逮捕教士教民之多，都是前所未有的。它涉及全国十几个省份，共有 18 名外国传教士和数百名中国教民被捕入狱。

---

① 《两广总督舒常广东巡抚孙士毅严拿西洋人李刚义等折》，载《文献丛编》第 16 辑，第 21 页。
② 《山东巡抚明兴拿获西洋人吧地里亚度解京折》，载《文献丛编》第 15 辑，第 16 页。
③ 《清高宗实录》卷 1219，乾隆四十九年十一月戊辰。
④ 《文献丛编》第 16 辑，第 17、22 页。
⑤ 《文献丛编》第 16 辑，第 26 页。
⑥ 《文献丛编》第 16 辑，第 19 页。

二 抓捕蔡伯多禄的指令与行动

乾隆四十九年八月,蔡伯多禄的信件被清兵搜出之后,蔡伯多禄就被认定为接送洋人、潜行传教的要犯。乾隆帝当即下令:"送信之蔡伯多禄,既查系送至湘潭暂住,此时自必仍在湘潭。著传谕特成额,即严饬湖南各属,务将该犯拿获。"① 特成额在湖南严密搜查,抓获了刘绘川等人,却没有抓到蔡伯多禄。

九月,乾隆帝根据粤楚两地被捕人员的供词,得知蔡伯多禄是福建人,向在广州白衿观药铺行医。自从广东起身,伴送4个西洋人同往湖广后,与白衿观再未见面。因此,乾隆帝断定,蔡伯多禄"此时自必仍在湘潭一带。著再传谕特成额,严饬文武员弁,上紧缉拿务获,解京审办,勿致日久远飏"②。同时,乾隆帝考虑到,蔡伯多禄也有可能潜回广东及福建原籍。下令闽粤督抚饬属严密查拿,以期速获。

湖广总督特成额遵命而行,再次饬属展开搜捕。九月二十一日,他向朝廷上奏,声称曾屡饬文武并派员查拿,迟未报获,倍深惶悚。唯有饬属寻踪购线,上紧严缉,务期必获,解京归案办理。现已遍饬楚省文武官员严密搜查,"并严饬湘潭、常德、沅江各县府,及路通粤省水陆地方,密行踩捕,务获解京,断不敢稍存懈忽,致要犯窜匿,自取重谴"。③ 九月三十日,湖南巡抚陆燿奏:"蔡伯多禄既系常在楚粤往来,诚如圣谕,自必仍在湘潭一带。臣已饬司遴委勤干之员,速赴该处,严密查拿。"乾隆帝在折上朱笔批示:"此系要犯,今获否?"④

九月初九日,广东巡抚孙士毅向朝廷上奏,明确表示:"蔡伯多禄一犯系延请洋人,由楚赴陕之人,断难容其兔脱。"并汇报了广东当局对抓捕蔡伯多禄的部署。首先,密饬与广西、福建、湖广等省交界之各州县,于水陆地方四面堵截。随即,考虑到蔡伯多禄素与澳门夷人熟悉,有可能潜至澳门。因此,派遣官员晓谕澳门夷目,令其查明送出。澳门夷目以蔡伯多禄并未到澳,无从获送作答。孙士毅认为澳夷狡猾,殊不足信。又派

---

① 《清高宗实录》卷1213,乾隆四十九年八月癸卯。
② 《清高宗实录》卷1214,乾隆四十九年九月丙寅。
③ 《清中前期西洋天主教在华活动档案》第1册,第426页。
④ 《清中前期西洋天主教在华活动档案》第2册,第441页。

遣署按察使觉罗明善驰往澳门，督同澳门同知及香山县知县，严密察访。令明善向澳门夷人明确宣布："尔等住居澳门，每年贸易获利，仰受大皇帝复育深仁，至优极渥。即有夷人犯法尚应送出，听候天朝按律惩治。况蔡伯多禄系内地民人，岂容尔等包庇藏匿？倘敢抗违，定即封澳严查。"①

九月三十日，孙士毅再次向朝廷上奏。首先，他汇报了明善在澳门的行动。指出明善曾传集澳门夷目，严切晓谕。澳门夷目坚称，伊等仰受天朝抚恤，无异内地民人，何敢容留奉拿匪犯。情形甚属悚惧，似非有意抗违。随即，孙士毅又指出，尽管如此，他仍未深信。适有谙晓天文、自愿进京的西洋人汤士选自澳门来到广州。听说他在该国颇有地位，广州的西洋人对他颇为信服。孙士毅便向汤士选打听情况。汤士选表示在澳门时听说有查拿蔡伯多禄一事，曾问过澳门夷目，他们都说并无藏匿。今蒙传问，情愿再写信到澳门，令其据实回复。现在汤士选已经接到澳门方面的回信，称蔡伯多禄实在并未到澳门。如果在澳门，不论何人屋内，立即前去擒拿。最后，孙士毅表示："臣现于水陆要隘分派干员，并严饬地方官购线悬赏，不分疆域，慎密踩缉，勿使远飏。"②

闽浙总督富勒浑、福建巡抚雅德联合上奏，汇报了闽省查访蔡伯多禄的情况。声称："臣等飞饬漳州道府督同龙溪县会营带领兵役密往严拿，并于附近粤省各属一体饬缉。嗣据禀复，遍查龙溪县属，蔡姓虽多，逐一搜访，并无蔡伯多禄即蔡鸣皋其人，亦无该犯家属在籍及私奉天主教情事。"最后，富勒浑和雅德表示："蔡伯多禄系在粤省串同勾引西洋人通信传教之犯，罪关重大。若潜逃回籍，实力查拿，自可即时就获。臣等又经严饬各道府营县，派委员弁，多拨干练兵役，悬立重赏，无分疆界，到处踩缉。一有该犯踪迹，立即拿获，解京审办。"乾隆帝对折中所说，福建龙溪并无蔡伯多禄及其家属，也无私奉天主教之事，不以为然。他在奏折此处，朱笔批示："未必。恐地方官欺汝等。"③

蔡伯多禄仍未抓获，乾隆帝对此十分不满。十月初二日，他再次颁发谕旨，严厉指出："蔡伯多禄延请西洋人由楚赴陕，系此案要犯，何以至

---

① 《清中前期西洋天主教在华活动档案》第 1 册，第 378 页。
② 《清中前期西洋天主教在华活动档案》第 2 册，第 446 页。
③ 《清中前期西洋天主教在华活动档案》第 2 册，第 483 页。

今未获？该犯素与夷人熟识，见缉拿紧急，自必仍逃往广东，或竟在澳门藏匿。著传谕孙士毅，即饬属严密设法，踩缉务获，解京审办，勿得日久疏懈，致令远飏。"①

十月初十日，孙士毅回奏："现在督率地方文武，严缉务获，不敢稍有疏漏，致令远飏。"乾隆帝在他的奏折上朱笔批示："如何尚未就获？足见一切废驰。"② 十月十九日，孙士毅又一次向朝廷奏报：臣曾严谕澳门头目人等，蔡伯多禄如潜窜澳门，着即立时献出。倘敢包庇藏匿，当即封澳搜查，从严办理。"臣仍督率属员四路严行踩缉，断不敢稍有纵漏，致令远飏"③。乾隆帝在奏折上朱批："至今未获。"

自教案爆发已经两月有余，蔡伯多禄仍未抓获。乾隆帝怒不可遏。十一月初三日，他又一次颁发谕旨，强调指出："蔡伯多禄等为此案要犯，屡经传谕各该省督抚严切查拿，何以尚未就获？该犯等俱系内地民人，无难踩缉，若似此疏漏，已隔两月有余，未经弋获，足见一切废驰，又安用此地方文武为耶？"④ 他下令对特成额、富勒浑、孙士毅、雅德传旨申饬，著各该省督抚于交界地方，派委员弁堵截查拿，毋致远飏漏网。

乾隆帝的严谕令楚粤闽地的督抚诚惶诚恐。十一月十五日，闽浙总督富勒浑奏称："臣职司督捕，咎无所逭。圣主不加严遣，仅予申饬，鸿慈高厚感愧靡深。"一定督属设法严缉，务获解京，毋致漏网。十一月二十日，福建巡抚雅德向朝廷上奏，汇报了他们在蔡伯多禄原籍再次进行严密搜查的情况。他说，官兵们密赴龙溪县蔡姓社内，查得该处蔡姓共有一百余灶，男妇五百余人。官兵们按照蔡伯多禄的年貌特征逐一挨查，悉心察询，实无蔡伯多禄其人，族内亦无奉有天主教之事。官兵们又赴龙岭保等地，传唤乡保逐细确查，不仅没有蔡伯多禄，而且没有蔡姓之人居住。雅德表示："两月有余，尚未获解，实属惶悚难安。兹跪奉圣谕，益深凛惕，不胜愧惧之至。"一定"恪遵圣训，加派丞倅，率同文武员弁于各交界地方严密踩缉，堵截查拿。如有该犯等踪迹，务期弋获，断不敢稍有疏

---

① 《清高宗实录》卷1216，乾隆四十九年十月甲申。
② 《清中前期西洋天主教在华活动档案》第2册，第482页。
③ 《清中前期西洋天主教在华活动档案》第2册，第497页。
④ 《清中前期西洋天主教在华活动档案》第2册，第526页。

漏"。①

湖南巡抚陆燿奏报："蔡伯多禄久经严饬文武，并派员设法严拿。该犯以闽人往来楚粤，诚恐所到之处各有内地民人隐匿潜踪，并图远窜。现复严饬委员及地方文武，各于交界地方严密堵截，务期速获。"乾隆帝在他的奏折上朱批："如何尚未获？"②不满之情跃然纸上。

两广总督舒常奏报："严饬各属文武，悬赏严缉，并派委能干营弁改装易服，分赴洋行、澳门，及人烟稠密、荒僻山林处所，上紧踩缉。倘有疏漏，将来获犯究出曾于何处潜匿，何处经行，定将该地方官严参治罪。臣仍不时檄催访查，断不使远飏兔脱。"③

4个月过去了，蔡伯多禄仍未抓获。闽粤督抚似乎已经竭尽全力。乾隆帝分析可能蔡伯多禄并未返回广东，也未潜至闽省，自必仍在湖广一带藏匿。十二月二十四日，他又一次颁发谕旨，明确指出："蔡伯多禄为勾引传教最要人犯，自应上紧缉捕。""著责成特成额专办。该督务须饬属购线，严密访缉，以期速获，毋得视为具文，仍前疏玩也。"④

特成额闻风而动，采取了进一步的搜查行动。他令两司选派干练人员，改装易服，分别带领被捕人员，以他们作为眼目，密赴两省各处寻踪购线查拿。然而，他的努力并未奏效。乾隆五十年正月初六日，他无奈地向乾隆帝奏报："迄今尚未报获，臣甚为焦急。仰蒙圣训，跪读之下，倍切悚惶。"并表示："现奉谕旨，严催各巡道、知府、直隶州，暨各营镇将军，董率各牧令汛员，勒限上紧踩访，并严切饬知，倘敢视为具文，查拿稍有不力，一经他处获犯，或委员侦获，究出曾经停留地方，即严行参究。俾各知儆惕，协力速捕。"⑤

特成额没有完成专办之事，乾隆帝便把搜捕范围又扩至粤闽楚数省。五十年三月二十四日，他谕道："蔡伯多禄最为要犯，至今尚未就获，可见办理全不认真。该犯原籍福建，而广东、湖广系其平日逗留之所。此时畏罪窜匿，总不出此数省。着传谕孙士毅、特成额、富勒浑、陆燿、吴

---

① 《清中前期西洋天主教在华活动档案》第2册，第572页。
② 《清中前期西洋天主教在华活动档案》第2册，第578页。
③ 《清中前期西洋天主教在华活动档案》第2册，第613页。
④ 《乾隆朝上谕档》第12册，第422页。
⑤ 《清中前期西洋天主教在华活动档案》第2册，第660页。

垣、雅德，即速严饬员弁，设法购线，务将要犯弋获。若以案延日久，视为海捕具文，则是该督抚等有心疏玩，恐不能当其咎也。"①

这道谕旨使搜捕蔡伯多禄的行动又掀高潮。四月十一日，湖南巡抚陆燿奏报："臣自上年以来，屡经选委员弁，设法购线，分段侦缉，责令各府州就近督率稽查，又于境内与湖北、广东、广西交界之岳州、永州、郴州等处，专派勤干精细之丞倅，分驻水陆可通处所，严密截拿，并于平日曾习天主教之家访有素与该犯认识之民人陈显二、黄在田等，发交委员，作为眼目，带同跟缉。迄今未获。今奉谕旨，严切训诲，又添委员弁，密赴四境，并饬地方正佐各官，加紧确查。"乾隆帝在他的奏折上朱批："今尚未获，何也？"②

乾隆帝又将搜寻的目光集中到粤澳，认为蔡伯多禄可能在粤省澳门一带洋行潜避，令孙士毅严密访查。五月十七日，孙士毅上奏，汇报他的搜查行动。他说：因东西两省水陆要隘及通省各州县地方，实已设法购线，悬立重赏，不敢稍留余力。乃缉拿许久，毫无影响，怀疑该犯藏匿澳门一带。因此，他密饬钦州知州夏文广、新会营参将韦永福前赴香山县地方驻扎，选派干役，易服进入澳门，凡是洋人容留内地民人之各寺庙，无不一一遍查。并无该犯踪迹。孙士毅又派布政使陈用敷亲赴澳门，传集大班夷目人等，明确宣布："蔡伯多禄如果藏匿澳门，尔等立即送出。大皇帝不但不治尔等从前容隐之罪，方且从优奖赏，以示怀柔。"该大班夷目人等跪聆传谕，伏地叩头，佥称蔡伯多禄系内地民人，何敢隐藏代人受罪？屡奉严谕饬拿，实在逐户挨查，并未潜匿澳内。将来设遇窜入，自必立即擒拿送出。并具有如敢容留察出，愿甘治罪结状前来。既然澳门没有查出蔡伯多禄，陈用敷又到广州十三行彻底搜查，并严切面谕洋商："如果查出蔡伯多禄潜匿洋行之事，立将该商等从重办理。"商人们十分恐惧，不仅将居住行内之西洋人稽查甚密，暗中亦悬立重赏，遣人向澳门探访蔡伯多禄的行踪，以冀早日捕获，卸脱自己干系。最后，孙士毅表示："臣仍遴委干员于澳门左近多方设法，悉心侦缉，并于各该州县隘口地方知会提镇

---

① 《清中前期西洋天主教在华活动档案》第2册，第730页。
② 《清中前期西洋天主教在华活动档案》第2册，第731页。

一体严饬，密为堵截，总期必得而止。"①

各地遍查无获，广东方面便进一步加强了对海口的监控。九月二十八日，两广总督富勒浑奏报："臣现在分委丞倅，于各海口不动声色，密访侦捕。倘蔡伯多禄希图搭洋船出口远飏，立时就获。"乾隆帝在他的奏折上无奈地朱批："想早已远飏矣。"②

尽管如此，乾隆帝仍不甘心，认为蔡伯多禄有可能因事已日久，缉捕稍缓，仍潜来粤省，改装易服，混入洋船，希图出洋藏匿。因此，十月十八日，他再次颁谕："著传谕富勒浑，务须不动声色，密饬所属，在于各海口留心查察，严密访拿，或得弋获，亦未可定。"③

三　蔡伯多禄的下落

上述可见，为了抓捕蔡伯多禄，清朝可谓竭尽所能。在长达一年多的时间里，乾隆帝多次颁发谕旨，下达具体命令，指挥各地进行搜捕。各地官员，尤其是广东、福建、湖北、湖南的官员，全力以赴，千方百计，却毫无所获。蔡伯多禄究竟藏匿何处？去往何方？

有关蔡伯多禄的下落，中文资料未见记载。西方学者的著作，披露了蔡伯多禄逃脱搜捕的经过，以及由此而引起的一场中葡风波。

德国学者魏乐克写到，搜捕开始时，蔡伯多禄住在广州白衿观的家中。但他很快就感觉到会有麻烦，而隐避到另一位中国天主教徒的家中。1784年9月26日晚上，不仅白衿观的家被抄，蔡伯多禄隐居的人家也遭到搜查。兵丁到来时，蔡伯多禄被惊醒，他从后门逃往另一位教徒家中。意识到自己仍然处于危险之中，他又乘船来到一个村庄，在那里换乘另一艘船，逃到了澳门。

广东督抚没有抓到蔡伯多禄，怀疑他在澳门，便派了两名官员到澳门索取。当时澳门官员还不知蔡伯多禄的到来，便声称蔡不在当地。10月3日，广东督抚有了蔡伯多禄在澳门的确凿证据。他们找到了送蔡到澳门的船夫。这位船夫看见蔡进了澳门方济各修道院。然而，当广东再次派遣官

---

① 《清中前期西洋天主教在华活动档案》第2册，第755页。
② 《清中前期西洋天主教在华活动档案》第2册，第761页。
③ 《清中前期西洋天主教在华活动档案》第2册，第762页。

员赴澳门索取时，蔡伯多禄已装扮成西洋人，离开了方济各修道院，和其他逃亡者一道，藏到了奥古斯丁修道院。

广东又一次派出使者要求澳门当局交出蔡伯多禄和其他逃犯，否则便封锁澳门，由于澳门的食物供给依赖中国大陆，因此封锁是一种严重的威胁。在刚从印度回来的澳门高级官员的坚持下，澳门决定不交出蔡伯多禄，并声称他们对逃亡者不负责任，因为澳门是一个向所有人开放的城市，他们无法阻止逃亡者入境。

广东政府对此回答很不满意，立即下令封锁澳门。澳门的食品很快就严重短缺。中国居民惶恐不安，中国店主拒绝向葡萄牙人出售物品，澳门港口的工人甚至停止了卸船。

10月下旬，广东按察使准备前往澳门。他派使者先行，命令澳门当局必须在24小时之内交出逃犯。澳门当局立即召开紧急会议，决定不交出逃犯，但在所有修道院来一个形式上的搜查，以避免触怒按察使。这样的搜查自然没有结果。

葡萄牙人开始用激烈手段缓解他们的食品危机。他们截留了一艘正在离港的载有大米的中国船只，关押了船上部分中国船员，并向可能载有大米的其他船只开火。这在中国居民中引起极大惊恐。按察使担心引起战争，急忙返回广州。广东巡抚孙士毅也不希望此时开仗，10月28日，他解除封锁。

对孙士毅来说，没有抓到逃犯，尤其是没有抓到蔡伯多禄，是极为尴尬的。他在广东悬赏捉拿，派密探在澳门侦察，派官员赴澳门索取，都没有成功。于是他又想到雇佣几个基督教徒去诱捕。三个教徒被带到澳门，其中一个在奥古斯丁修道院发现了逃犯谢禄茂。可是，谢禄茂不久又离开奥古斯丁修道院，逃到蔡伯多禄的藏身之处。孙士毅的计划又失败了。

在北京，乾隆帝越来越不耐烦，一遍又一遍地下达缉拿蔡伯多禄的命令。孙士毅又派了一个使团前往澳门。官员们首先到了奥古斯丁修道院，他们知道逃犯谢禄茂曾经藏在这里。修道院院长声称，逃犯既不在院内，也不在他们的控制之下。不相信院长所说，广东官员坚持认为逃犯仍然在此。当发现一无所获时，广东官员极为愤怒。他们召集总督、市政官和参议员来到现场，要求交出逃犯，并向澳门方面递交了一封孙士毅的信，内有命令和威胁。澳门的中国商人也请求葡萄牙人让步，交出逃犯。但是葡萄牙人固执己见。中国官员返回广州,向澳门发出严重警告。

在这种形势下,澳门当局不能再将逃犯藏在城中,决定将他们送走。恰好此时有一艘葡萄牙船准备开往印度果阿,为逃犯离澳提供了一个好机会。10月30日夜晚,蔡伯多禄和谢禄茂秘密登船。黎明时分,他们启程前往印度。

孙士毅决定打破葡萄牙人的顽固不化。整个11月,澳门都受到军队即将来临、澳门将被包围的警报的干扰。据说,广州军队确已出发,但又被孙士毅召回。他没有把握此举定能成功。他向在广州的两个外国人打听澳门的防御能力。这两人向他保证,澳门的大炮优良,能有效地抵抗袭击。孙士毅于是停止了冒险,澳门的恐惧渐渐平息。①

以上就是西书所记,蔡伯多禄的下落。正如瑞典学者龙思泰所称:"秘密接引神甫的主要支持者蔡伯多禄逃跑了。他离开广州,来到澳门,并乘船前往果阿。"②

四　结语

通过对上述问题的考察,以及对相关史料的梳理,我们对蔡伯多禄的生平事迹有了大致了解。

蔡伯多禄,原名蔡鸣皋,亦作蔡如祥,福建龙溪人。家世不详,有一个哥哥,名叫蔡九思。据西方资料记载,蔡伯多禄出生于1739年,1761年赴意大利那不勒斯中国书院学习,1767年晋升为神甫。后回到中国,成为湖广地区,尤其是湖北西南地区的传教士。③

关于他回国后的情况,据中文资料记载,蔡伯多禄与其兄蔡九思在湖北巴东县细沙河地方购田居住,在湖广地区秘密传教。如被捕的中国天主教徒刘开迪供称,"蔡伯多禄名叫蔡如祥,是福建人,与他哥子蔡九思在细沙河买田住家。小的因他们与父亲相好在前,于四十六年到他家内认识"。王绍祖供称,"小的江陵县人,搬在巴东县细沙河种田度日。乾隆四

---

① Bernward H. willeke: Imperial Government and Catholic Missions In China During the Years 1784 – 1785.
② 〔瑞典〕龙思泰:《早期澳门史》,第208页。
③ Bernward H. willeke: Imperial Government and Catholic Missions In China During the Years 1784 – 1785.

十四年，公安县已故运丁蔡文安叫小的传习天主教，与蔡如祥兄弟一同相好。现在起获刊经三本画像七片是蔡如祥给的"。①

为了传教，蔡伯多禄经常来往于广东、湖南和湖北，并以商人的身份作为掩护。如被捕的中国天主教徒刘绘川供称，"乾隆四十年上，有个福建人蔡鸣皋挑广货担在湘潭地方发卖，小的因买货认识。后来他隔一两年常来卖货，又说他叫蔡伯多禄，也吃天主斋"。②

乾隆四十八年（1783），蔡伯多禄被教会调到广州，负责安排西方传教士潜入内地之事。③ 于是他卖掉湖北巴东县的田地，前往广州。为了掩人耳目，他声称是返回原籍福建。被捕的中国天主教徒蔡士胜供称，"去年蔡如祥将田地卖与小的，搬回福建"。刘开迪供称，"蔡如祥于四十八年带了雇工人张大朝即张沙勿回转福建"。④

在广州，蔡伯多禄的公开身份是医生。据被捕的中国教徒供称，"蔡伯多禄向在白衿观药铺行医"⑤，"住在广东省城第五铺，约年四十岁，身长面黑有须"⑥。他与广东、湖广、陕西、山东等地的教徒有着广泛的联系，接送过多名西方传教士。为了不致被发现，他采取了接力护送的方式。先由他和几个教徒将传教士从多罗夷馆接出，改装易服，沿着各地传教点秘密前进。每到一个传教点，即由当地教徒接手再送到另一个传教点。这种方法曾经取得成效，瑞典学者龙思泰指出："曾受教育于那不勒斯圣家书院的中国人蔡伯多禄（Peter Zay），屡次成功地把账房神甫托付给他照看的传教士，安全送达各个目的地。"⑦

乾隆四十九年，4 名传教士在湖北被捕，蔡伯多禄的信件被清兵搜获。蔡伯多禄案由此爆发，并迅速蔓延，形成全国性的大教案。蔡伯多禄被认定为接引洋人、潜行传教的要犯，全国通缉。乾隆帝一遍又一遍地下达指令，亲自指挥各地督抚进行搜捕。各地督抚不断上奏，汇报搜捕情况。一

---

① 《清中前期西洋天主教在华活动档案》第 2 册，第 516、517 页。
② 《清中前期西洋天主教在华活动档案》第 1 册，第 350 页。
③ Bernward H. willeke: Imperial Government and Catholic Missions In China During the Years 1784 – 1785.
④ 《清中前期西洋天主教在华活动档案》第 2 册，第 516、517 页。
⑤ 《清中前期西洋天主教在华活动档案》第 1 册，第 382 页。
⑥ 《清中前期西洋天主教在华活动档案》第 1 册，第 351 页。
⑦ 〔瑞典〕龙思泰：《早期澳门史》，第 207 页。

个平民的名字像幽灵一样,盘旋在皇帝的谕旨和大臣的奏章之中,久久不去。这种情况实属罕见。

清廷为何对蔡伯多禄如此重视?这是因为清朝统治者认为,"西洋人潜赴内地传教惑众,最为人心风俗之害"。[①] "西洋人传教,势不能自来自去。总由内地匪徒利其财物,私下诱导所致。此等汉奸,其情罪实浮于洋人。"[②] 因此,直至乾隆五十年,被捕的西方传教士释放之后,清廷仍在严缉蔡伯多禄。

然而,蔡伯多禄始终未被清朝抓获。据西书记载,他首先逃到澳门,然后逃到印度果阿,接着又从果阿到了暹罗(今泰国)。后来,他回到中国,在内地传教。1805年的教案中,他被迫再次逃往澳门。但因名声太大,无法久留。1806年,他死于广州。[③]

从清朝搜获的蔡伯多禄的信件来看,他的文化水平较高。他曾在意大利留学多年,以商人和医生为业,往来于楚粤之间,接送教士,传递信息,秘密传教,既有坚定的宗教信仰,又有丰富的人生阅历、广泛的社会联系和影响,是清中叶中国天主教的中坚力量、海归教徒的典型代表。

(作者单位:中国社会科学院)

[①] 《清高宗实录》卷1218,乾隆四十九年十一月丙寅。
[②] 《两广总督舒常广东巡抚孙士毅等严拿传教之西洋人折》,载《文献丛编》第15辑,第4页。
[③] Bernward H. willeke: Imperial Government and Catholic Missions In China During the Years 1784–1785.

吴禄贞的社会交游与清末革命

王鹏辉

摘　要：吴禄贞在武汉加入湖北新军，经历从湖北武备学堂到日本陆军士官学校的训练。他身处两湖学生社群，与清廷官僚、革命党人、立宪党人和各种革新人士广泛交游。中国面临被西方列强瓜分的危机与日本明治维新后现代化的发展，共同刺激吴禄贞精神世界的巨变，生成反帝排满的双重民族主义思想。他秘密参加自立军起义，回国后继续在两湖地区从事革命活动，探索复兴中国的革命方略。

关键词：吴禄贞　社会交游　清末革命

吴禄贞（1880～1911），字绶卿，湖北云梦人，出身于衰落的官绅家世。少年吴禄贞在武昌投入湖北新军工程营，后进入湖北武备学堂，并被选送日本陆军士官学校深造，走上新型知识分子的道路。吴禄贞在国内外秘密从事革命活动，曾秘密回国参加唐常才领导的自立军起义，毕业后在两湖从事革命活动，又于1904年进入北京练兵处成为清廷官员。直到1911年武昌首义爆发，吴禄贞参与"滦州兵谏"，随后在娘子关与山西革命军都督阎锡山会谈，组建"燕晋联军"，11月7日，吴禄贞被刺杀于石家庄火车站。

中国历史的长期发展，逐渐形成晚清特定的"东南中国"历史空间，其核心区域是两江总督刘坤一、湖广总督张之洞所管辖的长江中下游地区，1900年的"东南互保"即是标志性的历史事件。"东南中国"密集展开的历史活动，对中国近代历史命运有重大影响。其时，"东南中国"成为清末革命党人武装起义的策源地。在历史时代与空间的双重背景中，吴禄贞在"东南中国"的人生轨迹自然转向，以至于"累世以儒学传家，至君始用武显"①，卷入清末中国革命的历史巨潮之中。吴禄贞一生短暂，逝后以革命党人哀荣备至。吴禄贞作为革命巨子的历史事迹，学术界有丰富的研究成果，但其早年东南革命的道路有着复杂曲折的面相，探明其人与清末国内外诸多势力错综缠绕的社会交游，有益于我们理解清末中国革命的起源时代。

一 投入张之洞的湖北新军

吴禄贞少年时，先就读于伯父所开设的家塾，后来又在私塾及其父所开设的学馆读书，"八九岁诵书史，日可千言"②，奠定此后古史、书法、诗歌的"中学"功底。光绪二十一年（1895），吴禄贞父亲吴利彬病死，家庭陷入困顿，其母彭梅仙举家到武昌佣工为生。从此，吴禄贞的人生进入一个新的历史舞台。

湖北在清末近代化中的崛起，使长江中游的武汉成为"九省通衢"的天下枢纽。张之洞在湖北创设织布、纺纱、缫丝、制麻四局，建成一个近代纺织工业体系，为大量城市贫民和周边乡村农民创造新的生计方式。吴禄贞来到武汉后，进入织布局做工谋生，但工作条件恶劣，正如英国曼彻斯特一家报纸登载的任织布局总监工的英国人德金生（Dickeason）信中所说：

> 这工厂中的工人都是男工与幼童；没有女工……（工人们）离开工厂出去散散步的机会都很少，因为厂中做工是从早晨五点钟直至下午六点钟，每隔一个星期日才休息一天。这些工人很可怜，因为他们瘦到只有皮包着骨头，五十人里面也找不出一个体格健康的人。③

---

① 甘鹏云：《潜庐续稿》卷9，沈云龙主编《近代中国史料丛刊》第97辑，台北文海出版社影印甘氏家藏丛稿崇雅堂聚珍版，1973，第340页。
② 阎锡山：《故燕晋联军大将军吴公之碑》，郑裕孚编《郭允叔（象升）文钞》，沈云龙主编《近代中国史料丛刊续编》第4辑，台北文海出版社影印文蔚阁版，1974，第147页。郭象升（1881~1942），字可阶，号允叔，山西晋城人。辛亥革命后受阎锡山礼遇，此碑文代阎锡山撰写。有吴禄贞祭文多篇。
③ 孙毓棠编《中国近代工业史资料》第1辑（下），科学出版社，1957，第1233~1234页。

吴禄贞的社会交游与清末革命

吴禄贞在工厂期间还未成年，加之身材矮小，当属于信中所说的"幼童"。吴禄贞终于不堪凌虐，寻求着新的出路。光绪二十二年正月，署两江总督张之洞从南京调回湖广总督本任，把自强军中已经练成的原江南护军前营500人调赴湖北，分成前后两营和工程队1哨，编成湖北护军。另外，张之洞委派其幕府人员王秉恩为总办，钱恂为提调，姚锡光为总稽查，李绍远为估工监造，在省城武昌东隅购地建造学堂房屋，①筹备武备学堂。张之洞以湖北护军为核心编练湖北旧式军队，逐渐形成湖北新军。湖北护军需要招募新兵来补足额数，张之洞对招募士兵有文化素质要求，练兵要义首条即"入营之兵必须有一半识字"②，募兵办法则强调"实能识字写字，并能略通文理之人"③。吴禄贞比较符合相关条件，得以应募入伍，成为工程兵。张之洞在湖北练兵从师法德国转而师法日本，吴禄贞的军事训练自然也从德国军制转向日本军制。光绪二十三年，湖北武备学堂正式开办，吴禄贞遂成为武备学堂学生。

湖北武备学堂聚集一批新型青年知识分子，初识现代西方军事知识，受到时代风潮的影响而关心国家兴亡。吴禄贞正是在湖北武备学堂结识一批年龄、知识背景比较相似的青年精英。其中就有孙武、傅慈祥、蓝天蔚、万廷献、沈翔云、卢静远、刘赓云、陈宦、王鸿年等人。孙武，字尧卿，湖北夏口柏泉人，考入湖北武备学堂。傅慈祥，字良弼，湖北潜江人，少时"精于拳棒梃击之术，不屑屑于文艺"④，先考入两湖书院，后入湖北武备学堂。吴禄贞与孙、傅二人"每相与论天下事，辄仰天长吁，意气激昂"⑤，可见三人意气相投，有共同志趣。孙武在武备学堂中与吴禄贞最为友善，"尝酒酣耳热，痛论满汉不平"⑥，满汉不平等关系的社会感受

---

① 张之洞：《札委王秉恩等筹办武备学堂》，苑书义等主编《张之洞全集》第5册，河北人民出版社，1998，第3292～3293页。
② 张之洞：《筹办练兵事宜酌议营制饷奉折》，苑书义等主编《张之洞全集》第2册，第1506页。
③ 张之洞：《拟编练湖北常备军制折》，苑书义等主编《张之洞全集》第3册，第1618页。
④ 严昌洪等主编《张难先集》，华中师范大学出版社，2011，第34页。
⑤ 冯自由：《革命逸史》第6集，中华书局，1981，第200页；严昌洪等主编《张难先集》，第182页。
⑥ 高筹观原著，刘望龄辑校《湖北起义首领孙武传》，《辛亥革命史丛刊》编辑组编《辛亥革命史丛刊》第7辑，中华书局，1987，第93页。

潜伏着民族主义思想的萌芽。蓝天蔚，字秀豪，湖北黄陂人，先投入工程队当兵，后入武备学堂。万廷献，字仲篪，湖北武昌人，以县学生员考入湖北武备学堂。沈翔云，字虹斋，浙江乌程人，湖北武备学堂学生，因事革除，后自费前往日本留学。吴禄贞还有一些武备学堂的同学曾被同批派往日本留学，姓名可考者数人：高曾介，直隶南皮人。吴绍璘，字仲吕，湖南长沙人。徐传笃，江苏江宁人。邓承拔，字茄香，湖北武汉人。杜钟岷，贵州贵阳人。易甲鹇，湖南长沙人。文萃（华），字秀峰，湖北荆州驻防旗人。吴禄贞的这批武备学堂同学先后前往日本留学，进入日本陆军士官学校学习与训练，毕业回国后成为中国新兴军事力量的骨干。

张之洞通过编练新军培养近代军事人才，采取的重要途径之一就是派遣军事留学生。光绪二十四年正月二十三日（1898年2月13日），张之洞派遣姚锡光、张彪、黎元洪等人随日本人宇都宫太郎先期到日本考察学校，为实施留学日本的计划做好准备。张之洞从湖北派出的首批赴日深造的武备学生于光绪二十四年十二月三日（1899年1月14日）从上海出发前往日本，名单如下：

<blockquote>
刘邦骥、吴元泽、田吴炤、吴茂节、卢静远、顾臧、吴祖荫、刘赓云、铁良、高曾介、吴绍璘、徐传笃、邓承拔、杜钟岷、易甲鹇、傅慈祥、吴禄贞、文萃（华）、万廷献、张厚琨。①
</blockquote>

这批军事留学生主要来自武备学堂和两湖书院，武备学堂10人，两湖书院9人。张之洞的孙子张厚琨并非武备，而是进入近卫文麿主持的日本贵族学校东亚学习院。张之洞在西学东渐的情势下提倡"中体西用"，于光绪十六年在湖北创立两湖书院，规定"课士之法，分经学、史学、理学、文学、算学、经济学六门"②，实际教学中只开设"经学、史学、理学、文学"四科，力图培养"中体西用"的士子。两湖书院9名被选为武

---

① 日本外交史料馆藏《在本邦清国留学生杂纂》第1卷"小田切信附件"，转引自孔祥吉《日本档案中的张之洞与革命党——以吴禄贞事件为中心》，《福建论坛》（人文社会科学版）2010年第5期。
② 张之洞：《咨南、北学院调两湖书院肄业诸生附单》，苑书义等主编《张之洞全集》第4册，第2755页。

备的学生如下：刘邦骥，字襄奎，湖北汉川人；吴元泽，字惠轩，湖北保康人；田吴炤，字筱莼，湖北荆州人；吴茂节，安徽休宁人；卢静远，字惺源，湖北竹溪人；顾臧，广东番禺人；吴祖荫，字念兹，湖北蒲圻（赤壁）人；刘赓云，即刘道仁，字百刚，湖北沔阳人；铁良，改名铁忠，字韵铮，湖北荆州驻防镶白旗人。当时中国还没有形成留学外国的风气，加之中日甲午战败对日本的敌意，应选学生对留学日本多有疑虑和抵触。吴禄贞则对应选学生进行鼓动："临阵用兵，必须知己知彼，方能百战百胜。"并说："欲雪甲午之耻，亦惟有先了解和学习日本人的长处，方能有济。"① 应选学生大多认同了这一观点，服从了张之洞的选派。吴禄贞与两湖书院的学生同批派往日本留学军事，自然形成密切的社会交游网络。

二 在日本东京的武备留学生生涯

吴禄贞等湖北武备留学生于光绪二十四年十二月五日（1899年1月16日）到达日本，随即进入东京成城学校，学习日语和现代科学基础知识。中国留日武备学生在日本的整体学制，"于成城学校一年半，而入联队半年，而入士官学校一年"，② 然后再到联队实习，与日本武官出身的士官教育学制比较，属于一种速成教育。吴禄贞入成城学校学习，至光绪二十六年六月第一期45名学员毕业，升入陆军士官学校。吴禄贞的弟弟吴祐贞随后也被选送日本武备留学，成为成城学校第二期毕业生。光绪二十七年三月，第二期30名学员毕业，升入陆军士官学校。吴禄贞不仅有成城学校第一期45名同学（见表1），还与成城学校第二期30名学员同校交游（见表2）。

表1 日本东京成城学校第一期中国武备学生毕业名单（1900年）

省籍	姓名	人数（45）
湖北	吴禄贞、卢静远、吴元泽、田吴炤、文华、刘邦骥、万廷献、傅慈祥、铁良（铁忠）、张显仁、刘赓云、吴祖荫、邓承拔	13
湖南	章遹骏、易甲鹇、吴绍璘、萧星垣、段兰芳	5

---

① 吴忠亚：《吴禄贞的一生》，中国人民政治协商会议湖北省云梦县委员会文史资料研究委员会编《云梦文史资料》第1辑，1985，第6页。
② 丁鸿臣：《四川派赴东瀛游历阅操日记》，王宝平主编《晚清东游日记汇编2：日本军事考察记》，上海古籍出版社，2004，第337页下栏。

续表

省籍	姓名	人数（45）
直隶	贾宾卿、张绍曾、陆锦、张鸿达、李士锐、王延桢、李泽均、蒋雁行、高曾介	9
江苏	唐在礼、洪基、张朝基、舒厚德、陶性孝、徐传笃	6
浙江	徐方谦、陈其采、许葆英、吴锡永、华振基	5
安徽	单启鹏、吴茂节、杜准川、汪树壁	4
广东	韦汝聰、顾臧	2
贵州	杜钟岷	1

资料来源：成城学校校友会编《会员名簿》，军人会馆出版部，昭和十年七月三十日（1935年7月30日），第545~546页。《会员名簿》没有注明派遣机构，省籍或有不确之处，徐方谦虽由浙江派遣，但为湖北武昌人。

表2　日本东京成城学校第二期中国武备学生毕业名单（1901年）

省籍	姓名	人数（30）
湖北	吴祐贞、蓝天蔚、哈汉章、舒清阿、易廼谦、贤瑛、裴光明、金朋铨、杨正坤、沈尚濂、王遇甲、萧先胜、蒋肇鑑、敖正邦、蒋正源、张长胜、段金龙	17
湖南	黄兴发、邓慎言	2
直隶	爱新觉罗·良弼	1
江苏	华承德	1
浙江	朱鼎彝、程勉	2
安徽	应龙翔	1
福建	王麒、张哲培	2
广东	冯耿光、许崇仪、何敬、邓著	4

资料来源：成城学校校友会编《会员名簿》，军人会馆出版部，昭和十年七月三十日（1935年7月30日），第546页。

　　成城学校第一期中国45名武备学生并不是同一时间入学，吴禄贞等19名湖北武备学生入学较早，但所有同学都是同期毕业。成城学校第二期中国30名武备学生的一半以上来自湖北，吴禄贞与大批来自湖北同乡的学生关系自然较为密切。根据成城学校的《清国留学生舍内定则》，吴禄贞等学生接受的是军事化的日常管理。每日起居有严格的作息规律："起床，五点；朝食，六点；诊断有病否，六点三十分；自习，七点至八点；中食，十一点五十分；入浴，午后一点至七点；夕食，四点三十分；散步，自夕食后至六点三十分；自习，自六点三十分至七点三十分；就寝，八点三十分；消灯，九点。"① 光绪二十五年九月十四日（1899 年 10 月 18 日），四川提督丁鸿臣在日本考察兵制和学制，了解到成城学校第一期中国留日武备学生学习的基本情况："中国留学生四十一人，学费每年三百日元。中国留学生都由湖北、浙江、南北洋所派遣，于此修习普通学科八阅月，大半通东文东语，亦熟体操。"② 同行的福建船政局道台沈翊武对中国留学生的数字统计更为精确："华生四十九名，浙三，鄂二十，苏十四，北洋八，鄂体操又四人。"③ 派出武备学生的地方有浙江、湖广、江苏和北洋，以湖广最多。沈翊武还记载了成城学校的课程表，可以说明吴禄贞等学生所接受的科学知识体系（见表3）。

表3 中国留日学生所在成城学校课程表（1899年）

课程\时间	八点	九点	十点	十一点	十一点半	一点、二点
礼拜一	历史	平面几何	日文	物理	教范	体操
礼拜二	平三角	生理	日语	代数	教范	体操
礼拜三		日语	平面几何	物理	平三角	体操
礼拜四	画学	代数	日文	平面几何	教范	体操
礼拜五	历史	平三角	生理	物理	日语	体操
礼拜六	代数	物理	日文	历史		体操

资料来源：沈翊武：《东游日记》，王宝平主编《晚清东游日记汇编2：日本军事考察记》，上海古籍出版社，2004，第390~391页。

康有为、梁启超为代表的立宪党人和孙中山为代表的革命党人都对日本的中国留学生群体产生影响，中国留学生群体在政治上迅速分化。光绪二十六年，留学生在东京成立最早的社会团体励志会，励志会最初制定章

---

① 沈翊武：《东游日记》，王宝平主编《晚清东游日记汇编2：日本军事考察记》，第390页。
② 丁鸿臣：《四川派赴东瀛游历阅操日记》，王宝平主编《晚清东游日记汇编2：日本军事考察记》，第321页上栏。
③ 沈翊武：《东游日记》，王宝平主编《晚清东游日记汇编2：日本军事考察记》，第390页。

程五条，宣称"以联络情感策励志节为宗旨，对于国家别无政见"①。励志会会员的政治倾向有激进和稳健之别，冯自由、唐才质都指出"庚子七月汉口一役殉义之黎科、傅慈祥、蔡丞煜、郑葆晟及脱险之戢元丞、秦力山、吴禄贞诸人，皆此会会员也"，②吴禄贞在励志会中当属激进会员。励志会于壬寅年（1902）改定章程，第一条规定"研究实学，以为立宪之预备"③，表达立宪的政治主张。吴禄贞参加励志会，与来自以帝国大学、早稻田大学、高等商业学校、东京法学院和东京高等大同学校等的留日学生广泛交游，属于留学生群体中的活跃分子。

吴禄贞通过同学之间的相互引荐，结识梁启超、孙中山等被清政府通缉的流亡要犯。梁启超曾于宣统三年闰六月廿三日（1911年8月17日）给吴禄贞写信言及"别来忽将十稔……以备得纳交，自庆幸也"④，表明吴禄贞在日本东京与梁启超就有所交往。孙中山在日本期间寻求与康有为的合作，谋求联合拯救中国：

> 时孙总理、陈少白、梁启超先后亡命日本彼此往还相与，研究革命方略，至为透辟。翔云偕同学戢翼翚（元丞）、吴禄贞（绶卿）访之，一见如故，对总理尤倾倒备至。⑤

吴禄贞也参与其间，同孙中山的交往更为密切，倾向于孙中山的排满革命政治主张。宣统三年五月二十五日（1911年6月21日），日本官方推崇为"日本兴隆期大陆经营最重要人物之一"的宗方小太郎在上海致函在美国的孙中山，询问孙中山在上海有何革命党人，以便于搜集情报。宣统三年六月二十一日（1911年7月16日），孙中山在回信中透露：

---

① 冯自由：《革命逸史》初集，中华书局，1981，第98～99页。
② 冯自由：《革命逸史》初集，第99页；唐才质：《自立会庚子革命记》，杜迈之等编《自立会史料》，岳麓书社，2009，第66页。
③ 《励志会章程》，《译书汇编》第2年第12期，1903年3月13日，转引自张允起《〈译书汇编〉与清末留日学生》，王勇主编《人物往来与东亚交流》，光明日报出版社，2010，第370页。
④ 丁文江、赵丰田编《梁启超年谱长编》，上海人民出版社，1983，第562页。
⑤ 冯自由：《革命逸史》初集，第81页。

吴禄贞的社会交游与清末革命

> 弟之心腹同志，近年多入北洋陆军，故多未便相见。其间有来往外间者，则有前延吉都统吴禄贞君；如有过上海，君不妨以弟名见之……惟皆当以谨慎出之，免招物议为荷。①

自从吴禄贞于光绪二十八年二、三月间从日本回到武汉之后，与孙中山再未谋面，而吴禄贞仍然被孙中山引为心腹同志，想见当年在日本双方的志同道合。吴禄贞与出身两湖书院的湖北留学生程家柽交游甚密，宋教仁1912年回忆"吴禄贞、刘道仁皆以君介之入兴中会者也"②。1911年11月6日，吴禄贞与阎锡山会谈组建燕晋联军，声明自己是老革命党，介绍自己的早年经历："我是同唐才常起义的失败者，我曾加入兴中会，组织自立军在安徽大通起事失败，你可放胆同我合作。"③ 1895年就加入兴中会的冯自由后来补注宋教仁的《程家柽革命大事略》，指出吴禄贞并未加入兴中会。④ 无论吴禄贞是否正式加入兴中会，吴禄贞在日本与孙中山结识相知后确成为革命党人。

孙中山和梁启超在日本达成一定的合作共识，共同支持唐才常在国内的武装勤王。吴禄贞参加唐才常图谋在国内武装勤王的活动，共同在东京组建"富有票会"，决定整合会党力量。八国联军攻陷北京，慈禧与光绪西逃之后，吴禄贞为了鼓动昔日武备学堂同学孙武参加自立军起义，在上海寄送湖南孙武的信函指出"特在东京组织富有票会，分布会员多名"⑤，时在岳州武威营任职管带的孙武被委任为自立军岳州方面负责人。武昌起义时孙武的私人秘书高筹观的《孙武传》也提到"时吴、傅与唐才常在海外组织富有票会，相与回国，暗布党羽，联络各界同志乘时举事"⑥。可见

---

① 孙中山：《复宗方小太郎函》，《孙中山全集》第1卷，中华书局，1981，第524~525页。
② 宋教仁：《程家柽革命大事略》，陈旭麓主编《宋教仁集》下册，中华书局，1981，第442页。
③ 侯少白：《辛亥山西起义纪实》，中国人民政治协商会议全国委员会文史资料委员会编《辛亥革命回忆录》第5集，中华书局，1963，第129页。
④ 冯自由：《革命逸史》第6集，第63页。
⑤ 吴禄贞：《致孙武函》，皮明庥等编《吴禄贞集》，华中师范大学出版社，2011，第217页。
⑥ 高筹观原著，刘望龄辑校《湖北起义首领孙武传》，《辛亥革命史丛刊》编辑组编《辛亥革命史丛刊》第7辑，第93页。

唐才常、吴禄贞等人在东京就已经建立"富有票"组织,准备发动勤王起义。实际上,梁启超与唐才常、吴禄贞等人一起参与策划"富有票会",并力主改定宗旨与义和团的排外灭洋区别。①孙中山表示支持唐才常,并采取具体的行动,"中山先生同志如秦力山、吴禄贞、傅良弼等,皆膺推荐"②。秦力山、吴禄贞、傅慈祥等留日学生是孙中山派遣的主要力量。吴禄贞广事联络当年湖北武备学堂和两湖书院的学生,希望湖北武备学堂同学孙武"即至汉皋与唐才常、傅慈祥二君商量大计,速兴义师,殄彼丑虏"③。两湖书院学生刘成禺也参加了自立军起义。刘成禺的记载表明吴禄贞与孙中山关系密切,倾向革命的立场何其鲜明。④吴禄贞致孙武的信充分表达其排满革命的思想:

> 盖自弄沙儿窃居宝位,同胞辗转暴虐之下久矣!今兹联军入京,帝后西奔,国本动摇,万机废理,正吾人收拾之日;若袖于放弃,则山河万里,沦归异姓,同胞四兆,变为牛马,神器即焚,俎肉且商,每下愈况,奴籍必更难脱,言念及此,能不惊惧痛哉!弟亦黄帝苗裔,何忍坐视阽危……期图大举,俾出斯民于水火而复汉族之故物。⑤

此时的吴禄贞一面对外反抗列强殖民侵略,争取国家独立自主,一面对内反对满人暴虐,光复汉族故物。吴禄贞在历史的夹缝中生成的是反帝排满的双重民族主义思想。

三 投身孙中山和康有为、梁启超共谋的自立军起义

1899年冬,唐才常第二次前往日本邀集吴禄贞等留日学生回国准备举义,推东京高等大同学校的康门弟子林圭回国发动会党组织义军。梁启超

---

① 狄葆贤:《平等阁笔记》卷4,上海有正书局线装铅印本,1913,第19页;皮明庥:《唐才常与自立军》,湖南人民出版社,1984,第29页。
② 刘禺生:《世载堂杂忆》,钱实甫点校,中华书局,1960,第153页。
③ 吴禄贞:《致孙武函》,皮明庥等编《吴禄贞集》,第217页。
④ 孔祥吉:《日本档案中的张之洞与革命党——以吴禄贞事件为中心》,《福建论坛》(人文社会科学版)2010年第5期。
⑤ 吴禄贞:《致孙武函》,皮明庥等编《吴禄贞集》,第217页。

和孙中山都给予赞同和支持，一起在红叶馆参加了送别林圭等回汉口起事的送别大会。① 光绪二十五年十月十九日（1899年11月21日），唐才常从上海致信在汉口的宗方小太郎，认为自己在湖南筹备的武装勤王"颇系东南大局，至为紧要"②。1900年初，唐才常在上海组织"正气会"，后改名"自立会"，仿会党开立富有山堂，组织的义军称"自立军"。1900年7月，吴禄贞从日本成城学校毕业，趁暑假期间回国参加唐才常的武装勤王活动。吴禄贞从日本回到上海与任职上海南洋公学译书院的张元济相识。其时，北洋大学任教习的陈锦涛因北方义和团运动转至上海南洋公学任数学教习，曾任北洋大学教习而在天津海关道任职翻译的温宗尧从天津来到上海参加唐才常的勤王活动。在唐才常的自立军组织系统中，陈锦涛和温宗尧为自立军驻沪外交代表，共同负责上海外交事务。③ 张元济邀约吴禄贞、陈锦涛、温宗尧诸友在虹口隆庆里寓所聚会，④ 忧心国事。1912年4月，张元济为吴禄贞遗诗写序悼念："犹忆十四年前，拳乱方炽，绶卿与陈君锦涛、温君宗尧会于余居，谋所以安定之策。绶卿解衣磅礴，意气激壮，发语悲愤，尝以手抵案不止。"⑤ 时当北方义和团运动兴起，清廷支持义和团灭洋向各国宣战，八国联军大规模侵华，国家处于生死存亡的危机之中。吴禄贞与张元济、陈锦涛和温宗尧正是以此为背景思考国家未来方向，谋求国家安定的大计。张元济生动地再现了吴禄贞慷慨激昂的爱国情怀。

1900年7月26日，唐才常邀集士林名流在上海张园召开"中国国会"，推容闳为会长，严复为副会长，唐才常为总干事。富有票是加入"自立会"的凭证，会中骨干则又出具"中国国会"名义颁发的凭单。吴禄贞依据兵法，对布局起义有自己的想法："默相天下大势，自以生产楚地，悉江汉间情势，谓夏口（汉口）兵冲要地，襟带江河，依阻湖山，左

---

① 陈少白：《兴中会革命史要》，中国史学会主编《辛亥革命》第1册，上海人民出版社，1957，第62页。
② 杨天石：《唐才常佚札与维新党人的湖南起义计划》，《历史档案》1988年第3期。
③ 唐才质：《自立会庚子革命记》，杜迈之等编《自立会史料》，第78页。
④ 张树年主编，柳和诚等编著《张元济年谱》，商务印书馆，1991，第34页。
⑤ 张元济：《〈吴绶卿先生遗诗〉序》，谢炳朴辑，张謇题签《吴绶卿先生遗诗·附延吉哀挽录》，铅印本，1912。

控庐、泗，右连襄、汉，南北二途，有如绳直，一旦骤有变，则河洛震惊，南服俱阻。"① 由于汉口具备东西南北的交通优势，成为会党聚集之处，林圭的自立军组织就转而以湖北武汉为中心。时当两湖书院学生的黄兴也与闻其事，协助自立军组织"运动清军中的湘籍军人不加阻碍"②。此后，唐才常等把"自立军"分为五路七军，定于七月十五日（8月9日）共同举义。五路布局分别为：秦力山、吴禄贞统前军，驻安徽大通；田邦璿统后军，驻安徽安庆；陈犹龙统左军，驻湖南常德；沈荩统右军，驻湖北新堤；林圭统中军，驻湖北武汉。唐才常自领总会亲军和先锋军，同时任诸军督办。安徽大通有民谣"江南大通，靠山临江，上接两湖，下通苏杭"③，表明大通具有长江下游交通枢纽的位势。"自立军"前军设在大通，属于以两湖为后盾，控御长江下游的方略。

秦力山、吴禄贞所在的大通前军"以长江沿岸戒严，未得军报，仍进行不辍"④，"自立军"起义日期推迟，大通仍然按原计划如期起兵。秦力山、吴禄贞在大通周边发放富有票，动员长江水师防营和哥老会参加起义。七月十四日（8月8日），由于事机不密，起义消息已经泄露，秦力山、吴禄贞实际上已经不得不如期发动起义。大通义军夺取八艘水师船只，击沉大通督销局平差轮，攻占药局、盐局、厘局，"抢去钱店银五千"⑤，占领大通。吴禄贞指挥攻取大通厘局的战斗，参与战斗的一部分人员有"吴得胜、谢青山、古世春即古得标、徐得生、景志魁、夏得祥、周士长"⑥。1912年3月22日，戊戌变法后曾同康有为、梁启超一同逃亡日本的王照（小航）对万柳夫人吴芝瑛回忆同吴禄贞一起在京中的宴会情景：

---

① 钱基博：《吴禄贞传》，严昌洪等主编《张难先集》，第45页。
② 周震麟：《关于黄兴、华兴会和辛亥革命后孙黄关系》，中国人民政治协商会议全国委员会文史资料委员会编《辛亥革命回忆录》第1集，文史资料出版社，1981，第331页。
③ 中国人民政治协商会议铜陵县文史资料研究委员会编《铜陵文史资料选编》第3辑，繁昌县印刷厂，1986，第27页。
④ 冯自由：《革命逸史》第6集，第21页。
⑤ 王之春：《王抚台来电》，苑书义等主编《张之洞全集》第10册，第8217页。
⑥ 王之春：《擒诛票匪首要并解散协从请奖折》，王之春撰，赵春晨等点校，《王之春集》第1集，第61页。

> 忆甲辰年在北京与烈士会饮，谈及庚子夏照以僧装伏于安庆城中，因大通有焚厘局事，安庆戒严，县役挨户检查，照以来历不明几被拘。烈士大笑曰："尔知率领劫大通者谁乎？"照言不知，烈士自指鼻尖曰："即我是也。"照问："与唐佛尘协谋乎？"烈士曰："我自欲独力举事耳，不知有唐佛尘。"言时良弼、姚锡光等在座，烈士了无顾忌之色。①

王照于1900年潜回上海，叶瀚曾请时为东亚同文会上海支部干事的井上雅二联络日本领事小田切保护王照。王照与闻唐才常自立军的活动，前往汉口探听张之洞的意向，② 途经安庆遇到大通自立军起义。钱基博辗转从吴芝瑛的丈夫廉泉处听闻同一故事，词语稍有不同：

> 曾忆甲辰在京师，偕禄贞饮酒座。酒酣，禄贞顾座大言曰："若辈犹志庚子秋皖盗劫大通厘局事乎？亦知盗为谁某乎？"声震四座，座客骇愕，无应者。禄贞右手举酒满杯，挥左手自指鼻尖，语曰："不敢欺，我也。"扬杯饮，一吸而空。时良弼、姚锡光在座，相视失色。③

甲辰年时当1904年，吴禄贞刚到北京清廷练兵处任职军学司训练科马队监督。良弼是吴禄贞在日本陆军士官学校的同学，时任军学司编译科监督。姚锡光曾为张之洞幕僚，担任过湖北武备学堂的提调，时任军政司副使。吴禄贞自认抢劫大通厘局，否认唐才常对自立军起义的统领，官场之中不避人言。吴禄贞在众人面前放言高论、张扬率性，确为不甘人下、意气自豪的性格。

秦力山、吴禄贞率领大通自立军占领大通后，随即张贴安民告示，力图迅速稳定地面社会秩序，建立根据地：

---

① 姜泣群编《民国野史》甲编，阎晶明等点校，山西古籍出版社、山西教育出版社，1999，第18~19页。
② 井上雅二：《井上雅二日记选录》，杜迈之等编《自立会史料》，第364、365、369页。
③ 钱基博：《吴禄贞传》，卞孝萱、唐文权编著《辛亥人物碑传集》卷四，凤凰出版社，2011，第154~155页。

> 中国自立会会长，为讨贼勤王事：照得戊戌政变以来，权臣柄政，逆后当朝，祸变之生，惨无天日。至己亥十二月念四，下立嗣伪诏，几欲蔑弃祖制，大逞私谋。更有义和团以扶清灭洋为名，贼臣载漪、刚毅、荣禄等阴助军械，内图篡弑，不得则抗然与外人为难。用敢广集同志，大会江淮，以清君侧而谢万国，传檄远近，咸使听之。①

另外，还发布《大通合埠商人出名布告》：

> 大通于七月十五日八点钟，省自立会义兵起事，大通、悦洲沿河两岸居民，秋毫无犯。其宗旨系为讨贼勤王，不比寻常土匪滋事。我等甚为感激，为此特行通知，免至他处居民纷纷逃避。②

大通自立军的告示和布告都贯彻自立会的勤王宗旨，宣称保国救命，并声明保护西方国家的生命财产利益。《安徽大通勤王军布告文》属于自立军汉口总机关事先已经做好的文件，起义当天就向社会公布，其宣示的对象包括对外、对内两个面向，对外打消西方列强对"灭洋"的顾虑，要求保全中国的自主，对内坚持光绪帝复辟来推动改革。

两江总督刘坤一、安徽巡抚王之春和长江水师提督黄少春在大通起义之后，立即调动军队进行镇压，大通自立军在外援无望的情况下历时七天终至解散。大通自立军内部会党组织有严密的等级制，清军曾抓获"伪四王爷陈英士、伪八王爷李梅生、伪七千岁周得芳三名"③，显然是模仿太平天国的组织建制。大通自立军领导人秦力山、吴禄贞各自潜伏，分散逃亡，后分别潜回上海。大通自立军的失败引起武汉局势的紧张，唐才常、林圭迫于形势加快起义步伐。八国联军攻陷北京，慈禧和光绪帝西逃西

---

① 康有为：《驳后党逆贼张之洞、于荫霖诬捏伪示》，姜义华、张荣华编校《康有为全集》第5集，中国人民大学出版社，2007，第280页。
② 康有为：《驳后党逆贼张之洞、于荫霖诬捏伪示》，姜义华、张荣华编校《康有为全集》第5集，第280页。
③ 中国史学会主编《辛亥革命》第1册，第262页。

安，张之洞敏锐地觉察到经历大动荡后的中国政局，将于苟安中趋向稳定。① 1900年8月22日，湖广总督张之洞抓捕并杀害唐才常等20余人。自此，唐才常主导，由康有为、梁启超、孙中山不同程度参与的自立军武装起义完全失败。唐才常在长江中下游发动勤王举义的整体谋略可以说"与孙先生订殊途同归之约，与康先生时通声气，共图起义"②。然而，孙中山发动革命起义以广东为中心的东南沿海边疆方略并没有因为唐才常而改变，康有为的勤王举义同样也偏重以广西、广东为中心的东南沿海边疆方略。唐才常并不能得到孙中山兴中会和康有为保皇会的主力资源支持，加之清廷东南督抚"东南互保"的统治实力，吴禄贞参与其中的自立军起义失败的命运也就难以避免。

吴禄贞参加自立军起义而旅沪期间，与江浙维新派的代表人物汪康年（穰卿）、叶瀚（浩吾）皆有交游。汪康年和叶瀚曾经入张之洞幕府，分别执掌过武汉两湖书院、自强学堂教习，都是"中国国会"的主要成员。吴禄贞当是以张之洞所派湖北游学生的身份与之结交，并在从日本潜回上海准备参加自立军起义时双方时相过往。吴禄贞返回日本后，于1901年底曾致信汪康年，由此可以获知吴禄贞在自立军大通起义失败后返回日本继续留学的经历：

> 旅沪时承蒙过爱，感谢靡涯。东渡以来，善状毫无，又愧学鲜进步，无可慰告……禄贞以十月初旬卒业陆军士官学校，当即入彼近卫骑兵联队，教彼新兵……张香帅疑禄贞甚深，前日钱先生东来时寄言禄贞，将来学成归国，湖北之保举差事不可作想，若留学亦不出经费云云……日前阅《中外日报》，内载有侮辱东游学生一条，如此无稽之谈，不知得自何处，稍知日本军队及学校之规模并我东游学生之气概者，万不至出此胡言……上此报也，为害于东游学生者微微，为害中国实不小，将来东游学生绝迹，必《中外日报》馆所赐也……浩吾

---

① 皮明庥：《唐才常与自立军》，湖南人民出版社，1984，第69页。
② 唐才质：《唐才常烈士年谱》，湖南省哲学社会科学研究所编《唐才常集》，中华书局，1980，第274页。

先生闻已归沪，见面时请代为致意，所托之举，当尽力图之。①

吴禄贞自大通逃亡至上海，又从上海返回日本，此间似乎是得到过汪康年的帮助。据吴禄贞自己后来的言说，他从大通乘船逃亡上海，一路惊疑狼狈的情状。②吴禄贞回到日本后即根据所选科目进入日本近卫骑兵联队经过半年的入伍实习，然后进入陆军士官学校，成为中国留学日本陆军士官学校第一期学生。吴禄贞在陆军士官学校毕业后进入日本近卫骑兵联队实习，训练日本新兵。张之洞在镇压唐才常案中掌握吴禄贞领导大通起义的事实，光绪二十六年十一月十二日（1901年1月2日），张之洞照会日本指出："又吴禄贞一名，闻其托故潜行回华，并未回到湖北，曾在大通滋事，现又潜回日本学校。"③要求日本学校予以开除以示惩罚。但日本政府拒绝张之洞对留日学生的政治限制和惩罚。④湖北留学生监督钱恂为此特别警告吴禄贞，无论是归国当差还是继续留学都将失去保障。吴禄贞直言批评汪康年经理的《中外日报》所刊载的侮辱留学日本学生的文章，指为不实，且危害国家前途。此前叶瀚似乎托付有事，吴禄贞表示不负所托，并请汪康年转达问候。可见，吴禄贞在上海与汪康年、叶瀚等革新人士有直接的交谊。

四 受训日本陆军士官学校

吴禄贞进入日本陆军士官学校之后，进一步接受现代军事训练。吴禄贞在校期间，25名第二期留学生于1901年12月正式入学。这样，总共65名中国留学日本陆军士官学校学生构成吴禄贞此一时期生活和学习的基本社交网络。中国留学日本陆军士官学校学生分别在步兵科、骑兵科、炮兵科和工兵科四种兵科（见表4、表5），吴禄贞选择了骑兵科。

---

① 吴禄贞：《致汪穰卿函》，上海图书馆编《汪康年师友书札》第1册，上海古籍出版社，1986，第367～368页。
② 刘体智：《异辞录》卷4，中华书局，1988，第244页。
③ 日本外交史料馆藏《在本邦清国留学生杂纂》"留学生监督等"，转引自孔祥吉《日本档案中的张之洞与革命党——以吴禄贞事件为中心》，《福建论坛》（人文社会科学版）2010年第5期。
④ 孔祥吉：《日本档案中的张之洞与革命党——以吴禄贞事件为中心》，《福建论坛》（人文社会科学版）2010年第5期。

表4　日本陆军士官学校中国留学生第一期学生科别简表

科别	姓名	人数（40）
步兵科	陈其采、吴锡永、张显仁、吴茂节、易甲鹇、吴元泽、刘赓云、铁良（铁忠）、杜淮川、张朝基、萧星垣、舒厚德、韦汝聰、张鸿达、蒋雁行、李泽均、陶性孝、高曾介、吴绍璘、吴祖荫、李士锐、段兰芳	22
骑兵科	吴禄贞、王延桢、华振基、杜钟岷	4
炮兵科	卢静远、唐在礼、陆锦、张绍曾、许葆英、单启鹏、刘邦骥、文华、万廷献	9
工兵科	章遹骏、贾宾卿、邓承拔、顾臧、徐方谦	5

资料来源：中华民国学生队编《陆军士官学校入学中华民国人及前清人名簿》，《士华》第1号，1930，第136~137页；郭荣生：《日本陆军士官学校中华民国留学生簿》，沈云龙主编《近代中国史料丛刊续编》第37辑，台北文海出版社，1977，第1~7页。

表5　日本陆军士官学校中国留学生第二期学生科别简表

科别	姓名	人数（25）
步兵科	吴祐贞、哈汉章、舒清阿、宝瑛、爱新觉罗·良弼、应龙翔、冯耿光、萧先胜、敖正邦、蒋政源、金明铨、杨正坤、华承德、张长胜、张哲培、段金龙	16
骑兵科	萧开桂、蒋肇鑑	2
炮兵科	龚光明、王遇甲、沈尚濂、许崇仪	4
工兵科	王麒、蓝天蔚、易廼谦	3

资料来源：〔日〕中华民国学生队编《陆军士官学校入学中华民国人及前清人名簿》，《士华》第1号，1930，第136~137页；郭荣生：《日本陆军士官学校中华民国留学生簿》，沈云龙主编《近代中国史料丛刊续编》第37辑，台北文海出版社，1977，第1~7页。

骑兵在近代已失去冷兵器时代的重要地位，中国留学生选择骑兵科的人数最少，身材矮小的吴禄贞选择骑兵科自当是昂扬的性格和喜好使然。日本陆军士官学校尽管实行分科教学，所有学生"虽独精一门，然必兼通各术"[1]。光绪二十七年八月十九日（1901年10月1日），户部右侍郎那桐看视日本陆军士官学校，"自辰至申，遍览马队、步队、炮队、体操、击剑、光化各学，内有中国学生卅九人，学艺甚精"[2]。士官学校中国留学

---

[1] 丁鸿臣：《四川派赴东瀛游历阅操日记》，王宝平主编《晚清东游日记汇编2：日本军事考察记》，第337页上栏。

[2] 北京市档案馆编《那桐日记》上，新华出版社，2006，第398页。

生第一期原有40名学生，其中1名病逝，所以那桐看到的有39名。吴禄贞正在其中的马队操演，马上面临士官学校的毕业考试。振武学校的档案中有陆军士官学校等校中振武学校出身之毕业生的成绩表，其中就有1901年10月吴禄贞的陆军士官学校考试成绩表（见表6）。吴禄贞与第一期炮兵科的张绍曾和第二期工兵科的蓝天蔚号称"士官三杰"，可见其成绩的优异。

表6 吴禄贞日本陆军士官学校骑兵科毕业考试成绩表

科目	成绩	小计
战术学	13.4	78.2
军制学	13.6	
兵器学	13.9	
筑城学	10.8	
地形学	13.9	
战术实施	12.6	
术科书	14.3	45.9
操练	15.0	
技术（马术、体操、剑术）	16.6	
躬行（品德）	13.2	13.2
前期考试（10%）	95.0	95.0
总计		232.3

备注：病12天，罚无。

资料来源：丁果：《关于振武学校的珍贵资料》，《上海师范大学学报》1987年第4期。吴禄贞的成绩表误列于清国学生步兵科毕业考试考科表中，实际上吴禄贞是骑兵科学生。

吴禄贞从士官学校毕业后进入骑兵联队见习，训练模拟实战环境下所学的现代军事知识和技术。日本现存中国留学日本陆军士官学校在步兵联队见习期间的作业，要求绘图作业并文案说明排兵布阵。作业类型有野外两军对抗的设计，步兵中队、大队、连队、旅团的战法差别，战斗射击的设计，侦察部署和攻击部署等。大致可以估计吴禄贞也接受了类似作业的训练，并能够反映中国留日士官生的军事素质。易甲鹇和高曾介是吴禄贞的湖北武备同学，一起到日本留学并毕业返回湖北武汉。易甲鹇从士官学校毕业后进入步兵联队见习，其见习作业设定真实的战场环境，并要求以指挥官的身份决策指挥：

情况：东军在靠近船桥地方战斗的战局不利，东军在受敌方的迅猛追击，中心部队在佐仓街道正在退却。右侧卫队在从七熊到第五营的道路正在退却，从上饭山拒马堤西南端退却的时候，知道了敌方的一部分正在从船桥到古和釜的道路上，在第五营的西北边距离第五营大约两千米的道路交叉点，正在东进。

问题：右侧中队长要决计什么？①

上述作业做于1902年1月14日，同日还绘制一份收容队掩护阵地略图。易甲鹇的另一份作业做于1902年1月21日，正是要求以前述阵地略图的具体战斗情境中排兵布阵，选择有效的作战方案。② 中国留日士官生的见习作业不仅仅是兵力、地形等的具体战术配置，还有对心智的挑战和训练。吴禄贞等中国留日士官生在日本获得良好的近代军事素质，属于中国最早的近代军事人才群体。1902年，吴禄贞等中国留日士官生开始成批归国。归国后的中国留日士官生不仅使中国军事改革走上正轨，而且从干部素质和军事教育等方面，为新型军事制度的确立奠定了基础。③ 吴禄贞回国后在两湖地带继续从事革命活动。

庚子年，八国联军侵华，造成中国深重的国家与民族存亡危机，留日学生"游子乡关，情何以堪，谁不惊心动魄者哉。向之东西南北不相往来者，至是无不奔走相告"④。留日学生群体内部的互动和组织化活动促成中国留日学生清国留学生会馆的创建（见表7）。1902年2月10日，清政府驻日公使蔡钧在东京九段坂的偕行社，以春节名义宴请留日学生二百七十

---

① 易甲鹇：《湖北清国陆军学生易甲鹇作业》，http：//blog.goo.ne.jp/1971913/c/4d5a166e9aac6f7922540f7106ff39c2，2012年9月5日。这段日文资料经由上海社会科学院出版社曹艾达编辑和日本大阪大学文学部东洋史藤泽圣哉博士生翻译，深表感谢。
② 易甲鹇：《湖北清国陆军学生易甲鹇作业》，http：//blog.goo.ne.jp/1971913/c/4d5a166e9aac6f7922540f7106ff39c2，2012年9月5日。这段日文资料经由上海社会科学院出版社曹艾达编辑和日本大阪大学文学部东洋史藤泽圣哉博士生的翻译，深表感谢。
③ 尚小明：《留日学生与清末新政》，江西教育出版社，2003，第84页。
④ 丁景唐、倪墨炎：《鲁迅留日初期若干史事述略——读〈清国留学生会馆第一次报告〉及其续编》，北京师范大学中文系编《纪念鲁迅诞辰百周年文学论文集及鲁迅珍藏有关北师大史料》，北京师范大学出版社，1981，第243页。

多人，留学生在会上将"拟创办会馆意见书示之公使"。① 吴禄贞在春节团拜会上向蔡钧演说开办会馆之事，并成为八名会馆章程起草员之一，说明吴禄贞属于清国留学生会馆的发起人之一。3月16日，中国留日学生在东京神田区的锦辉馆聚会，通过会馆章程并选举干事十二名。3月30日，中国留日学生在东京骏河台铃木町十八番地举行开馆式，干事总代表范源镰致开馆辞，湖北留学生监督钱恂宣读蔡钧祝文，金邦平、陆世芬、刘赓云报告会馆开办及经费等方面的事务。② 吴禄贞和张绍曾作毕业归国告别辞，并推荐冯阅模和蓝天蔚为接替两人的代理干事。③ 吴禄贞在演说中宣称"此会馆之于中国，无异美国之独立厅"④，表达吴禄贞对留学生群体的自我期许。吴禄贞在完成陆军士官学校的课程考试和联队实习后，参加中国留日学生清国留学生会馆的组织活动，学识与才能得到留学生群体的公认，能与各种政治倾向的人物交游共事。

表7 日本清国留学生会馆职员表

总长	蔡钧
副长	钱恂
书记干事	范源镰、蔡锷、钱承志、吴振麟
会计干事	陆世芬、王璟芳
庶务干事	金邦平、章宗祥
书报干事	曹汝霖、张绍曾（注：张绍曾回国后由蓝天蔚接替）
招待干事	吴禄贞（注：回国后由冯阅模接替）、高逸

资料来源：清国学生会馆干事编《清国留学生会馆第一次报告》，东京并木活版所，1902年10月。转引自丁景唐、倪墨炎《鲁迅留日初期若干史事述略——读〈清国留学生会馆第一次报告〉及其续编》，北京师范大学中文系编《纪念鲁迅诞辰百周年文学论文集及鲁迅珍藏有关北师大史料》，北京师范大学出版社，1981，第247~248页。

五 在两湖的革命聚义

吴禄贞于1902年4月归国，回到自己的留学派遣地武汉。张之洞原本

---

① 《清国留学生会馆第一次报告》，第4页，转引自吴桂龙《吴禄贞出国留学及毕业回国时间补考》，《史林》1989年第1期。
② 吴桂龙：《吴禄贞出国留学及毕业回国时间补考》，《史林》1989年第1期。
③ 董守义：《清代留学运动史》，辽宁人民出版社，1985，第232页。
④ 冯自由：《革命逸史》第4集，中华书局，1981，第99~100页。

要求日本学校开除参加大通自立军起义的吴禄贞，不过此时已经时过境迁，湖北新政中的编练新军急需现代军事人才。另外，留日陆军士官生的学生监督日本人福岛爱惜人才，向张之洞说情："禄贞练习成材，弃之可惜。公如不用，吾将留归日本籍。如用之，不得借故杀害。"① 自此，张之洞对吴禄贞辈别有考虑。据时任武昌工程营哨官的吴禄贞堂兄吴祺贞回忆："绶卿刚从日本回来，还未见过张之洞的面，就被关进将弁学堂，一时举家惶然，全都为他的生命安全担忧。"② 吴禄贞随后又被授予将弁学堂护军总教习、武普通学堂会办、学务处会办和营务处帮办等职务，③ 张之洞将吴禄贞关押意在收为己用。吴禄贞先后执教各学堂及各营队军官军士讲习班，演说革新思想，并参加各种社会活动，建构起以青年学生和湖北新军为主体的社会交游网络（见表8）。

光绪二十九年正月初一日（1903年1月29日），留日学生湖北同乡会在日本东京创办《湖北学生界》月刊，以"输入东西之学说，唤起国民之精神"为宗旨。吴禄贞为"湖北学生界社"的名誉赞成员，并"捐洋二十圆"，湖北学生界社发表启示"本社倡办伊始，荷蒙内地诸君热心赞助，惠寄多金，谨此志谢"④。吴禄贞通过留日学生湖北同乡会创办的《湖北学生界》，继续与日本留学生群体保持密切联系。吴禄贞还在武汉"组织德安府各属同乡会，自为会长"⑤，耿伯钊（觐文）为文书，组织社会力量。后续归国湖北留日学生从上海携带幻灯机在武汉放映，吴禄贞等人借用现代传播技术，扩散时代思潮：

> 时功璧管理机片，耿觐文（伯钊）说明，间参以讲演，吴禄贞、

---

① 刘体智：《异辞录》卷4，第245页。
② 吴忠亚：《吴禄贞与辛亥革命》，政协武汉市委员会文史学习委员会编《武汉文史资料文库第7卷（历史人物）》，武汉出版社，1999，第71页。
③ 严昌洪等主编《张难先集》，第50页；朱和中：《欧洲同盟会纪实》，中国人民政治协商会议全国委员会文史资料委员会编《辛亥革命回忆录》第6集，中华书局，1963，第4页。
④ 湖北学生界社《本社名誉赞成员题名》，《湖北学生界》1983年第1期，"中央"文物供应社，第165页。
⑤ 耿伯钊：《革命先烈吴禄贞先生略史及其遗笔》，辛亥首义同志会编《辛亥首义史迹》，武汉日报印务部，1946，第19页。

刘伯刚、金华祝、余德元等常往讲演者也。凡片中涉及世界民族运动与被压迫情事，必尽量发挥。此片在各处放演，往观者甚众，于激发思潮，亦颇有效。①

时当19世纪末20世纪初的亚、非、拉民族民主解放运动，民族主义思潮渐入人心，成为吴禄贞等人动员民众的有力武器。辛丑条约签订后，俄国企图将侵占东北边疆合法化，逼迫清政府缔结《中俄密约》，引起海内外的拒俄运动。1903年5月，湖北学生界组织拒俄活动，力争东北边疆主权。吴禄贞在武昌主动结识具备革命思想的青年学生，与朱和中、吕大森交友，介绍青年学生进入军队：

> 吴禄贞独执予手而谓之曰："君性诚刚，虽然，成事不在会场，不在口说也，能与我一谈乎？"予曰："可。"遂携同学吕君大森往访之。时吴住大朝街十二号，予等三人谈至天明而止。予等当时所筹议者三事：一在武汉应设立秘密机关，俾得与各地之同志联络。二为应将革命之同志，介绍入军界。清例当军官不容易，即先当兵。由吴禄贞之介绍入营者，前后三十余人，均由予等所请求，大半为秀才。从前秀才当兵为希有之事，数月之间，已成为一种风气矣。三为寻孙逸仙，期与一致。②

东北边疆危机引发的拒俄运动刺激青年学生反对帝国主义侵略的民族主义思潮，更加引起对清政府的不满。吴禄贞有意识地组织青年学生进入军队，汇聚革命的力量。

吴禄贞与朱和中、吕大森商定设立一个聚会联络的处所，选定花园山孙茂森花园李廉方（步青）寓所。吴禄贞与朱和中争执动员策略，吴禄贞

---

① 李廉方：《辛亥武昌首义纪》，湖北通志馆编印，1947，第4页；耿伯钊：《革命先烈吴禄贞先生略史及其遗笔》，辛亥首义同志会编《辛亥首义史迹》，第19页。
② 朱和中：《革命思想在湖北的传播与党人活动》，武汉大学历史系中国近代史教研室编《辛亥革命在湖北史料选辑》，湖北人民出版社，1981，第531~532页。

认为"长江之哥老会无用,惟东三省之马贼可用"[1],最后都同意改换新军思想为根本的策略。李廉方回忆:"学界往来者颇多,凡以后留学东西各国者十之八九曾到是处。禄贞常由小朝街本寓至是处与朋友纵谈,尚无具体组织也。"[2] 吴禄贞等人以李廉方寓所为基地形成有规律的聚会活动,曾在日本组织湖北留日学生同乡会和编撰《湖北学生界》刊物的回国留日学生成为花园山聚会的主力。吴禄贞"倡谈革命,隐然以领导自任"[3],在花园山聚会中处于中心位置。花园山聚会人员"近至沪杭,远至东京,莫不与余等通声气","此外各省志士之至武昌者,莫不赴花园山接洽,而各同志之在营校者,亦每星期来报告运动经过,及其发展之状况"[4]。花园山聚会编织的交游网络,以武昌为中心,辐射沟通国内和日本东京。吴禄贞与德安府同乡耿伯钊过从甚密,耿伯钊参与吴禄贞组织的许多活动,品评吴禄贞的人格"气魄之雄伟,识见之高超,言论之透辟,态度之从容,胆量之巨大"[5],认为吴禄贞是癸卯年(1903)湖北省唯一的革命领袖。吴禄贞交游革命志士,帮助刘静菴进入新军,刘静菴"办科学补习所运动革命,吴禄贞曾捐银数十两作该所的经费"[6]。另外,吴禄贞鼓励李书城之弟李汉俊赴日本留学的志趣,并"帮助他的旅费和学费"[7]。武昌花园山聚会,虽然没有正式名称和确定的组织,但实际上是湖北革命团体的源头,[8] 是湖北地区第一个初级形态的革命团体。[9] 花园山聚会交游平台的出现确与吴禄贞的革命思想和组织能力密不可分,引领一时青年革命活动风潮。

---

[1] 朱和中:《革命思想在湖北的传播与党人活动》,武汉大学历史系中国近代史教研室编《辛亥革命在湖北史料选辑》,第532页。
[2] 李廉方:《辛亥武昌首义纪》,第2页。
[3] 胡祖舜:《武昌开国实录》上册,武昌久华印书馆,1948,第9页。
[4] 朱和中:《革命思想在湖北的传播与党人活动》,武汉大学历史系中国近代史教研室编《辛亥革命在湖北史料选辑》,第532页。
[5] 耿伯钊:《革命先烈吴禄贞先生略史及其遗笔》,辛亥首义同志会编《辛亥首义史迹》,第20页。
[6] 李书城:《我对吴禄贞的片断回忆》,中国人民政治协商会议全国委员会文史资料委员会编《辛亥革命回忆录》第5集,中华书局,1963,第451页。
[7] 李书城:《我对吴禄贞的片断回忆》,中国人民政治协商会议全国委员会文史资料委员会编《辛亥革命回忆录》第5集,第451页。
[8] 贺觉非、冯天瑜:《武汉首义史》,武汉大学出版社,2006,第67页。
[9] 刘建一、李丹阳:《"武昌花园山机关"初探》,湖南省历史学会编《纪念辛亥革命七十周年青年学术讨论会论文选》上册,中华书局,1983,第115页。

1904年冬季，吴禄贞、李书城和耿伯钊前往湖南，"晤黄克强、胡子敬于长沙明德学堂"①，"商议在湖南筹划革命准备事项"②，吴禄贞的湖南之行促成两湖革命党人的互通声气。黄兴其时在长沙主讲明德学堂，同时进行革命运动。黄兴"邀张溥泉为历史教员，吴绶卿、李小原辈皆来湘小住"③。吴绶卿即为吴禄贞，李小原即为李书城，另外还有耿伯钊同行。光绪二十九年九月十六日（1903年11月4日），黄兴在长沙邀集留日归国学生及知识分子刘揆一、章士钊、宋教仁、周震鳞等发起组织革命团体华兴会的筹备会议，黄兴被推举为会长，核心人物为黄兴、刘揆一和宋教仁。刘揆一后来回忆：

> 公乃邀合吴禄贞、陈天华、杨守仁、龙璋、张继、宋教仁、秦毓鎏、周震鳞、叶澜、徐佛苏、翁巩、章士钊、胡瑛、柳大任、张通典、谭人凤、王延祉、彭渊恂、肖翼鲲、柳继贞、彭邦栋、陈方度、何陶、肖望、朱子陶、任震、陈其殷、吴超澂及予弟道一等，创立华兴会省垣连升街机关部，公被举为会长。④

上述早期华兴会成员约二十余人，周震鳞和黄一欧的回忆也是二十余人。⑤华兴会早期成员是以留日学生和新式学堂出身的知识分子为主体，吴禄贞应邀参加华兴会的筹备会议，并与最早的华兴会会员相互熟识（见表8）。

黄兴在华兴会的筹备会议上阐述其革命方略："则是吾人发难，只宜采取雄据一省，与各省纷起之法……然使湘省首义，他省无起而应之者，

---

① 耿伯钊：《革命先烈吴禄贞先生略史及其遗笔》，辛亥首义同志会编《辛亥首义史迹》，第20页。
② 耿伯钊：《革命先烈吴禄贞先生略史及其遗笔》，辛亥首义同志会编《辛亥首义史迹》，第20页。
③ 胡元倓：《题黄克强先生遗墨》，朱有瓛主编《中国近代学制史料》第2辑（上册），华东师范大学出版社，1987，第448页。
④ 刘揆一：《黄兴传记》，饶怀民编《刘揆一集》，湖南人民出版社，2008，第107页。
⑤ 周震鳞：《关于黄兴、华兴会和辛亥革命前后的孙黄关系》，中国人民政治协商会议全国委员会文史资料委员会编《辛亥革命回忆录》第1集，第330页；黄一欧：《回忆先君克强先生》，中国人民政治协商会议全国委员会文史资料委员会编《辛亥革命回忆录》第1集，第609页。

则是以一隅敌天下，仍难直捣幽燕，驱除鞑虏。"① 黄兴认为以一省起义独木难支，提出各省相互响应，这正是黄兴邀请吴禄贞的用意所在。吴禄贞应与黄兴事先讨论过各省相互响应的革命方略，达成分途运动的共识。湖南巡防营中路巡防统领黄忠浩捐金一千赞助胡元倓办学，成为明德学堂校董。胡元倓除了聘请黄兴主持明德学堂教务外，"复聘吴绶卿禄贞教操"②，吴禄贞除了参与黄兴的华兴会筹办事宜，还参与明德学堂的教学活动。吴禄贞、黄兴和黄忠浩"三人者久谋开讲武堂，湖南遇阻而止"③，培养符合革命需求的军事人才是吴禄贞和黄兴意在长远的革命战略。吴禄贞通过黄忠浩的介绍，还专门会见湖南巡抚赵尔巽：

> 纵谈满洲亲贵之误国，非革命必遭列强瓜分，中国必之。赵氏识见开通，虽闻所未闻，亦叹为救时之言。畅谈四小时辞出，辕门外已雪厚数寸。赵氏临别，执手依依言曰："与君一夕话，胜读十年书"，犹竭力挽留吴先生明年来湘，开办随营学堂。④

吴禄贞为人胆大、好交游的性格由此可见，与清廷的封疆大吏直面相谈，陈述政见而不惧危险。吴禄贞还向赵尔巽指出采用官督民办的方式来"发展工业、农业、交通及普及教育等事项"，把湖南建设成为一个富强的省份，"将是中国复兴的一个重要堡垒"⑤。可见，吴禄贞并不放弃现实中可以促进中国建设富强的可能路径。1903年底，吴禄贞从湖南长沙返回湖北武汉。1904年初，吴禄贞再赴长沙，与黄兴等华兴会会员往来频密，参加华兴会正式成立大会。

---

① 黄兴：《在华兴会成立会上的讲话》，刘泱泱编《黄兴集》第1集，湖南人民出版社，2008，第4~5页。
② 胡元倓：《黄黔阳遗诗抄跋》，黄忠浩撰《黄黔阳遗诗抄》，北京师范大学图书馆编《稀见清人别集丛刊》第33册，广西师范大学出版社据醒园1917年石印本影印，2007，第463页上栏。
③ 胡元倓：《黄黔阳遗诗抄跋》，黄忠浩撰《黄黔阳遗诗抄》，北京师范大学图书馆编《稀见清人别集丛刊》第33册，第463页上栏。
④ 耿伯钊：《革命先烈吴禄贞先生略史及其遗笔》，辛亥首义同志会《辛亥首义史迹》，第20页。
⑤ 李书城：《我对吴禄贞的片断回忆》，中国人民政治协商会议全国委员会文史资料委员会编《辛亥革命回忆录》第5集，第450页。

表8 吴禄贞在两湖地区的革命交游网络

交游平台	留日学生	学堂学生	其他	人数
花园山聚会（湖北武汉）	周维桢（幹臣）、蓝天蔚（秀豪）、刘赓云（伯刚）、李书城（筱垣）、李廉方（步青）、程明超（子端）、屈德泽（恩波）、范鸿泰（吉六）、张鸿藻（子渔）、王璟芳（小宋）、易迺谦（举轩）、黄立猷（毅侯）、万声扬（武定）、金华祝（封三）、卢弼（慎之）、余德元（明卿）、张继煦（儒侠）、王式玉（韵石）、李熙（昌国）	耿伯钊（觐文）、孔庚（雯轩）、朱和中（子英）、吕大森（槐庭）、曹亚伯（庆云）、时功玖（季友）、时功璧（伯弼）、张珍（亚伯）、郭肇明（炯堂）、张春霆（醉侯）、胡秉柯（质斋）、贺之才（培之）、史青（丹堰）、周泽春（福介）、冯超（特民）、张立侯、吴炳枞（云麓）、魏宸组（注东）	匡一（群观）、徐祝平（竹坪）、时象晋（越皆）、张荣楣（郎村）、曹进（文思）、孙凯臣、陈开淦、闵毅（季强）、陈同如（兰余）、金梁园（华林）、吴森、王均韶、胡汉翘	50
华兴会（湖南长沙）	黄兴（克强）、刘揆一（霖生）、陈天华（星台）、杨守仁（笃生）、张继（溥泉）、秦毓鎏（效鲁）、彭渊恂（希明）、肖翼鲲（翼煜）、柳继贞（继忠）、彭邦栋（梓厚）、何陶、肖堃	宋教仁（遯初）、胡瑛（经武）、周震鳞（道腴）、柳大任（聘农）、翁巩（浩）、徐佛苏（君勉）、章士钊（行严）、刘道一（炳生）、朱子陶（子淘）	王延祉、陈方度（阆梁）、陈其殷、张通典（伯纯）、叶澜（清漪）、任震（祗存）、吴超澂（炳麟）	28

资料来源：《"武昌花园山机关"成员简表》，刘建一、李丹阳：《"武昌花园山机关"初探》，湖南省历史学会编《纪念辛亥革命七十周年青年学术讨论会论文选》上册，中华书局，1983，第130～146页；饶怀民编《刘揆一集》，湖南人民出版社，2008，第139～140页；张玉法：《清季的革命团体》，北京大学出版社，2011，第201～205。

结语：19世纪末20世纪初，帝国主义的入侵，使中国进入数千年的历史变局。孙中山、黄兴为代表的革命党人不断发动排满革命，康有为、梁启超为代表的立宪党人则力主君主立宪，清政府迫于内忧外患，实施新政。虽然历时三十余年的洋务运动陷于失败的境地，但湖广总督张之洞在湖北兴办的洋务事业却是后来居上。吴禄贞以耕读家世迁居武汉谋生，进入资本主义工商世界，生平事迹从武汉为中心的长江中下游开端，转变为新型知识分子。吴禄贞从长江中下游穿越东南海疆，东渡日本留学陆军士官学校，并与孙中山、唐才常、梁启超结识，投身自立军起义。中国面临被西方列强瓜分的危机与日本明治维新后现代化的发展共同刺激了吴禄贞精神世界的巨变，生成反帝排满的双重民族主义思想。吴禄贞毕业回国后又与黄兴交游，在武汉和长沙进行革命聚义。此一时期，吴禄贞以两湖学生社群为中心，与清廷官僚、革命党人、立宪党人等各种革新人士广泛交游。吴禄贞的社会交游网络切中清末中国的时代脉搏，走上革命道路推动国家近代转型，探索复兴中国的革命方略。

（作者单位：四川大学）

延续、更新与断裂：清代以来长沙官方祭祀的嬗变及特点

庞 毅

摘 要：官方祭祀主要指由中央和地方各级政府倡导和施行的公共性祭祀行为和仪式。清代以来，长沙的官方祭祀主要分为三个时期，清前中期、清晚期和民国时期，并呈现不同的特点：清前中期重视农事和先贤祭祀；晚清时期由于湖南地方政治势力的崛起，祭祀地方神明和湘军将士成为新的内容；进入民国后，由于政体变更，清代祀典基本废除，祭孔和关岳合祀成为官方祭祀的主体。官方祭祀对象和重点的变化，与各个时期的社会背景存在极为密切的联系，从中可以窥见国家意识形态的变动以及中央与地方之间的互动关系。

关键词：国家 湖南 祭祀 神明 祠神信仰

《礼记·祭统》云："凡治人之道，莫急于礼。礼有五经，莫重于祭。"《左传》称"国之大事，在祀与戎"①。祭祀是政府合法性的重要表现，为历代王朝所重视。我国的官方祭祀很早就为史家所关注，最为常见的便是各类志书当中的"典礼""祠庙""秩祀"等。目前学界对于官方祭祀的说法不一，笔者认为，官方祭祀主要指由中央和地方各级政府倡导和施行的公共性祭祀行为和仪式。根据祭祀的对象和目的，笔者将清代长沙的官方祭祀主要分为坛祀、文庙祭祀、护国佑民神灵祭祀和崇德报功祭祀四类。坛祀主要是以祈祷农事为主的祭祀，祭祀对象包括社稷、先农、山川、风云雷雨等。文庙祭祀主要是以祭祀孔子为首的圣人先贤，是儒家道统的重要表现。护国佑民神灵祭祀主要是对保境安民、福佑一方的神灵的

---

① 杨伯峻：《春秋左传注》，中华书局，1986，第 861 页。

祭祀。崇德报功祭祀是对一地有功和有德之人的祭祀。

既有古代官方祭祀的研究成果相当丰富，涉及官方祭祀体系、官方祭祀与民间信仰的互动、地方官方祭祀和具体的神祇等各个方面。但对清代以来官方祭祀的变迁还缺乏探讨，台湾学者蒋竹山就注意到，祠神信仰"学界的焦点几乎集中于宋元明，忽略了清代有特色的历史发展脉络"[①]。相对于清代而言，民国的官方祭祀研究则更少。而对一个地方官方祭祀的梳理则几乎没有。本文以湖南长沙为个案，利用方志、报刊和档案等资料，对清代以来长沙官方祭祀做初步梳理，考察长沙官方祭祀的分布、数量和特点，试图通过地方官方祭祀对象的变化，在反映不同时代社会背景的基础上，进一步揭示各个时期国家意识形态的不同面向，以及中央与地方之间的互动关系。

一 重农事与先贤：清前中期长沙的官方祭祀

清代祭祀制度承袭明代并加损益，于雍乾时期推及各直省州县。[②] 清中央王朝的祭祀主要分为三等：圜丘、方泽、祈谷、太庙、社稷为大祭；天神、地祇、太岁、朝日、夕月、历代帝王、先师、先农为中祭；先医等庙，贤良、昭忠等祠为群祭。乾隆时期，改常雩为大祭，先蚕为中祭。[③] 正如瞿同祖所言，"中央政策的实施，绝不会像政策制定者最初所期待的那样得到贯彻，而是随着各地实际情况的不同，发生着各种各样的变化"[④]。受地域和历史文化的影响，长沙的官方祭祀不仅是对国家规定的执行，而且有自己的地方特点。

长沙是不同级别行政治所的所在地，官方祭祀的场所设置因此而受影响。从宋元符元年（1098）开始，长沙与善化二县便同城分治，形成"一城二县"的格局。康熙三年（1664），湖广行省南北分治，湖南单独建省，

[①] 蒋竹山：《宋至清代的国家与祠神信仰研究的回顾与讨论》，《新史学》1997年第2期，第187页。

[②] 岁有生：《清代州县的祭祀经费》，《中国社会经济史研究》2009年第3期，第61页。

[③] 刘中平：《论清代祭典制度》，《辽宁大学学报》（哲学社会科学版）2008年第6期，第85页。

[④] 朱海滨：《祭祀政策与民间信仰变迁——近世浙江民间信仰研究》，复旦大学出版社，2008，第193页。

长沙成为湖南省、长沙府、长沙县和善化县共同的治所,省、府、县三级并存。① 由于"一城二县"和"省、府、县三级并存"的格局,功能相同的祭祀场所在长沙往往不止一处。

(一)坛祀

在清前中期长沙官方祭祀的类型当中,最重要的莫过于坛祀。根据《乾隆长沙府志》(乾隆十二年(1747)刻本)和《嘉庆善化县志》(嘉庆二十二年(1817)增补本),笔者发现坛祀场所共14处。其中长沙城北门外共有9处,包括长沙府和长沙县社稷坛,长沙府先农坛、风云雷雨山川城隍坛,长沙县山川坛、风云雷雨坛,长沙县和善化县雩祭坛,长沙县厉坛;浏阳门(地处城东)外4处,包括善化县社稷坛、山川坛,府厉坛和善化县厉坛;南门外1处,即善化县风云雷雨坛。坛祀的分布格局与长沙城"一城二县"和"省、府、县三级并存"的格局密切相关。长沙县和善化县大致以今天的五一大道为界,以北为长沙县管辖,以南为善化县管辖,长沙府和长沙县治所偏北,善化县治所靠南。所以,长沙县和长沙府坛祀地点多选择在北门,善化县多选择在东门。详见表1。

表1 清乾嘉时期长沙坛祀

名称	祭祀对象	坛庙数量	分布	祭期
府社稷坛	社神、稷神	1	北门外,文昌阁侧	仲春、秋上戊日致祭
社稷坛	社神、稷神	1	北门外,文昌阁西	
社稷坛	社神、稷神	1	浏阳门外赵家坪	
府先农坛	先农神	1	府城北门外,长沙、善化二县俱附府	季春亥日致祭
府风云雷雨山川城隍坛	风云雷雨、山川、城隍之神	1	北门外,文昌阁侧	仲春、秋二祭
山川坛	山川神	1	北门外	
风云雷雨坛	风云雷雨神	1	北门外	
山川坛	山川神	1	浏阳门外赵家坪	

---

① 直到民国元年(1912),善化县又并入长沙县,二县合二为一。

续表

名称	祭祀对象	坛庙数量	分布	祭期
风云雷雨坛	风云雷雨神	1	南门外王坛上	
雩祭坛	岳渎海镇及山川	1	北门外	
雩祭坛	岳渎海镇及山川	1	北门外	
府厉坛	鬼神	1	浏阳门外，教场坪	每岁春清明、秋七月十五日、冬十月朔日致祭
厉坛	鬼神	1	北门外，惟临时设坛致祭	每岁春清明、秋七月十五日、冬十月朔日致祭
厉坛	鬼神	1	浏阳门外演武场	每岁春清明、秋七月十五日、冬十月朔日致祭

资料来源：乾隆《长沙府志》，岳麓书社，2008，第312~319页；嘉庆《长沙县志》，成文出版社，1976，第635~1228页。

除厉坛是祭祀厉鬼以外，其他均是祭祀风调雨顺、农事丰收之神。社稷坛是祭祀社神和谷神之所。"人非土不立，非谷不食"，"封土立社"，"立稷而祭"，为的是祈祷农业丰收。祭祀风云雷雨山川城隍，目的也在于求风调雨顺、五谷丰登。先农坛祭祀对象是农神，目的是祈祷农事顺利。按规定，每当面临水旱灾害之时，雩祭是地方官员祈求禳灾的首要祭祀。清代祀典规定，社稷、雩祭为大祭，先农为中祭，所以，坛祀是地方祭祀当中规格最高的祭祀。坛祀受重视与清代中国是一个农业国有关。

（二）文庙祭祀

自汉"罢黜百家，独尊儒术"以来，孔子及其弟子一直受到历代的重视，祭孔成为王朝合法性的重要表现之一。清前中期，长沙文庙祭祀场所共有23处，文庙有长沙府学宫、长沙县学宫、善化县学宫以及岳麓书院4处，分别在城南、城北和善化县署西和岳麓山下。除文庙之外，崇圣祠、名宦祠、乡贤祠、忠义祠、节孝祠各3处，分布在长沙府学宫、长沙县学宫和善化县学宫左右。另外还有崇道祠、慕道祠、曾子庙和颜子庙各1处。总的来看，文庙祭祀场所分布在长沙城内各处，受行政格局影响较大。岳麓书院相对比较独立。详见表2。

表 2　清乾嘉时期长沙文庙祭祀

名称	祭祀对象	坛庙数量	分布	祭期
文庙	孔子等	1	城南门内	每岁春秋上丁日致祭
崇圣祠	肇圣王木金父等	1	城学宫内	
名宦祠	陶侃等	1	学宫左	
乡贤祠	屈原等	1	学宫右	
忠义祠		1	乡贤祠内	祭日每岁部颁
节孝祠		1	乡贤祠内	每岁祭日部颁
圣庙	孔子等	1	岳麓书院左	祭仪与府学宫同，春秋委官致祭
崇道祠	朱熹、张栻	1	岳麓书院	
慕道祠（六君子堂）	宋朝朱洞、李允则、周式、刘珙、明朝陈钢、杨茂元	1	岳麓书院	
文庙	孔子等	1	北门内	
崇圣祠	肇圣王木金父等	1	文庙尊经阁后	
名宦祠	陶侃等	1	学宫左	
乡贤祠	欧阳询等	1	学宫右	
忠义祠	汉孝子古初等	1	学宫左	
节孝祠		1	学宫左	
文庙	孔子等	1	县署西	
崇圣祠	肇圣王木金父等	1	学宫左	
名宦祠		1	学宫左	
乡贤祠		1	学宫右	
忠义祠		1	学宫左	
节孝祠		1	学宫右	
曾子庙	曾参	1	千寿寺侧	
颜子庙	颜回	1	省垣之北，嘉庆二十二年建	

资料来源：乾隆《长沙府志》，岳麓书社，2008，第 271~319 页；嘉庆《长沙县志》，成文出版社，1976，第 635~1228 页。

文庙是祭祀孔子的主要场所，因文庙与官学的结合，形成了"左庙右学"的格局，所以学宫与文庙形成一体。"国家崇儒重道，庙祀孔子，用王者礼，令天下郡邑守长通得祀"①，祭孔与国家重视道统、推行教化紧密相关。文庙除祭祀孔子以外，还包括"四配""十哲"等孔子弟子的祭祀，给以从祀和配享的地位。文庙祭祀还包括崇圣祠（祭祀孔子父亲）、名宦祠、乡贤祠、忠义祠、节孝祠等祭祀，主要是对历代在长沙为官、讲学，以及湖南和长沙本地有较高道德名望、博学多才、忠孝节义之人的祭祀。总的来说，文庙祭祀意在以儒家的尊师重道、忠孝节义观念影响世风，起到移风易俗之效。

（三）护国佑民神灵祭祀

清前中期长沙护国佑民神灵祭祀场所共37处。其中，关帝庙9处，城隍庙、土地祠和文昌阁各3处，天后（妃）宫和水府庙各2处，其余江神庙、龙王庙（福湘安农龙王庙）、军牙六纛神庙、奎星楼、东岳庙、南岳宫、炎帝庙、火官殿（火神庙）、吕祖庙、药王殿、天符庙、古万寿宫（铁树宫）、真武宫、帝君祠、杨将军庙各1处。详见表3。

表3 清乾嘉时期长沙护国佑民神灵祭祀

名称	祭祀对象	坛庙数量	分布	祭期
关帝庙	关羽	1	城内东北	每岁仲春、秋五月十三神诞致祭
（古）关帝庙	关羽	1	北门外	
关公庙	关羽	1	新开门内，即飞虎寨	
关圣庙	关羽	6	一在白若铺正德中，一在漯湾市，一在税课司，一在西湖桥，一在洪恩寺，一在香田坪	每岁五月祭
省、府城隍庙	城隍	1	城北空地，飞虎寨西	
城隍庙	城隍	1	北门外	
城隍庙	城隍	1	县署东	
土地祠	土地	1	府治仪门外东侧	
土地祠	土地	1	县署头门内	

---

① 同治《长沙县志》卷13，秩祀一，岳麓书社，2010，第214页。

续表

名称	祭祀对象	坛庙数量	分布	祭期
土地祠	土地	1	县署头门内	
水府庙即洞庭神庙	洞庭神	2	一在小西门外河街，一在草场门外河街	
天后宫	妈祖	1	善化八角亭，福源会馆内	每岁祭期地方官详拟
天妃宫	妈祖	1	奎星楼下	
文昌阁（斯文祠）	文昌	1	府学宫后	春秋委官祭
文昌阁	文昌	1	北关外，旧学宫侧	
文昌帝君庙	文昌	1	北门内，龙王庙侧	
江神庙	江神	1	小西门外，湘江中，橘洲上	仲春、秋谨以牲礼致祭
龙王庙（福湘安农龙王庙）	龙王	1	新开门内，渤潭寺左	每岁祭期地方官详拟
军牙六纛神	旗纛尊神	1		每岁霜降日武官致祭
奎星楼	奎星	1	善化南门城上	春秋委官祭
东岳庙	东岳	1	北门外	
南岳宫	南岳	1	南门内	
炎帝庙	炎帝	1	旧长史司侧	
火官殿（火神庙）	火神	1	小西门坡子街	每岁祭期由长善两县选期详请
吕祖庙	吕祖	1	王城堤街	
药王殿	药王	1	西牌楼街	
天符庙		1	渔塘上	
古万寿宫（铁树宫）		1	德润门内	
真武宫	真武	1	院东辕门左	
帝君祠		1	小吴门卫局之东	
杨将军庙		1	县东七十里	

资料来源：乾隆《长沙府志》，岳麓书社，2008，第312~319页；嘉庆《长沙县志》，成文出版社，1976，第635~1228页。

相对于坛祀和文庙祭祀来说，护国佑民神灵祭祀无论是祭祀目的还是祭祀对象都较复杂。在诸多护国佑民神灵祭祀当中，关帝祭祀尤为突出，仅庙宇就达9处。关帝庙供奉三国时人物关羽。关羽因其忠义英勇的形象受到历代帝王的加封，成为国家武圣的象征。长沙是关羽战斗过的地方，"关公战长沙"的故事广为流传，所以关羽也成为长沙百姓的守护神。国家和地方的推崇，可能是长沙关帝庙数量众多的原因。其余各神似乎在各地都存在，并无任何特色，但细细查考，我们仍能从中发现一些特点。一是地域性。南岳宫祭祀南岳大帝，而南岳衡山坐落在湖南境内；炎帝庙祭祀炎帝，炎帝也殁于今湖南株洲境内。另外，药王孙思邈也曾在长沙活动，均有地缘上的关系。二是社会生活性。天后宫祭祀妈祖，龙王庙祭祀龙王，水府庙祭祀的是洞庭神，江神庙祭祀江神，虽然龙王、洞庭神、妈祖和江神各司其职，但均属水神，其主要职责在于护佑水道交通以及水旱放晴降雨等，与农业社会交通主要依靠水运、农事靠天吃饭息息相关。

（四）崇德报功祭祀

与前面几类祭祀不同，崇德报功祭祀的对象是人而非神。清前中期长沙崇德报功祭祀场所共23处，分别是贤良祠、五忠祠、屈贾祠、真西山祠（真文忠公祠）、李刘公祠、李公祠、蔡周二忠祠、马王庙、刘公祠、群忠阁、樊公祠、张公祠、陶公祠、高公祠、郎公祠、赵恭毅公祠、李公祠（李大中丞祠）、昭忠祠、王公祠、栗相公庙、乌程侯庙、理灵祠和韩公祠，各1处。除栗相公庙、乌程侯庙和理灵祠外，其他均分布在长沙城内。详见表4。

表4 清乾嘉时期长沙崇德报功祭祀

名称	祭祀对象	坛庙数量	分布	祭期
贤良祠	赵申乔等	1	乾隆年间在长沙县学宫前，嘉庆年间在北门内中舖昭忠祠前	祭日每岁部颁
五忠祠	谯闵王等	1	贤良祠内	
屈贾祠	屈原、贾谊	1	大西门内，太平街	春秋委官祭
真西山祠（真文忠公祠）	宋真德秀	1	善化路边井街	春秋委官祭
李刘公祠	李芾、刘熙祚	1	善化德润门内路边井街	
李公祠	李芾	1	小西门内路边井	春秋委官祭
蔡周二忠祠	蔡道宪、周二南	1	小西门内	春秋委官祭

续表

名称	祭祀对象	坛庙数量	分布	祭期
马王庙		1	稻田	武职祭
刘公祠	刘熙祚	1	小西门路边井	春秋委官祭
群忠阁	屈原等	1		
樊公祠	樊哙	1	大西门外河街	
张公祠	张仲景	1	北门内,贤良祠西	
陶公祠	陶侃	1	善化南门外,惜阴书院右	
高公祠	高之进	1	桂花井侧	
郎公祠	国朝布政使郎永清	1	育婴街东	
赵恭毅公祠	赵申乔	1	北门大街西	
李公祠（李大中丞祠）	李发甲	1	北门大街西	
昭忠祠	阵亡伤亡立功官员兵丁	1	北门内贤良祠后	
王公祠	明兵部侍郎王伟	1	北门大街东	
栗相公庙		1	县东六十里	
乌程侯庙	汉太守孙坚	1	县东三里	
理灵祠	蔡道宪	1	南门外	
韩公祠	汉长沙太守韩元	1	学院衙侧	

说明：虽然"向公庙（在府城中）、曾吴祠（在南门外）、林司理祠（旧址在城南王坛上）、陆罗祠（在南门外）、徐公祠（在德润门内）、周昭王庙（在东门外）、吴王庙（在北门外）、定王庙（在东门外）、灵妃庙（在城东二十里）、汉文帝庙（在岳麓山下）、邑侯李公仕□祠（旧址在陶公祠左）"等俱载在方志祀典中，但都注明已废，所以未将其纳入。

资料来源：乾隆《长沙府志》，岳麓书社，2008，第312~319页；嘉庆《长沙县志》，成文出版社，1976，第635~1228页。

崇德报功祭祀的对象都是与长沙有关的人物。贤良祠祭祀对象是清初名臣赵申乔等，赵曾任偏沅巡抚。五忠祠祭祀东晋司马承等，司马承曾做湘州刺史，在王敦之乱中因长沙失陷被杀。屈贾祠祭祀屈原和贾谊。屈原是楚国贵族，因楚国国都被秦国攻破，遂投汨罗江而死；贾谊在西汉初任长沙王太傅，因梁王坠马而自责，不久抑郁而亡。真西山祠祭祀的是南宋真德秀，真曾任荆湖南路安抚使，居湘十余年。李刘公祠祭祀南宋末湖南安抚使李芾和明末湖南巡抚刘熙祚。蔡周二忠祠祭祀明末蔡道宪和周二南。蔡道宪曾任长沙府推官，张献忠攻打长沙，蔡宁死不降，后被张凌迟处死；周二南曾任长沙知府。樊公祠祭祀西汉樊哙，樊曾驻军长沙南湖，征讨西粤。张公祠祭祀东汉张仲景，张曾任长沙太守。陶公祠祭祀东晋陶侃，陶以军功封长沙郡公。郎公祠祭祀清初郎永清，郎曾任长沙布政使。李公祠（李大中丞祠）祭祀清康熙年间任湖南巡抚李发甲。昭忠祠祭祀阵亡伤亡立功官员兵丁。王公祠祀明兵部侍郎王伟，王是长沙府攸县人，罢官后一直住在长沙。乌程侯庙祀汉太守孙坚。韩公祠，祀汉长沙太守韩元。由上可知，崇德报功祭祀对象多是历代在长沙为官或在长沙有过活动的人物，他们具有儒家仁义礼智信的品格，部分还对长沙有功。崇德报功祭祀，顾名思义，就是祭祀有德之人，以报答他们的功劳。值得注意的是，祭祀清朝的官员并不多，仅有赵申乔、郎永清、李发甲三位，这与晚清大有不同。

由以上各类祭祀对象来看，清前中期长沙官方祭祀以重农事和先贤为主。重农事不仅表现在坛祀上，在护国佑民神灵祭祀当中也有反映。先贤祭祀，则主要体现在文庙祭祀和崇德报功祭祀中。

二　护国佑民与崇德报功：晚清长沙的官方祭祀

虽然晚清长沙官方祭祀主体变化不大，但呈现更明显的地方性特色。笔者检视了同治《长沙县志》、光绪《善化县志》和光绪《湖南通志》，仍将晚清长沙的官方祭祀分为坛祀、文庙祭祀、护国佑民神灵祭祀和崇德报功祭祀四类。为节省篇幅，在晚清长沙官方祭祀中，笔者不对祭祀对象和目的等再做展开，只对有变化处进行分析。

（一）坛祀

晚清长沙坛祀场所共7处。由于风云雷雨山川城隍共设为神祇坛，长沙县坛附长沙府坛，所以由清前中期的5处变为2处。可能是因为临时设坛，雩祭坛未标出。善化县厉坛附府厉坛，减少1处，仍分布在北门和浏阳门外。详见表5。

表5 同光时期长沙坛祀

名称	祭祀对象	坛庙数量	分布	祭期
社稷坛	社神、稷神	2	府社稷坛在府北门外，长沙县坛附府；善化县在城南书院侧	每岁春秋仲月上戊日致祭
神祇坛	风云雷雨山川城隍	2	府神祇坛在社稷坛侧，长沙县坛附府；善化县在城南书院前	每岁以春秋仲月戊日致祭
先农坛	先农	1	在府社稷坛侧，长沙、善化二县俱附府	每岁以仲春月吉亥致祭
厉坛	鬼神	2	府厉坛在浏阳门外校场坪，善化县附府；长沙县坛在北门外	每岁清明节、七月望、十月朔致祭

资料来源：1. 同治《长沙县志》，岳麓书社，2010，第161~271页；2. 光绪《湖南通志》，岳麓书社，2009，第1431~1619页；3.（清）吴兆熙等修纂：光绪《善化县志》，岳麓书社，2011，第123~263页。

（二）文庙祭祀

晚清长沙文庙祭祀场所共25处，较清前中期多2处，新增岳麓书院濂溪祠和道乡祠。详见表6。

表6 同光时期长沙文庙祭祀

名称	祭祀对象	坛庙数量	分布	祭期
府学宫	孔子等	1	府城正南门右	每岁春秋仲月上丁
崇圣祠	肇圣王木金父等	1		
名宦、乡贤、忠义孝弟、节孝诸祠	守土官之有功德于民者	4	府学宫左右	
县学宫	孔子等	1	府城新开门内	
崇圣祠	肇圣王木金父等	1	文庙正殿后	
名宦祠	陶侃等	1	大成门左	
乡贤祠	欧阳询等	1	大成门右	
忠义祠	汉孝子古初等	1	乡贤祠右	
节孝祠	节孝贞烈妇女	1	儒学署右	
县学宫	孔子等	1	善化县学在县治西	
崇圣祠	肇圣王木金父等	1	学宫内	

延续、更新与断裂：清代以来长沙官方祭祀的嬗变及特点

续表

名称	祭祀对象	坛庙数量	分布	祭期
名宦祠	陶侃等	1	大成门左	丁祭日行礼
乡贤祠	尹毂等	1	大成门右	
忠义孝弟祠	尹毂等	1	大成门右	
节孝祠	宋赵淮妾等	1	文昌阁之左厢	
岳麓书院	孔子等	1	善化县西，岳麓山下	
慕道祠（又名六君子堂）	宋潭州守朱洞、李允则、刘珙，山长周式，明长沙通判陈钢，同知杨茂元	1	岳麓书院内	
濂溪祠	宋周子	1	岳麓书院左	
道乡祠	宋邹浩	1	岳麓书院左	
崇道祠	合祀宋朱子、张栻，并朱洞、周式、刘珙，今专祀朱张	1	岳麓书院内	
颜子庙	颜回	1	宝南局后	
曾子庙	曾参	1	千寿寺左	

资料来源：1. 同治《长沙县志》，岳麓书社，2010，第 161～271 页；2. 光绪《湖南通志》，岳麓书社，2009，第 1431～1619 页；3. 光绪《善化县志》，岳麓书社，2011，第 123～263 页。

（三）护国佑民神灵祭祀

晚清长沙护国佑民神灵祭祀场所共 42 处，比清前中期多 3 处。[①] 其中文昌阁（庙）由清前中期的 3 处增为 13 处。详见表 7。

表 7　同光时期长沙护国佑民神灵祭祀

名称	祭祀对象	坛庙数量	分布	祭期
关帝庙（局关祠）	关羽	4	府东北飞虎寨；长沙县一在新开门内，一在北门外吊桥；善化县在县治西	一年三祭，即每岁五月旬有三日致祭外，春秋仲月诹吉致祭

---

① 由于有的祠庙或在晚清未被纳入官方祀典之中，或者未被载入方志当中，所以晚清和清前中期祠庙场所的变化，并不是一一相吻合。特此说明。

续表

名称	祭祀对象	坛庙数量	分布	祭期
文昌庙	文昌帝君	4	府东北；长沙县一在长沙县新开门内龙王庙侧，一在北门；善化县在县东	每岁以春仲三日暨秋仲诹吉致祭及二月初三日致祭
文昌阁	文昌帝君	4	一在府学宫侧，一在永庆街，一在斗姆阁右，一在椰梨市李真人庙后	每岁以春秋二仲诹日及二月初三日致祭
文昌阁	文昌帝君	5	县学宫左侧、又学宫右、贡院左、三官殿及府正街史家巷皆有文昌阁	每岁二月初三日，教官率诸生诣阁致祭
龙王庙（福湘安农龙神庙）	龙王	1	府治东北，即新开门内，浏潭寺侧	每岁以春秋仲月辰日致祭
风神庙	风神	1	府东北	每岁春秋仲月致祭
火神庙	火神	1	府西坡子街	每岁由长沙、善化二县诹吉与祭①
江神庙	江神	1	长沙府西门外橘洲上	岁由地方官诹吉致祭②
吕祖庙	吕洞宾	1	藩城堤街	每岁春秋仲月诹吉致祭
刘猛将军庙	元指挥使刘承忠	1	天心阁下	每岁祭期由县择日申报③
城隍庙	城隍	4	省城隍庙，在府东北，关帝庙左；府城隍庙，在府东北，关帝庙右；长沙县城隍庙，在长沙县北门内保宁街；善化县城隍庙，在善化县治东④	春秋仲月奉
七神祠	唐卫士七人	1	按察司署内	
炎帝庙	炎帝	1	府城内长史司	
灵妃庙	灵妃	1	县东二十里	
陶真人庙	真人陶淡与其侄烜	1	明道都椰梨市	春秋仲月遣县丞前往椰梨市致祭
李真人庙	李真人	4	一在锦绣都花果园，一在澬化都龙潭山，一在省城长沙县城隍庙左，又椰梨市有李真人庙	春秋致祭

延续、更新与断裂：清代以来长沙官方祭祀的嬗变及特点

续表

名称	祭祀对象	坛庙数量	分布	祭期
魁星楼	魁星	1	学宫右	每岁七月初七日，教官率诸生诣楼致祭
龙王庙（战白龙王）	龙王	1	县东南乡榔梨对河潭阳洲后	
风神庙	风神	1	龙神庙右	
魁星楼	魁星	1	南门城上	每岁以春秋仲月上戊日儒学致祭
旗纛庙（原名多佛禅林）	军牙六纛神	1	藩署右	每岁九月初一日致祭
朗公庙	邱宣德等	1	南门内，老城南书院⑤	春秋致祭
水府庙	洞庭神	1	小西门外⑥	
青龙庙	龙王	1	县南湖港	
岳神庙	岳麓山神	1	岳麓书院左	春秋二仲月，山长率肄业生望而祭之
天后庙	妈祖	1	县境西，鱼塘口，即福建会馆⑦	每岁祭期由县诹日详请
土地祠	土地	1	县署仪门东	
仓圣庙		1	贡院西街	
县署土地祠	土地	1	仪门外之左	

注：①光绪《善化县志》称"每岁以季夏月下旬三日致祭"（光绪《善化县志》卷14，秩祀二，岳麓书社，2011，第250页）。

②光绪《善化县志》称"每岁春秋仲月诹日致祭"（光绪《善化县志》卷14，秩祀二，岳麓书社，2011，第242页）。

③同治《长沙县志》称"有司春秋致祭"（同治《长沙县志》卷14，秩祀二，岳麓书社，2010，第255页）。

④光绪《善化县志》和同治《长沙县志》均称"本府城隍庙后改称省城隍庙"（光绪《善化县志》卷14，秩祀二，岳麓书社，2011，第244页；同治《长沙县志》卷14，秩祀二，岳麓书社，2010，第252页），似省城隍庙与府城隍庙同。

⑤光绪《善化县志》称"朗公庙，在河西六都小洞九峰山，康熙间建立，永兴庵右"（光绪《善化县志》卷14，秩祀二，岳麓书社，2011，第248页）。

⑥同治《长沙县志》称"在潮宗门外河街"（同治《长沙县志》卷14，秩祀二，岳麓书社，2010，第269页）。

⑦同治《长沙县志》称"天后庙，在善化境内八角亭，福建会馆内。每岁祭期由长善二县选期详请"（同治《长沙县志》卷14，秩祀二，岳麓书社，2010，第247页）。

资料来源：1.同治《长沙县志》，岳麓书社，2010，第161~271页；2.光绪《湖南通志》，岳麓书社，2009，第1431~1619页；3.光绪《善化县志》，岳麓书社，2011，第123~263页。说明：龙王庙（在湘滨，宋建）虽载在方志当中，但注明已废，所以未纳入。

在晚清长沙护国佑民神灵祭祀中，最引人注目的必然是文昌神了。文昌庙晚清较前中期多增10处。由于各个版本的方志记载地名不一，可能有重复的地方，但无疑文昌阁（庙）数量明显增加。笔者认为，可能存在以下两个方面的原因：一是文昌神祭祀规格的升高，咸丰八年（1858），文昌由群祀升入中祀①；二是自咸丰以来湘军的兴起，湖南人入仕的大增，受地缘影响，为官的湖南人自然希望更多的同乡步入政坛，而作为进入官场的重要渠道——科举考试无疑会受到重视，自然保佑士子高中的文昌受到崇拜的情况会更多。

与清前中期相比，晚清长沙护国佑民神灵祭祀还呈现对长沙本地民间神灵的吸纳的情况。清前中期长沙护国佑民神灵祭祀对象多是全国性的神灵，如顺治年间（1644～1661），建奎星楼；② 雍正二年（1724），刘猛将军庙列入祀典；③ 雍正八年，创修江神庙；④ 雍正九年，建龙王庙；⑤ 嘉庆九年（1804），建吕祖庙。⑥ 对民间信仰斥之为"淫祀"，予以打压。"长郡俗习不异岳州"，"邪神厉鬼，或贪血食之馨"，"迎神赛会，焚香点烛"，"除通饬各州县一体出示禁革外，用特剀切，晓谕为此示"⑦。而到了晚清，除延续对清前中期列入祀典的护国佑民神灵祭祀之外，还将不少长沙民间信仰神灵列入祀典，一改前期的态度。新列入祀典的民间神灵有：李真人庙，"道光二十八年六月，礼部议准，列入祀典"⑧。陶真人庙，"祀真人陶淡与其侄烜"，"咸丰十一年三月，礼部议准，列入祀典，春秋仲月县丞前往榔梨市致祭"⑨。仓圣庙，"在贡院西街"，"同治元年倡众捐修庙

---

① 同治《长沙县志》卷14，秩祀二，岳麓书社，2010，第245页。
② 同治《长沙县志》卷14，秩祀二，岳麓书社，2010，第255页；光绪《善化县志》卷14，秩祀二，岳麓书社，2011，第241页。
③ 光绪《湖南通志》卷72，典礼志二　祀典一，岳麓书社，2009，第1580～1581页。
④ 同治《长沙县志》卷14，秩祀二，岳麓书社，2010，第249页。
⑤ 同治《长沙县志》卷14，秩祀二，岳麓书社，2010，第250页；光绪《善化县志》卷14，秩祀二，岳麓书社，2011，第243页。
⑥ 同治《长沙县志》卷14，秩祀二，岳麓书社，2010，第269页。
⑦ 张五纬：《禁止淫祀縻费示》，嘉庆《长沙县志》卷17，政绩，成文出版社，1976，第1620～1624页。
⑧ 同治《长沙县志》卷14，秩祀二，岳麓书社，2010，第270～271页；光绪《善化县志》卷14，秩祀二，岳麓书社，2011，第250页。
⑨ 同治《长沙县志》卷14，秩祀二，岳麓书社，2010，第270页。

宇"①。朗公庙，"祀唐邱宣德兄弟四人"，"同治十三年，礼部议准，列入祀典，春秋二祭"②。七神祠，"在按察司署内"，"谓唐卫士七人护堤有功，殁而为神，灵爽至今"，"春秋两祀，与马神同"③。

从以上新增祭祀对象来看，基本上是长沙民间神灵，民众多信奉之。而列入祀典缘由，多因水旱灾害发生之时，祈祷灵应有关，反映出晚清长沙水旱灾害频发，也可能与官方无力通过正常渠道救灾，为控制人心起见，把民间信仰神灵纳入祀典，以稳定社会。

（四）崇德报功祭祀

晚清长沙崇德报功祭祀场所共41处，新增十二忠祠、表忠祠、曾文正祠、三公祠、彭忠壮祠等。详见表8。

表8 同光时期长沙崇德报功祭祀

名称	祭祀对象	坛庙数量	分布	祭期
王公祠	明兵部侍郎王伟	1	北门内	与社稷坛同日
贤良祠	赵申乔等	1	北门内中铺，昭忠祠侧	每岁春秋仲月，以少牢致祭①
赵公祠	巡抚赵申乔	1	北门大街西	
李（大）中丞祠	巡抚李发甲	1	北门大街西	与社稷坛同日
昭忠祠	阵亡将士	1	北门内中铺，旧在贤良祠后，光绪元年，改建贤良祠侧	春秋致祭
十二忠祠②	江忠源、塔齐布、罗泽南、胡林翼、李续宾、王鑫、萧启江、李续宜、江忠义、张运兰、黄润昌、李臣典	1	府城北门内，古荷池东	春秋合祭
表忠祠	湖南征剿粤逆阵亡者	1	府城北门内，古荷池东，求忠书院右	

---

① 同治《长沙县志》卷14，秩祀二，岳麓书社，2010，第269页。
② 光绪《善化县志》卷14，秩祀二，岳麓书社，2011，第246~248页；光绪《湖南通志》卷72，典礼志二 祀典一，岳麓书社，2009，第1585页。
③ 光绪《湖南通志》卷74，典礼志四 祠庙一，岳麓书社，2009，第1604页。

165

续表

名称	祭祀对象	坛庙数量	分布	祭期
曾文正祠	曾国藩	1	府城北小吴门碑后塘	
三公祠	故巡抚骆秉章、张亮基，布政使潘铎	1	府城隍庙右	
彭忠壮祠	记名布政使福建汀漳龙道彭毓橘	1	皇仓街，湘乡试馆	
刘忠壮祠	广东提督刘松山	1	府东北宝南街	
吴王祠	汉吴芮	1	县北，北门外	
张公祠	汉太守张机	1	北门内，贤良祠西	
五忠祠	晋谯闵王司马承、宋潭州通判孟彦卿、赵民彦，将军刘玠，兵官赵聿之五人	1	北门内	
向公祠	祀制置副使向士璧	1	府城内	
忠义（丁公祠）	赠太常寺卿衔照盐运使例赐恤丁锐义	1	县河西白芙塘③	
贞烈祠	旌表贞烈女谢彭氏	1	城内三泰街彭氏宗祠右	
马王庙		1	永庆街稻田前	每岁九月初一日致祭
韩公祠	汉长沙太守韩元	1	学院署右	
定王祠	汉定王刘发	1	浏阳门侧定王台	
屈子祠	楚屈原，宋玉、景差，汉贾谊及国朝巡抚李发甲、丁思孔、李湖、陆耀	1	县西岳麓书院左	
舞阳侯庙（又称樊公祠）	汉樊哙	1	县西，城外流水桥	
汉文帝庙	刘恒	1	县西岳麓山前	
贾太傅祠	旧专祀谊，后并祀楚屈平。光绪元年，别建屈平祠，仍专祀贾谊	1	县西濯锦坊，即汉贾谊故宅	
屈子祠	楚左徒屈平	1	府学左	
乌程侯庙	汉太守孙坚	1	县西	
陶公祠	晋长沙公陶侃	1	县南	与社稷坛同日
真文忠祠	宋真德秀	1	县南门内，天妃宫侧	与社稷坛同日
南轩先生祠	宋儒张栻	1	城南书院妙高峰	

续表

名称	祭祀对象	坛庙数量	分布	祭期
陈屈两贤祠	陈良、屈平	1	妙高峰南轩祠前楹	
前后五忠祠	谯闵王等	1	妙高峰,与两贤祠同堂异室	
李忠节祠	宋潭州守李芾	1	府治北,旧为露仙观,又改为熊湘阁	
刘忠毅祠	明巡按御史刘熙祚	1	小西门内	与社稷坛同日
蔡周二忠祠	明推官蔡道宪,知府周二南,从祀举人一第贡生吴愉	1	善化德润门内	与社稷坛同日
蔡忠烈祠	明蔡道宪	1	县西	
蔡忠烈墓祠（又称理灵祠）	蔡道宪	1	南门外,醴陵坡,蔡道宪墓地	
郎公祠	国朝布政使郎永清	1	育婴街	
任赵二公祠	国朝长沙府知府任绍燨,驿盐道赵廷标	1	南城外吉祥庵侧	
吕太守祠	国朝长沙府知府吕肃高	1	八角亭	
李太守祠	国朝长沙府知府李拔	1	鸡公坡	
李刘二忠祠	李芾、刘熙祚	1	德润门内路边井街	

注:①同治《长沙县志》称"祭期由部颁发"(同治《长沙县志》卷14,秩祀二,岳麓书社,2010,第257页)。
②光绪《善化县志》称"十忠祠",无黄润昌、李臣典,增祀"李忠壮公臣典、黄忠壮公运昌、刘武烈公胜鸿、曾靖毅公贞壮、曾忠愍公国华、罗公萱"(光绪《善化县志》卷14,秩祀二,岳麓书社,2011,第262~263页)。
③同治《长沙县志》称"在河西都七甲扬水塘"(同治《长沙县志》卷14,秩祀二,岳麓书社,2010,第266页)。
资料来源:1.同治《长沙县志》,岳麓书社,2010,第161~271页;2.光绪《湖南通志》,岳麓书社,2009,第1431~1619页;3.光绪《善化县志》,岳麓书社,2011,第123~263页。说明:长沙定王庙(祀汉景帝子、长沙王发,在县东北一里)、江陵王庙(祀湖广行省左丞相阿里海牙,在义和坊,至正间,徙建于湘堧故第之侧)、曾吴公祠(祀曾如春,吴道行,在南城外)、陆罗公祠(祀陆大庚,罗鲲原,在南城外)、徐公祠(祀徐勇,在德润门内)、高公祠(祀高之进,在桂花井侧)、李公祠(祀李仕亨,在陶公祠左)、周昭王庙(在东门外),虽载在方志中,但注明皆废,所以没有纳入。

　　与清前中期相比,晚清长沙崇德报功祭祀最明显的变化是湘军将士祠祀的增多,并改变了长沙官方祭祀,尤其是崇德报功祭祀的格局。在清前中期长沙崇德报功祭祀中,我们会发现祭祀对象的身份多以历代明王、忠臣、烈士为主,且他们大多有在长沙为官的经历。晚清在继续祭祀这些对象的基础上，从咸丰年间开始，直到光绪年间，修建了大量纪念湘军将士的祠庙。这些祠庙有：十二忠祠，从咸丰六年（1856）开始，祀"江忠源""塔齐布""罗泽南""胡林翼""李续宾""王鑫""萧启江""李续宜""江忠义""张运兰""黄润昌""李臣典"，"均系敕建专祠之员，各为一祠，春秋合祭"①；忠义祠，同治四年（1865）建，祀丁锐义；② 彭忠壮祠，"同治十年，奉敕建"，祀"彭毓橘"③；曾文正祠，"同治十三年奉敕建"，祀"曾国藩"④；三公祠，"同治十三年奉敕建，祀故巡抚骆秉章、张亮基，布政使潘铎"⑤；昭忠祠，原祀征苗阵亡将士，光绪元年（1875），"增祀咸丰、同治军兴以来，阵亡、伤亡文武员弁，分中东西三龛设位，春秋致祭"⑥；刘忠壮祠，"光绪二年奉敕建"，祀"刘松山"⑦；表忠祠，祀"湖南征剿粤逆阵亡者"⑧；二忠祠，祀"曾国华""曾贞干"⑨。除三公祠是祭祀曾任湖南巡抚的骆、张、潘外，其余均是湘人和湘军将领。19世纪50年代，太平天国运动风起云涌，由于清八旗和绿营等正规军队腐朽不堪，清王朝号召各地兴办军事武装，其中尤以曾国藩的湘军实力最强。伴随湘军的崛起，湘人也手握重权，先后任地方督抚的就有二三十位，湖南的政治地位也随之一跃而起。祭祀湘军将士，不仅是表达对有功将弁的纪念，显然也与湖南地方政治有关。

晚清长沙官方祭祀明显不同于清前中期的是在护国佑民神灵祭祀和崇

---

① 光绪《湖南通志》卷72，典礼志二　祀典一；卷74，典礼志四　祠庙一，岳麓书社，2009，第1583～1584、1604页。
② 光绪《湖南通志》卷74，典礼志四　祠庙一，岳麓书社，2009，第1609～1610页。同治《长沙县志》，称"丁公祠在河西都七甲扬水塘，咸丰八年""准祀"（同治《长沙县志》卷14，秩祀二，岳麓书社，2010，第266页）。
③ 光绪《湖南通志》卷72，典礼志二　祀典一；卷74，典礼志四　祠庙一，岳麓书社，2009，第1584、1606页。
④ 光绪《湖南通志》卷72，典礼志二　祀典一；卷74，典礼志四　祠庙一，岳麓书社，2009，第1584、1604页。
⑤ 光绪《湖南通志》卷74，典礼志四　祠庙一，岳麓书社，2009，第1606页。
⑥ 光绪《湖南通志》卷72，典礼志二　祀典一；卷74，典礼志四　祠庙一，岳麓书社，2009，第1582～1583、1601页。
⑦ 光绪《湖南通志》卷72，典礼志二　祀典一；卷74，典礼志四　祠庙一，岳麓书社，2009，第1584、1606页。
⑧ 光绪《湖南通志》卷72，典礼志二　祀典一；卷74，典礼志四　祠庙一，岳麓书社，2009，第1584、1604页。
⑨ 光绪《湖南通志》卷72，典礼志二　祀典一，岳麓书社，2009，第1584页。

德报功祭祀两个方面,笔者认为,这种现象的出现都与湖南地方政治势力崛起有关。就护国佑民神灵来说,虽然水旱频发、国家对地方控制力减弱,能一定程度上解释其祭祀对象的增加,但仍有如下疑问:一是新列入祀典的神灵的灵迹主要体现在水旱方面,而由前文可知,清前中期有龙王庙、江神庙、水府庙等主管水旱的神灵,似乎不再需要出现相同功能的神灵;二是这些新兴的神灵多属长沙地方神,在民间早已有之,但为何直到咸丰同治年间才纳入祀典?长沙地方神灵的兴起,极有可能与地方力量的崛起有所勾连。美国学者韩森(Valerie Hansen)在分析南宋的民间信仰时提出一个假设,"地方上有权有势的人,但并非官场中人。他们为神祇求封号,既为了增加自己的权势,也带有借神沾光的味道"①。显然,在朝为官的人增多,有利于请求神祇封号的成功。咸丰以来长沙地方神灵入祀增多,也正是湖南政治势力崛起之时,这更足以证明二者之间的关系。诚然,晚清中央祀典的变化对长沙官方祭祀也有一定的影响,如咸丰四年(1854)关帝祭祀由群祀升为中祀,咸丰八年文昌帝君由群祀升为中祀,光绪三十二年(1906)祭孔由中祀升为大祀等,其规格都有相应的提高,这些在长沙官方祭祀中也有所反映。

三 祭孔与关岳合祀:民国时期长沙的官方祭祀

由于祭祀与政治的密切关系,以1912年为界,清代和民国长沙官方祭祀呈现截然不同的特点。1912年中华民国成立之后,在"破除迷信"的名义下,废除了清代的祀典(文庙祭祀除外),传统官方祭祀基本被废除。不过,出于整合社会、宣扬尚武精神等的考虑,祭孔和关岳合祀成为官方祭祀的主要内容。

(一) 民初祭孔的废与立

民国初年,祭孔仍为国家祀典,但却遭遇前所未有的危机。1911年辛亥革命,在推翻清王朝的同时,也一同埋葬了清代的祀典制度。文庙祭孔虽然保留,但当时长沙的官方祭孔陷于停滞状态。长沙祭孔进入了

---

① 韩森:《变迁之神:南宋时期的民间信仰》,包伟民译,浙江人民出版社,1999,第98页。

一个短暂的民间祭祀时期，由湖南各界保守人士于每年春秋二丁举行祀孔典礼。随着袁世凯颁布一系列的尊孔令，长沙祭孔活动又重新进入官方祭祀时期。1913年6月22日，袁世凯颁布"临时大总统令"，表示要"查照民国体制，根据古义，将祀孔子典礼，折衷至当，详细规定，以表尊崇，而垂久远"①。11月26日，袁世凯发布尊孔典礼令，宣称"溯二千余年，历史相沿，率循孔道，奉为至圣。现值新邦肇造，允宜益致尊崇"，"所有衍圣公暨配祀贤哲后裔，膺受前代荣典、祀典均仍依旧"②。1914年2月7日，袁世凯发布总统祭孔令，规定"以夏时春秋两丁为祭孔之日，仍从大祭，其礼节服制祭品，当与祭天一律。京师文庙应由大总统主祭，各地方文庙应由长官主祭"③。祭孔也因此成为长沙历届省、县政府的重要活动。当时长沙《船山学报》称，"民国肇兴之年，孔子祀典不绝如缕，及政治会议议决，于是祀孔之礼与祀天比隆，诚知其所重也"④。1916年到1925年间，为长沙《大公报》所报道的官方祭孔活动就不少于9次，详见表9。

表9　1916～1925年间长沙祭孔一览

祭日	内容	出处
春丁	兹经沈使特委财政厅长严家炽为主祭员，湘江道尹张官□、警察厅长张树勋、政务厅长林鹍祥、检察厅长凌士钧为陪祭员，届期各员昧爽前往致祭，以重祀典	《委员祭孔》，长沙《大公报》，1916年3月11日第七版
春丁	昨谭省长已决定于本日黎明，亲往圣庙恭诣行礼，以崇祀典	《谭省长视祭圣庙》，长沙《大公报》，1917年2月24日第七版
秋丁	务□台端于初二日巳刻，责临长沙县学宫演礼，即于是晚一句钟，候县长莅临恭行大典	《长沙县学宫筹备丁祭》，长沙《大公报》，1918年9月7日第六版

---

① 中国第二历史档案馆编《中华民国史档案资料汇编》（第三辑　文化），江苏古籍出版社，1991，第2页。
② 中国第二历史档案馆编《中华民国史档案资料汇编》（第三辑　文化），江苏古籍出版社，1991，第5～6页。
③ 中国第二历史档案馆编《中华民国史档案资料汇编》（第三辑　文化），江苏古籍出版社，1991，第6页。
④ 徐明谭：《武庙议》，湖南船山学社编辑《船山学报》，1915年9月第一卷第二期，湖南师范大学出版社，2009，第235页。

续表

祭日	内容	出处
秋丁	张兼省长先期令知长沙县知事，遵照旧例，预备祭品。是日八时，委任省公署内务科长胡汝霖，赴圣庙恭行代祭	《委员祀孔》，长沙《大公报》，1919年10月21日第三版
秋丁	谭兼省长届期躬□□礼，并委曾政务厅长陪祀东庑，委长沙知事陪祀西庑	《谭兼省长恭行祀孔》，长沙《大公报》，1920年9月15日第六版
春丁	由政务厅长马大柱任主祭官，东配分献官财政厅长姜济寰，西配分献官警务处长□介陶，东哲分献官高等审判厅长李汉丞，西哲分献官高等检察厅长萧度，东庑分献官榷运局长胡学伸，西庑分献官市政公所总理黄一欧，崇圣殿主祭官长沙县知事皮大猷，纠仪官长沙□监督仇鳌	《上丁祀孔之分献陪祭官》，长沙《大公报》，1921年3月13日第六版
秋丁	省长是日将亲往主祭，石警务处长、周长沙知事陪祭	《学宫祀孔之筹备》，长沙《大公报》，1922年9月22日第七版
春丁	赵省长因示崇重起见，特亲身主祭，吴内务司长、长沙县知事、李秘书长等庑陪祀，极为隆重	《赵省长本日亲行祀孔》，长沙《大公报》，1924年3月9日第六版
秋丁	省长初二夕宿□，初三上午三时主祀，省长昨已特印帛函送学宫，传知吴内务司长如期协同祭祀	《省长明日躬亲祀孔》，长沙《大公报》，1925年9月19日第六版

与清代祭孔不一样的是，民初祭孔的主祭官相对灵活，"各地方文庙应由长官主祭，如有不得已之事故，得于临时遣员恭代"①。长沙多是"至期省长至府学、县长至县学主祭，各分献由以下职员分任"②，但有时也由省长、县长委任属下官员担任主祭官。民国祭孔也有与清代相同的地方，每到祭孔之期，官方都要颁发祭银、祭品等，从经济上保证祭孔的顺利进行。"九月七日为秋丁祀孔之期，例由钧署饬行财政厅颁发祭银三百两，以崇祀典。"③ "明日为上丁祀孔之期……昨省署特恭制束帛十六端，铃印颁发该圣庙管理收管，以便届时应用而昭郑重。"④

---

① 中国第二历史档案馆编《中华民国史档案资料汇编》（第三辑 文化），江苏古籍出版社，1991，第6页。
② 辜天祐编《长沙县乡土志》，江苏广陵古籍刻印社，1949，第38页。
③ 《湖南省长公署训令》，《湖南政报》第一、二册，1916年8月31日，湖南省档案馆藏，档案号：22-1-811-27。
④ 《颁发祀孔束帛》，长沙《大公报》1921年3月14日第六版。

从笔者掌握的资料来看，民国初年长沙官方祭孔活动为历届政府所重视，举办多较为隆重，是传统官方祭祀中受制度变革影响相对较小的。民初祭孔"用以表示俾知国家以道德为重，群相兴感，潜移默化，治进大同"①，可见其目的仍在于推行教化、整合社会。

（二）沿袭与更新：从关帝祭祀到关岳合祀

传统官方祭祀在民国成立之后，遭受重创，原来的坛祀、护国佑民神灵祭祀、崇德报功祭祀等大多不存在，出现断裂。但与此同时，一些新的官方祭祀随之出现，关岳合祀便是其中之一。从关岳合祀当中，我们既可以看到对传统关帝祭祀的沿袭，又会发现是对关帝祭祀的更新。

关羽，三国时期蜀国大将，因其"忠义"形象，在历朝不断受到加封，清朝"对关羽的崇奉，在历史上达到了登峰造极的地步"②。从顺治年间开始，直到同治年间，有清一代对关羽的加封不断。③ 岳飞，南宋抗金将领，因"精忠报国"形象在宋元明时期不断受到册封，清代因民族关系等原因，对岳飞主要采取了贬抑策略。④ 雍正四年（1726），清世宗下令将岳飞移出武庙。晚清单独祭祀岳飞的极为少见。在长沙仅有一座岳王庙祀岳飞，修建年代不详。⑤ 但另一方面，由于岳飞曾任潭州（今长沙）制置使，在整个清代一直名列长沙名宦祠中。嘉庆《长沙县志》名宦祠中，有"宋潭州都督谥武穆岳飞"⑥，光绪《善化县志》名宦祠中，有"宋荆湖南北路制置使谥忠武岳飞"⑦ 等的记载。虽然清代长沙岳飞祭祀没有关帝祭祀规格高，但还是受到了官方和民间的重视。

1912年中华民国成立，关帝祭祀随清政府的灭亡而中止。⑧ 但仅过了

---

① 中国第二历史档案馆编《中华民国史档案资料汇编》（第三辑　文化），江苏古籍出版社，1991，第11页。
② 张羽新：《清朝为什么崇奉关羽》，《世界宗教研究》1992年第1期，第60页。
③ 光绪《湖南通志》卷72，礼典二，岳麓书社，2009，第1572～1573页。
④ 参见王振东《试论岳飞形象的演变：以国家与民间的互动为中心的考察》，山东大学硕士学位论文，2008，第39～42页。
⑤ 傅冠群主编《湖南社会大观》，上海书店出版社，2000，第37页。
⑥ 嘉庆《长沙县志》卷12，秩祀，成文出版社，1976，第1059页。
⑦ 光绪《善化县志》卷13，秩祀，岳麓书社，2011，第228页。
⑧ 仅指官方祭祀关帝，民间祭祀不曾中断。

延续、更新与断裂：清代以来长沙官方祭祀的嬗变及特点

两年，为加强社会控制、整合社会价值观念、宣扬尚武精神，关帝祭祀复活。1914年11月20日，袁世凯发布"关岳合祀"的告令曰，"关壮缪翊赞昭烈，岳武穆独炳精忠。英风亮节，同炳寰区，实足代表吾民族英武壮烈之精神，谨拟以关岳合祀，作为武庙"，目的在于"诚以忠武者，国基所以立，民气所以强。当此民国肇兴，要在尚武"①。1915年3月，礼制馆制定《关岳合祀典礼》，正式将关岳合祀载入祀典。在这样的背景下，关岳合祀在长沙得到推行。

关岳合祀先前并无定制，所以民初长沙首次关岳合祀的祭期存在争议。当时关于关岳祭祀的时间，有两种不同的说法。一是每年的春秋分气节后第一戊日，京师关岳庙即是如此；二是为每年的春秋仲月上戊日，即前清祭祀关帝之期。1915年9月7日长沙《大公报》报道，"阴历八月初二日为祭关岳之期，严护使昨特饬警厅张厅长预为筹备一切，以崇祀典"②。八月初二日，即为秋仲月上戊日，阳历9月10日。而19天后，《大公报》却称，"秋分后第一戊日即十月四号为致祭关岳之期，严护使已派警察厅长与长沙知事二人筹备一切在案"③。可见当时对长沙祭祀关岳之期有过讨论，最终确定是年秋分后第一戊日致祭关岳，与京师关岳庙相同。

1915年致祭关岳，系民国第一次举行，湖南地方政府极为重视，做了比较充分的准备。首先是将长沙坡子街关帝庙（极有可能是清末善化县治西、卫局之东的关帝庙）改建为关岳祠，作为关岳祭祀的地点。"将坡子街关帝庙改建为关岳合祀祠，正殿上仅供关岳二公木主，东西两廊仿文庙式另建披屋，供奉配祀各名将。"其次，划拨足额经费，确保祭祀顺利进行。"凡牌位、祭器与夫房屋各项，诸待建置"，"总计预定洋六百元"，"以昭慎重"。最后，告知文武各官员祭祀秩序和时间等，做好准备。"汤严两省长昨会衔通告文武各僚属……所有文武各员务各着礼服于十月初四日早七点钟齐集关岳祠，八时敬谨致祭，勿得延误。"④ 由于资料缺乏，我们无法获知

---

① 政事堂礼制馆：《关岳合祀典礼·为遵令拟订关岳合祀典礼呈请鉴核事》，民国四年（1915），中国国家图书馆藏。转引自李俊领《中国近代国家祭祀的历史考察》，山东师范大学硕士学位论文，2005，第150~151页。
② 《关岳祀典之筹备》，长沙《大公报》1915年9月7日第十版。
③ 《关岳合祠筹备记》，长沙《大公报》1915年9月26日第十版。
④ 《关岳合祠筹备记》，长沙《大公报》1915年9月26日第十版。

长沙第一次关岳合祀的实际情况，但从筹备来看，想必十分隆重。

长沙关岳合祀基本贯穿整个民国北京政府时期。1919年秋，"张兼省长定于十月十三日举行关岳合祀秋季典礼。昨特派湘江道尹王君妥为筹备一切。届时亲往致祭，以重祀典而昭慎重"①。1925年春，"明日（二十五号）为上戊祀关岳之期，赵省长定于是日亲往北门口关岳庙，敬祀一切"②。1925年秋，"本月十一日为秋戊祀关岳之期，省长现已派员赴关岳庙筹备一切"③。

与晚清长沙关帝祭祀相比，民初长沙关岳合祀有同有异。相同点：其一，二者都载在祀典，祭祀仪式庄严隆重。其二，目的都在于推行忠义、尚武观念，以整合社会。其三，不仅祭祀对象都有关羽，而且关岳庙多在关帝庙基础上改建而成，显示出关帝祭祀的延续性。相同之外也有不同。关岳合祀祭祀对象不仅有关羽，还有岳飞，这是晚清关帝祭祀所没有的。岳飞由长沙名宦祠中的一员一跃而成为与关帝比肩的祭祀对象，显示出岳飞祭祀地位的提升，"精忠报国"成为民初政府所宣扬的意识形态。

值得注意的是，民国时期除祭孔和关岳合祀之外，长沙在灾荒时期，还有祈晴祈雨的祭祀活动。另外，在张敬尧督湘期间，还有对善化城隍和玉泉山观音的祭祀。这些祭祀活动深受长沙民间信仰之影响，表明清代祀典被废除后，所谓的"正祀"与"淫祀"的畛域逐渐消失，官方祭祀与民间信仰的互动关系更加强烈。

民国长沙的官方祭祀相较于清代，无论是从祭祀对象的数量还是规模上看，都不可同日而语。这一时期呈现的特点是国家试图通过祭孔和关岳从传统中找到整合社会的思想武器，但遭受到了新文化运动（"打倒孔家店"）的猛烈批判，实际效果并不明显。1927年，国民党北伐在湖南取得胜利后，长沙的官方祭祀再次陷于停滞。1928年2月，南京政府大学院院长蔡元培颁发《废除春秋祭孔典礼》，官方祭祀正式终止。

清代和民国的官方祭祀是中央和地方政府利用神灵、圣贤等对社会大众进行精神引导和控制的一种方式，目的在于整合社会，维护统治。由于

---

① 《合祀关岳之筹备》，长沙《大公报》1919年10月7日第七版。
② 《省长明日亲祀关岳》，长沙《大公报》1925年3月24日第七版。
③ 《筹备秋季祀关岳》，长沙《大公报》1925年10月8日第六版。

延续、更新与断裂：清代以来长沙官方祭祀的嬗变及特点

官方祭祀与政治的密切关系，随着国家政策和政权的变动，清代以来长沙的官方祭祀也经历了清前中期、清晚期和民国三个时期。清前中期重视农事和先贤祭祀，晚清长沙地方神灵和湘军将士祭祀快速兴起，民国则主要是祭孔和关岳合祀。重视农事与先贤是有清一代官方祭祀的重要特点，这与清王朝统治密切相关。考察清代长沙官方祭祀，我们也会发现地方性始终存在，到了晚清则迈向了一个高峰，即长沙地方神灵和湘军将士祭祀的大增，这显然与湖南地方政治势力增强有关。国家祭祀地方神灵和地方人物（忠义、圣贤），目的是试图通过将其纳入国家祀典体系进而控制地方，与此同时，地方势力则希望借国家祭祀话语进一步提升自己的地位，这样在官方祭祀体系中形成了一种中央与地方的互动。民国作为一个新的现代政体，其宣扬的是现代教育、科学和民主，传统的官方祭祀因其与生俱来的神秘性而遭抛弃，祭祀失去了原先的官方市场而出现断裂。但民国北京政府仍试图利用祭孔倡导诗书礼乐以推行社会教化，祭祀关岳宣扬忠义观念、推崇尚武精神，达到维护社会稳定的目的，彰显出祭祀在意识形态中的延续。另外，我们也注意到官方祭祀与民间信仰的合流，如观音祭祀以及自然灾害时期的各类官方祭祀，这与清代祀典废除息息相关。总的来说，从官方祭祀的嬗变可以让我们从另一种视角看中国不同时期的政治和社会的变化。

(作者系华东师范大学博士研究生)

民间信仰与明清地方社会

——以三山国王信仰为考察

〔新加坡〕李秀萍

摘　要：三山国王文化从隋唐的形成至今，其传播年代甚远，分布区域除了遍及粤东、闽南、台湾，还传入东南亚等地，时空跨度很大。它原是粤东地区具有地方色彩的信仰，但随着粤东移民的传播，此信仰亦逐渐变成地域性的神明，甚至跨越客家、潮汕族群意象的分野，影响极大。作为神明的三山国王信仰，至少在宋代以后就成为证明地方与中央王朝关系的符号。它既是地方的神明，又是王朝士大夫借以教化地方的工具。

关键字：民间信仰　地方志书写　明清　粤东

一　引言

三山国王信仰发源于粤东潮州揭阳县霖田都（今揭西县河婆镇）①，目前在粤东和闽南、台湾、东南亚等区域流传甚广。不过，由于地理环境、风俗习惯等因素，各地庙宇的名称各异，神像形象亦有差异。通常认为，在河婆镇的三山祖庙是祖庙，因历史上河婆镇属于潮州府揭阳县的霖田都，所以该庙又称"霖田祖庙"。庙中奉祀的三山国王，俗称"大庙爷"②。因曾受封"明贶"，也称"明贶庙"③。

---

① 河婆在隋时古揭阳已改置潮州。宋宣和三年（1121），恢复揭阳县，后推行"都图"制。清代属揭阳县霖田都。
② 广东省揭西县三山祖庙管理委员会编印《三山祖庙》，第1页。其他还有"三山国王庙""国王庙"等名称。梅州有的庙宇区因为只奉祀单一的明山神，所以又有"明山庙"之称。
③ "三神山神祠"条："三神山神祠在潮州，徽宗宣和七年八月赐庙明贶。"《宋会要辑稿》卷1236礼20第20册，中华书局，1957，第817页。

目前没有材料能够明确告知三山国王信仰的起始年代，至于广东地方志中记载的事迹也有明显的差别。据记载，宋徽宗时，朝廷曾封赐"潮州的三神山神祠"为"明贶庙"外，明清时期，则未见朝廷有何表彰。根据目前最早收录在《永乐大典》内相关资料，① 宋元时期，三山国王信仰普遍流布在潮州府地区。随后，经过了明清的社会动荡和秩序重建，原为揭阳县的三山神都变成庙享一方的神明。无论是在粤东还是在福建的闽南和汀洲地区，三山国王的信仰得到了传播，不过，仍以潮州府的祭祀最为普遍。同时，这一信仰存于粤东地区操潮州语和客家语的人群之中，这表明已经不受语言地域的限制，变成"潮客共尊"城乡地区的守护神。② 这是因为，它是潮汕地区的地方信仰，但随着粤东移民传播到海外时都得到了广泛的传播。作为神明的三山国王信仰，至少在宋代以后就成为证明地方与中央王朝关系的符号。它既是地方的神明，又是王朝士大夫借以教化地方的工具。

重要的是，那么小范围的三座山的山神，其信仰何以能推广到潮汕地区，乃至于闽南、台湾及东南亚在传播的过程中，是什么原因引起粤东及其他地域老百姓的共同尊祀呢？为什么明代以后的人，在塑造和书写地方历史的时候，不断需要为三山神神明重构文本？

要了解三山国王信仰的创造与演变，首先追溯三山神故事起源以及其进入正史记载后，一连串的造神过程。正是随着时空的转移，人民对于山神信仰，逐步展开了塑造及重构的运动。

二 三山神信仰的起源（隋唐宋）

三山国王信仰的起源时间已不可考，但相信是经历了一个较长的过

---

① 刘希孟：《潮州路明贶三山国王庙记》，十三萧《潮·潮州府三》，《永乐大典》卷5345，收入《四库全书存目丛书补编》第63册，齐鲁书社，2001，第477页。据饶宗颐考证出《永乐大典》潮字号采用之书，来源自《图经志》《三阳志》《三阳图志》。里面所提的《三阳志》（即海阳、揭阳、潮阳三县的志书），是元人收集宋元两代文史资料所修撰的，全书七卷，无刻本传世。这是潮州最早的志书。

② 据陈春声表示，三山国王流传地域范围包括韩江流域和韩江三角洲以西的沿海地区。清代中后期的行政区域，大致包括潮州府、嘉应州的全部和惠州府的海丰、陆丰二县。福建汀州府和广东惠东、东莞、新安（包括香港）等县也有零星的三山国王庙。见陈春声《正统性、地方性与文化的创制——潮州民间信仰的象征与历史意义》，《史学月刊》2001年第1期。

程。目前最早一篇关于三山国王的文献，收录在《永乐大典》内，作者为元代曾任翰林国史院编修官的刘希孟，文章名为《潮州路明贶三山国王庙记》（以下简称《庙记》）①，文章指出，三山神②"肇迹于隋，显灵于唐，封于宋"。《庙记》并没有说明在隋之前的流传情况，对三山的描述为"其英灵之所钟，不生异人，则为明神，理固有之"，被当地人视为神灵居住的山岳。到了隋朝，"失其甲子，以二月下旬五日，有神三人出于巾山之石穴，自称昆季，受命于天，分镇三山，托灵于玉峰之界石，庙食于此地"。刘希孟记载了这三座山化为人形，出现在巾山的山洞里，三位人士自称为兄弟，并且表示他们是受命于上天来看守三座山的。后来亦加入陈姓乡民并与三山神化为神明共合祭祀在庙里。这可见于《庙记》的记载：

> 乡民陈其姓者，白昼见三人乘马而来，招为从者，已忽不见。未几，陈遂与神俱化，众尤异之。乃周爰咨谋，即巾山之麓，置祠合祭。前有古枫，后有石穴，昭其异也，以为界石之神…水旱疾疫，有祷必应。既而假人以神言，封陈为将军。赫声濯灵，日以著，人遂共尊为化王。

可见，从三山神到三山国王，从揭阳霖田到粤东，从穴居到庙食，这些变化表明，三山国王信仰的塑造，基本在此时期完成。这时的三山国王，已由原来的山神逐渐受到人为改造，演变成含有现实社会的崇拜意义的三位王神。不仅其神明性质发生了根本性的变化，其神明地位也随之得以陡然提高与上升。

---

① 三山神发祥地的庙宇称霖田古（祖）庙，清代以前称明贶庙，俗称大庙或祖庙。有关此三山，历史文献有不少记载。根据目前所见的最早一篇关于三山国王的资料，即《潮州路明贶三山国王庙记》。据饶宗颐考证出《永乐大典》潮字号采用之书，来源自《图经志》《三阳志》《三阳图志》。里面所提的《三阳志》（即海阳、揭阳、潮阳三县的志书），是元人收集宋元两代文史资料所修撰的，全书七卷，无刻本传世。这是潮最早的志书。刘希孟：《潮州路明贶三山国王庙记》，《永乐大典》卷5343，收入《四库全书存目丛书补编》第63册，齐鲁书社，2001，第477页。

② 所谓三山是指："三山，一曰独山，在县西南一百五十里，一曰明山，离独山四十里，一曰巾山，离明山二十里。脉自独山来如中之高挂因名。相传有三人神人出于巾山石穴因祀焉。今庙犹存。"见嘉靖《潮州府志》卷1，《地理志》。

除此之外，刘希孟在塑造三山国王信仰时也援入了具有正统文化的象征意义。① 这可从《庙记》所载：

> 唐元和十四年，昌黎刺潮。淫雨害稼，众祷于神而响答。爰命属官以少牢致祭。祝以文曰："淫雨既霁，蚕谷以成。织妇耕男，忻忻衎衎。爰神之庇庥于人，敢不明受其赐？"

韩愈在潮州时，因为暴雨而令农作物受损，向"神灵"祈求止雨，并最终如愿。不过，《庙记》里并没明确记载韩愈祭祀的是哪一位神灵。此时，刘希孟把韩愈写的《祭界石神文》与三山神产生联系，希望借助韩愈，让三山国王信仰"正统化"。而官方编修的《永乐大典》，在收入韩愈《祭界石神文》的同时，于题下加注了"或言即三山国王"的文字。② 这似乎在说明韩愈所写的《祭界石神文》一文，祭祀的神灵应就是三山国王。此后，潮州地区的方志编修者在收录《庙记》时，都会强调韩愈曾祭祀过三山国王。这样一来，三山国王的信仰便与正统文化搭上了线。

由于刘希孟的《庙记》出于其本人的精心结构，此文成为日后其他地方志频繁征引的重要文本。尽管在刘希孟笔下，三山神非常灵验，并被宋朝皇帝封赐，不过，正史文献中却找不到任何的证据。③ 而且值得注意的是，作者完全没有提及宋徽宗以后，历史文献的相关记载。据《宋会要辑稿》记载："三神山神祠在潮州，徽宗宣和七年八月赐庙明贶。"④ 这就明显指出，三山神曾在北宋宋徽宗时获得朝廷赐封的事实。三山国王虽然在北宋曾获得皇帝赐封，在以后的数百年之间再也没有受到朝廷的册封。但刘希孟却忽视宋朝敕封的事实，反之更看重宋朝之前的文本建构。正因为刘希孟替三山国王神明援入具有正统文化象征意义的文本，使得三山国王

---

① 陈春声：《正统性、地方性与文化的创制——潮州民间信仰的象征与历史意义》，《史学月刊》2001年第1期，第124页。
② 《祭界石神文》题下"或言即三山国王"。见十三萧《潮·潮州府三》，《永乐大典》卷5345，收入《四库全书存目丛书补编》第63册，齐鲁书社，2001，第469页。
③ 笔者至今仍未在正史内找到宋代以后相关三山国王的记载。
④ "三神山神"词条，《宋会要辑稿》卷1236，礼20，第20册，中华书局，1957，第817页。

庙在明清时期逃过朝廷的打压。

下面将讨论，何以明代以后的人在塑造和书写地方历史的时候，需要不断为三山神神明重构文本？对于三山国王信仰的重构过程，官方和民间社会都扮演了极为重要的角色，而这让三山国王信仰顺利在粤东及闽南等地区广泛传播。

三 三山国王信仰的重构与塑造（明清时期）

三山国王信仰能从原乡的揭西县辐射至其他地区，与明代以后的人在塑造和书写地方历史的时候不断为三山神重构文本的活动是分不开的。不过，流传在不同地区的传说故事，彼此间又不尽相同。我们可以发现，各地所建构的传说故事，都与本地历史紧密结合，并与本地社会发展有着内在的关联。明清时期，潮州、嘉应州两地的方志编纂者，都加入与三山神有关的"灵异"传说，并塑造其"御灾捍患"的形象。正是这些史家文人与地方士绅对三山神的正统化建构，让三山国王信仰得以在不同区域持续发展。这也揭示了，无论是官方和民间社会，都对三山国王信仰的重构过程做出了重要贡献。本节通过分析官方史料、地方志及文集中有关三山神的记载，对明清时期潮州、嘉应两地的三山国王崇拜进行探讨。

（一）文本的书写

本节主旨之一，是探索当时的人为何会记载下这神明，以及如何用不同的笔调去刻画这一神明的原因。《永乐大典》收入的刘希孟写的《庙记》，是年代最为久远的正史资料，并成为后人频繁引用的文本。后来撰写者记录的三山国王历史，来源大都是《庙记》。尤其是明清时期，各地重修地方志时，都会收录或节选刘希孟的文字。当然，由于立场问题，各地的记载也互不相同。同时，清人文集中的相关篇章，不断加入新的材料，以图增强三山国王神祇的神力。值得注意的是，一篇《庙记》为何引起官方和地方县志及文人的兴趣，而且还把它收入在各自编纂的书目里。

1. 官修志书

若拿《永乐大典》版本与明清诸种方志比较的话，最明显的差异是方志编纂者都删除了刘希孟《庙记》约 400 字左右的结语，而在同时加入与传说故事有密切关系的朝廷赐封的内容。① 被删除的《庙记》内容如下：

> 古者祀六宗，望于山川，以旱大灾，御大患。今神之降灵，无方无体之可求，非神降于莘，石言于晋之所可同日语。又能助国爱民，以功作元祀，则旱灾御患抑末矣。凡使人斋明盛服，以承祭祀，非诌也。惟神之明，故能鉴人之诚；惟人之诚，故能格神之明。敦谓神之为德，不可度思者乎！潮人之事神也，社而稷之，一饭必祝。明山之镇于梅者，有庙有碑；而巾山为神肇基之地，祠宇巍巍，既是以揭虔妥灵。则神之丰功盛烈，大书特书，不一书者实甚宜。于是潮之士某，合辞征文以为记。记者记宗功也。有国有家者，丕视功载。锡命于神，固取其广灵以报国。而民惟邦本，本固邦宁。倘雨旸时若，年谷屡丰，则福吾民，即所以宁吾国，而丰吾国也。神之仁爱斯民者岂小补哉！虽然爱克厥威，斯亦无所沮劝。必威显于民，祸福影响，于寇平仲表插竹之灵，于刘器之速闻之报，彰善瘅恶，人有戒心，阳长阴消，气运之泰，用励相我国家，其道光明。则神之庙食于是邦，使山为砺，与海同流，岂徒日捍我一二邦以修。是年秋七月望。前翰林国史院编修官兼经筵检讨庐陵刘希孟撰文；亚中大夫潮州路总管兼管内劝农事蠡吾王元恭篆盖。

仔细分析这段被删的内容，可发现其主旨首先是在谈论神明的功能，并指出对待神明的态度只要诚恳，就能获得回报。其次讲述神明如何护国为民、抵御灾患的大道理。可见像《永乐大典》或《古今图书集成》这些官修者的版本，依然站在朝廷的立场，以教化人民为出发点，希望人民用"正确"的态度祭拜神明。此外，文本中也交代了撰文之人及盖章确认之人的信息，明确告知世人这个文本是具有"公信力"的版本，因为也出自朝廷命官之手。然而，这些都是其他县志版本所删去的内容，以至只阅读方志的读者都不知道作者的信息。笔者认为，这正是官方修书和修县志两者之间最明显的差异性。

---

① 陈春声：《正统性、地方性与文化的创制——潮州民间信仰的象征与历史意义》，第125页。

2. 地方县志

明朝官员盛瑞明①，在刘希孟《庙记》的基础上写出《三山明贶庙记》②。他的文章，被台湾多种方志收录。细读此文可见，除了序言及结语，其主体部分与刘希孟的一样，而本人的名字则署在文章末尾。令人好奇的是，身为朝廷官员的他，其写作动机又是什么？文中称，"三山国王庙潮属所在皆祀之，因神牌上未明何代封号，为记一篇，以补阙略"。序言清楚交代，他是因为"神牌上未明何代封号"，才决定撰写此文。于是，他在文中加入了"（宋）太宗悟，命韩指挥舍人捧诏来潮霖田封巾山"等文字，强调朝廷的赐封自宋太宗时候便开始。其次，援入民间传说韩指挥舍人的故事。为了避免后人的误解，作者还有意识地添加了封赐的地点是在"潮州"的霖田巾山。透过此文章，他希望一般的老百姓在祭祀三山国王时，能够获得正确的讯息，知道该庙宇不是"淫祠"，而是具有正统的身份。自此，我们大概了解他撰写这篇庙记背后深层的意义。他们这些地方士绅们要努力为三山国王信仰解释，宣称其不是"淫祠"，因为曾受到皇帝的赐封。而他的文章，也进一步替三山国王信仰找到了合理化的依据。同时，他回到家乡后，"筑北门堤，以壮捍御"，积极投入地方上的公益事业。因此，这些地方士绅在为民间信仰寻求正统化之时，也在地方化。这或许提示我们，地方士绅宣传当地神祇的一个动机。可借由赐封和封号的问题，是以维持地方统治秩序，而不得不依赖地方势力的支持，从而对地方神表示认同。

明朝年间，另一名士大夫陈理③亦为大埕乡重修的三山国王庙写了《重建明贶三山国王庙记》④。据此可知，在之前，此庙还经历地方人士的

---

① 盛瑞明（1470～1550），"饶平县人，进士。历任礼工二部尚书。世宗屡加褒赐。归筑北门堤，以壮捍御。所著有《程斋汇稿》。卒年八十一，赠太子太保谥荣简"。（光绪《饶平县志》卷8，人物），又，《海阳县志》卷36列传5，宣称他为海阳人。
② 盛瑞明：《三山明贶庙记》，光绪《潮州县志》卷21，《艺文》。
③ 陈理，"陈天资，登嘉靖乙未进士，称石冈先生。官历至布政使。致政，归以道谊为乡里取重，又留心文献。著有《东理志》一书"。（顺治《潮州府志》卷6，《人物》，《陈方伯传》）。
④ 陈理：《重建明贶三山国王庙记》，明万历陈天资纂修《东里志》卷5，《艺文记》。《东里志》是他卸职回乡，与乡人吴少松、周时庵，于万历二年修成。东里非乡非都，是以大所城为中心，周围一百里的饶平县一个地域的统称。他记述范围包含饶平县及闽省之漳泉。其体例应是志书之一独创。

数次重修:"正德庚午,乡后周广德、汤仕显等20人""岁壬申,通判岳公朝重致政归,泊乡老周公伯恩、汤公元惠等凡28人"。作者通过这篇庙记,再次强调三山国王神祇具有"御灾捍患"的英灵形象,并体现出本地"海滨邹鲁"的文化气象:

  三山鼎峙……有祷必应,因立祠。及唐韩文公愈守潮日,有祭界石,及宋封为王,赐额明贶……吾大埕乡烟火千家,亦仰其英灵,共立庙于乡之中……吾乡风俗淳美,敦彝伦,服儒书,登科入士接踵,亦可谓海滨之邹鲁矣。尚翼三山之神,益阐厥灵,御灾捍患,降神储祥。俾时和丰,人物康阜,阖境熙熙焉,长享太平之福。

  一直到了清朝,一些编修地方志的士绅,仍然有意识地提高三山国王信仰在民间的社会地位。如清朝官员陈树芝[①]在《揭阳县志》中也撰有一篇考证各神明由来的文章,其中写道:"揭有三山雄峻耸峙。隋而降神,唐韩昌黎祭界石之文,宋太宗封以王爵。潮之里社多祀之,况揭尤为嶽降地乎。刘希孟明贶庙记详细哉言之矣。"[②] 除了道出三山国王信仰在潮州地区的情况,陈树芝也一再宣示三山国王信仰的正统性是通过韩愈的文章、宋太宗的封赐,以及元朝官员刘希孟所写的文章确立起来的。

  乾隆版《潮州府志》[③] 收录有一篇《三山国王庙记》,其内容与盛瑞明撰写的极为相似,不过,仍在一些细节方面稍有出入。例如,他们把"潮及梅惠二州,在在有祠"改为"在在有庙",此外还阙漏了"明道中,复加封广灵二字"和"肇迹于隋,显灵于唐,封于宋"两句。笔者推测,编纂者可能碍于前朝严厉打击"淫祠"的措施,不愿过多"称赞"神明的"广灵"。此外,对于神明非常重要的形成过程叙述,乾隆版本竟然一直不录。

  综上所述,首先,无论在官方及地方志,其所收录的《庙记》文本都存在明显的差异。明清时期的士绅在为地方书写历史时,都大力为三山国王信仰重构文本。尽管《庙记》的主体神在明清时期未受赐封,而这以他

[①] 陈树芝,"湖广湘潭廪生总河鹏年子。雍正四年由武英殿纂修官知揭阳县。为政识大体……修邑志、水道善政尤多"。(光绪《揭阳县志》卷6,《宦绩》)。
[②] 光绪《揭阳县志》卷8,《艺文考》。原文注明"旧志原文缺2页"。
[③] 刘希孟:《明贶庙记》,乾隆《潮州府志》(下)卷41,《艺文》。

们的立场来说是非常微妙的。因此，此篇庙记在录入方志时，其内容大多经过编纂者的修改。这些变动也造成后人在引用不同的版本之时，而影响了论述的内容。

其次，出现作者混淆的问题。后人在根据《庙记》撰写各种文本时，经常有意识地注入新的传说材料，借以不断强化三山国王的神威，并且从中可以看出官方与县志编修者所持的不同立场。至于为何会出现这种作者混淆的现象，笔者认为是由于各个《庙记》的版本散落在各处，在不容易寻获的情况之下，造成研究方面的困难。因此，研究者容易进入"各据材料"而有偏颇的一方。例如，早期台湾学者在不知有《永乐大典》版本的情况下，而把盛瑞明当成"第一个"将三山国王信仰系统化、理论化的人。[①] 而这种情况与台湾地区的地方志曾收入盛瑞明所写的版本有关。

3. 文集、笔记

除此之外，一些文人的文集笔记如《韩江闻见录》《鹿洲公案》等也收录有关三山国王的故事。后者还借由三山国王来办案，不断强调三山国王神祇的神力。郑昌时，嘉庆时广东海阳人。[②] 他在《韩江闻见录》中写道：

> 三山国王，潮福神也。城市乡村，莫不祀之。有如古者之立社，春日赛神行傩礼。胙饮酬嬉，助以管絃戏剧，有太平乐丰年象焉。予淇园赛神以正月十三，至元宵会灯而止。其三王之像，与二王异，云系改刻。予少小时，尚见一剥落旧像，置后殿佛龛中。里中父老传其逸事云：前明兵乱时，三王尝显身御寇，寇数败。每夜寇将至，则见有一异人，高丈余，立树杪传呼。英风四捲，若有阴兵之助，寇惮之。他夕，寇阴谋先杪其树，伏人树下俟。见异人至，仆焉，则三王神像也，毁之。然寇仍畏神余威，不敢大加害里中。[③]

[①] 尹章义：《闽粤移民的协和与对立——客属潮州人开发台北与新庄三山国王庙的兴衰史》，《揭西文史》第11辑，第15页。

[②] 郑昌时，"郑重晖，字平阶（初名昌时）……弱冠补博士弟子员……太守黄安涛……延为东隅义塾掌教。时地方多故，巡抚祁项临潮，辟为幕府，以明经终。所著有《说隅》《开方考》《韩江闻见录》《岂闲居吟稿》行世"。（光绪《海阳县志》卷40，《列传9》）。

[③] 郑昌时：《三山国王》，《韩江闻见录》，上海古籍出版社，1995，第21页。

此文再次强化了三山国王之三王爷的神威，宣称即使寇贼只要见到塑像，也魂魄丧胆，不敢再犯。由此可见，当时三山国王信仰流传的广泛，几乎在潮州的城乡都有此神明的影子。此外，这篇文章也支持三山国王信仰在新春时节的赛神活动，同时有"管弦戏剧"的酬神戏曲演出，而赛神活动一直闹到元宵节的灯会才结束。

另一位清朝官员蓝鼎元[1]，在普宁当知县时，借用过三山国王的神威断案。乡人陈阿功把女儿改嫁后，上告夫家林阿仲"打死灭尸，抑嫁卖他人"。蓝鼎元利用"南人畏鬼"的心理战术，利用当地人特别崇拜三山国王神的心理，告知涉案乡人"既道经庙前，则三山国王必知之，待我牒王问虚实"，第二天再审案，就打发他们回家。最终，蓝鼎元表示"三山国王告我矣"，假借神明之口，使陈姓乡人屈服告知。这是他借用三山国王的神威来审案的过程。[2] 这揭示了在当地人的心目中，三山国王神祇具有极高的地位。另外，三山国王神祇具有权力的形象，也因此通过蓝鼎元而被制造出来。不过，吊诡的是，一方面他借神威审案，另一方面又打击邪教淫祠。在《鹿洲公案》内，蓝鼎元清楚记载了他对地方邪教的态度，他处理的手段是非常强硬的。当时地方上有"妖女林妙贵创淫祠于北关惑众"，最后，他将林置于法并没收其居所，改为棉阳书院。[3] 这说明他对于"邪教"或"淫祠"的态度是不手软的。笔者好奇，三山国王在蓝鼎元心目中到底是具有什么地位呢？恐怕是他默认三山国王是正统神明，不然他不会引用他反对的"淫神"来帮他审案。

无论如何，明清多次的"毁淫祠"政策，并未撼动遍布粤东地区的三山国王庙。三山国王信仰虽然有别于官府祭典，但仍然流行于民间，并为官府认可或默许。根据上面的叙述，我们推测，其主要原因可能与刘希孟撰写的《庙记》一度成为潮之各邑庙宇的"护身符"有关。不管是盛瑞明、郑昌时、蓝鼎元，还是各县志的编纂者等，他们的出发点其实都非常

---

[1] 蓝鼎元，福建漳浦人，任广东普宁县知县兼任潮阳县知县，曾修《大清一统志》、雍正版《潮州府志》，著有《鹿洲公案》等。死后，普宁地方百姓为了纪念他的功绩，在文昌宫旁替他立了"蓝公祠"。

[2] 蓝鼎元:《三山王多口》,《蓝鼎元论潮文集》,海天出版社,1993,第295~297页。

[3] 光绪《潮阳县志》卷16,《宦绩》。

鲜明。地方士绅借着重构地方神祇的文本,展示他们对地方文化资源和权力的掌控。这一点正如韩明士对宋代以来抚州地区的民间信仰的判断:

> 南宋三仙故事的版本在细节上强化了三仙权力的这方面。特别是在《三真君事实》的灵应和地方精英所作的诗歌中,精英信众和三仙之间关系表现为直接的、个人化的。用来描绘三仙的语汇、叙述在很多方面正好和南宋抚州精英自我认识、表述的方式相呼应。我认为,南宋抚州地方精英之所以被三仙信仰吸引,该信仰成为当时最重要的地方信仰,是因为三仙体现了地方精英自身越来越认同的一种权威。①

对于潮州府的士绅来说,他们不断重释三山国王信仰的行为,与其说是因为提出新的传说或材料,不如说他们是在刻意宣示某种观点,借以维护自身的政治或经济利益,维系地方的文教。

(二) 传说的建构

在宋元时期,三山国王信仰已经遍及粤东地区。台湾学者邱彦贵曾就清代地方志的记载,归纳出清代三山国王信仰的分布范围,其一为潮州府全境各县,其二为嘉应州及兴宁县,其三为接壤揭阳的惠州府海丰及陆丰两县。② 可见,三山国王信仰普遍流传于居住在潮汕平原和内陆山区的不同语系的族群当中。虽然在各个地区流传的传说故事的性质不尽相同,但我们可以发现这些故事都与当地的历史社会发展有着内在的关联。无论是明清时期的《潮州府志》或《嘉应州志》,地方志编纂者通过不同的手法,增加三山国王信仰正统性的象征。他们有意识地把三山国王庙宇建构为抗御敌人或教化人民的一个地方上重要事件的场域,俨然把庙宇变成公共空间的表征。这些地方士绅对三山神寻求正统化的建构,也让三山国王信仰得以在跨区域地持续的发展。下文就两个不同语系地区三山国王信仰的建构模式进行分析,即潮语系的饶平县及客语系的梅州地区。

---

① 韩明士:《道与庶道:宋代以来的道教、民间信仰和神灵模式》,皮庆生译,江苏人民出版社,2007,第149页。
② 邱彦贵:《粤东三山国王信仰的分成与信仰的族群——从三山国王是台湾客属的特有信仰论起》,《东方宗教研究》1993年第3期,第109~120页。

1. 潮州府：以饶平大埕为中心

饶平县地方文献显示，在当地人的历史记忆中，三山国王庙宇一直是当地重要的公共场域，三山国王信仰是非常深入民心的。

首先，它曾是为文天祥招募义勇兵，并会师于此的抗元遗址。如《境事志·灾异》记载：

> 宋帝昺祥兴元年，秋八月，斧头老起兵勤王。少保右丞相信国公文天祥，自循州趋潮募义勇，讨陈懿诛刘兴，军威稍振。于是豪杰响应大埕乡豪斧头等选集精锐，会于三山国王庙。将赴募潮阳杀异议者，遂整众行。适元将张元范自漳州将步骑入潮追天祥。道经东里，众见铁骑骁雄，器械旗帜精明。①

三山国王庙宇被叙述成抗御敌人的会师场所，成为见证当地历史发展的一个重要场域。

其次，它是明代社会的教育中心，亦是地方官教化子民的重要场所。如《风俗志·乡约》记录：

> ……如蓝田乡约之规。东里旧有乡约，通一方之人。凡年高者，皆赴大埕三山国王庙演行，以致仕陈大尹和斋、吴教授梅窝为约正。府若县皆雅重焉。顷因寇乱旧废。②

由此可见，三山国王庙是地方士绅与乡民讲解社会规范的场所，是国家教化乡民的场所，同时也是民间社会一个非常重要的公共空间。此外，《学校志·社学》亦记载：

> 嘉靖初，魏庄渠校督学广东，欧阳石、江铎继之，令各乡立社学，延师儒。东里即三山国王庙为大馆，请乡贤陈恬斋为师，每以朔

---

① 《境事志·灾异》卷2，陈天资纂修《东里志》。
② 《风俗志·乡约》卷3，陈天资纂修《东里志》。

望考课,次日习礼习射。当时文教翕然兴起,二公去而此举遂废矣。①

结合两段材料可见,地方教育的场域都建设在三山国王庙址上,而且还强调乡约教化的场所与地方社会秩序的关系。由此可见,地方编撰者有意识地把三山国王庙宇建构成地方上重要的公共空间。其中原因,是三山国王神在粤东地区具有权威的地位,因而使其成为国家推行教化政策、地方举行公共事务的重要场所,也就再自然不过了。

2. 嘉应州:以梅州地区为中心

梅州地区的三山神庙宇,最具代表的是梅州城南郊的泮坑公王庙。我们可以看到,该庙历史与当地广泛流传的"泮坑公王保外乡"的传说建构有关。学者认为,该庙建于明代。② 当地人把故事建构在与一位旅居在外经商的外乡人与三山信仰的联系。据说,久居潮州梅县泮坑外的乡人熊氏,某夜梦到一位大将军左持帅印,右执宝剑,童颜白发,神采奕奕,自称是"助政肃宁国王",受命皇上,镇守梅州,庇佑百姓。令熊氏惊讶的是日前到潮州觋庙进香,庙中的三山国王的神像与梦中的竟然相似。于是,他便派人在泮坑建庙,并请神像师傅仿潮州觋庙的三山国王形象,雕刻大将军神像,并运回梅州泮坑,安奉在新建的公王宫内。传说,从此熊氏人财两旺,富甲四方。因此,梅州城一带的老百姓有"泮坑公王保外乡"的说法。凡外出经商、读书求仕的人士,都会到泮坑庙烧香许愿,祈求保佑。③

三山国王信仰得以在此地区流传并传播,与其广泛流传的"泮坑公王保外乡"传说建构有关。这传说故事建构在一种强调保护在外乡人论述的基础之上。该故事提供了几则讯息。其一,三山神传入的背景。交代了三山国王信仰如何传入梅州地区。传说中强调的"助政肃宁国王",也就是巾山大王,它与祖庙的传统一样,神像居中间位置,其权力也是最大者。其二,故事告诉我们此信仰得以在梅州地区传播,是靠商业发展的结果,由商人经由水路带入梅州。之后,此一保护在外地乡人的论述还在一直延

---

① 《学校志·社学》卷3之3,陈天资纂修《东里志》。
② 叶小华、谭元亨、管雅编著《客都梅州》,华南理工大学出版社,2006,第72页。
③ 房学嘉:《客家民俗》,华南理工大学出版社,2006,第130页。

续发展，这跟梅州作为最大的侨乡之一不无关系。至今的泮坑公王庙仍然受到来自外地及海外人士的资助，尤其是熊姓的外地人。

值得注意的是，光绪年间地方志作者在引注一段与明山神话色彩的故事时，有意识地"提醒"众人，明山神就是属于三山神的信仰体系。与此同时，当时官府对于民间信仰持有负面的态度，一再打击民间信仰。因此，地方志的作者在撰写地方历史时，加入了一段编修者的解释，为明山神添加了新的元素，以期达到正统化的象征。据《嘉应州志》卷4《山川》的记载：

> 明山在城东南六十里。《一统志》云，上有招仙观，下有龙潭，岁旱祷雨辄应。昔有羽流隐此……观久废，康熙六年，乡人李升改建仙花寺。又，山下旧有感观庙，后为明山宫。仲和案《舆地纪胜》云，感观寺在西洋之东，明山之下。庆历间江涛骤溢，有神像三躯浮江而下，至西洋而止。迺迎至于案，祀以牲酒而与盟曰："神其灵乎，相我有年，当庙祀而传永久，不然则否！"已而秋果大熟，乃基其宫，而岁祀之。案潮州有明山、巾山、独山，此有一也。府志元编修官刘希孟，揭阳明贶庙记云，玉峰之右，渡水为明山、西接梅州，州以为镇云。

上文叙述显示，作者有意识地告示众人明山与三山神的关系，并且再次揭示两者之间存在内在的联系。他们努力地衔接明山与三山神。这种现象是之前的地方志所不见的。文中的最后几句，突出标榜明山的地理位置，及其具有官方认可的性质。

清代地方志描述，在北宋年间，有三尊神像从江漂流而下，漂至以盛行奉祀明山的主要地区——西洋（阳），试图与地方上的明山信仰衔接关系。不过，文中并没有清楚写明这三尊塑像与三山神到底有无关联，而且也没说明到底庙内祭祀了多少尊神像。无论如何，漂至的神明灵验因为能让谷物丰收，最后被当地人所接纳。这也隐约透露出原具强烈"护国"形象的明山信仰，似乎无法满足于乡人对于现实生活的祈求，于是接纳了"外来"的信仰。这也说明，虽然原有明山信仰的体系具强烈的地域性质，但在社会越发展的时候，若无法满足乡人的需求，信仰会争取接纳更多的文化内涵，以期获得更多的信众，并且满足他们的利益。其实，这与上述"泮坑公王保外乡"的故事性质极为类似，两者之间都倾向一种以保护在外地乡人的论述观点。

有意思的是，从乾隆版的地方志书可以看到，以祭祀三山神为主要对象的宫庙，似乎以梅州地区占了大多数。但到了西洋地区，当地仍然依靠着其与地方上的传统习惯延续祭拜明山神为主。这种现象，正如学者谢重光分析，粤东客家人对三山国王信仰的接受，因为他们居住偏于山区，离三山更近，而且生活与山的缘分深，所以为客家人偏好。[①]

四　余论

近几十年，许多研究民间信仰的学者都认识到，乡村庙宇往往是地方社会认同国家的重要象征场所。这些学者的代表是所谓的华南学派如刘志伟认为珠江三角洲北帝崇拜是标准化神明信仰，其标准化是地域社会在文化上进一步整合到大传统中的过程。[②] 陈春声指出，宋至清双忠公信仰在潮州流传的历史，与潮州地区乡村社会逐步纳入国家版图的过程是一致的。[③] 两人的研究都强调民间信仰具有正统化的倾向。但实际上，"正统化"的实践又是以何种方式进行操作？笔者认为，民间信仰在纳入国家的版图过程中，地方士绅会采用了不同的实践方式，使神明融入国家的体制。本文所关注的焦点——三山国王神明，亦是经过一段长时期地方化的过程，才能得以在此地区流传。

三山国王信仰自元朝开始就从原乡的揭西向外辐射传播，至明清时期，在跨越区域的同时也持续发展。这与明清士人塑造和书写地方历史的时候，不断需要为三山神神明重构文本的举动有关。三山神在重构过程中，受到了来自官方及民间社会极大的关注。由于他们的关注，三山神传说逐渐出现官方、地方两个不同的文本，而这也造成日后研究者出现混淆的状况。由于双方立场不同，官修及地方志所记载的文本亦出现不同的论

[①] 谢重光：《客家文化论述》，中国社会科学出版社，2008，第351页。
[②] 刘志伟：《神明的正统性与地方化——关于珠江三角洲北帝崇拜的一个解释》《中山大学史学集刊》1994年第2辑，第107~125页。
[③] 陈春声：《宋明时期潮州地区的双忠公崇拜》，郑振满、陈春声主编《民间信仰与社会空间》，福建人民出版社，2003，第42~73页。

述及观点。同时，编撰者在书写地方历史的时候，亦通过文本不断加入新的材料元素，强调三山国王神祇的合法性及神力。当然，这又与本地历史结合在一起，并与当地产生的传说相互连结。无论在潮州或是嘉应，地方志编纂者都加入一段与三山神有关的"灵异"传说，使之成为民众信奉的依据。如在明清时期的饶平县，三山国王一直都是乡民心目中重要事件的见证场域。《东里志》编撰者叙述着抵御外敌的故事，极力塑造三山国王"护国庇民"的形象。而这些与粤东地区动荡不安的社会背景极有关联。同时，作者宣称明代三山国王庙作为教化子民的非常重要的场域，俨然把庙宇变成公共空间的表征。民间信仰以这种模式与地方历史相互的结合，恰恰表明它是趋向地方化的一种发展模式。三山国王信仰自原乡的面貌扩散至不同区域时，随着与当地的历史情境相互融合，折射出具有特定的文化内涵。

（作者系新加坡国立大学博士研究生）

文献研究

清雍乾时期休宁黄氏《家用收支账》的文献价值

李 娜

摘 要：本文通过对清雍乾时期休宁黄氏《家用收支账》的介绍，指出其作为珍贵的文献资料，对清代经济史、家庭经济史、社会史等方面所具有的研究价值。

关键词：文献 清代 家庭经济史

雍乾时期休宁黄氏《家用收支账》，原件现藏于中国社会科学院历史研究所，连续记载的共有三册，还有两本散册有待考证。本文仅就连续记载的三本账册进行讨论。《徽州千年契约文书·清民国编》卷八中收录连续记载中一册。原件 250×205 毫米，505 页。封面有"家用收支账"字样，下有"完粮字号附后"小字，是按顺序记有雍正十一年（1733）至乾隆八年（1743）的家用收支账。另外两册记录的时间分别是雍正四年至雍正十年的收支账与乾隆九年至乾隆十三年的收支账。雍正四年至雍正九年的家用收支账保存不完整，已有虫蛀和破损，部分内容和文字缺失，账后附有雍正四年至雍正十年的"完粮登号抄底"。乾隆九年至乾隆十三年的家用收支账保存较完整，除个别字迹模糊，记载比较清晰，账后附有乾隆九年至乾隆十三年的"完粮登号抄底"。此三册《雍乾时期休宁黄氏〈家用收支账〉》详细记录了雍正四年至乾隆十三年共 23 年的日常收支情况。

在《家用收支账》中，户主记录的 23 年的人生中，家庭类型发生着动态的变化。户主黄氏因其父亲已逝，由他和弟弟共同赡养母亲，因此，其母亲不能完全算作其家庭成员。该账册记录的收入支出主要是户主自己家庭成员的经济生活，在户主记录的大部分人生中，他的家庭类型应属于是社会学中的核心家庭，是指由已婚夫妇和未婚子女两代组成的家庭。

虽然一夫一妻制是核心家庭的主流，而户主是一夫多妻制，但是，他们以婚姻为基础，与未婚子女共同组成的家庭生活，还是比较符合核心家庭的概念。核心家庭的特点是人数少、结构简单，家庭内只有一个权力和活动中心，家庭成员间容易沟通、相处。以上这三方面的特点，与户主黄氏的家庭是很相似的，账册的记录者黄氏是该家庭的绝对权威，他对家庭中其他成员行为有决定权力。但是，户主黄氏的家庭类型随着时间的流逝，其家庭类型也发生了变化。直系家庭是指由父母、有孩子的已婚子女三代人所组成的家庭。直系家庭特点是家庭内不仅有一个主要的权力和活动中心，还有一个权力和活动的次中心存在。户主黄氏在乾隆七年为儿子勋儿娶妻，乾隆十年得孙子六阳，隔年再得孙女，户主的家庭类型已由核心家庭转变为直系家庭。在二十多年的时间里，户主黄氏的家庭是动态的、变化的，不同的时期呈现出不同的家庭类型。从雍正四年至乾隆七年，户主、妻妾和子女共同构成的家庭类型属于核心家庭。因为黄氏只有一子成年，该家庭的家庭财富是累积的，在该收支账中不涉及财产分割的问题。该黄氏《家用收支账》记录的是黄氏个人家庭的日常消费开支，在其账册的记录中，多次提到了与其黄氏家族的银钱往来，收入支出记录清晰，因此，该黄氏的家庭收支是独立于其家族经济的，是单独核算的账目。下面，我们具体谈一下《家用收支账》的史料价值。

一 所记平民家庭的完税情况，真实地反映了"家"与"户"的区别

中国古代家庭中存在的一个重要特征就是"家"与"户"的分离，即一家未必等同于一户，一户也不一定指的就是一家。在本文中有时称《家用收支账》的记录者黄氏是"户主"，是指他是这个家庭的一家之主，与清代国家征收赋税的法律文书《赋役全书》中记载的"户"的概念是不能等同的。有时候，清代的地主家庭因为"娶妇后多析爨分处"和"子壮则出分"的原因，一个"户名"之下可以包含多个小家庭，就像一个曾经几代人同居共处的复合家庭，后分成两个或多个只包括父母子女的简单的核心家庭，但是因清代《赋役全书》原定是十年编撰一次，因此，"户"的名字与家庭实际纳税人的名字不完全相同的情况是比较常见的。在黄氏《家用收支账》中记录的雍正四年至乾隆十三年的"完粮登号"上，这一

现象被很真实地反映出来。在所有的年份，黄氏纳税记录上包括多少不等的几部分，比如"完黄立户钱粮""完云德户钱粮""完父户钱粮""完黄楫户钱粮"等的记录。以乾隆十年（1745）为例，《家用收支账》的记载如下：

  二月十六 3.4【纹】 付道兄完本年粮
       0.04   火印
  二月廿二 0.37   交道兄完本年营米
  八月初五 1.98【纹】 交歇家完粮
       0.25   火印
  八月十九 3.56【纹】 交道兄完粮
       0.04   火印

以"二月十六"这条引文为例，"二月十六"是指事项发生日期，"3.4"是指事项开支的银两三两四钱，括号中的"纹"字标注是原账本就有的，指明银两的成色是纹银，后面记录的是支出银两的事项。其他引文中的格式都基本相同。

在乾隆十三年后附的"完粮登号"中，乾隆十年的记载如下：

  乾隆十年乙丑岁 家升叔司年
  二月廿日 颖字二百一号   黄养和完贰两捌钱叁分
  二月廿六 食字三百九十八号 黄养和完营米壹斗贰升肆合
                  五勺【与燮三户共票】
  四月初四 颖字一千一百九十三号 黄云德完叁钱贰分
  八月初九 颖字一千六百三十一号 黄养和完壹两陆钱肆分叁厘
  八月廿四 颖字一千九百七十一号 黄养和完贰两玖钱五分叁厘

再以乾隆十三年为例，看一看关于完税的记录：

  二月廿六 0.43 完祖户钱粮【安二百七十八号】
       5.1   完和户钱粮【安二百七十三号】

197

	1.39	完云德户己名下钱粮【安二百七十七号】
	0.68	完紫垣祀钱粮【安二百七十七号】
	0.64	完养和户上年耗羡【丰百卅二号】
	0.09	完云德户上年耗羡【丰百卅四号】
	0.115	火印
九月廿四	3.81	完本年粮清

在乾隆十三年后附的"完粮登号"中，乾隆十三年的记载如下：

乾隆十三年戊辰岁	登叔管年	
二月廿六	安字二百七十三号	黄养和完肆两贰钱玖分
	安字二百七十八号	黄立完叁钱陆分
	安字二百七十七号	黄楫完壹两壹钱陆分柒厘
	安字二百七十七号	黄紫垣完伍钱柒分叁厘
三月二十	囊字七百三十四号	黄立和完米壹斗五升肆合
九月十九	安字三千七百四十五号	黄养和完叁两叁钱陆分柒厘

以"乾隆十三年二月廿六"为例，"二月廿六"是事项发生日，"安字二百七十三号"是完粮登记号，"黄养和"项、"黄立"项、"黄紫垣"项分别代表在祖户中应承担的赋税。在黄氏《家用收支账》中日常记录的完粮记录反映的是一个"家"的完税记录，在"完粮登号"中记录的是黄氏在一个"户"中所应承担的赋税。

这些记录可以清楚地反映出普通平民家庭在完成赋税时的真实情况，也能看到平民的小"家"与国家和朝廷征收赋税的"户"之间的区别与关系。有时账册中逐日记录与"完粮登号"中对应的金额略有出入，推测应是白银的成色不同，因出平或申色所带来的差异。

二 对研究清代家庭经济史具有重要的史料价值

1. 我们说黄氏《家用收支账》对研究清代家庭经济史是有重要的史料价值正在于《家用收支账》的记录者及其家庭的主要成员，在这一期间，即雍正四年至乾隆十三年，都没有机会进入清代社会政治序列，在黄氏日常的社会生产和生活中没有任何政治上的、经济上的、法律上的特权。因此，对黄氏《家用收支账》记录者的家庭定位应该是清代徽州休宁地区的平民家庭。该地区很有代表性，徽州地区地处内陆，相比沿海地区、边疆省份所具有的区域社会的特殊性，徽州地区更能代表清代众多省份的社会发展和经济生活状况，虽历经明清易代，以及康熙朝平定"三藩之乱"、收复台湾等战事，休宁地区所受冲击较小，该地区的经济结构和经济发展相对稳定。因此，黄氏《家用收支账》的记录者的生活状态、家庭收入、家庭消费和支出状况更能代表清代平民家庭的生活实态。例如，在所发现账册的最早记载中：

雍正四年

八月	0.08	藤丝一斤
	0.06	蜜枣一斤
	0.28	锡匠打粗茶具
	0.18	籴豆一脚斗
八月初十	0.1	贺吴尔俊丈六旬
	0.06	买火酒两壶
八月十一	0.2	寄候姐氏
	0.08	乌旻中秋盒脚

这些记录中有日常消费，也有人情往来，反映了雍正四年八月一个平民家庭生活的真实状态。前面日期是事项发生日，中间的数字代表金额，以第一条记录为例，"0.08"代表白银八分，后面是项目和数量。账本中以后的记录虽然内容不完全相同，但格式基本相同。在连续23年的记录后，这三本账册最后的记载是乾隆十三年十二月二十九日的日常收支：

廿九　0.4　　还母前收亥四斤半系贺珠帘旦升叔孺人寿盒用
　　　0.03　　还三寿凫溪口前代垫买亥送石坑
　　　0.222　虎叔盐鲜鱼四斤
　　　0.02【付过一钱】　　找李晟砍舟水坑长云弯火烧树两□
收德元弟还三月借银本利拾叁两贰钱伍分【共本二十两，计九个

月该利三两六钱】

    0.565 申还德元弟银色

收柱叔付丹水坑长弯木价银贰两零肆分 又出平捌分

    0.18 李三孙种六亩每田去年爬沙三工

    1.16 加付吴锦文

收紫垣祠给县府院试誊资壹两

    2.28 配付碧众

此银缘去年修理祠屋成德该还志章银系我手收入碧账支用，本家应配出一半因循未支今记于此

    0.8 又付碧众

此宗系为一百六十一号朱力坑口里屋地，因历来讹错今届新佥与家荣叔争执，志章备酌阅之于乡约册里图正计费八钱，本家应配出入众收俊瞻叔买酒银壹钱。收母会买福能弟糖银壹钱伍分

    0.59 代侄零用

    1.24 大阳为五德死借

    0.082【外代买瓦八钱五分入】   代碧众用

这一天因为是年底，收支事项比较多，既有收回的借款、卖木材的收入、宗族间的银钱往来，也有为生产、生活产生的支出和了结纠纷产生的费用。没有修饰，没有涂改，这就是清代乾隆年间休宁地区一个普通百姓人生中平常的一天。这样的一天又一天累积起来，无疑为我们探寻清代社会面貌提供了一个新的视角。

2. 黄氏《家用收支账》持续时间长，前后长达23年没间断，并且是用数字语言记录的家庭日常收支情况。在每笔发生额后，都注明了收支事项，通过简单的文字描述，透露出更多的清代平民的日常生活信息，准确性更高。长时间的持续性的记录，有利于对该黄氏家庭的经济状况有比较清晰的认识，有利于对其家庭收支状况的研究与比较。

3. 该账目主人的家庭结构相对稳定。例如：

  雍正五年二月初七 0.013 □□□【每丁派一分八厘本家并母
                  共七丁半】

乾隆十一年三月初七　0.08　鬼戏派该八丁　并母在内客地不算

乾隆十二年三月初九　0.07　鬼头戏派丁

乾隆十三年三月十二　0.12　众派人丁戏每丁二分　母志名下认

在23年的时间里，该黄氏主人的家庭结构处于动态的变化中，但是基本家庭框架不变。在《家用收支账》开始记录的雍正四年，户主父亲已逝，他与弟弟共同赡养母亲。户主自己的家庭结构是，有一妻、一侧室，有两子、四女。在以后的23年的人生过程中，户主经历了嫁女、生女、丧子、丧女、娶儿媳、得孙等一系列重大的人生变故，但是户主作为家庭的绝对权威的地位没有变，与其妻妾子女共同组成的家庭只在人数上发生增减，家庭主体结构没有大的变化。在户主多年的记录中，我们可以看到，他也曾经历过大的人生波折，比如重金失窃、身患重病、丧子之痛、投资失败等灾难，但是，在户主精明的筹划和安排中，带领他的家庭渡过一个又一个的难关，在二十多年的社会变迁中，小心谨慎地维持家庭生计，在家庭收入与支出间寻找平衡，使其家庭保持完整，使其家族得以延续。

4. 该账目体现出丰富的社会交往和家庭生活内容。社会交往和家庭生活都离不开经济活动，因此，透过该《家用收支账》记录的家庭支出事项，我们可以看到户主所构建的经济网络和社会空间。例如：

乾隆十一年二月部分记录

初一　0.54　三寿往石坑候芳远亲家丧二令嗣便伞占米五十九筒

初三　0.03　岳父长逝讣力

十三　0.03　土坑脚

十五　1.21　定做白绫祭轴

　　　0.24　芳远翁以予归来候盒力

十八　1.83　找做祭轴并买五兽盆花

　　　0.1　买糕两包带送朱其相表叔

廿二　2.4　折猪羊奠亦明亲家

在这些记录中，"土坑""石坑"代表居住在此地的亲人。我们可以看到在不到一个月的时间里，亲朋之间、姻亲之间往来事项频繁。如果时值

201

节日，礼节拜访、相互问候会更多。通过这些经济往来，户主黄氏的社会交往和家庭生活都可有所反映。

5. 黄氏《家用收支账》中清晰持续的物价记录。清代是中国历史上最后一个封建王朝，同时奠定了中国版图辽阔的多民族统一国家的基础。国家政治统一，政权巩固，有利于社会经济的发展和进步。清代前期社会经济在农业、手工业、市场一体化、雇工制度等方面都取得了重大发展。而物价是衡量经济发展水平的一个关键的指标，在以往的研究中，有很多学者关注这一领域，取得了比较有价值的研究成果。日本学者岸本美绪在《清代中国的物价与经济波动》①这本书的第一篇中对清代物价史的研究现状进行梳理，作者认为与传统的西欧物价史和快速发展的日本物价史研究相比，中国物价史的研究还远远不够。同样以乾隆十一年二月部分记载为例：

初三	0.24	丑六斤
初四	0.05	睦买果金
	0.12	柏青鞋面布
初五	1.6	锦文兄猪朴一口
	0.104	往牌楼下接李时燠兄轿夫路费
十三	1.425	瑄仍手买株木柱
	0.25	付有成轿工
	0.2	付旺贵轿工
	1.16	付怀孙官籴占米
	2.31	买维贤兄猪朴
十五	0.76	付溪口绍隆店货
	1.21	定做白绫祭轴
	1.17	买豆油
	0.5	盐卅七斤半
	0.06	水果
	0.04	馆中买生药烟

① 〔日〕岸本美绪：《清代中国的物价与经济波动》，社会科学文献出版社，2010。

十六	0.2	索面五斤半
十七	1.45	又付怀孙官糯米
	0.145	买铁钉
十八	0.16	往溪口转当金街轿夫路费
	1.56	找绍隆店货
	0.18	芝麻饼乳饼
	0.4	水纱布一疋找果金十四子
	0.09	大瓜子两升半
	0.76	已德出碜溪买肉九斤十两

十几天的日常消费，内容包括吃、穿、行多个方面，仅就吃的方面就有日常生活必需品米、面、油、盐，也有猪肉、水果、芝麻饼乳饼和瓜子等，价格详细，计量准确，与前后年份可以参考、对比。整个三本《家用收支账》所反映的物价内容更是丰富多彩。

    目前，对传统经济时代普通民众日常经济生活的量化研究，都仅仅处于起步阶段，相关史料的缺失是此方面研究进行深化的最大障碍。要进行量化研究，不但要求史料是有代表性的，还需要是用数字语言记录的居民日常生活状况，更重要的是具有一定的连续性和数量，分散的、零碎的资料是无法支撑该项研究的。现在近代经济史有关此方面的研究，使用的多是民国时期的农村调查。更早的徽州档案文书资料中，能够发现符合此要求的三册《家用收支账》真是非常幸运的事情，普通居民为家庭的日常生活与消费做详细的记录，而且不是短时间的，能够坚持23年，这长达23年的家庭经济收支账（1726～1748），走过280余年的岁月，历经政权更替，社会变迁，躲过战火，免于虫蛀，大部分能够完整地保存下来，这真是一个奇迹。该三册《家用收支账》没有开始也没有结尾，可能它们只是户主一生记录账册中的一部分，其他年份的账册，还有待确认。

    休宁黄氏《家用收支账》为我们提供了第一手的珍贵材料，在清代历史二百多年的纵向发展中，它为我们提取了一个23年的横截面，就像一个历史的切片，通过我们的研究，在显微镜下将其放大，再现当时历史的真实画面，反映了一个清代内陆农村地主兼商人家庭23年的生活变迁。将该账目作为研究资料很有代表意义，在该账目中详细地记录了这个家庭的各项收入和支出,其中包括家庭结构变化、礼俗、教育、消费和婚丧嫁娶等各项活动,为清代经济史、家庭史的研究,尤其是在家庭经济的研究方面提供了一个新的视角,从下往上,从点到面,从基层百姓的生活到国家的经济运行,引起我们更深的思考。

结　语

在中国经济史几千年的发展过程中,有学者认为"清代社会经济是中国封建经济发展的高峰"[①],尤其是历史上著名的"康乾盛世"。休宁黄氏《家用收支账》所记录的从雍正四年至乾隆十三年的时间段正好是"康乾盛世"中承前启后的重要阶段。在以往的清代经济史研究中,多是从国家的高度、财政经济政策的运行情况来探讨清代经济的发展与特点以及它所具有的影响和地位。使用黄氏《家用收支账》进行研究的视角,由社会精英转向普通百姓,将普通民众的乡村生活展现在历史的舞台上,历史不仅是帝王将相的历史,也是平民百姓的历史。黄氏《家用收支账》所具有的特点和代表性,使它在清代经济史的研究中具有重要的文献价值。

(作者单位:中国社会科学院)

---

① 方行:《中国经济通史》清代卷(上),经济出版社,2007,第1页。

京郊怀柔芦庄明清碑刻考察记

杨海英

摘　要：本文为田野考察报告。北京郊区怀柔芦庄的几通明清碑刻，其主人分别为明代的怀宁侯孙镗与清代范文程的次子范承谟、三子范承勋。文章通过考察这几通碑文及其相关背景资料，探讨了明清易代在这块土地上的具体表现以及明清历史断裂与重塑过程中值得关注的一些现象。

关键词：怀宁侯　孙镗　范承谟　范承勋　康熙御书　芦庄碑刻

2014 年 8 月 4 日至 6 日，中国社会科学院历史研究所的全体同仁到北京郊区怀柔开展主题党日及考核活动。5 日在参观怀柔镇先进村芦庄这个北京市首批"市级民俗旅游接待村"时，得知该村尚存一些明清碑刻。于是，我们几位同仁包括贺晓燕、庄小霞在内，在村支部书记的指引下，找到了这些碑刻。在书记家院前一个小亭子后的几棵松树下，我们见到了一堆叠在一起的石碑：二大三小，还有一小块半截碑，上面盖着石棉瓦。取去石棉瓦后，书记与几位工人一起将三块小碑（长近 100 厘米、宽 50 厘米、厚 15~20 厘米，因为没带量尺，据目测估计）抬开后，先用小笤帚扫去碑面的尘土（见图 1、图 2），又拉

图 1

图 2

来水管冲洗了一番。洗去浮尘之后，碑刻上的铭文清晰地显露出来了。当时大致能看出确是明清旧碑，但具体内容尚需仔细识读。因天色渐晚，我们约定第二天早上再去摄影，取得图片后慢慢识读。第二天早晨6点，细致的小霞已准备好毛巾与水，先带相机前往拍摄了。本文所用图片均为这次考察所摄，小霞贡献甚多。回所后，经比对文献资料与照片碑刻铭文，可以断定这几块碑中，2块大碑是明碑，3块小碑是清碑。

一　芦庄明碑

（1）孙镗神道碑。较长的残缺明碑即是，残留部分可识读出碑文左部题为"特进光禄大夫柱国怀宁侯追封涞国公谥武敏孙公神道碑□□大夫、太子少保兼吏部尚书、文渊阁大学士知制诰兼国史总裁同知经筵事安成彭时撰，太常寺卿直文渊阁经筵国史官南郡余谦书，进士出身资政大夫工部尚书广阳王复篆"等字样，可见这是一通成化年间的怀宁侯孙镗的神道碑（见图3）。作者彭时是正统十三年的状元，字纯道，号可齐，江西安福人。

铭文有"□世为山西大同府动胜州人，父讳林，积战功累官怀远将军，留守前卫指挥同知。母刘氏。永乐二十年壬寅三月，公承父职，调济阳卫。遇北虏，公即从行至哈剌海却虏而还。明年，击虏于天城、阳和。又明年，击虏于三岔口东路，咸奋勇先驱。是秋，从永顺侯征哨兴和，多效劳绩。宣德丙午从□□阳武侯护饷开平至四顶山，遇虏与战，败之，获羊马辎重。戊申，领哨骑出口，至会州，击杀虏寇，又获马牛羊还，俱蒙赏赉。正统丙辰，总兵官成国公朱勇选□为□命□武艺、善骑射者于武学读书，公其一也。甲子，襄城伯李隆荐公弓马熟闲会官试验，连中五矢，升署指挥使。已巳，升都指挥佥事充左参将，往征浙江叛……射凶渠号庄大王者毙之，余悉奔溃，死者数多。温州复以贼告，公追至乌龙岭，一鼓破之。已而贼首杨希陶、得二思拥众迎敌，公督兵奋击，斩首……以拒官军。公复先登陷阵，擒斩二百余人，前后获旗鼓枪刀并他器械无算。是年八月，北虏寇边，京师戒严，乃驿招公还。既至，论平浙贼功升左军都……十月，也先领众……武臣闻者，惴恐失色，惟公胆气自若，有问以能御虏否？对曰与我精兵数万，当生系也先。门下众咸壮之，于是廷议升公右都督充总兵……"

图3

（2）谕祭孙镗碑。稍短的另一块明碑，则为孙镗谕祭碑。虽有残缺，但剩余部分的字迹清晰可辨，字体阔大方正，楷书秀（见图4、图5）。大致内容是有关成化七年（1471年）遣礼部尚书谕祭涞国公怀宁侯孙镗之事。

孙镗，《明宪宗实录》有传："字镇远，其先东胜州人，永乐中袭父林职指挥同知。太宗亲征迤北，镗在军中。正统中，成国公朱勇荐其才，升署指挥使，久之，迁都指挥佥事充左参将，征处州，至金华与贼接战，射杀首恶伪杜大王，余党悉平。已复有贼万余人，聚乌龙岭，镗复进击败之，用是升都督佥事，分统京营兵马，带刀侍卫。己巳，北虏犯京师，升右都督，将兵击虏。初战于黑山，再战于西直门外，既而追虏，战于涿州深沟，虏遁出境而还。景泰三年，充副总兵，镇守大同，明年召还。天顺元年，冒迎复功，封怀宁伯，掌府军前卫事。五年，受诏西征，师行，会曹钦之乱，镗以所领兵击捕之，其子軏为贼斫死，论功，进侯爵，赐诰券，子孙世袭。寻总神机营军事，罢而复用。八年，太监牛玉以罪废，科道因言镗与玉有连，并数其贪黩状，劾罢之。成化二年，复用所停之禄，

图4

图5

奉朝请，至是卒，年八十。讣闻上辍朝一日，追封涞国公，谥武敏，赐祭

葬如例。镗长身面黑，起自偏裨，致位大将，己巳之变，一时宿将多没，镗崛起，奋勇进战，颇着劳勚。曹钦反时，夜已二鼓矣，镗在朝房，得报，仓卒驰赴宣武街，遣所亲号召西征将士之候门者，给曰，刑部囚反狱，获者大三级升赏。众聚至千余人，黎明始语以钦反，率之东行。钦闻自长安门退至东安门，又自东安门退至其家。领达兵迎敌，至晡，钦破灭，镗临机应变有如此者。后论南城迎复封爵者一切削去，独镗以平钦功及軏死于难，得世袭云。"①

以《明实录》对照神道碑铭，可知《明实录》所谓的"射杀首恶伪杜大王"当为"庄大王"之讹，其母为刘氏及以成国公朱勇荐入武学读书、襄城伯李隆荐其骑马射箭武艺高强得升署指挥使等情况，均有补于史事。《明史》亦有表、传文："怀宁侯孙镗，天顺元年正月己丑封怀宁伯；五年七月进封侯，世袭；成化七年正月丁亥卒，追封涞国公，谥武毅。"②

有关孙镗的事迹，其他明史官私著作中亦多有记载，但基本细节无出神道碑右者。

如焦竑所编《鸿猷录》之《孙镗传》："孙镗，东胜州人，永乐二十年，嗣父指挥同知，从出塞征胡功，再升都指挥佥事。正统十四年，充左参将，捕处州贼功，升督府佥事。战也先都城，先登有功。景泰元年，荐都指挥李奇、杨洪，劾其徇私下御史狱。武清侯石亨、刑部右侍郎江渊荐镗勇敢，得释。已而为大同副总兵，与郭登不协，时忿争，乞罢兵柄，不许。四年，请尽统精兵出塞袭虏，勑止。镗以夺门功，封怀宁伯，明年与世劵。五年，充陕西总兵，与兵部尚书马昂出御虏，期七月二日出师，先一日夜初，指挥马亮走告镗，曹钦反，谋先杀镗及昂，夺其军，攻皇城。镗披衣起，急草奏，呼长安左门阍人曰：与尔奏，疾造上前告急，变稽迟，军法，且斩。又走右门，亦如之。内廷始得集兵，缚吉祥，镗微服至太平侯张瑾家，议讨贼。贼已呼噪四出，劫杀文武大臣。上出密帖，隙中令百户杨能至瑾家，伺镗云：'何能报？'镗誓杀此贼。上喜，手勑镗父子'为朕用心灭贼'。贼攻长安右门，不得入，走攻左门，又不得入。钦兄弟率胡兵直趋东安门发火力攻，上又勑镗：'贼犯阙急，镗等努力杀贼。'俄

---

① 《明宪宗实录》卷87，成化七年春正月甲戌，戊子等条。
② 《明史》卷107，《表》八；卷173，《列传》第六十一。

又勑镗、昂：尽统各营兵杀贼。镗子辅、子軏追贼至东市，大战，軏奋力入阵砍钦两臂伤，贼并力围軏，攒枪杀軏。镗急调神砲，与诸营兵夹攻，钦伤，遁归家，投井中。并其党尽擒伏诛。进封侯，食禄千三百石，与世券。成化改元，尽革夺门，镗亦在革中。上曰：'镗有劳于国，老且无恙，可食禄，奉朝请。'七年卒，赠涞国公，谥武敏，子辅乞嗣，上曰：'镗伯以夺门功封，然灭曹贼，功大，辅可嗣。'侯卒，子应爵嗣。侯卒，子瑛嗣；侯卒，无子。弟嗣，卒，子秉元嗣；卒，子世忠嗣。"① 文中增加了怀宁侯爵位数代传承的情况。②

郑汝璧《皇明功臣封爵考》记载怀宁侯传承情况最为详细：

《怀宁侯·孙镗》："山西大同府东胜州人，永乐二十年袭父孙林指挥同知。节次，随驾迤北，征进有功，升都指挥佥事。正统十四年，充参将，统军浙江处州等处，杀贼有功，升都督佥事。本年十月，升右都督充总兵官，统军杀退虏酋也先贼众。天顺元年正月二十四日，封怀宁伯，授奉天翊卫宣力武臣特进荣禄大夫柱国，食禄一千一百石，本身免一死，给授诰券。本年十一月初四日，节奉勑怀宁伯孙镗有翊戴之功，而赏爵未称，与子孙世袭，钦此。复给世袭诰券，三代一体追封。天顺五年六月内，充总兵官，统领官军，前往陕西杀贼，起程间有曹钦等谋反，孙镗亲领官军剿灭前贼，京师奠安。本年七月二十日，奉勑怀宁伯孙镗能首先奋勇，率兵剿杀反贼，忠义可嘉，特进封怀宁侯，加禄米二百石，给与诰券，封号勋阶如旧。当即钦奉圣旨，孙镗与世袭侯爵，钦此。三代一体追封，有诰券。天顺八年八月内，为纠劾事闲住。成化元年六月十二日，该兵部题奉圣旨：'今后但系天顺元年迎驾升官级的，都不准世袭。已袭的，便革了，钦此。'成化二年正月内，本爵陈情，奏奉钦依：'孙镗曾效勤劳，与他一半禄米养老。'本年十二月内，本爵又奏，奉钦依'孙镗委曾

---

① 焦竑：《国朝献徵录》卷7，《侯》一《世封》，《怀宁侯孙镗传》第1册，上海书店，第259~260页。
② 焦竑另有《皇明人物要考》卷2载："怀宁侯孙镗，山西大同人。天顺元年，为左都督，总京营。以迎驾功，封奉天翊卫推诚宣力武臣特进荣禄大夫柱国怀宁伯，以有边功，不夺。五年，以捕反者曹钦功，进封禄一千三百石，世袭。成化七年薨，子辅嗣；十六年薨，子瑛嗣；嘉靖十八年薨，弟嗣；二十二年薨，子秉光嗣；三十七年薨，子世忠嗣。"万历三衢舒承溪刻本。王世贞《弇山堂别集》卷38同。

效劳，今虽年老，无恙，还着他随朝支原禄。'成化七年正月内病故，追赠涞国公，谥武敏。长男（孙辅）奏袭，本部通查前情，于本年五月十七日题，奉圣旨：孙镗后来既有剿灭反贼的功，准他男承袭侯爵，钦此。成化十六年二月内病故，本年十二月内，伊男（孙泰）奏袭，本部题，奉钦依：孙泰准袭侯爵，钦此。弘治十四年十月初五日，病故，该伊嫡长男（孙应爵）奏要袭伊父祖侯爵。弘治十五年二月二十五日，该本部题奉圣旨：孙应爵准袭侯爵，钦此。正德十二年六月内病故，该伊庶长男（孙瑛）奏要袭爵。正德十二年十二月十三日。该本部题奉圣旨：是孙瑛准袭侯爵，钦此。嘉靖十八年五月内，孙瑛病故，绝嗣。伊亲弟（孙瑁）袭。本年十一月二十三日，该本部具题，奉圣旨：孙瑁准袭侯爵，钦此。嘉靖二十二年八月二十六日，病故。伊嫡长男（孙秉元）奏袭，嘉靖二十三年四月初八日，该本部具题，奉圣旨：孙秉元准袭侯爵，钦此。嘉靖三十七年十月十六日，病故，伊嫡长男（孙世忠）奏袭。嘉靖三十八年三月二十二日，本部具题，奉圣旨：孙世忠准袭祖爵，钦此。"

《怀宁侯孙镗传》："孙镗东胜州人，永乐二十年，嗣父指挥同知，从出塞征胡功，再升都指挥佥事。正统十四年，充左参将，捕处州贼功，升督府佥事。战也先都城，先登有功，景泰元年，荐都指挥李奇、杨洪劾其狥私，下御史狱。武清侯石亨、刑部右侍郎江渊荐镗勇敢，得释。已而为大同副总兵，与郭登不恊，时忿争，乞罢兵柄，不许。四年。请尽统精兵出塞袭虏，勑止。镗以夺门功，封怀宁伯，明年与世券。五年，充陕西总兵，与兵部尚书马昂出御虏，期七月二日出师，先一日，夜初，指挥马亮走告镗，曹钦反，谋先杀镗及昂，夺其军攻皇城。镗披衣起，急草奏，呼长安左门阍人曰：与尔奏，疾造上前告急变，稽迟军法且斩。又走右门，亦如之。内廷始得集兵缚吉祥。镗微服至太平侯张瑾家，议讨贼。贼已呼噪四出，劫杀文武大臣。上出密帖隙中，令百户杨能至瑾家，伺镗云：'何能报？'镗誓杀此贼，上喜，手勑镗父子'为朕用心？贼'。贼攻长安右门，不得入，走攻左门，又不得入。钦兄弟率胡兵直趋东安门，发火力攻，上又勑镗：'贼犯阙急，镗等努力杀贼。'俄又勑镗、昂尽统各营兵杀贼。镗子辅、子轨追贼至东市大战，轨奋力入阵砍钦，两臂伤，贼并力围轨，攒枪杀轨。镗急调神砲与诸营兵夹攻，钦伤，遁归家，投井中，并其党尽擒伏诛。进封侯，食禄千三百石，与世券。成化改元，尽革夺门，镗

211

亦在革中。上曰：'镗有劳于国，老且无恙，可食禄，奉朝请。'七年卒，赠涞国公，谥武敏。子辅乞嗣，上曰：'镗伯以夺门功封，然灭曹贼，功大，辅可嗣。'侯卒，子应爵嗣；侯卒，子瑛嗣；侯卒，无子，弟珝嗣；卒，子秉元嗣；卒，子世忠嗣。"①

另外，利用网络搜索刘俊文总纂的《中国基本古籍库》可以搜索到与"孙镗"相关的文献，如陈建《皇明通纪法传全录》、《皇明通纪集要》、陈九德《皇明名臣经济录》、陈仁锡《无梦园初集》、陈懿典《陈学士先生初集》、陈元素《古今名将传》、陈子龙《明经世文编》、程开祜《筹辽硕画》、程敏政《明文衡》、邓元锡《皇明书》、方孔炤《全边略记》、高岱《鸿猷录》、郭良翰《明谥纪汇编》、过庭训《本朝分省人物考》、何乔远《名山藏》、黄光升《昭代典则》、黄景昉《国史唯疑》、黄训《名臣经济录》、焦竑《熙朝名臣实录》、《国朝献征录》、《皇明人物要考》、雷礼《国朝列卿纪》、《皇明大政纪》、李贤《天顺日录》、李贽《续藏书》、沈国元《皇明从信录》、孙高亮《于少保萃忠传》、唐鹤征《皇明辅世编》、涂山《明政统宗》、万表《皇明经济文录》、王圻《续文献通考》、王世贞《弇州山人四部续稿》、《弇州四部稿》、《弇州史料》、《弇山堂别集》、项笃寿《今献备遗》、徐昌治《昭代芳摹》、徐咸《皇明名臣言行录》、徐学聚《国朝典汇》、薛应旂《宪章录》、颜季亨《国朝武功纪胜通考》、严从简《殊域周咨录》、尹守衡《皇明史窃》、叶盛《叶文庄公奏议》、叶向高《苍霞草》、于谦《忠肃集》、张铨《国史纪闻》、张萱《西园闻见录》、郑汝璧《皇明功臣封爵考》、郑晓《吾学编》等明代官私文献都提到孙镗其人或有他的专传，但未见有其《神道碑铭》的记录，故此二块残碑亦有助于明代文献的拾遗补阙。结合碑刻材料及《明实录》等文献资料记载，我们可以看到：黑面长身、出身偏裨的孙镗，从明中叶天顺年间起，靠运气与决断获得了晋升的机会，并在付出一个儿子的生命代价后，取得了怀宁侯的爵位。此爵袭替十余次后，一直传承到明末，可称为名副其实的与国同休的贵族之家。

这两通孙镗碑的背面似乎还有文字，只因太重，不能靠我们的力量移动，只能存疑。若将来能将碑石竖立或架起，那么疑问即可迎刃而解。

---

① 郑汝璧：《皇明功臣封爵考》卷5，明万历刻本。

二　芦庄清碑

三块较小的清碑则分别来自两通不同碑文。其中二块稍薄的汉白玉碑上铭文，为清张廷玉所撰《兵部尚书眉山公神道碑铭》①，眉山公为清初名臣范文程三子范承勋；另一块更厚重的青石碑则为康熙谕祭范承谟碑文②，范承谟为范文程的第二个儿子。

1. 范承勋神道碑之一。

其缺右上角，左上角有一长条形水泥糨糊，左下角亦有残泐，影响数字识读。碑面画有横竖四方格子，文字竖读，每列11字，共24列，计碑刻264字，难以识读或模糊不清的字用□表示，识读如次（全碑样貌见图6）：

图6

【前缺】出□翰林院编修金□王澍并篆额（《清代碑传全集》所载张廷玉所撰碑文自"国家"开始）国家恭膺乾命，统御海寓。武克文洽，喆彦响臻，时则有若大学士太傅范文肃公，叶契风云，经纶雷雨□□□□太祖高皇帝肇辽阳，三岔西平，广宁之烈，实鹰行营。太宗文皇帝廓潘家、马兰，三屯马栏，大安之图，实参幕幄。爰乃扼长山，下云从江华，受琛兀苏颁律以暨决策，署橄时乘大都，收图籍，厘赋式，大经大法，实克光弼世祖章皇帝之丕基显

---

① 钱仪吉：《清代碑传全集》卷19，上海古籍出版社，1987，第131~132页。
② 参范承谟《范忠贞集》卷1，《谕祭文》，清文渊阁四库全书本第1314册，上海古籍出版社，1989，第2~4页。

213

祚而为一代宗臣。今上皇帝运隆下域，克剪三叛。时则有若福建总督范忠贞公，折逆焰，抵凶锋，慷慨徇义，光日月而炳春秋，袭休衍庆绍，融前业言信于上，功在于民。乃复纪于兵部尚书光禄公。公讳承勋，字苏公，宋参知政事范文正公二（句读为笔者所加）

2. 范承勋神道碑之二。

其左上角有大块铁锈污渍，中间尚有一出细长锈斑，影响到两个字的识读，形制相同亦有四方格子，竖读，每列 13 字，共 31 列，计碑刻 403 字，实 387 字，不可识读 10 余字，多集中在碑面左上角（见图 7）。

图 7

十世孙文肃公，讳文程之叔子，而忠贞公讳承谟之弟也。高祖明兵部尚书鏓、曾祖沈阳卫指挥同知沈、祖楠皆赠如文肃公官母金氏，诰封一品太夫人。公少修整有沈识，文肃公心器之。康熙纪元恩延世臣，三年用荫补工部都水司员外郎，改屯田；五年遭文肃公丧，服除，迁刑部湖广司三品郎中，改山东，详谳十载，惟十六年，授都察院监察御史，巡西城，旋掌江南道，协理河南道事。尝以山东饥潦，请赈救缓征，又请廉慈吏诖误革职，偕降调官题留，地震求言，请宽风闻处分，听京官三品以上条陈。又请时赐京官对饬章疏蔓辞，一时叹识要体。当是时，闽海底平，忠贞公以节徇，滇黔亦寖平，而川东谭弘复叛。公伯兄都统公尝镇襄樊，以遏金房。十九年，诏由

|虎牙|镇重庆。公改吏部郎中，护劲旅往会讨。而都统卒于师，公泣治|含|敛以行。寻命驻|夷陵|，转楚馕入蜀。弘死，又命监|镇|安将军|嘎|尔汉军，督滇饷出归巫，抵夔门，达重庆。

从这两碑的形制看，每行字数有 11、13 之别，列数也有 31、24 列之差。因有抬头格式，因此每碑所刻字数不一。据《清代碑传全集》所载张廷玉撰《兵部尚书眉山公神道碑铭》查对统计，除以上二碑文字外，完整的范承勋《神道碑》尚有 2543 字铭文未见碑刻实物。因此，据现有残碑形制、样式推断，该神道碑铭的文字，至少还需要相同形制的石碑七八块或八九块才能载毕。也就是说，这两块残缺或锈迹斑斑的石碑，还只是原套范承勋完整《神道碑铭》的五分之一或六分之一。

范承勋《神道碑铭》后续文字如下：

……自泸至永宁，得裹四十日粮，别谕赤水白岩诸土舍输椒麦。又檄载黔饷，设法采买储秋阁。而滇围始合，师饱以有功，公劳居多。比还，改文选司，推崇文门税；旋擢内阁学士，坐汉班，批红本。二十四年以副都御史巡抚广西，时计销滕军兴粮，部议九府折征粮凡二十万石，赢储省仓。需粮提镇诸军多驻柳南等郡，转输非便，且销急岁俭，尤难采买。公酌情桂平二府本折各半，柳属之宾州处万山全折，余乃征本色，民大称便。又请蠲容郁藤贺十州县陷贼，无征沦失银米，檄修兴安泰灵渠，复唐斗门，为全粤永利。逾年为兵部左侍郎总督云贵。当是时滇黔凋敝未起，公至则首除百姓摊买军饷，覆斥卖藩庄，价省冒冒民间十余万数。又以滇屯赋十倍民田，赡尺籍四万余人之十七科征。时用军法，逃责偿九家。公裁大理等六卫、杨林等五所归州县。除均偿令；请蠲七年积欠银米，民始苏。公勤练军，实御奕尤善嶍峨蒙新诸州县，苦鲁奎山野贼剽掠，而杨宗周、普为善、李尚义三猓尤骁黠，为之渠，卫官军无敢孰何。公设策，降其目丁，口隘数十砦，蔑著，弑鲁姐，党渠阿所隶蜀部㦱江州汛弁赂协将为掩匿，事闻例勘。复窜东川。公遣部将渡直勒，胁土舍缚之伏法。贿将亦论如律。后尚义为善复出掠，公就用宗周导将入敚丛隘，尚义

215

自刭，为善遂就擒。猓自是讫，公去无敢复为虐者。公事无淹，思动中肯，窃伪标起发，核认二弁诈及平民。民恇扰，公杖撤弁，疏言标人多土著，愿留编农伍勿辞，诏可。罗香呼长子孙保坟墓惟公赐者万计。滇饷例给银，时壅鼓铸于钱佐银之三，众不便。乃密请停鼓铸，复往例。会其夏楚兵哗，伍多稠语。公亟合省僚宴多设方略，阴侦之。秋七月十六日夜，援剿左协营哗，寻鱼飞檄扼平彝、交水，走黔趋楚道二十日夕会城约三更掠库，乃潜督丽谯，率二更达曙。贼裏甲以待，已掩获其首，夜未既，以次就缚。所引千数而伪标无一应者。公斩渠魁十三人，置其余无所问。是时官僚如画戟门两牙旗飘扬云际，百姓手额望者隐隐闻笳鼓声。曰公能保我矣。无何，寻甸噪兵，果直檄堵交水兵而败，又缚辟八人，事遂定。上大喜，赐敕嘉劳并允给银。又奏请预协饷，咨功加弁勿停用，劾罢贪渎提臣某两迤帖席，公雅复形胜，隶滇移右协罗平，以控黔之木窨关、马尾笼、粤之安龙峒而递移广罗协广西，以扼特磨邕管之道尚义平，复移新嶍营新平而汛。诸沟隘及蒙番开市，自请巡视金沙江，定市场江北之木弩湾，奏免丽江失地赋，俾守所隶宝山巨津等蕃汛以自振。撤云龙州暨桥后沙溪弥沙浪汛以实剑川之拖枝、树苗、工江三汛，复北胜直隶布政司，以壮澜沧卫。而升永北协为镇使，刺次和瓦鲁之革甸、香罗，深土互守，营制大定。他若护松华壩、画昆阳海口工、拓镇远、偏桥、达滇道、筑云南东北瓮城，纂滇志，改昆明学，祀王忠文、吴忠节、杨文宪，滇黔治象一新。暨三十二年冬陛见，复奏六事。先是黔抚卫既齐坐发兵捕黎平苗，戍奉天，至是公六事有言骄苗渐不可长，上寤还既齐北，更岁旋署而拜都察院左都御史之命矣。盖隶云贵凡九年，是秋复命，总督江南江西，公再请陛见，言吴赋重，请如夏税秋粮例，六月开征。又江西民输漕兑费贴官运水次号脚耗，后附全书误用支给字而漕臣题编正项并追征支给银米累万积欠无白者。公卒白上请蠲。上绌部议从之。尝悯接征官辄挂初参例调斥，请改降级留任而以续完数为差；请捐积谷槖三存七；请苏属安属之五州县析年征迪，又请南米俟秋征而先拨支驻防营粮弁贮十万石，会城以应俭岁。三十五年，黄淮湖溢，淮、扬、徐、泗州县所在受灾，乃亟请发捐积米贮会城米。又题借京口留漕凤仓，贮麦凡九十三万石有奇，全活无算。且请蠲常赋报可。公以世肆经学，文肃公尝主顺治丙戌、丁亥、己丑会试，雅意人才，而江南万八千余人试于乡，财中式六十三，请广解额半，获允三之二。公又新江南学，季课江南、江西士，奖激尤恳。公雅复河渠，始隶任会勘震泽水道、吴淞口石匣、黄淮隘，又勘黄运堤堰口匣议皆核要。比去江南一年，尝治华家口运河堤，王家渡距大壩延八百丈，塞决口埽辄陷。村老言下有怪物，公祷驱之。以一日塞，又一年复，隶修高、堰、固、周、桥六壩以限汜光、白马诸湖，疏引河于陶庄匣，立束水坝以导黄，环清口而东，至今赖之。公隶两江四年，以金太夫人忧去。公去滇时，滇民泣送，有绘公像而归者；江南立石崇祀埒滇，而西江士大夫至比之周公之惠东人焉。盖脚耗一请，实煦白骨而肉之也。三十八年，晋兵部尚书。是时噶尔旦陆梁，王师霆埽，公本兵五年飚敛尘偃。坐曹肃然若无事，而屯戍斥候士马粮械，不俟案琐而自办。四十三年以疾乞休。上方倚枢莞慰留，疏再上乃听致仕。公修文肃东皋别墅，营寿藏密云县之青甸筑庄。五十三年春疾剧，赐医，二月一日卒，年七十有四，赐祭葬如彝典。以明年秋八月二十二日葬于青甸之圹礼也。

公娶穆奇觉罗氏，赠一品夫人；继沈氏，封淑人；继赵氏，封一品夫人；子一时绎，镶黄旗佐领。公尝兼辖以致仕特赐袭。女三孙六。宏宾，官荫生；宏宗、宏定、宏喆、宏珏、宏宴。公少侍文肃公谨，手培金太夫人茔，以前山类峨眉，号眉山；他日植松九，别号九松。事都统忠贞，礼敬不替；友爱弟允公、彦公、德公尤笃；抚犹子今大司马暨宁镇皆屹为名臣。婡族有丧，贫不自给者，时有周恤。读书蕲经世，画放钟王米，书法尤工方丈字，有《四美堂诗文奏疏》若干卷。并职自郎署至尚书未尝获谴，阶自资德大夫晋光禄，又增级五。予告十年，享林泉寿考之乐。前后蒙被宠赐如冠服、珍馔、文绮、秘书、果醴、什器之类不可胜纪。督滇黔陛见，上书《左氏传世济其美》以赐。五十三年万寿，燕国老，顾公谕诸王是父兄，尝有大勋，乃手尊赐公饮。更荫一子，尚书员外郎。於戏！公际四十年，隆眷恩礼，朝无比者。然则丽声有碑，乐石有辞，岂道高平盛事谱义庄而缵庑祀哉。盖实详隶文肃、忠贞暨公，制严疆坊，中枢异日，史臣记载之掌故，以称圣天子笃念宗臣，褒崇劳旧之指，而光昭太祖、太宗、世祖之圣德神功于亿万祀也。

先文端公入翰林，实忠贞公教习士，稔闻世德，而廷玉编齐氓景徽烈神道之铭，义不得避。爰诺佐领君请撮其行业如右而系以铭。铭曰：真人龙兴，如雨而云。有作之辅，协道陶钧。爰及象嗣，同德勿贰。神武我皇，弼成王治。邀厥南台，一心启沃。臣忠甫摅，圣听先觉。奏章百上，不遗一言。主臣契合，古无有焉。惟粤之西，惟滇惟黔，壇圉孔固，惠泽溥宣，两江左右，地大物众。去害崇朝，利不停壅。机枢之秉，中外晏然。公钦帝德，帝曰汝贤。宗臣奕叶，为国屏蔽。文正忠宣，道光远裔。清溪之滨，密云之乡。穹碑宰树，于焉是藏。镌跌篆首，永昭万世。我铭匪夸，以告良史。

3. 康熙谕祭范承谟碑文①。

其刻于稍厚的青石碑上，形制与《范承勋神道碑》稍有不同。碑面无横竖格子，文字竖读，排列较为宽松，每列仅有7字，一石共刻15列，基本可完整识读。碑文如次：

致闉室幽囚，三年拘系，阻致其衣食，迫胁以甲兵。凶焰弥张，贞操愈劲。辛蹈白刃以作完人，慷慨从容兼有其美。兹者底定疆陲，申明命，讨罪人，斯得臣节，益昭倍深，轸悼之情，特厚饰终之礼，宠以隆秩，谥曰忠贞。呜呼！褒忠显善，帝王治世之大权；恩命叠颁，朕曷有私于尔？以……（全碑见图8）

图8

---

① 参范承谟《范忠贞集》卷1，《谕祭文》，《四库全书》第1314册，第2~4页。

这段文字，出自范承谟《范忠贞集》卷一《谕祭文》之《第二道》，是该祭文中间的一段。

完整的祭文还包括该碑文前的一段文字："维康熙二十年七月十七日，皇帝遣礼部左侍郎杨正中谕祭原任福建总督、加赠太子少保兵部尚书谥忠贞范承谟之灵曰：惟尔矢心报国，殉义忘身，甫莅岩疆，遽罹狂噬。疾风劲草，视一死以如归，烈焰纯钢，经百折而不挫，特加优恤以慰忠魂，再涤牲牢，式陈奄岁，灵而不昧，其钦承之，宸翰褒忠。原任福建总督加赠太子少保、兵部尚书谥忠贞范承谟碑文：朕惟朝廷简畀重臣，授以封疆之任。平时则竭诚殚力以靖厥职，猝逢事变，则有凛乎不可犯、确然不可夺之节。舍生取义，流光天壤，古所谓不二心之臣，如此而已。尔范承谟，名臣之子，奋迹甲科，入侍禁林，出典节钺，咸有声绩著于当官。洎闽疆莅镇之年，值狂竖盗兵之日，寇起门庭，祸生肘腋，智未及施，勇不暇展。而尔志耻幸生，义无苟免，奋身骂贼，誓不共天。遂……"

该碑还有一段后续文字，原文为："以培正气，以植人伦，庶使选懦之士，睹盛典而知兴；慕义之夫，闻休风而加劝。勒诸贞石，其永有誉于无穷哉。康熙二十一年四月二十六日立。先臣自罹闽变，毕命岩疆，皇上轸念孤忠，谥荫祭葬，优于典制。殁者存者，雨露均霑，罔不镂心刻骨矣。迩者载荷皇恩，焕发天章，制文洒翰，用表先臣幽隧，敕工镌勒，精采入神，鸿宝琬琰，辉煌斧扆。先臣更不朽于九原矣。又以御书墨本，命祕殿装潢，钤用御玺，赐给臣家，龙游凤翥之奇，远近恭瞻，忭舞交庆。窃念服官致命，固从来臣子所当爲，宸翰褒忠，实旷代君亲之异数。爰请恩给内工，别寿贞珉，垂诸奕叶，俾臣家长幼子孙一如先臣，捐糜顶踵，仰酬不世之殊遇于罔极尔。难荫生臣范时崇稽首敬述。"①

由此可知：完整的康熙御书范承谟《谕祭碑文》，若减去最后的范时崇自述，尚有478字，若再减去开头礼部左侍郎杨正中谕祭文文字，也还有346字。以一石百字的形制推测，这块康熙御书碑刻，也仅为全套碑刻的四分之一或五分之一。

该碑最为特别的是范家特请内工所制，也就是说石碑刻工出自内廷，是皇家御用的石匠所刻，而碑文的书法则为康熙亲笔御书。值得注意的

---

① 范承谟：《范忠贞集》卷1，《谕祭文》，《四库全书》第1314册，第2~4页。

是，这通《谕祭文》为第二道。在这通《谕祭文》之前，还有第一道《谕祭文》，时间仅早两天，内容共有230字，原文如次：

> 维康熙二十年七月十五日，皇帝遣礼部左侍郎杨正中谕祭原任福建总督加赠太子少保兵部尚书谥忠贞范承谟之灵曰：朕惟国家勋励臣工，凡扬历中外，克著名绩者，必被以厚终之典，矧处艰危而孤忠罔替，守义分而九死不渝，非示旌扬曷彰悯恤？尔范承谟禔躬恪慎，奉职勤劳，膺简任于北扉，俾旬宣于南服，惩贪厘弊，风裁可观。起瘝振贫，惠爱斯在。比闽疆之移镇，值逆孽之陆梁，筹略未施，变乱旋及。矢丹心于不屈，三载幽囚，蹈白刃以同归，阖门屠戮，惨酷斯极。奖慰宜优，是用赠以崇阶，锡之美谥。呜呼！捐躯授命，树臣节于一时，厚恤隆褒，昭国恩于奕祀，式将芬苾，尚克歆承。

从三天内康熙颁布两道谕旨的举动，可以窥见当时清廷欲大力表彰并塑造忠臣义士的急迫心情。康熙十五年，范承谟遇难之时，正是三藩与台湾明郑势力产生分裂、清廷开始打破与三藩的僵持对峙局面，逐步取得并扩大在西北及东南战场的主动权，逐渐形成了对三藩势力的政治、军事优势。当时福建耿藩的耿精忠欲接受康亲王杰书的招抚，作为知情人的福建总督范承谟遂成为耿氏必须铲除的拦路虎，其幕客嵇永仁、沈上章、王龙光、范承谱等50余人亦同时被害。一年后清廷得闻此事，遣内大臣佟国维等3人、御前侍卫20人"赍大官茶酒，哭临其丧"。康熙十九年，"精忠伏诛，公子时崇手刃之，取其心以祭公"①。二十一年范家刻碑、立碑时，清朝的统治已经稳固，此时需要的是树立典型，以重建并巩固清朝的正统形象，正如康熙所说"褒忠显善，帝王治世之大权"，被当成培植誓死忠诚帝王的重要举措，故特别加快步伐，紧锣密鼓出台赐御书、刻碑文的措施。因此，范家不仅得到康熙亲笔御书，还请到内廷刻工为其制碑刻字，"恤典槩从优，厚营葬、加祭任子，赐谥忠贞。至御制碑文亲挥宸翰，诏

---

① 钱仪吉：《衎石斋记事稾》卷8，《故光禄大夫福建总督范忠贞公事状》，清道光刻咸丰增修光绪钱彝甫印本。

以真本赐其家，尤属古今旷典"。① 这实际上并不是范家面子大，而是皇家需要借助范家以褒奖忠贞、重建正统，这或许才是范家之所以刻了第二道《谕祭文》而未提到刻有第一道《谕祭文》的内因吧。

三 浙江、福建等地的范承谟碑

有关范承谟的碑刻，除北京怀柔芦庄范氏祠堂茔地所留存的康熙御笔碑刻《谕祭文》外，在福建、浙江地区还有五通碑，均见载于范承谟《范忠贞集》。

1. 浙江三碑。

最早的一碑是康熙十二年春立于浙江平湖县的《巡抚浙江遗爱碑记》，由庶吉士、山西分守冀南道佥议、前陕西道监察御史陆光旭撰文，山西布政使司左布政使、前提督江西学政兼按察司佥事陆之祺篆额，浙江嘉兴府平湖知县陈宇宸书，石邑生员曹铭摹丹、宛陵刘逵镌，并平湖教谕任雨蛟、县丞张效鍊、主簿余司韬、典史查德培及粮里士民等仝监立。此碑为传统德政碑类型，立碑时范承谟从浙江巡抚升任福建总督。

第二碑是康熙二十三年十一月朔立于浙江杭州孤山上的《忠贞范公祠堂碑记》，撰文者为湖广巡抚、前任浙江布政使的"旧属石琳"。

第三碑是康熙二十四年夏立于孤山的《范忠贞公祠堂碑记》，立碑人是范承谟表兄、浙江按察使司清军驿传道李之粹，曾任山西道监察御史、巡按江西分守嘉湖道、布政司参议，称范承谟"为予同母之舅氏太傅文肃公仲子"，李之粹之母为范文程之姐妹。

2. 福建一祠二碑。

范公祠，在福州乌石山，祀殉难福建总督范承谟，康熙二十二年建，御赐"忠贞炳日"匾额，以同难嵇永仁、王龙光、沈天成、范承谱祔。早在康熙十六年七月十三日，就有福州府闽县知县祖寅亮、候官县知县赵世晟等以《送主入名宦祠祝文》，同福建福州府十学儒学廪增附生员林方葳、林之瑾等314人同列名于《崇祀录》。可见，在范承谟死难的次年，福州的范祠就已经建成。

十年后的康熙二十六年腊月，立碑《忠贞范公祠堂碑记》于乌石山，

---

① 清苑郭棻撰《范忠贞公传》，载范承谟《忠贞集》卷1。

由礼部右侍郎兼翰林院学士富鸿基篆额；经筵日讲起居注官翰林院掌院学士兼礼部侍郎教习庶吉士李光地书丹；右春坊中允兼翰林院编修郑开极撰文，乡绅陈轼等、举贡监生员王化纯、林方葳等、乡耆何维章等80人同列名。

四年后，重修了14年前建的范公祠，有康熙三十年七月《重修范忠贞祠堂碑记》。翰林院编修楚黄张希良撰匾额，"眷弟兴永朝"作对联"霜日表孤忠，任化碧飞灰，留得须眉撑宇宙；春秋明大义，笑乱臣贼子，谁余血食到儿孙"，横批是"气作山河"①。

可见，在康熙皇帝的亲自倡导、示范及北京芦庄范氏碑园的推动下，范承谟曾经效力的浙江、福建的地方官和缙绅实力派均闻风响应，纷纷立碑修祠以襄助皇家牵头助力的盛举，寓意紧跟朝廷与中央保持一致。

四　明清历史的断裂与重塑

京郊怀柔芦庄紧挨着著名的红螺寺。明清时代的芦庄地面，不仅有怀宁侯孙镗的墓葬和碑刻，也有范文程家族的祠堂、墓葬和众多碑刻。仅从现存三块清碑推测，范氏家族仅康熙《谕祭（范承谟）文》和《范承勋神道碑铭》刻石，就有15块至20块之多，而范氏茔地原有碑刻更当在残余碑刻的六七倍以上，可见，当初范氏祠堂、茔地的排场与规模。逝世于康熙五年的范文程，其墓也在该地②，20世纪60年代"文化大革命"期间墓穴被毁，康熙《怀柔县新志》卷四载范氏墓地和赐谥碑文，民国《密云县志》卷七也载范氏碑文墓志③。芦庄的范氏坟园被称为范氏新茔，与关外熊岳等地的范氏祖茔、祭田等共同构成范氏家族的财产。④ 这些财产无疑都是清产，自范文程起，沈阳范氏已与明朝划清了界限。

张廷玉在范承勋的神道碑中提到范氏高祖是"明兵部尚书鏓"、曾祖

---

① 以上未指明出处者均见范承谟《范忠贞集》卷1，《四库全书》第1314册，第8～23页。
② 《范文程墓碑》，载《北京图书馆藏历代石刻拓本汇编》，中州古籍出版社，1990，第62册，第115页，《范公祠堂碑》则载该书第71册，第95页，可参见。
③ 参见刘小萌《清代北京旗人社会》，中国社会科学出版社，2008，第169、869、921页。
④ 中国科学院民族研究所、辽宁少数民族社会历史调查组编《满族历史档案资料选辑》，1963，第183页年代不详的《范府关东地亩人丁册》、第189页道光九年的《范宅老地账》、第194页道光十年的《范府祠堂地亩和房间册》所载范氏家族财产的具体情形可窥一斑。

是"沈阳卫指挥同知沈""祖楠"。关于范鏓，《明史》有传，其略曰：

> 字平甫，其先江西乐平人，迁沈阳。鏓登正德十二年进士，授工部主事，迁员外郎。嘉靖三年，伏阙争"大礼"，下狱廷杖。由户部郎中改长芦盐运司同知，迁河南知府。岁大饥，巡抚都御史潘埙驳诸请振文牒，候勘实乃发。鏓不待报，辄开仓振之，全活十余万，民争讴颂鏓，语闻禁中……鏓名由此显。迁两淮盐运使，条上盬政十要。历四川参政，湖广按察使，浙江、河南左、右布政使。二十年，擢右副都御史，巡抚宁夏。鏓为人持重，有方略。即莅重镇，不上首功。一意练步骑，广储蓄，缮治关隘亭障，寇为远徙，俘归者五百人。上疏言："边将各有常禄，无给田之制。自武定侯郭勋奏以军余开垦田园给将领，委奸军为庄头，害殊大，宜给还军民，任耕种便。"帝从其请。居数年，引疾归。起故官，抚河南。寻召为兵部右侍郎，转左。尚书王以旗出督三边，鏓署部事。顷之，奉诏总理边关阨隘。奏上经略潮河川、居庸关诸处事宜……又言：诸路缓急，以密云之分守为最。各关要害，以密云之迤西为最。若燕河之冷口、马兰之黄崖、太平之榆木岭、擦崖子，皆所急也。宜敕抚镇督诸将领分各营士马，兼侧近按伏之兵，选为战守。……帝才鏓甚。会兵部尚书赵廷瑞罢，即命鏓入代。鏓以老辞……帝怒，责鏓不恭，削其籍。时严嵩当国，而鏓本由徐阶荐，天下推为长者，惜其去不以罪。然鏓罢，帝召翁万达，甫至以忧去，丁汝夔代之。明年，俺答逼都城，汝夔遂诛死，而鏓归久之乃卒，隆庆元年复官。

范鏓的"画边计"① 被赞有过人处，不愧名臣云。自嘉靖年间② 范鏓辞世到清初范文程崛起，中间五六十年的断裂，依靠碑刻得以连缀：范文程曾祖贵为兵部尚书，祖范沈为沈阳卫指挥同知，至父范楠"北垣公娶石，生丈夫子二"，文寀为长，文程为少："少沉毅读书通大义，年十八补弟子

---

① 《明史》卷199，《列传》第八七。
② 《明世宗实录》卷347，嘉靖二十八年四月丙辰："升经理两关兵部左侍郎范鏓为兵部尚书"。鏓辞疏内有"衰朽之年，栖栖可耻。及仰奉宸谟，自足万全之策。随事变通，寔乏将顺之宜"等语，诏责其欺肆不恭，黜为民。

员。天命三年戊午太祖高皇帝定抚顺，始归国。"① 范文程兄弟俩一起被俘，当仍不出明代卫所军子弟的范围。以生员身份被俘的范文程后来遂成"大明骨、大清肉"的代表人物，② 他和他的家族的经历、事迹，正是探讨明清易代时期有关忠贞观念、士人抉择及社会变迁的典型材料，比如清朝利用明代卫所系统的人才，建立起清朝八旗汉军体系，并利用这些人才建立了在中国的稳固统治，就是其中的一个结果。

类似这样的例子还有很多，但基本不出两大系统：无论是身隶八旗汉军系统的范文程家族，还是隶属内务府"正红旗包衣人"却出身江南绍兴州山著名世家的吴兴祚家族 [另见拙文《山阴世家与明清易代》（待刊)]，只不过是明代卫所成分被清代八旗制度所继承，但基本泯灭了其来源的之一二例。众多事实已经证明：无论是清代隶属外八旗的汉军，还是隶属内务府的旗鼓佐领、内佐领中的绝大多数汉家，都是明代卫所制被彻底改造、颠覆的结果，只不过清廷忌谈这一点而已。事实上，清代八旗制度与明代卫所制度之间，存在割不断的关系，或称为新瓶装旧酒也好，或说八旗制度虽从形式上完全切割明代卫所制也罢，但实质仍继承了卫所制下成员，只不过将他们分散、打乱，重新搅拌、嫁接到八旗制的肢体上，从而成功地抹去了明代的痕迹。唯在芦庄这几块残存的清碑中，尚可窥见一星半点儿有关其家族来源未曾彻底泯灭的淡淡痕迹。

（作者单位：中国社会科学院）

---

① 李果：《大学士范文肃公文程传》，参李霨《内秘书院大学士范文肃公墓志铭》，均载《清代碑传全集》卷4，上海古籍出版社，1987，第28~30页。
② 参见张玉兴《范文程归清考》，载《明清史探索》，辽海出版社，2004，第276~293页。

史家与史评

追忆英雄：南明人物的传说、历史与塑造

沈茂华

摘　要：不同历史文献有时对人物和事件有重复、矛盾的记载，本文试以南明时期"英雄骂洪承畴"的母题为例证明：这种矛盾歧异之处，或许能更好地丰富我们对历史事件及"历史"本身的认识。在对英雄人物的追忆和纪念之中，人物形象及其象征也在不断变化——从"忠君"到"爱国"，从"旧道德"到"新道德"，以适应不同时代的变迁。在这其中，历史、传说、故事的边界是模糊且可渗透的。于此，我们也反思我们现代人自身的历史观发生了怎样的变化。

关键词：历史记忆　人物形象　历史观

就像人的记忆一样，历史的记述常常存在矛盾、歧异和重复，而我们对历史的探求则只能基于这些彼此争吵的文献之上。这种现象在越是晚近的历史时期，越是明显，但这种"矛盾的记忆"可能更有助于我们深化对那段历史的认识，因为往往正是在这种不一致的地方，呈现出当时的人们对人物和事件的不同认识。与此同时，这种对历史人物的认知，也有助于我们去重新理解和认识传统纪传体的书写及其社会影响。

一

在南明史上的"斥骂洪承畴"故事中，我们可以看到这种重叠的历史记述。众所周知，南明史上有一个著名的故事：少年英雄夏完淳被俘后，已叛变降清的洪承畴欲宽释他，结果反遭他羞辱：

（夏完淳）被执至留都，叛臣洪承畴欲宽释之，谬曰："童子何

知,岂能称兵叛逆,误堕贼中耳。归顺,当不失官。"完淳厉声曰:"吾尝闻亨九先生本朝人杰,松山、杏山之战,血溅章渠。先皇帝震悼褒恤,感动华夷。吾常慕其忠烈,年虽少,杀身报国,岂可以让之!"左右曰:"上座者,即洪经略也。"完淳叱之曰:"亨九先生死王事已久,天下莫不闻之,曾经御祭七坛,天子亲临,泪满龙颜,群臣呜咽。汝何等逆徒,敢伪托其名,以污忠魄!"因跃起奋骂不已,承畴无以应,惟色沮而已。①

早有学者发现,与此相似的情节,在诸多南明人物的史料中都曾出现过。杨海英《洪承畴与明清易代研究》中列出金声、江天一、孙兆奎、黄道周、顾咸正五人传记中有类似桥段,② 郑晨寅《黄道周轶事二则辨析》则列出黄道周、金声、左懋第、顾咸正、夏完淳五人③,连维基百科"洪承畴"条亦列出左懋第、孙兆奎、金声、夏完淳四人。事实上,除上述去重后的七人外,类似的故事至少还见于沈廷扬、王之仁④身上。

这些故事均共享某些关键情节:(1)英雄被俘;(2)洪承畴出于某种原因劝降或宽贷其一死;(3)英雄假装不认识洪氏而极言洪氏为国牺牲;(4)左右(或洪氏本人自承)言此即洪承畴;(5)英雄仍作不识状,反谓此人定系假冒,因天下皆知洪承畴已死,崇祯帝曾亲自哭祭;(6)洪承畴羞愧或沮丧;(7)英雄就义。

由人物事迹的年代而论,左懋第骂洪承畴可能是最早的。崇祯十七年(顺治元年,1644)十月,左懋第北使谈判,次月被多尔衮等扣押在北京太医院时即出现了这一幕:

懋第被拘太医院,自题院门曰:"生为大明忠臣,死为大明忠鬼。"洪承畴来说降,懋第掩面哭曰:"此鬼也!洪督师在松山死节,

---

① 屈大均:《皇明四朝成仁录》卷6,《吴江起义传》,转引自白坚笺校《夏完淳集笺校》,上海古籍出版社,1991,第548页。
② 杨海英:《洪承畴与明清易代研究》,商务印书馆,2006,第81~83页。
③ 郑晨寅:《黄道周轶事二则辨析》,《龙岩学院学报》2011年第1期。
④ 见张岱《石匮书后集》卷42,《王之仁传》。

先帝赐祭九台,今日安得更生?"洪惭而退。[1]

这里的记述也相对简略,尚未大事渲染斥骂的戏剧化场景。此外,这个故事很有可能也是最先为同时代人所知的,因为最初注意到相似情节在南明不同人物事迹中出现的,似是本身亲历南明的计六奇,而他显然知道左懋第斥骂洪承畴的故事。计氏《明季南略》卷八(中华书局,1984)黄道周志传附记:

> 或曰清将张天禄引兵徽州,公亲往招之,天禄即缚公解南京内院。及入见,公问内院姓氏,左右曰洪承畴。公大骂曰:"吾福建洪承畴昔年已死节,先帝曾赐祭葬,立祠京师,他是忠臣,岂有如此不肖者?断必假冒!"公寻杀于南京清水潭。按此与左公懋第之骂承畴略同,故志之[2]。

这段附记中已意识到黄道周骂洪承畴,与左懋第之骂洪承畴的故事"略同",这表明计六奇在当时就听说过左懋第的同样故事。但讽刺的是,他的这段原有疑义的附记又被许多记述黄道周事迹的文章不加质疑地沿用,结果反倒成了新叠加的传说,而当时除《明季南略》之外的许多黄道周传记原本并未提及黄氏骂洪承畴一事[3]。

要找到这个故事的最初的、唯一真实的版本,也许是不可能的任务,因为这些彼此交叠的历史记述,原本在很大程度上代表的就是一种"非正式历史"的民间记忆。加上清代前期对前朝史事的敏感,斥骂洪承畴的记述无论在《明史》黄道周、左懋第、金声、江天一及沈廷扬等传都完全不见记载;夏完淳只在夏允彝传下带了一句:"允彝死后二年,子完淳、兄之旭并以陈子龙狱词连及,亦死。"[4]

---

[1] 见林慧如编《明代轶闻》,民国8年(1919)版。
[2] 《黄道周年谱·附传记》,福建人民出版社,1999,第124页。
[3] 查继佐:《国寿录》,黄道周传未记此事,查氏《罪惟录》卷12仅记"北督师洪,与同乡,劝道周降,不答"。屈大均《皇明四朝成仁录》卷9只记"既至留都,洪承畴劝降,不答"。见《黄道周年谱·附传记》,第139、150、168页。
[4] 参见《明史》卷255、275、277各传。

然而，尽管正史中不见记载，这一故事情节却流传极广。由于这一母题在南明史料中反复出现，即便是极推崇夏完淳的李洁非，在其南明人物传记中也怀疑："完淳为洪承畴所杀是事实，但上述具体细节，虚构和演义的可能性大。因为同一情节，也曾出现在别人身上。"① 不过他只注意到左懋第的相似桥段。更早时候，郭沫若在长篇传记《夏完淳》中同样怀疑其事或有增饰："完淳被审讯时，洪承畴有意软化他，是事实。……完淳与洪承畴的对答，先故意恭维一场，反过来再加以痛骂，也是事实。屈氏《成仁录》中所叙述的这一节颇有声色，不过恐怕多少也是加了些润色的。"② 但郭氏所说是基于对其对答故事的戏剧性渲染，而非对这一情节母题的怀疑，因为他仍强调夏完淳与洪承畴的审讯对答都是"事实"。

不难想见，上述如此多相似的故事，恐怕很难都曾发生过，而如今亦无从核查这一戏剧性的斥骂真正的专利所有人是谁；对知道这一故事的人来说，重要的也不是历史真相究竟如何，而是它的流传以一种人们所能广泛接受的方式，铭刻其历史记忆。在这一过程中，洪承畴作为一个变节者的象征被反复羞辱，而英雄则以模式化、仪式化的行为彰显自己的坚贞不屈与视死如归。

这在夏完淳骂洪承畴故事的演变中体现得最为明显。虽然其事迹在正史中不彰，但这位少年英雄在后来的历史记忆中却起到了绝大作用。最初，在大多数关于"夏完淳"的传记中，并无他痛骂洪承畴的情节，如张岱只记录他慷慨承认抗清亲笔，并未提到他面见洪承畴的内容；③ 彭孙贻所载与此相似；④《小腆纪传》中也未提及他骂洪承畴，仅谓其"临刑神色不变"⑤；即使提到他骂洪承畴的记载，也只是强调自己抗清的正义性，并未记录那些戏剧性的经典对话，如朱溶《夏允彝传》(《忠义录》卷四)：

---

① 李洁非：《野哭：弘光列传》之八"夏完淳"，人民文学出版社，2013。
② 郭沫若：《夏完淳》，《夏完淳集笺校》，第 600~601、605 页。
③ 张岱：《石匮书后集》卷34，《江南死义列传》："(吴胜兆)连完淳，并逮南都就讯。讯者曰：'若年少，必为人所作。'完淳曰：'为臣死忠，为子死孝，吾事已毕，且此事岂容代作！吾父殉国已二年，完淳速死，尚无以见父地下。'清置之法。"转引自《夏完淳集笺校》，第 526 页。
④ 彭孙贻：《甲申以后亡臣年表》卷2："当事怜其幼，欲生，曰：'疏非孺子所能为。'完淳大声曰：'忠孝何可以假人！'慷慨就僇。"转引自《夏完淳集笺校》，第 534 页。
⑤《小腆纪传》卷17，《列传》第10。又《夏完淳集笺校》第 553 页录汪端《明三十家诗选》二集卷8下："既至就鞫，经略某欲生之，存古不屈。遂与刘进士曙就义西市，顺治丁亥九月也。"也只简单记其"不屈"。

"总督洪承畴以完淳允彝子,幼,无兄弟,欲生之,曰:'竖子安知反?'曰:'完淳年虽幼,颇读书知礼义廉耻;公自省何人?乃妄谓完淳反!且自君父罹难,诚不欲活身天地间,愿早赐一刃以遂我。'承畴遂杀之。"又黄鹤醉翁《夏节愍集》卷首事略:"及见督师洪承畴,不跪。洪曰:'少年亦能叛乎?'完淳曰:'尔乃老叛,我忠臣,何叛乎?'"① 以夏完淳的身份资历,其实是不大可能轮得到洪承畴亲自提审的。世人所知的夏完淳骂洪承畴的情节,其所本只是前述屈大均一家的记载。

真正使得夏完淳骂洪承畴故事广为世人所知的,是致力于南明史的近代诗人柳亚子。1906年,他在《复报》上以笔名"弃疾"刊出《夏内史传略》一文,在骂洪承畴的情节上,除将名字"完淳"改为"内史"外,几乎全然照搬屈大均原文。② 为《夏完淳集》作笺注的白坚在摘引此文后加了一段按语:"其议论,则未免于民族偏见,以其为近代表彰、评述完淳其人其事之最早论著,且于辛亥革命起激励民心士气之作用……"③ 此语甚是。柳亚子身为南社重要人物,熟知南明史料,不会不知道同一情节在许多南明人物身上均存在,其所以特选偏信屈大均之文,恐不在历史事实本身,而在于其政治意味,即借用这位少年英雄而激励民气以爱国和排满。30多年后,柳亚子再次撰写夏允彝完淳父子合传,涉及这一史事的记述也无任何差别,④ 但在时机和意味上却颇为不同:1940年的形势与1906

---

① 转引自《夏完淳集笺校》,第528~529、547页。
② 弃疾《夏内史传略》(《复报》第六号,作者即柳亚子,作于光绪三十二年):"至南都,虏经略洪承畴欲以不义陷之,谬曰:'童子何知,岂能称兵叛逆,误堕贼中耳。归顺,当不失官。'内史厉声曰:'我尝闻亨九先生本朝人杰,松山、杏山之战,血溅章渠。先皇帝震悼褒恤,感动华夷。吾常慕其忠烈,年虽少,杀身报国,岂可以让之!'左右曰:'上座者即洪经略。'内史叱之曰:'亨九先生死王事已久,天下莫不闻之,曾经御祭七坛,天子亲临,泪满龙颜,群臣呜咽。汝何等逆徒,敢伪托其名以污忠魄!'因跃起奋骂不已。承畴色沮,无以应。"转引自《夏完淳集笺校》,第556页。
③ 《夏完淳集笺校》,第557页。
④ 南史《夏允彝完淳父子合传》(即柳亚子,《中美周刊》第一卷第三十期,民国廿九年四月二十日出版):"虏经略洪承畴故降臣,见完淳年少,欲宽释之,讯起兵始末,谬曰:'童子何知,岂能称兵叛逆,误堕贼中耳。归顺当不失官。'完淳心知为承畴,亦故为谬言曰:'我闻亨九先生,本朝人杰,松山、杏山之战,血溅章渠。先皇帝震悼褒恤,感动华夷。吾常慕其忠烈,年虽少,杀身报国,岂可以让之!'左右曰:'上座者即洪经略。'完淳叱之曰:'亨九先生,死王事已久,天下莫不闻之,曾经御祭七坛,天子亲临,泪满龙颜,群臣呜咽。汝何等逆徒,敢伪托其名,以污忠魄!'因跃起奋骂不已。承畴色沮,无以应。"转引自《夏完淳集笺校》,第561页。

年不同，柳氏更强调的恐是爱国、抗击外侮而非排满了。其之所以选择夏完淳特为表彰，或许是因为这事加诸一位十七岁的少年英雄身上，更富戏剧性，而其形象也更合乎一个年轻富有朝气而激进的中国抵抗者形象。

洪承畴因其戏剧性的变节投敌，在道德即政治的晚明，其人格已难洗白。为突出其人格之卑污，许多记载和传说中甚至以其家人来反衬之。刘献廷《广阳杂记》记载："洪经略入都后，其太夫人犹在也，自闽迎入京。太夫人见经略，大怒骂，以杖击之，数其不死之罪曰：'汝迎我来，将使我为旗下老婢耶？我打死汝，为天下除害。'经略急走得免，太夫人即买舟南归。"京剧《洪母骂畴》中洪母亦有唱："（二黄散板）承畴儿为国家松山丧命，周年日备祭品悼念忠魂。"及见其不死屈服而怒骂不已。在这里出现的桥段正与前述"斥骂洪承畴"的情节存在内在的相似性，即以"已死的忠臣洪承畴"来否认"还活着的叛臣洪承畴"。

在洪承畴故乡泉州的地方掌故中还有他回乡修府第而洪母不肯入住、其妻落发为尼、其弟洪承畯隐居，以及"亲故不齿，乡里难容"的传说。然而这些均非历史事实，洪承畴出仕后再未回过故乡，其母、其妻后来也都与其合住，均葬在北京郊外，其弟虽确实多次拒绝任官，以遗民自居，但并未与他断绝关系，① 事实上，其门生故吏对他的赞美重点之一就是他对母亲的孝。

杨海英《洪承畴与明清易代研究》言："几乎所有清初史料，都不愿漏载洪承畴出任招抚江南大学士，与抗清人士碰面的戏剧性场面，背景均为崇祯帝为洪承畴设祭九坛，这也是一个有意思的问题"，而骂洪承畴的"这个情节，后来简直被滥用，差不多所有抗清志士与洪承畴见面，都有类似场面"，"清初史料对假冒洪承畴情节的固执喜爱，与上述为洪承畴歌功颂德的史料，导致洪承畴的历史形象判然有别，出现两个截然不同的洪承畴，自清初已然"②。甚至同样的故事，也可以作不同的解读，有一则记

---

① 王宏志《洪承畴传》（红旗出版社，1991）第215页："洪承畴派差人唐士杰去福建接母亲。他母亲傅氏等人，于顺治四年五月从家中动身，到七月初四到达江宁。"傅氏当时75岁，顺治四年七月初十洪承畴揭帖："职见职母年已望八，气血衰弱；职见职母右目全瞖，发白体瘦，不觉相对悲泣。"又参见杨海英《洪承畴与明清易代研究》，商务印书馆，2006，第86页。
② 杨海英：《洪承畴与明清易代研究》，商务印书馆，2006，第80~81、313页。

载就认为洪承畴被黄道周骂后仍请求清廷免黄氏不死,"可谓悦贤矣"①。

在解释何以有如此多雷同的情节时,杨海英认为是一种心理拒斥,"当人们不愿正视某种现实时,也会产生一种无意识地自我防御机制,粉饰、曲解或故意错解某些现象。或许当这些人最初看到洪承畴时,首先是将洪承畴与崇祯帝设祭之举相联系,条件反射地认为他假冒,为的是掩盖(或曲折反映了)这种心理:不愿看到一个活的贰臣,更愿看到一忠贞不贰、壮烈成仁的洪承畴……洪承畴的生降恰恰是人们最不愿意看到的事实"②。这一解释的问题在于:过于从表面上理解了故事。所有这些故事都表明,这些被俘的英雄并不是心理上真的拒绝相信这是洪承畴(如果是这样,他们的心理应是痛苦否认而非愤恨),相反,他们知道得很清楚,只是有意要用这样的话来羞辱和激怒洪氏,既重申忠义之道德准则,也借此以求速死。清初人黄中坚在谈及沈廷扬骂洪承畴时说得明白:"盖公本识某,特为此言以愧之耳。"

骂洪承畴的故事,与另一则故事相似,即左懋第斥责前来劝降的李建泰:"老奴尚在?先帝宠饯,勒兵剿贼,既不殉国,又失身焉,何面目见我?"③ 左氏对劝降的堂兄弟左懋泰也置之不理:"此非吾弟也。"④ 但这种否认也并非心理上痛苦而产生的拒绝承认,而是表明彼此已恩断义绝,正如传统家庭中父亲将不肖子逐出家门时往往表示"你不再是我儿子了",这一声明背后的道德伦理愤恨多过痛苦。"骂洪承畴"故事的道德逻辑也在于此:它展现的是一个秉持忠义价值观的英雄,即人臣的"忠义"强过亲友的人伦,更不为利益所动摇。

在传统社会,这一叙事和价值观是不可动摇的,并不随朝代鼎革而转移,因为清朝的合法性仍须建立在对道德和伦理的捍卫之上。这就是为什么同类的故事在清朝以后仍广为流传,清廷也不得不起而表彰明末死节诸人,而为清朝立下大功的洪承畴,却逐渐受到冷落。因为在故事的流传中,对立的双方在社会的集体记忆中,已不再是具体的个人,他们已成为

---

① 《甲申朝事小纪》二编卷 7,《唐王佚事摘抄》,第 378 页。
② 杨海英:《洪承畴与明清易代研究》,第 82~83 页。
③ 《爝火录》上册,又见《石匮书后集·左懋第传》,卷 29。
④ 《明史》卷 275,《左懋第传》:"其从弟懋泰先为吏部员外郎,降贼,后归本朝授官矣,来谒懋第。懋第曰:'此非吾弟也。'"

道德的化身。

二

在骂洪承畴的故事中，沈廷扬不是其中最著名的人物，[①] 但其故事及历史书写的演化却最耐人寻味。从中我们可看到历史如何随着时代变迁而被不断改写，成为时代价值观、政治、道德、民间心理多方话语角力的场所，对某些元素予以强调或扬弃，又添加上某些新的元素，滋长新的想象，正如福柯所言："重要的不是历史书写的时代，而是书写历史的时代。"而沈廷扬抗清故事在流传中的不断重写与戏剧化，也愈加模糊了传说与历史书写之间的边界，两者似乎都在社会记忆中相互渗透，人们相信其为历史事实的，有时却只是传说而已。

沈廷扬是崇明岛人，家境富裕，明末灾荒时曾捐出白银四千两赈灾，但直至四十岁，其身份仍只是个县学生员，并未中举人或进士，也未任官。沈氏通晓海运，万历年间助朝鲜抗击日军，调拨至釜山的崇明沙船中就有沈家的船只。[②] 辽东战事起，沈氏上疏请海运军粮至辽东前线，以救援洪承畴的十三万明军，大获成功，由此受重视，在三年内从户部郎官升至太仆正卿，之后因灰心于朝中政治而辞官南归。甲申国变后自筹义兵，不幸在进军江南时遇风暴而被俘就义。

关于其生平事迹，沈廷扬族侄沈寓《白华庄文集》中所录《五梅公事记略》（康熙十四年作）应是其生平最可信的记载，邓之诚曾在《沈廷扬事证》一文中谈到全祖望撰写的《沈廷扬传》，批评说："祖望持论甚正。然证以沈寓《五梅公事记略》（《白华庄藏稿钞》十一），则祖望所辨，亦未尽核……沈寓为廷扬从子，且曾见廷扬海运诸疏之半。《记略》作于康熙十四年乙卯，在祖望前五六十年，自较可信。"[③] 然而在沈寓的记述中并未提及骂洪承畴一事，记载仅是：

[①] 最知名的无疑是夏完淳，黄道周因本身声名较著，也常被称道，另孙兆奎因记载其事的全祖望《梅花岭记》入选中学语文课本，也广为流布。
[②] 沈廷扬：《请倡先小试海运疏》，载乾隆《崇明县志》卷19《艺文志》："万历中，调沙船水兵援朝鲜，臣家船至釜山。万历四十七八年，复调援辽，臣家船至三岔河，故知海道。"
[③] 邓之诚：《沈廷扬事证》，载《骨董琐记全编·松堪小记》，北京出版社，1996。

丁亥四年十四日，飓风起，舟胶福山，与侄元升及麾下七百人并就执。巡抚土国宝坑七百人于娄门李王庙，问公惧乎，公笑向七百人曰："尔快去，旦晚来随我。"齐应曰："谨候公。"声如雷。土曰："公真铁汉。"劝薙发，公曰："铁汉肯薙发乎？留此数茎见先帝于地下。"槛送金陵，见内院洪，箕踞骂曰："天下事都坏汝辈。"洪欲活之，送按察司狱。按察使周亮工，前潍县令，受公荐举者，劝公薙发，出涕，公推冠示之曰："尔知此种种者父母浩气所钟乎？头可断，发不可断。"劝益力，公愈厉。①

在这里，沈廷扬与洪承畴的接触并不多，也未出现典型的"斥骂洪承畴"桥段；但清初人黄中坚已加入这一情节，只是顾忌到当时清廷对前代史事的敏感，隐去洪承畴之名，仅称"某人"：

（沈廷扬被俘受审）有一人前而呼之曰："汝识我耶？"公曰："不识。"其人曰："我即某人也。"公曰："某人死节，先帝赐祭久矣，安得尚存其人？"惭而退，盖公本识某，特为此言以愧之耳。②

南明著名史书如《小腆纪传》《明季南略》中，提及沈廷扬事迹时都添加了这一桥段。③ 到1736年，在沈氏殉国近百年后，全祖望受同年好友、沈廷扬族孙沈文镐（雍正十一年探花，这也是崇明县历史上科举最高

---

① 崇明县政协文史资料委员会等编《沈廷扬——明代崇明籍著名海运人物》，2007，内部印刷发行。本文涉及沈廷扬史料，如无注明，均系转载自此书。沈寓文见民国十九年《崇明县志》卷17《杂事》。
② 黄中坚：《书明光禄卿沈公奏议前卷后》，《四库未收书辑刊》捌集27《蓄斋集》卷13。
③ 翁洲老民《海东逸史》卷8载，廷扬至南京，洪承畴素与之善，欲脱之，诡曰："我闻沈廷扬已为僧，若敢诳乎？"廷扬詈之，遂下狱。犹遣其门人周亮工说之，廷扬曰："毋多言，吾今日非一死不足塞责。"《小腆纪传》卷44，《列传》三七《沈廷扬》：至江宁，洪承畴以松山事与有旧，使人说之曰："公但薙发，当有大用。"廷扬曰："经略死松山之难，先帝赐祭十三坛，建祠都下，安得尚有其人？"计六奇《明季南略》卷10：时经略洪承畴与有旧，使用权说之剃发，问："谁使汝来？"曰："经略。"廷扬曰："经略死松山之难久矣，安得尚有其人！"承畴知不可屈，遂与部下十二人同日被刑死。

名次）所托撰写沈廷扬传记①时，沈氏曾骂洪承畴的传说似已定型，其中明确加入这一情节，但记载的是洪承畴不敢面见，而只派人游说，因而沈氏并未当面骂洪承畴。李聿求《鲁之春秋》所载与全祖望文，在多处文字细节上几乎完全一致。② 作为究心于南明史事且精核史实的历史学家，全祖望在这篇传记中特意指出："予读诸家所作公传，其事多不核……生乎百年之后以言旧事，所见异词，所闻异词，所传闻又异词，不及今考正之，将何所待哉。"③ 此处他已承认：沈廷扬的事迹在百年之内已出现各种细节不同的版本，而他认为正应及早"考正"之；然而他所注意的"不核"多是沈廷扬事迹中的细节（如海运究竟在哪一年），对"骂洪承畴"这一关键情节，却并无质疑。

在对沈廷扬事迹的历史书写中，也可看出人们对南明这段历史的认识是在原有的道德框架和历史认知框架中进行的。关于周亮工曾"涕泣劝廷扬剃发"的情节，很容易让人想起《汉书·苏武传》中著名的李陵劝降苏武不成而最终"泣下沾襟，与武诀去"一事。事实上，不少人都将叛变的洪承畴与李陵作比附。钱肃润记载的王之仁斥责洪承畴的话中，最关键的一段就是："反面事仇，先帝赠若官、立庙祠若、祭若、荫若子，若背义亡恩，操戈入室，平夷我陵寝，焚毁我宗庙，若通天之罪，过李陵、卫律远矣。"④ 其中"通天之罪"一词，也显然出自《汉书·苏武传》中李陵自述的"陵与卫律之罪上通于天"。洪承畴在长沙开府时，县遗民阎尔梅据传曾"赴楚谒见"洪承畴，承畴问其近状，答近作一绝，其中两句是："不引单于来入塞，李陵还是汉忠臣。"说得"承畴默然良久"⑤。无独有

---

① 全祖望：《鲒埼亭集外编》卷 4，《明户部右侍郎都察院右佥都御史赠户部尚书崇明沈公神道碑铭》。
② 李聿求：《鲁之春秋》卷 10，《寺院二·沈廷扬》：经略洪承畴以松山之役与廷扬有旧，然不令见，使人说之曰："但薙发，当有大用。"廷扬曰："谁使汝来者？"曰："洪经略也。"廷扬曰："经略以松山之难死，先帝赐祭十三坛，建祠都下，安得尚有其人？此唐子也。"承畴知不可屈，乃行刑。……廷扬之亲兵六百人斩于娄门，无一降者。（全祖望文几同，惟"廷扬"作"公"，"不令见"作"不敢见"）
③ 全祖望：《鲒埼亭集外编》卷 4，《明户部右侍郎都察院右佥都御史赠户部尚书崇明沈公神道碑铭》。
④ 钱肃润：《南忠记·总兵王公传》，转引自顾诚《南明史》第九章第五节《清兵占领浙东与鲁监国航海》。
⑤ 《甲申朝事小纪》上册，二编卷 5《经略洪承畴纪略》，第 137～138 页。

偶，三藩之乱后，清人张茂稷的名作《读史偶感》中也将变节的吴三桂比作李陵："李陵心事久风尘，三十年来诟卧薪？复楚未能先覆楚，帝秦何必又亡秦。丹心早为红颜改，青史难宽白发人。永夜角声应不寐，那堪思子又思亲。"

由于沈廷扬被俘后，其手下亲兵数百人皆不屈就义，① 沈寓《五梅公事记略》还只记其事，但之后凡提及此事的记载几乎无不将之与田横相比附。如杨澧《李王庙》两首："七百健儿同日死，不将高义让田横。"当时南明人物，尤其是在海岛抗击清军者，也时常联系到田横。如松江城破后，吴志葵水军在黄浦被清军全歼，"义士五百人，同死田横岛"（宋辕文《东村记事·云间兵事》，松龛抄本）。张煌言诗歌中则不时将反清基地舟山暗喻为田横岛，② 而黄宗羲亦将张氏喻为文天祥与田横。③ 朱舜水流亡日本时亦自称"单身寄孤岛，抱节比田横"。而最著名的可能是郑成功《复台》诗："开辟荆榛逐荷夷，十年始克复先基；田横尚有三千客，茹苦间关不忍离。"至郑成功之子郑经退守台湾，亦以伯夷、田横自况，以拒绝清廷劝降。④ 这种以田横自比为不屈的隐喻，在汉语文学中几乎成为一个传统。

廖宜方《唐代的历史记忆》认为：唐代人经常召唤三代、齐桓、晋文等上古历史，以表达其政治思想，且多肯定汉代人物，以比附于现实中的行为⑤。在关于南明人物的历史书写和政治记忆中，我们也可明白看到李陵、田横（及隐而不显的苏武）这些已化身为象征的形象，在塑造其行

---

① 关于沈廷扬事迹的记载几乎都提到了他亲兵六七百人被坑于苏州娄门外之事，多强调其视死如归。
② 张煌言《渝州行》："坏时帝子在行间，吴淞渡口凯歌还。谁知胜败无常势，明朝闻已破岩关。又闻巷战戈旋倒，阖城草草涂肝脑。忠臣尽瘁伯夷山，义士悉到田横岛。"又《舟山感旧》四首之三："田横岛上凄凉月，杜若洲前零落风。翘首灵光何处是，五云应复捧南中。"
③ 黄宗羲《海外恸哭记》附录《思旧录》："张煌言……为人跃冶而明敏过人，故能就死从容，有文山气象。当其被获也，已散遣士卒、悬洲独处，亦如田横之在海岛也。"
④ 署黄宗羲《郑成功传》（疑为郑亦邹作）："（康熙）八年春，上命率泰及满员明珠、蔡毓荣等来漳，以兴化知府慕天颜招谕台湾，腾书往来。经复率泰书云：'……阁下两载以来，三举征帆；其劳费得失既已自知，岂非天意之昭昭者哉？所引夷齐、田横等语，夷齐千古高义，未易齿冷；即如田横，不过齐之一匹夫耳，犹知守义如此不屈。而况不佞世受国恩、恭承先训者乎！'"
⑤ 廖宜方：《唐代的历史记忆》，"国立"台湾大学文学院历史学系博士论文，2009年6月。

为，至少是在编写其记忆时所起到的强大作用，这促使人们更自觉地践行自己的道德原则。所谓"榜样的力量是无穷的"正是中国人这一心理的逻辑结果。

在清初的政治氛围下，当时官方史书对沈廷扬事迹的记载多简略，且偏重其前半生的海运事迹，而对"骂洪承畴"故事不予采信。如康熙《重修崇明县志》卷十一，《忠义》之《沈廷扬传》极简短，其中提到"阁部洪承畴欲活之，泣曰：'国恩深厚，义不忍生。'"却不曾提到骂洪承畴。王鸿绪《明史稿》卷二五七也未提及他骂洪承畴事，仅言："谕之降，不从，被戮。"张廷玉《明史》列传一六五大致相似："为大清兵所执。谕之降，不从，乃就戮。"雍正《崇明县志》卷十五《人物志·尚义》中更只谈其前半生，于其晚年抗清则只记："后死于甲申之变，详载王鸿绪《明史》本传。"

这种冷淡的态度到乾隆时期发生改变。原因在于乾隆时清朝统治已稳固确立，乾隆四十年（1775）乃追谥数百位南明志士，而将洪承畴、钱谦益等降清或合作者打入《贰臣传》①，这对于明末历史的书写及人物形象评价，是一个关键转折。

但在官方最高层正式承认之前，对其纪念的尺度似已放宽，故乾隆二十五年（1760）官修的《崇明县志》中，对沈廷扬事迹的记载大为不同，有瀛洲书院山长韩彦曾的一篇《故明光禄沈公列传》，详细记述其生平，虽然对"骂洪承畴"的桥段隐约其词，并未提到"崇祯亲祭"这一最戏剧性的元素："逆我师战辄败……先是，明三边总制洪承畴与廷扬善，时为江南总制，欲脱之，诈曰：'我闻沈廷扬为僧，若敢诳乎？'廷扬语讦承畴，承畴怒，遂下之狱。"同书卷十九，《艺文志》又有陈沼撰《故明督运光禄寺少卿沈公忠节碑记》，开篇即言："胜朝培养士气，以名节砥砺天下……自古忠义死节之臣，事久论定，每加优恤，所以广教化、励风俗也。今圣天子在上，昌言无讳如公者，岂终泯没不传哉……怀宗之末年，拥财货观成败者，何可胜数，而沈公不啻毁家殉难，人之度量，相越岂不

---

① 定宜庄曾指出："对袁崇焕评价的转折点，应自乾隆四十年（1775）以后开始。自这年之后，清高宗以'立臣节'为宗旨，实施了一系列表彰为明捐躯的忠臣节烈、将投降清朝的明朝降官列为'贰臣'等举措，寻找袁崇焕的后裔，正是这些行动的组成部分。"见《老北京人的口述历史》，中国社会科学出版社，2009，第532~533页。

远哉。"

自此，在表彰"忠义死节"的指导下，对沈廷扬的纪念开始公开化和官方化。当时有徐兴文在《崇明竹枝词》中将沈廷扬比为"精卫填波"，"圣朝旷典褒前代，拟为斯人酹一杯"（《崇明竹枝词》二十八首之九）。嘉庆六年（1801），崇明知县陈文述，在崇明县孔庙西侧，建沈忠烈公祠，并立案，入祀典。到光绪《崇明县志》中，对沈廷扬事迹的记叙重点已落在清朝如何褒扬其忠节，而其生平则基本承袭《明史稿》。对忠义的褒扬与对变节者的鄙视乃同步进行的一体两面，洪承畴"其家乡方志编者也小心翼翼地叙述他的事迹，功绩勋业很少被提及，嘉庆十二年（1807）出版的《福建通志》，仅提到他在清朝为官"[①]，而民间传说和戏剧中更进一步固化了这一忠奸对立的道德框架。

大致可断言，至乾嘉时期，关于沈廷扬等南明志士与洪承畴之间的脸谱化形象已大致确立。这表明清政府寻求建立自己统治的合法性：它是"忠义死节"这一人臣终极道德的捍卫者，确立了这一点，就建立了一个儒家社会政府的合法性基石。

但故事还远未结束。在全祖望为沈廷扬撰写传记百年之后，又出现了更为戏剧性的传说。据钱泳《履园丛话》（成书于道光初年），沈廷扬不仅与洪承畴因运粮辽东战场相识，而且早年就有恩于他：

> （沈廷扬）家甚富。曾遇洪承畴于客舍，是时，洪年十二三，相貌不凡，沈以为非常人，见其穷困，延之至家，并延其父为西席，即课承畴。故承畴感德，尝呼沈为伯父……淮河粮运辄阻，当事者咸束手，于是洪荐百五，百五乃尽散家财，不请帑藏，运米数千艘，由海道送京……不数年，承畴已归顺本朝，百五独不肯，脱身走海，尚图结援，为大兵所获。洪往谕降，百五故作不识认，曰："吾眼已瞎，汝为谁？"洪曰："小侄承畴也，伯父岂忘之耶？"百五大呼曰："洪公受国厚恩，殉节久矣，尔何人？斯欲陷我于不义乎？"乃揪洪衣襟，大批其颊。洪笑曰："钟鼎山林，各有天性，不可强也。"遂被执，至于江宁，戮淮清桥下……初，百五结援时，手下有死士五百人，沈死

[①] 杨海英：《洪承畴与明清易代研究》，第406页。

后哭声震天,一时同殉,殆有惨于齐之田横云。①

这其中新出现了三个关键细节:一是沈廷扬与洪承畴早年就相识,还有恩于他;二是洪承畴称沈氏为伯父而自称"小侄";三是沈廷扬不仅詈骂,还"大批其颊",但关于崇祯帝亲祭的细节却淡化了。

钱泳所记不知何本,但想来必有民间传说为据,《履园丛话》一书是典型的笔记,其中包罗万象,甚至有记载笑话、梦幻、鬼怪精灵等内容,本以杂录民间万象而不以精审史实见称。其淡化崇祯亲祭这一关键元素,未必是惧于清朝文网(因此时对前朝纪念已远较清初宽松),而毋宁说是民间在承平日久之后,对崇祯如何亲祭既无清晰记忆,也不甚感兴趣了,不像清初人每提及它以强调忠义;相反,这里演化成某种更具戏说成分的个人恩怨而伦理意味更浓厚,且将沈廷扬塑造成一个长辈。但事实上洪承畴生于1593年,还长沈廷扬一岁,在辽东之前,也没有证据表明两人曾有任何交集,因为洪承畴在中进士之前的青少年时代从未离开福建,称沈廷扬为伯父几可断言绝无可能。顾诚《南明史》在转引钱肃润《南忠记·总兵王公传》中王之仁斥责洪承畴的话之后,虽称其"痛快淋漓",但也指出,其中"反复提及自己就义后将于九泉下与洪承畴之父相见。承畴父死于是年九月,王之仁的就义据金钟《皇明末造录》卷上记为'八月十五日';郑达《野史无文》卷十《张名振传》也记载王之仁'八月十五日请死于雨花台之山下'。钱肃润的说法恐不可信。"这两处记载应都系传说而非事实,但这里表达的是社会的一种"情感记忆"而非"事实记忆",它在意的并非精确的事实,而是一种情绪表达。

也正因此,这里竟出现了受审的沈廷扬掌掴审讯者洪承畴的场面,而在全祖望的传记中,两人根本就不曾见面。大概也因考虑到这有些不合逻辑,又或理解有误而致以讹传讹,在后来传抄中,沈廷扬揪住洪氏打脸的故事竟又演变成了沈氏被打:"这时廷扬面南而立,清贝子(清爵号)巴某叫士兵转身打沈的面部,廷扬盘坐在地,大声痛骂。"② 无论如何,钱泳

---

① 钱泳:《履园丛话·旧闻》,中华书局,1979,第2~3页。
② 吴行:《沈廷扬事略》(崇明政协文史工作委员会、崇明县编史修志委员会编印《崇明文史》1988.1),该文中又叹惋:"史可法、张煌言和郑成功的赫赫名声广为流传,本县人沈廷扬的事迹却知者不多。"

《履园丛话》中的这个版本又为沈廷扬故事增添了新的情节，在现代的纪念文章中，仍有人袭用钱泳所记，认为"洪承畴少时流落崇明，曾被赏识，培植其成名……时承畴年仅十三四岁"①。这一段至今不时被翻出，或许也因其更具戏剧性而契合了人们的某种心理预期。

清末排满运动兴起，南明史料大量被重新挖掘，世易时移，对沈廷扬的故事再度重写。民国初，江苏省政府主席陈果夫追崇沈为江苏乡贤并呈准国民政府备案，定沈廷扬为中国民族英雄，为全国所景仰。民国24年（1935），国民党崇明县党部为追崇先烈，显扬忠魂，定7月2日（即沈廷扬就义之日）为沈廷扬"纪念节日"；并发起募捐兴修沈忠节公祠，改建为忠烈祠。在此之前，已有不少相应纪念文章基于清初史料重写其事迹，如民国14年陆斌《崇明平民常识》、民国25年5月南京正中书局《江苏乡贤传略初稿》、江苏省政府编《江苏省乡贤事略》。与此同时，对洪承畴的反感与贬抑自更不必提，1929年洪氏后人曾应征整理清代内阁大库档案，傅斯年及知其为洪承畴后裔，竟当即"斥之而不取"②。

与清代乾嘉以降的官方纪念不同，这一波同样由政府主导的纪念，更注重对学校和平民的爱国教育，也更具政治运动的特点。这不仅体现在发起民间募捐③、编写"平民常识"等教材这些方面，还须由官员遵照中央规定祭扫并诵祭文。

值得注意的是，在民国重写的故事中，突出了沈廷扬的海运才干、忠贞壮烈，突出其部下六七百人均无一投降、不屈而死，但却全都略去了其妾为其守墓的情节，而在其早期传记中，这是重要元素。其最初的传记即沈寓《五梅公事记略》中简记"袁氏先卒，妾张氏守其冢"；康熙《重修崇明县志》之沈廷扬传极简短，但提及其身后事却特为详载："廷扬无子，妾二娘张氏，故苏州妓也，尽鬻衣装，备葬事，庐于墓侧二十年，童稚罕见其面。"乾隆《崇明县志》亦记载"妾张氏奔视含殓，哀恸道路，庐墓数十年"。任兆麟《沈忠烈公祠堂碑》（《有竹居集》卷十）："当公被刑

---

① 岱宗：《先贤沈五与洪逆承畴》，台北市崇明同乡会《崇明县乡情报导》第三期，1984年8月。
② 转引自杨海英《洪承畴与明清易代研究》，第410页。
③ 《崇民报》民国26年4月1日"崇明县各界为筹募修理沈忠节祠经费，开映电影三天"，结果募集到门票法币309.4元。

后，室人张收遗骸，葬虎阜之阳，庐墓二十年。"但到全祖望所撰传记时未提及此事。在民国时代，其事可能更被视为旧道德或无关宏旨。

民国时纪念沈廷扬的最高潮也正在国难最危急的1937年，其时曾拟为之建祠于省会①。这年清明节，崇明县党部为唐一岑、沈廷扬等本县民族英雄扫墓，沈定一在祭文中强调沈廷扬"独持忠贞，誓救祖国"，而"国运虽否，精神常存，民族思想，如潮澎涌，屯艰二百余年。祖国依然光复，吾公英杰，永存不朽"②。在此，清朝官方所表彰的"忠君"已被替换为"爱国"，而景仰其精神也与"国运"和"民族思想"联系在了一起，他乃是"为国为民族而奋斗牺牲"，而顺理成章的便是纪念之余，在现实中"我人当一致与奋，拥护我中央，服从我领袖，各自将所有能力贡献于国家，协谋中华民族的复兴"③。

当时《新崇报》上的一篇报道更直接点明这一纪念活动的现实意义："我人追崇纪念沈先生，虽在表显忠烈，而旨在唤醒我人对国家之观念，提起我民族之一时，振奋民族之精神，用以自力振拔解除国难，争取国家民族之生存能力，如是纪念沈先生，才有意义价值之可言。至于沈先生之慷慨解囊，赈灾荒，助国饷，与敌死抗，以救民族，以视我国家现在实力尚未充裕，以及各地灾象之迭见，敌人压迫之严重，国难之日急，吾人其何以共解此厄？则吾人纪念之余，亦量力捐赈救灾，乐输飞机捐款，清完赋税，赞成征兵制度，竞受军事训练，共负救国使命，亦为我人纪念沈先

---

① 1937年崇明县党部"告同志同胞书⋯⋯沈先生并被选为江苏乡贤之一，近将建祠于省会，以资后人敬仰"，《崇明报》1937年7月2日文：《忠于民族之史迹，节烈昭然，开会纪念乡贤沈廷扬烈士，由党部召集于今晨在中山堂举行》。
② 1937年清明节《崇民报》载沈定一祭文：本县党政领袖遵照中央规定举行民族扫墓："公当明季腐恶遍地，人心破产，国运艰危。吾公独持忠贞，誓救祖国，用能见得思义，见危受命，矢志不渝，卒能成仁。所谓富贵不能淫，威武不能屈，惟公有焉。然国运虽否，精神常存，民族思想，如潮澎涌，屯艰二百余年。祖国依然光复，吾公英杰，永存不朽。"
③ 《新崇报》1937年7月3日载崇民县党部黄监委演说"纪念沈烈士要效法沈烈士的毁家纾难的精神"，主席报告"沈公廷扬之史略及殉国纪念的意义"："今天就是沈先生的殉国纪念日，也应该联想到沈先生的部下，我崇七百烈士殉国的纪念日，沈先生是我崇的大烈士，我江苏的乡贤，我中国的民族英雄，我崇四十多万的民胞们啊，我江苏三千多万的民胞们呀，我中华四万五千万多的民胞们啊，见于沈先生为国为民族而奋斗牺牲的史实，有怎么样的感想啊，我人当一致与奋，拥护我中央，服从我领袖，各自将所有能力贡献于国家，协谋中华民族的复兴，使我人怀念沈先生确很有伟大的价值。"

生应有之努力也。"① 自此，这一官方纪念的政治运动在爱国的掩护下，强调"毁家纾难"（这在此前原本并非沈廷扬传记中被突出的一点），强调服从领袖和救国使命，骂洪承畴的情节虽时或存在，但却已不再是重点，这与清代官方高举的"忠义"已相去甚远。

抗日战争爆发之后，崇明岛被日军占领，沈忠节公祠遭破坏，1945年光复后，政治形势又复变化，对沈廷扬的纪念也不再热闹，1946年冬，人们发现其祠堂"已由水产学校借用为校舍"②。一如廖宜方所言，"所谓对'历史人物'的记忆，近现当代乃是重要的原则之一。由于'近现当代'与时俱迁，历史人物也不断远去，除非有特殊缘故或极高的知名度，否则很难持续获得后世的重视"。1949年后，新政权所树立的"烈士"基本已不包括明清的"先烈"，而是专指"近现当代"的"革命先烈"，甚至崇明人中知道沈廷扬的也已不多。在晚近的中学乡土教材《崇明历史》中，沈廷扬的形象已接近一个现代革命者乃至中共烈士："有人劝沈廷扬混在降兵中逃走。沈廷扬义正词严地回答：'我是明朝御史，不能没有骨气地死！'……投降清朝的明大臣洪承畴、周亮工等多次劝降，都遭到沈廷扬的严厉痛斥。清军要下毒手了，沈廷扬大义凛然地说：'为国而死，死而无憾！'1647年7月2日，沈廷扬被押往苏州三山街淮清桥。他端正衣冠，向南叩拜，然后从容就义，时年五十三岁。和沈廷扬一起被俘的七百名壮士均至死不屈，光荣牺牲。"

颇为离奇的是：大致从民国末年起，沈廷扬的形象竟又开始偏向侧重夸张地强调他富可敌国。1947年的连载小说《海澨丹心录》第一回就将沈廷扬一家作此戏剧性的描述："他的父亲是全岛数一数二的大地主，拥有沙田千顷，家里直是广厦连云，仓储山积，且以崇岛滨江临海在海运上占着四通八达的便宜，沈秀才家里有的是钱，他见到航海经商或入海捕鱼常能收到十倍百倍的赢利，于是便斥资招工，一下子钉了十几艘大海船，在平常装运本地的土产运销青岛、烟台、营口、旅顺、大连、秦皇岛、天津等地，再从各地将其特产装回南方来，这样一往一还，无不利市百倍，因

---

① 《新崇报》1937年7月3日《昨日中山堂举行沈廷扬烈士殉国纪念会》。
② 《沈忠节公祠字近述》（《崇报》1946年11月16日）："明季崇人沈廷扬先生抗清史迹，与史可法先生相伯仲，乾隆时始谥忠节公，立祠于孔庙西侧。岁由县官致祭，春秋不替。……今公祠已由水产学校借用为校舍。"

之沈秀才的家业也就一天一天大起来。"① 这一小说家的夸张想象明显有时代错误，因为青岛、营口、旅顺、大连等地都是清末才兴盛起来的港口，三百年前的沈廷扬绝无可能到那些地方经商，然而这一段竟被信为史实，编入《沈廷扬生平大事年表》②。

　　在传统上，所有传记都强调沈氏忠贞为国，而其形象所奠基其上的身份乃是典型的士大夫，所谓"大厦颓时独木撑，慨然许国一诸生"③。全祖望在其传记中称"以公之才，亦几几乎晋公之流辈"——将沈廷扬比为中唐时调发粮帛救济朝廷并平定藩镇的韩滉，这一形象比定在传统士大夫看来无疑是最为恰当的。然而继成为"为国为民族而奋斗牺牲"并"毁家纾难"的英雄之后，沈廷扬的形象竟又转变成了一位"抗清商人"：先是小说中将之描绘为富可敌国，继而在近来的一些同乡纪念文章中，他又成了似乎具有资本主义萌芽的先驱："从沈百五的例子中，我们可以约略地看到明末清初一个商人的缩影……沈百五出生地崇明岛，正是东南沿海走私贸易的大本营之一……从沈百五这个例子中我们可以看到商人中不乏忠君爱国者……百五虽然屡次建议实施海运与组织海军，但是这些建议常被朝中的文人士大夫所阻，而且这些反对者都瞧不起这位未经科举就进入宦途的商人。可见传统轻商的观念虽在明末有了变化，但是在官场上商人们是被鄙视的一群。"④ 而一些江苏的文史故事中，竟将沈廷扬与沈万三相提并论⑤，原因是他们都很富裕。

　　现代的一些纪念文章已缺乏清初史料中那种慷慨沉痛的意味，而带上

---

① 《崇报》1947年10月12日起连载的范瘦梧小说《海藻丹心录》。
② 沈正一编《沈廷扬生平大事年表》："沈廷扬深知江海利益，招工造船10余艘，与堂弟沈懋爵（字少溟）航行至青岛、烟台、旅大、天津、秦皇岛一线经商，获利甚多。"载台北市崇明同乡会《崇明县乡情报导》第64期，第51~58页。
③ 杨澧：《李王庙》两首。
④ 巫峡：《抗清商人、乡先贤沈百五》（1994年1月台北市崇明同乡会《崇明县乡情报导》第31期，原载1992年三月《历史月刊》第62期《商人与国运》专辑内《抗清商人沈百五》以及1993年4月20日《世界日报》）。
⑤ 刘圣雄：《沈百五淮清桥就义》（《江南时报》2002年10月19日）文一开头就将沈廷扬（沈百五）与沈万三相提并论，其事亦沿袭钱泳戏剧化的故事；又《沈万山与沈百五》（《南京文化人情风土——明清风情》）中在谈及沈万三后说："真是无独有偶，明末，又有一个大富翁扬名金陵。"事实上沈廷扬和沈万三并无关联，除了都姓沈、都算富翁外，与南京无甚关系。

了更多文学性的想象,如"1647年,洪承畴在南京总督军务,镇压江南抗清义军。6月的一天,他看完第一案卷案犯经过,不由得回忆起六年前(1641年)的往事:自己率领着十三万明军在松山与皇太极展开殊死战,正当粮饷告罄而面临绝境之时,海运军饷抵达,负责这次海运的是户部员外郎加郎中崇明人沈廷扬。"①

在这样的笔法下,沈廷扬作为一种史诗式的、儒家道德化身的英雄形象已发生变化,他更多的像是一个具有传奇经历的凡人,而其形象所承载的道德伦理色彩则淡化或模糊了。王铭铭《人类学讲义稿》中曾说:"如果用小说那样的方式来叙说英雄,视英雄为常人,那也不是英雄史诗了。比较史诗与小说会发现,前者不宽容人格内外的多样性,只允许你把英雄说成惟一道德人格的化身,不允许你说这个人有道德的两面性,只有到了小说兴起之后,刻画'主人公'的手法才变了。"② 这正是沈廷扬这一形象变化的写照。

三

明末殉难诸公"骂洪承畴"的故事之所以得到广泛流布,或许正因为它以中国传统的道德框架重构了历史,使人们得以解释和接受那段惨痛的过往,并获得象征性的胜利——因为道德框架并未颠覆,忠义仍是不可背叛的最高理想,变节者至少得到象征性的羞辱和惩罚。全祖望等史家之所以不加质疑地接受了这些故事,是因为它与他们自身的价值观高度弥合,换言之,他们"愿意相信"这是真实发生过的。在这一接受和记忆铭刻的过程中,故事、传说与历史的界限模糊了,在历史书写中,道德和政治并未袖手旁观,因为人们想要符合他们自身解释框架的历史。

《剑桥中国明代史》中有这样一段话:"已经有人指出,在中国,传记著述的主要目的是对死者表示尊敬并对他们的一生作出结论,而在18世纪的中国,这被认为是一个君子的义务……这样,传记作品往往起到一种社会作用。所以倪德卫用'社会传记'这个词来形容墓志铭或墓表、神道

---

① 龚家政:《沈廷扬与洪承畴》,《崇明报》2003年10月8日。
② 王铭铭:《人类学讲义稿》,第370页。

碑、祭文和其他这类纪念性的作品。"① 的确，从某种程度上来说，这些历史人物的传记更注重的，其实并非历史事实，而是这些特定的人物对社会所起到的影响。在一篇论文中，民俗学家理查德·多尔逊强调，华盛顿这样的人物"他们有着被奉为神圣的纪念碑、节日、圣徒传记文学及民间传说。他们在民族文化中起的作用就像是民族的标志和价值的标准。"②

如果说柳亚子突出夏完淳这个英雄形象是因夏氏更契合民国时"少年中国"的语境，从而选择性地忽视了其他相似的记载，那么，记载这些故事的许多明末清初作者则可能是在他们的道德框架内复述这一母题。不难注意到，那些作者也都是一时人选，但他们不仅很少怀疑这些故事重复出现的真实性，甚至不少人都将这一情节归入两人名下——如全祖望在《梅花岭记》中将之归为孙兆奎，而《鲒埼亭集外编》归入沈廷扬；张岱《石匮书后集》或记入左懋第名下，又认为是金声事迹，甚至王之仁也有类似事，但夏完淳传却未记此事；③ 而计六奇《明季南略》中，金声、江天一、黄道周、沈廷扬都有类似记事。④ 屈大均《皇明四朝成仁录》虽在记黄道周事迹时未捎上这段，但却记入了夏完淳名下，结果在晚清以来成为知名度最高的故事模板，深深地影响了后世中国人。固然他们当时或许无从参见别家著作，但连自己都曾将同一情节归入两三人名下，为何他们竟都几乎未加怀疑？

最可能的解释或许是：人们愿意相信，这样的故事不止发生了一次。虽然几名死节者不约而同说出相同的话语委实不可思议，而洪承畴"一再上当"被骂更属难以想象，但这个故事本身很好地满足了人们的道德情感。如前所分析的，洪承畴被骂及洪氏母亲和弟弟与他断绝关系，在诸多历史细节上都是不能成立的，然而对传统社会中的中国人来说，这些并非重点。沟口雄三曾举过一例：甲国入侵乙国后，乙国一少女控诉自己遭甲国一名身高两米的士兵凌辱，甲国否认这一指控，理由是该国军队中并无身高两米的士兵。在这里，少女表达的是一种"情感记忆"，而甲国自辩

---

① 牟复礼、崔瑞德主编《剑桥中国明代史》上卷，第12章，中国社会科学出版社，1992。
② 理查德·多尔逊：《民俗学》，载王汝澜等编译《域外民俗学鉴要》，宁夏人民出版社，2005，第16页。
③ 见张岱《石匮书后集》卷29、37、42、34等各传。
④ 见计六奇《明季南略》卷4、8、10等各传。

所根据的却是一种"事实记忆"。

　　这其中的差异也是现代性的差异。据《中世纪神判》一书的观点，西欧是在中世纪神判衰落之后，才逐渐转而强调获取证据的重要性。从某种意义上说，现代史学家对史料的筛选判定，也有类于这种现代理性武装起来的"破案"，因此，当我们发现洪承畴还比沈廷扬大一岁这个客观事实时，内心便倾向于认为，洪氏早年曾受沈廷扬恩惠而尊称其为"伯父"是不可能的事，其事必为杜撰。这正是一种现代理念下的"事实记忆"构造。然而传统社会的史学家与作者，他们既未有这类现代性体验，也就未必像现代史家这样极端重视细节的客观证据，他们所表述的，乃是一种集体记忆或社会心理。我们乍看起来认为在这一故事叙述中，历史与传说或故事的边界模糊了，也是因为我们现代人已重新界定了"历史"的意义。

　　事实上，"斥骂洪承畴"的故事，与民间故事中经常出现的母题重复更适宜类比，而不像我们现代观念中的"历史"。Lord Raglan 在其论文《传统的英雄》中认为，"每一位英雄人物的经历都相同是不可能的"，这意味着真实的英雄传记已不存在，它已被改造成适合英雄生涯的模式。①这在某种程度上正是我们在不同人物都斥骂洪承畴的记载中所见到的情形。

　　从沈廷扬故事的流变中不难看出：不同时代的人会编织自己的故事。在同一个故事框架内，说什么和不说什么、先说什么和后说什么、突出哪些和淡化哪些，都会造成重大的变异。这其中最明显的一点就是随着时代的推进，这一人物身上承载的形象重点，逐渐从"旧道德"（忠义死节）转向"新道德"（爱国、毁家纾难的献身），由此，原先在他身边同被表彰的旧道德人物（如守墓二十年的妾）也逐渐淡出人们视野。实际上，对夏完淳事迹的复述，也经历了从"忠君"到"爱国"叙事的变迁。在这里，"历史"从来不单纯只是对客观事实的忠实再现，尤其是这类具有强大社会功用的历史事件，常被用作铭刻政治记忆的重要载体。

　　当英雄远去，人们将追忆其事迹，这些故事有时被视为真实的历史，但它们与传说之间的边界是可渗透而模糊的，一如阿兰·邓蒂斯在对小红帽故事的分析中所说的，变异文本乃是民间故事的必然命运，"不存在一

---

① 见 Alan Dundes 主编《世界民俗学》，上海文艺出版社，1990，第 199 页。

条民俗的唯一正确的解释,也不存在某个游戏或歌谣的唯一正确的版本",而"复述几乎总是包含着某种变化"①。尤其在成为典范的政治神话和社会记忆中,人们会系统而自觉地剔除某些不相符的内容,所有的记忆,都是有选择的记忆。

借用米兰·昆德拉《笑忘录》中的话说:"过去才是充满生气的,它渴望着挑动我们,刺激并侮辱我们,引诱我们去摧毁它或者重新粉饰它。人们想成为未来的主人的唯一理由就是要改变过去。他们苦苦奋斗就是为了进入那么一间实验室,在那里照片可以修饰,重新着色,在那里传记和历史都可以改写。"在这里,传记和历史是一个不同记忆和力量竞争的场所,折射出人们在纪传体的体例中所希望看到的、顺应社会想象和群体道德的人物典型。这与现代实证主义的历史观念下所寻求的一切以事实为依归的观念,显然大相径庭。或许正因此,王赓武曾感慨:"中国的传记一直是史家的一个牺牲品。"② 但更确切地说,这是两种不同的历史观。

(作者单位:上海欧安派传播)

---

① Alan Dundes:《民俗解析》,广西师范大学出版社,2005,第48、52页。
② 转引自胡缨《翻译的传说:中国新女性的形成(1898 – 1919)》,江苏人民出版社,2009,第129页。

清学演进余波中的王国维及其学术思想

王　豪　林存阳

摘　要：本文从"近三百年"学术发展走势的视角，探讨了王国维在晚清民初学术流变和转型中的治学取向，以及由倾心哲学转而探究文学再到孜孜于经史小学的学术思想进路缘由，并梳理勾勒出其对清代学术与宋明学术的关系、学术偶像的选择、清代学术各阶段价值评判等问题的认识，揭示了他在追求"为学术而学术"理念之外所蕴含的"明道经世"情怀。相较于此前清儒的治学理念、方法和范围，王国维之为学，既有比较明显的"清学特征"，更因时势变迁、中西学术的激荡等，而呈现出新的特色。

关键词：王国维　清代学术史　道咸新学　清学三阶段论

引　言

王国维先生在中国近代学术史上的地位毋庸置疑，他在哲学、文学、戏曲史、古文字学、上古史及西北史地等诸多领域均遗惠后人颇多。在清代学术史领域，王国维的著述虽不甚丰，贡献却不容忽视。在《沈乙庵先生七十寿序》一文中，其"国初之学大，乾、嘉之学精，道、咸以降之学新"[①]的论断，虽寥寥十数字，却高屋建瓴地道出有清一代学术变迁大势及特点，至今为学界推重。而其《国朝汉学派戴、阮二家之哲学说》一文，更从哲学的视角出发，讨论清儒得失，为学界开辟一新视野，其后梁启超、胡适等先生论戴震之哲学，傅斯年先生作《性命古训辨证》，对清

---

① 王国维：《沈乙庵先生七十寿序》，载谢维扬、房鑫亮主编《王国维全集》第八卷，浙江教育出版社，2009，第618页。

代学者哲学成就及得失的讨论遂逐渐展开。

王国维与清代学术的关系，或许用他在《人间词话》一书中所言之"入乎其内，出乎其外"二句来表示最好不过。一方面，王国维对清代学术史不多的论述并非其学术生涯中某几个时期孤立、突兀的存在，而是其"入乎其内"，继承清代学术治学精神与方法，在长期学术研究中所形成的切实、鲜活的体验。他把清代考据学的实证方法与精神运用于戏曲史、上古史、西北史地等诸多领域，取得了卓著的成就。从某种意义上来说，王国维早期的学术研究本身就是清代学术，或者说道咸以降之"新"学的一部分；如果采取梁启超先生"中国近三百年学术史"①的说法，那么王国维先生一生的学术成就都可被涵括于"中国近三百年学术史"之中。王先生治学思路与学术取向的转变，与其对清代学术认识的不断深入有着密切联系。他对清代学术价值的认识、对晚清学术发展趋势的把握，无形中影响了他的学术取向，而其学术取向的变化也在某种程度上反映了他对清代学术认识的变化。另一方面，在清末民初学术发展再次遭遇瓶颈的时代背景下，正因王国维能够不囿于乾嘉学术的传统，出乎传统学术固有研究领域与方法之外，兼取西方学术与清代学术之长，所以能别辟途径、创造新方法、发掘新史料、提出新问题、拓展新领域，不仅为学术发展觅得了一条新出路，而且在传统学术研究现代化转型进程中做出了不容忽视的贡献。

有鉴于王国维先生与清代学术的密切关联，本文拟以"近三百年"学术发展走势为视角，探究其在晚清民初学术流变和转型过程中的治学取

---

① 在《中国近三百年学术史》一书中，梁启超先生主张："晚明的二十多年，已经开清学的先河，民国的十来年，也可以算清学的结束和蜕化。把最近三百年认做学术史上一个时代的单位，似还适当。"（岳麓书社，2009，第1页）鲍国顺先生于《清学的名义与特质》中指出："'中国近三百年学术史'，原是梁启超于一九二三年在天津南开大学和北京清华研究院讲课的课名，后来将授课讲义出版，即以《中国近三百年学术史》为书名。所谓'近三百年'，指的是从梁氏讲课当时的一九二三年，上溯三百年为一六二三年，也就是明熹宗天启三年……其后钱穆于一九三一年，也在北大讲授'中国近三百年学术史'，五年后（一九三六），同样以课名为书名，将讲稿出版。从此以后，'中国近三百年学术史'便成为学术上的专有名词，用以指称十七、十八、十九三个世纪的中国学术史。核实言之，从晚明到民初，学风与其前后皆有明显的不同，确实是可以看作中国学术史上一个具有独立意义的时代单位，因此，就梁、钱二氏当时讲课的年代来说，以'中国近三百年学术史'为名，可以说是再恰当不过了。"（《清代学术思想论集》，高雄复文图书出版社，2002，第2～3页）

向，以及由哲学而文学而经史小学为学进路中所呈现出的"清学特征"、学术思想归趣之所在。知人论世，或可于观察晚清民初社会转型下学术的升沉，不无裨益。

一 早年为学取向及哲学研究之旨趣

王国维，字静安，亦字伯隅，初号礼堂，又号永观，晚号观堂，1877年12月3日生于浙江海宁，1927年6月2日自沉于北京颐和园内昆明湖。其父王乃誉，先后经商、游幕，工于金石书画。晚清时局激荡，王乃誉亦"喜谈经世之学，顾往往为时人所诟病，闻者辄掩耳去，故独与儿辈言之"①。王国维的蒙师陈寿田，毕业于京师同文馆，是近代科学家李善兰的学生。正是得益于父师之教，王国维遂在此后的为学历程中，颇为喜好哲学、文学，并对西方学术持开放的态度。而由于他既无家学渊源，更无经学今、古文之师承，所以很少抱门户之见。

据王国维称，其家有书五六箧，然他独不喜其中的《十三经注疏》。②不过，他肄业的杭州崇文书院，曾是乾嘉学术的重镇，名儒卢文弨即尝掌教于此，置身于此一学术氛围，自然也会受传统学风的习染。18岁时，王国维曾撰文条驳俞樾《群经平议》③，可见他在经学方面还是有一定根基的。而值得注意的是，此时的王国维，因"见友人读《汉书》而悦之"，遂散尽幼时积蓄，"购前四史于杭州"④，也对传播新思想的《时务报》爱不释手，屡携该报归家，还曾借阅《读西学书法》⑤，由此略可窥见其读书兴趣之一斑。

甲午战争中国战败，王国维每思自奋，但"家贫不能以赀供游学，居恒怏怏"⑥。书生报国无他物，唯有手中笔如刀。甲午后，王国维放弃了家乡的塾师之职，赴沪担任《时务报》书记。身为维新派最大机关报的书记，王国维与维新派人士频繁接触，他曾于1898年3月拜谒过康有为，又

---

① 王国维：《先太学君行状》，《王国维全集》第十四卷，第68页。
② 王国维：《自序》，《王国维全集》第十四卷，第118页。
③ 王乃誉：《王乃誉日记》第一册，中华书局，2014，第344页。
④ 王国维：《自序》，《王国维全集》第十四卷，第118页。
⑤ 王乃誉：《王乃誉日记》第二册，第707、790、844页。
⑥ 王国维：《自序》，《王国维全集》第十四卷，第119页。

于当月会见过康有为的弟子欧榘甲，欧氏"示以传孔教，重民权，改制度"①，然而王国维并未因此对维新派理论源泉之一的晚清今文经学有太多关注。

王国维对维新派的政治主张亦无太多兴趣。百日维新前，他在致友人许家惺的信中，即认为："此刻欲望在上者变法万万不能，惟有百姓竭力去做，做得到一分就算一分。"② 虽然他也会因变法而欢欣鼓舞，但相较于维新派所主张的自上而下的政治改革，他更倾向于自下而上的改变，即通过教育开启民智，从改变社会风气入手。在百日维新的第八天，他写信给许家惺，直言"合群二字，为天下第一难事。其所以难合，实因民质未进之故"③。其后变法失败，许多人由改良转向革命一途，王国维则更加坚定了自己教育救国的理念。在致汪康年的信中，他强调："今日欲破坏治安、酿造大乱者，乃在薰心利禄之人，而我辈无所求于世者乃居其反对之地位，此事万不可解。公见事多，当能释此问题。维谓就教育一事，一切皆后着，今日唯造就明白粗浅之事理者为第一要着耳。"④

1898 年 12 月，王国维腿病愈后重返上海。在变法时期就赏识其才华的罗振玉请他任自己所办东文学社庶务，免其学东文各费；又于 1901 年邀其担任《教育世界》主编。不再有生活之忧的王国维，自此开始了自己的学术生涯。他广泛涉猎西方学术书籍，学习东西各国语言，同时开始翻译日人著作。此时，晚清的翻译事业正在如火如荼地展开。根据梁启超先生的记述，"壬寅癸卯间，译述之业特胜；定期出版之杂志不下数十种，日本每一新书出，译者动数家"。然而，这些译著"皆所谓'梁启超式'的输入，无组织，无选择，本末不具，派别不明，惟以多为贵"⑤。与众人的"肤浅凌乱"不同，王国维早期的译述皆与教育这一主题相关，⑥ 粗具条

---

① 王乃誉：《王乃誉日记》第二册，第 855 页。
② 王国维：《致许家惺》，《王国维全集》第十五卷，第 3 页。
③ 王国维：《致许家惺》，《王国维全集》第十五卷，第 12 页。
④ 王国维：《致汪康年》，《王国维全集》第十五卷，第 27 页。
⑤ 梁启超：《清代学术概论》，岳麓书社，2009，第 93 页。
⑥ 王国维所译日人著作主要集中在 1901 年、1902 年，如《日本地理志》《教育学》《法学通论》（以上 1901 年），《算术条目及教授法》《教育学教科书》《心理学》《伦理学》《哲学概论》（以上 1902 年）；其后的翻译，则以西方著述为多（见胡逢祥：《王国维著译年表》，《王国维全集》第二十卷，第 468 页）。

理，而他的学术研究亦与其译述相配合，以哲学为中心展开。

根据西方经验，王国维认为，"哲学，教育学之母也"①，"哲学者而非教育学者有之矣，未有教育学者而不通哲学者也"，因此，言教育必须先治哲学。他指出，"专门教育中，哲学一科必与诸学科并立，而欲养成教育家，则此科尤为要"②。王国维一方面讨论哲学的价值与意义，强调哲学"有益于心"，非无用之学；另一方面试图论证"哲学乃中国固有之学"③，希望以此引起学术界的重视。正是在这种思路的指导下，他以哲学的学术框架，对戴震、阮元二人之理学做了一番审视，于1904年撰成《国朝汉学派戴、阮二家之哲学说》一文，从而勾勒出清代学术发展的一个侧面。他强调：

> 近世哲学之流，其胶浅枯涸，有甚于国朝三百年间者哉！国初承明之后，新安、姚江二派，尚相对垒，然各抱一先生之言，姝姝自悦，未有能发明光大之者也。雍、乾以后，汉学大行，凡不手许慎、不口郑玄者，不足以与学问之事。于是昔之谈程、朱、陆、王者屏息敛足，不敢出一语。至乾、嘉之间，而国朝学术与东汉比隆矣。然其中之巨子，亦悟其说之庞杂破碎，无当于学，遂出汉学固有之范围外，而取宋学之途径。④

观此，可见王国维对清代学术所持的看法。首先，在他看来，被其视为中国哲学的传统理学在清代并未断绝，更进一步来说，清代学术从理学的角度可以视作宋明学术的延续，这不仅表现在"国初承明之后"这个特点上，也体现在乾、嘉时期一些大师也"出汉学固有之范围外，而取宋学之途径"这个现象上。其次，此时的王国维，基本认可乾嘉汉学的学术价值，所以他才视清代学术可与东汉"比隆"。最后，他把清代学术的问题归结为两点：一是理学不够发达，"不及宋人远甚"⑤；二是乾嘉时期的考

---

① 王国维：《叔本华之哲学及其教育学说》，《王国维全集》第一卷，第35页。
② 王国维：《哲学辨惑》，《王国维全集》第十四卷，第8~9页。
③ 王国维：《哲学辨惑》，《王国维全集》第十四卷，第7~8页。
④ 王国维：《国朝汉学派戴、阮二家之哲学说》，《王国维全集》第一卷，第96页。
⑤ 王国维：《国朝汉学派戴、阮二家之哲学说》，《王国维全集》第一卷，第96页。

据之学庞杂破碎，不成体系。

王国维在该文中承认戴、阮二人的理学观点代表"古代北方实用哲学"的复活，自有其价值，然而也尖锐地指出戴震理论中自相矛盾之处，对阮元论"性"拘于门户之见也颇有微词。他对清代理学的发展并不满意，但并不打算像桐城派一样试图复兴"义理之学"，而是要把传统理学扩大为现代哲学。在他眼中，"理学之于哲学，如二五之于一十"①，大学教育实不应限于理学之目。而且，他认为"近世中国哲学之不振，其原因虽繁，然古书之难解，未始非其一端也"，但并未依循乾嘉学派"训诂明而后义理可明"的思路，而是把"通西洋之哲学，以治吾中国之哲学"作为振兴近世中国学术的途径。② 就在1904年，他先后完成了《论性》《释理》两文，对西方哲学的理论多有参照，就是对此一治学取向的实践。但也应看到，传统思路与方法的惯性，在王国维身上亦有一定的体现。众所周知，无论是朱熹的格物致知，还是王阳明的致良知，乃至后来颜元、戴震等的哲学，在很大程度上以人性论为基础，若没有人性论，他们的修身之学、学理思辨，就无从谈起。显然，王国维也无法回避人性论这个中国哲学的基本问题。在《释理》一文中，他从语源入手，试图通过对"理"字内涵与外延的辨析来推翻前人之说，这与清儒由训诂通义理的思路又有着某种暗合。因此，王国维的学术理念与传统汉学、宋学学者虽然皆不尽相同，但在实际的学术研究中，他显然没有完全摆脱传统的影响。

在哲学的框架下审视中国传统学术思想，王国维无疑比胡适、冯友兰等人早许多。其《周秦诸子之名学》（1905）一文，曾被认为是"近代第一篇运用'欧西之学'，论述先秦诸子的重要论文"③。此时，他重视教育的理念及输入新学语的主张，均与新文化运动的精神有着相似之处。如果说王国维对中国哲学的开辟得益于对西学的掌握与运用，代表一种新视角的话，那么，在哲学研究之外，他具有的超前的学术理念与主张则绝非仅仅是得益于西学，而对晚清学术弊症的清晰认识，或许才是其中的关键。

在同样写于1905年的《论近年之学术界》一文中，王国维承认，政

---

① 王国维：《教育偶感四则》，《王国维全集》第一卷，第137页。
② 王国维：《哲学辨惑》，《王国维全集》第十四卷，第9页。
③ 陈鸿祥：《王国维年谱》，齐鲁书社，1991，第79页。

治环境、社会环境的变化，学术思想的传入等"外界之势力"，对中国学术思想发展的推动作用巨大。不过，在他看来，自明末以来所传入的数学与历学及基督教皆"形而下学，与我国思想上无丝毫之关系"；严复所奉"功利论及进化论之哲学"亦非正途；由日本传入中国的法国自然主义思想在他眼中则只是"聊借其枝叶之语，以图遂其政治上之目的耳。由学术之方面观之，谓之无价值可也"；受西方进化论思想影响颇深的晚清今文经学派，则更不是其理想中的道咸以降之"新"学。对于晚清今文经学派，他评论道：

> 其有蒙西洋学说之影响，而改造古代之学说，于吾国思想界上占一时之势力者，有南海（康有为）之《孔子改制考》《春秋董氏学》，浏阳（谭嗣同）之《仁学》。（康）氏以元统天之说，大有泛神论之臭味。其崇拜孔子也，颇模仿基督教。其以预言者自居，又居然抱穆罕默德之野心者也。其震人耳目之处，在脱数千年思想之束缚，而易之以西洋已失势力之迷信，此其学问上之事业，不得不与其政治上之企图同归于失败者也。然（康）氏之于学术，非有固有之兴味，不过以之为政治上之手段，《荀子》所谓"今之学者以为禽犊"者也。①

显然，王国维是持批判态度的。在他看来，"欲学术之发达，必视学术为目的，而不视为手段，而后可"，欲中国学术重新焕发活力，"一面当破中外之见，而一面毋以为政论之手段"②。这一取向，无疑与康有为、严复所代表的清末学术主流形成鲜明对比。比如，王国维教育救国的理念，与康有为政治改革的主张针锋相对；其主张输入新学语，亦是因不满严复等人的翻译风格而发。如果说晚清今文经学对"致用"的追求是对乾嘉学术琐碎无用之反动，那么王国维早期对"无用之学"的追求则可看作对晚清学术急功近利之反动。这种"反动之又反动"，使被诸多晚清学人目为"无用之学"的乾嘉"旧"学之精神，逐渐被王国维"同情"。在《教育

---

① 王国维：《论近年之学术界》，《王国维全集》第一卷，第122页。按：括号内文字原阙，兹参考文意和有关文本予以补充。
② 王国维：《论近年之学术界》，《王国维全集》第一卷，第125页。

小言十则》中，他曾感慨：

> 十年以前，士大夫尚有闭户著书者，今虽不敢谓其绝无，然亦如凤毛麟角矣。夫今日欲求真悦学者，宁于旧学中求之。

又赞誉晚清坚守乾嘉学风的学者俞樾道：

> 德清俞氏之殁几半年矣。俞氏之于学问，固非有所心得，然其为学之敏与著书之勤，至耄而不衰，固今日学者之好模范也。[①]

对晚清学术现状的不满，使王国维按照自己的理解将西方学术理念运用于学术研究的同时不断向传统学术领域回归，其学术也逐渐显现出诸多"清学特征"。

二 治学转向中清学特征的显现

1907年，王国维曾作《自序》一篇，略述三十岁以前的治学途径。他自言：

> 余疲于哲学有日矣。哲学上之说，大都可爱者不可信，可信者不可爱。余知真理，而余又爱其谬误。伟大之形而上学、高严之伦理学与纯粹之美学，此吾人所酷嗜也。求其可信者，则宁在知识论上之实证论、伦理学上之快乐论与美学上之经验论。知其可信而不能爱，觉其可爱而不能信，此近二三年中最大之烦闷。而近日之嗜好，所以渐由哲学而移于文学，而欲于其中求直接之慰藉者也。[②]

由哲学到文学，是王国维学术生涯中的一次重要转向。兴趣之转移，固然是其学术转向的重要原因，但若仅以此一言以蔽之，则稍嫌笼统。或许我们该继续追问一句，王国维的兴趣因何改变？

[①] 王国维：《教育小言十则》，《王国维全集》第十四卷，第124页。
[②] 王国维：《自序二》，《王国维全集》第十四卷，第121页。

首先，不能忽略环境变化的影响。1906年，王国维跟随罗振玉前往北京，一年后因罗先生引荐在学部任职，先后任总务司行走、图书馆编译，又于1909年后充任名词馆协修。在此期间，他接触了大量与诗词、戏曲相关的资料，而结识的友人如柯劭忞、缪荃孙等又多好旧学。此一氛围，显然对王国维治学之转向有一定的影响。

其次，随着学术研究的深入，王国维对近世哲学的发展越来越不满意。他在数年内四次研读康德的著作，"觉其窒碍之处，大抵其说之不可持处"①，这即其所谓"可爱而不可信者"。而西方"近二十年之哲学家"，在王国维看来皆为"第二流之作者"，都是"所谓可信不可爱者"。至于流行中国的进化论及功利论哲学，更与其理念相悖。同时，王国维对哲学研究有了力不从心之感，他自言："以余之力，加之以学问，以研究哲学史，或可操成功之券。然为哲学家则不能。"②理想与现实的落差让他备感失落，因此，由哲学到文学的转向，可视为王国维在"途穷"时的"必变"。

若进一步深究，王国维的学术转向可能还有更加深刻的时代内涵。在《曲录》序文中，他曾不无感慨地说：

> 痛往籍之日丧，惧来者之无征。是用博稽故简，撰为总目。存佚未见，未敢颂言。时代姓名，粗具条理，为书六卷，为目三千有奇。非徒为考镜之资，亦欲作搜讨之助。补三朝之志，所不敢言；成一家之书，请俟异日。③

又其在《宋元戏曲史》一书的序言中，亦强调：

> 凡一代有一代之文学。楚之骚，汉之赋，六代之骈语，唐之诗，宋之词，元之曲，皆所谓一代之文学，而后世莫能继焉者也。独元人之曲，为时既近，托体稍卑，故两朝史志与《四库》集部均不著于录，后世儒硕皆鄙弃不复道。而为此学者，大率不学之徒，即有一二

---

① 王国维：《自序》，《王国维全集》第十四卷，第120页。
② 王国维：《自序二》，《王国维全集》第十四卷，第122页。
③ 王国维：《曲录·序》，《王国维全集》第二卷，第4页。

学子以余力及此，亦未有能观其会通、窥其奥窔者。遂使一代文献郁埋沉晦者且数百年。①

由此可见，王国维之注目于小说、戏曲的研究，乃为填补近代学术研究的空白，唤醒世人对戏曲、小说文学价值之认识，颇有"守先待后"的意味。其实，在早年的著作中，他已反复提到文学作品中美学价值之于世道人心的重要作用。如关于文学与政治之价值，他曾做过这样的剖判：

生百政治家，不如生一大文学家。何则？政治家与国民以物质上之利益，而文学家与以精神上之利益。夫精神之于物质，二者孰重？且物质上之利益，一时的也；精神上之利益，永久的也。前人政治上所经营者，后人得一旦而坏之，至古今之大著述，苟其著述一日存，则其遗泽且及于千百世而未沫。②

王国维肯定"纯学术"研究的意义和价值，在他这里，"纯学术"才是解决问题的根本之道。他认为，"必使道德、学问、实业等有独立之价值，然后足以旋转社会之趋势"③。在《去毒篇》一文中，他指出，要想彻底解决鸦片问题，根本在于给予国民精神上之慰藉。为此，他尝试通过发掘文学作品中的美学价值，为国民寻找"精神之利益"，以达到拯救时弊的作用。在他眼中，"一切学问皆能以利禄劝，独哲学与文学不然"④。从这个角度来说，他的文学研究和哲学研究是一脉相承的，都是其经世思想和道德关怀的体现，即对"精神上之利益"的探讨。

在某种程度上，从中国传统文化中挖掘"精神上之利益"，显然比空言西方哲学理论更具说服力，何况传统学术材料并不会与新方法无法兼容。王国维在此时期发表的《屈子文学之精神》及《古雅之在美学上之位置》等文，都是十分成功的尝试。而中国传统学术尤其是乾嘉学术的遗产，也为王国维提供了优良的方法，使他受益匪浅。据《永丰乡人行年

---

① 王国维：《宋元戏曲史·序》，《王国维全集》第三卷，第3页。
② 王国维：《教育偶感四则》，《王国维全集》第一卷，第138页。
③ 王国维：《教育小言十三则》，《王国维全集》第十四卷，第106页。
④ 王国维：《文学小言》，《王国维全集》第十四卷，第92页。

录》载,王国维在京期间数次与罗振玉、缪荃孙、吴昌绶等人宴集,"纵谈版本目录"①。这一经历,使王国维深受启发,从而对乾嘉学术的方法有了新的认识,并予以认可。在《词录》一书中,他表露心得称:"长夏苦热,不耐深沉之思,偶得仁和吴昌绶伯宛所作《宋金元现存词目》,叹其搜罗之勤,因思仿朱竹垞《经义考》之例,存佚并录,勒为一书。"②

相较于哲学研究,在文学研究中,王国维更加倾向于使用"传统方法"——乾嘉学术的考据方法。此时他对乾嘉旧学已不仅是同情了,其治诗词、戏曲不仅时常考订目录,亦经常校勘版本,运用小学方法考订词源。他还曾校注《录鬼簿》,以《花间集》《尊前集》《全唐诗》等书为本辑出《唐五代二十一家词》,诸如此类,皆是对乾嘉学者方法的灵活运用。其治戏曲亦是如此,如《曲录》对资料的搜集、版本的探究,《戏曲考源》《唐宋大曲考》等对源流的考镜。正因有这些运用乾嘉考证方法的著作在前,才有了《宋元戏曲史》的集其大成。清代考证学,自清初顾炎武作《日知录》《音学五书》开其端,阎若璩作《古文尚书疏证》、胡渭作《易图明辨》承其绪,学者多以考订经部为主;乾嘉时,钱大昕作《廿二史考异》、赵翼作《廿二史札记》、王鸣盛作《十七史商榷》等,考史之学蔚为大观;后王念孙作《读书杂志》、汪中作《述学》,至晚清俞樾《诸子平议》、孙诒让《墨子间诂》,对子部的考订也逐渐展开。如果说"有清一代考证的主要对象最先是经,其次则史,再其次为子,最后更扩大到集部"③ 的观察不无道理的话,那么王国维此时对于词曲等集部甚至出乎集部之外材料的考证研究,就可视作清代学术思潮之余波。诚如张舜徽先生所言:"王氏治学方法,大部分是从清代诸儒书中取来的,不过把它更运用到比较广泛的方面去了。"④

王国维不仅对清代学术"无用"之特点表示同情,而且在研究方法上

---

① 罗继祖:《永丰乡人行年录》,载罗继祖主编《罗振玉学术论著集》第十二集,上海古籍出版社,2013,第387页。
② 王国维:《词录·序例》,《王国维全集》第一卷,第401页。
③ 余英时:《"国学"与中国人文研究》,《国学与中国人文》,广西师范大学出版社,2014,第3页。
④ 张舜徽:《考古学者王国维在研究工作中所具备的条件、方法与态度》,《中国史论文集》,湖北人民出版社,1957,第168页。

也对清代学术多有借鉴。其治学思路,亦得益于清代学人匪浅。学界有关研究表明,王国维的戏曲研究方法、范畴与观点都曾受乾嘉名儒焦循的影响,①他在《人间词话》中提出的"境界"说等,也很有可能承自龚自珍。②

写于此一时期的《静庵藏书目》,多少能反映王国维学术重心的一些微妙变化。③该书目所录,多与他此时研究重点的诗词、戏曲相关;此外,经部、子部著作居多。不过,这部所列170种的书目,并非王国维此时藏书的全部,后曾被他携至日本的西学相关著作并未出现在这个书目之内。由于该书目对于版本、册数等信息书写得较为随意,有的甚至只具书名,而其中诗词类著作在此一时期王国维的研究中时常见到,所以《静庵藏书目》有可能只是他重点翻阅书籍的书目,所以被附于手稿本《人间词话》之后。

值得注意的是,在这个书目中开列了《李二曲集》《亭林遗书》《龚定庵全集》《惜抱轩集》《戴段合刻》《东塾丛书》等著作。尽管不能通过一个书目就认为像顾炎武的"博学于文,行己有耻"、戴震的"训诂明而后义理可明",以及姚鼐的"辞章、义理、考据并重"、陈澧的"会通汉宋"等学术主张,对王国维治学思路产生了多大影响,但王国维此时确实已经留意到了清代学术,尤其是清代学术史上一些很具代表性的学人。如在王国维其后来提出的清代学术三阶段论中,顾炎武、戴震、龚自珍即被视为国初之学、乾嘉之学、道咸之学的典型代表。更为重要的是,顾炎武为学,既重视"博学",同时也很强调"行己有耻"的重要性。李颙在清初也是"不偏立宗主,左右采获以为调和者"④。戴震早年不非宋学,认为

---

① 关于焦循对王国维戏曲研究的影响,详参张晓兰、赵建新《中国古代戏曲论稿》(中国社会科学出版社,2014)、叶长海《中国戏剧学史稿》(中国戏剧出版社,2003)、王伟康《继承与超越——王国维戏剧研究接受焦循深广影响管窥》(《南京广播电视大学学报》1999年第3期)。
② 关于龚自珍对王国维诗词研究之影响,详参彭玉平《龚自珍与王国维文脉承续一见》一文,见《汕头大学学报》(人文社会科学版)第25卷第5期。
③ 《静庵藏书目》大约写定于1909年,详参彭玉平《〈静庵藏书目〉与王国维早期学术》一文,见《复旦学报》(社会科学版)2010年第4期。
④ 钱穆:《国学概论》,商务印书馆,1931,第258页。

"汉儒得其制数，失其义理；宋儒得其义理，失其制数"①，晚年又作《孟子字义疏证》。段玉裁晚年亦有"理学不可不讲"之见，颇有缓和汉宋矛盾之意。姚鼐、陈澧均主张调和汉宋矛盾，更不必言。可以说，出现在这个书目中的许多清代学人都有过打破旧有学术框架，试图引入新思路的尝试。虽然王国维未必认同清代学人处理学术与经世、义理与考据矛盾的方法，但是，何以是这些清代学人的著作而不是另外一些学人的著作出现在这个书目中，或许在一定程度上已体现了王国维的某种学术认同。

1911年，王国维在《国学丛刊序》中也试图打破旧的学术框架，大声疾呼道：

> 学无新旧也，无中西也，无有用无用也。②

他摒弃传统学术经、史、子、集的分类方法，分学术为科学、史学、文学三类，同时强调三者的相通之处。他认为：

> 今专以知言，则学有三大类：曰科学也、史学也、文学也。凡记述事物而求其原因、定其理法者，谓之科学；求事物变迁之迹而明其因果者，谓之史学；至出入二者间而兼有玩物适情之效者，谓之文学。然各科学有各科学之沿革，而史学又有史学之科学（如刘知几《史通》之类），若夫文学则有文学之学（如《文心雕龙》之类）焉，有文学之史（如各史《文苑传》）焉。而科学、史学之杰作，亦即文学之杰作。故三者非斠然有疆界，而学术之蕃变，书籍之浩瀚，得以此三者括之焉。③

每个时代的学术都要担当起解决时代问题的任务，同时每个时代又有每个时代的问题，故而一个时代有一个时代的学术。无论是趋新还是守旧，激进还是保守，对这个时代的学术思潮赞同或是反对，都无法摆脱时

---

① 戴震：《与方希原书》，《戴震全集》第5册，清华大学出版社，1997，第2590页。
② 王国维：《国学丛刊序》，《王国维全集》第十四卷，第129页。
③ 王国维：《国学丛刊序》，《王国维全集》第十四卷，第129~130页。

代学风的影响。王国维早年《论教育之宗旨》一文中所提出要美育、德育、知育三者并重，即可看出"辞章、义理、考据并重"这一观点的影子。而当晚清学术界的主要矛盾已从"汉宋矛盾"变为"中西矛盾"时，王国维提出"中、西二学，盛则俱盛，衰则俱衰"①，把学术主张从"会通汉宋"转向"融会中西"，也就顺理成章了。

无论是康有为、梁启超、严复还是王国维，他们不一样的道咸以降之"新"学都是为回应时代的问题，都对乾嘉旧学有所超越，但在某种意义上仍是传统的延续。不同的是，相较康有为等人比附西学，改造今文经学使其符合社会进化论学说的方法，王国维前期的学术研究看似更加趋新，其实更加具有以传统学术为中心的主体意识。诚然，他是要打破中西学术的界限，主张客观、公正的"无用之学"，但在他心中也高悬一个"明道经世"的理想，只是在他看来，这个理想不应妨碍学术研究的客观性。他追求的有独立之价值的"无用之学"终究也是要以"精神之利益"的方式为解决中国的问题提供答案的，因此他的研究总也绕不过中国固有的材料。虽然西学为他提供了更加开阔的眼界，更加科学的分类方法，但这些更多只是一个可供参考的标准。王国维曾说：

> 欲知古人，必先论其世；欲知后代，必先求诸古；欲知一国之文学，非知其国古今之情状学术不可也。②

"欲知后代，必先求诸古"，正是他此时心态的写照。然而，如何求得"中国古今之情状学术之真相"，无疑是王国维需要面对的一个大关键。由后来的学术实践来看，王国维采取了一条回到更加传统的经、史领域，借助考据学方法以去求得真相的方法。就此而言，王国维之从事文学研究，只是他学术转向中的一个过渡，而非终点。

1911年，辛亥革命爆发，王国维随罗振玉前往日本。他的学术本已表现出诸多清学特征，而遗民的情结，悲观的性格，生活的压力，及甲骨文、敦煌文书带来新的研究领域的吸引，加之罗振玉等人潜移默化的影

---

① 王国维：《国学丛刊序》，《王国维全集》第十四卷，第131页。
② 王国维：《译本琵琶记序》，《王国维全集》第十四卷，第133页。

响，无不促使他的学术向更加传统的领域回归。同时，当时代的问题逐渐由"如何调和中西学术之矛盾"变成"如何在西方学术的冲击下保存中国传统"时，王国维的学术取向注定再次发生改变。根据狩野直喜回忆，王国维似乎"重新开始研究中国的经学，并提出了新的见解。可能他想改革中国经学研究"①。在1913年《宋元戏曲史》一书完成后，王国维的学术研究最终回归传统经史、小学的领域，直至其去世。1914年，他致信沈曾植，不无感慨地说：

> 往者十年之力，耗于西方哲学，虚往实归，殆无此语。然因此颇知西人数千年思索之结果，与我国三千年前圣贤之说大略相同，由是扫除空想，求诸平实。②

这种几经尝试后的学术回归，或许正符合其所言"众里寻他千百度，蓦然回首，那人却在灯火阑珊处"的学问进境吧。

三　关于清代学术基本问题的几点认识

民国时期王国维的学术研究以古文字学、音韵学、上古史、西北史地见长。如王国华在《海宁王静安先生遗书序》（陆维钊代作）中所言："先兄治学之方法虽有类于乾嘉诸老，而实非乾嘉诸老所能范围。"③ 不能把王国维后期学术与乾嘉学术等同视之，因为他不仅兼采西学之长，得益于地下之材料，而且颇多取法清初学术与道咸以降之"新"学。王国维之所以在经史、小学上能取得突破，是因建立在深谙清代学术精神与方法的基础上。所以，欲探究王国维后期学术研究的思路与旨趣，就无法绕开其关于清代学术基本问题的认识。

王国维眼中的清代学术是怎样的呢？罗振玉曾建议王国维作"本朝学术史"一书，可惜王国维整个学术生涯都未遑及此。他专论清代学术的著述寥寥，除前面提及的《国朝汉学派戴、阮二家之哲学说》外，另有《国

---

① 狩野直喜：《回忆王静安君》，《王国维全集》第二十卷，第372页。
② 王国维：《致沈曾植》，《王国维全集》第十五卷，第69页。
③ 王国华：《海宁王静安先生遗书序》，《王国维全集》第二十卷，第216页。

朝学术》(《东山杂记》五十八)①、《沈乙庵先生七十寿序》两文。尽管这三篇文字皆有独到见解，但仅凭此显然无法了解王国维对清代学术认识的全部。其实，王先生在其他一些著述和书信中，也时常论及清代学人与清代学术。通过爬梳和比照这些材料，我们将会更加清晰地了解王国维先生关于清代学术诸多问题的认识。

清代学术与宋明学术的关系，是近代学者讨论清代学术时甚为关注的一个重要问题。如梁启超先生主张"理学反动说"，钱穆先生主张"每转益进说"等。②于此，王国维先生亦有他的看法。在《宋代之金石学》一文中，他说：

> 天水一朝人智之活动与文化之多方面，前之汉唐，后之元明，皆所不逮也。近世学术多发端于宋人，如金石学，亦宋人所创学术之一。③

在致沈兼士的信中，亦认为：

> 古韵之学，创于宋人，至近世而极盛。④

在早年所撰《国朝汉学派戴、阮二家之哲学说》一文中，他同样认为，"国初承明之后"，"乾、嘉之间，出汉学固有之范围外，而取宋学之途径"。虽然他以"一扫明代苟且破碎之习，而实学以兴"⑤来概括清代学术由虚返实的特点，但无论从义理还是从考据的角度，皆将清代学术与宋

---

① 按：《东山杂记》原书稿不分篇章，《王国维全集》收录此书时，据内容分为七十八条，每条仅标序号，其中论清代三百年学术一条列为"五十八"，然我们核查《盛京时报》发现，此条分载于1913年10月19日、21日，名为"东山杂记二十"。而在王国维著述的一些选编本中，常以《国朝学术》概称此文，兹亦沿用此一指称。
② 关于清代学术研究的诸多范式，详参陈居渊《汉学更新运动研究——清代学术新论》，凤凰出版社，2013，第6~23页。
③ 王国维：《宋代之金石学》，《王国维全集》第十四卷，第315页。
④ 王国维：《致沈兼士》，《王国维全集》第十五卷，第856页。
⑤ 王国维：《沈乙庵先生七十寿序》，《王国维全集》第八卷，第618页。

明学术视作一个整体。这与钱穆先生"不识宋学,即无以识近代"① 的观点十分相似。正因王国维认识到清代学术与宋明学术的内在联系,故而在实际的学术研究中,他对清代学术、宋明学术之成果皆有所采纳,亦多有补正。尽管在后期学术研究中,王国维对"汉宋兼采"这一主张的贯彻更多还是在"考据"为中心的学术方法层面,但对传统文化中所蕴含的"义理",则不仅没有忽视,反而更加看重了。在"一战"后致狩野直喜的信中,他说:"世界新潮滰洞澎湃,恐遂至天倾地坼。然西方数百年功利之弊非是不足一扫荡,东方道德政治或将大行于天下,此不足为浅见者所道也。"② 在备受当代学人关注的《论政学疏稿》一文中,亦强调了"尊德性"的重要作用,认为国家、民族各有特性,"万不能以科学之法治之"③。对于国事,他认为溥仪此时"焦劳则无益于事,而有损于圣躬;逸豫则不安于心,而亦亏于至德",不如"游于艺"④。所以,很难说王国维此时很少谈及"义理之学"而致力于经史考证之学是不是有"邦有道,危行危言;邦无道,危行言孙"⑤ 的意味,但他并未轻视"义理之学"则是无疑的。

而值得指出的是,通过考察王国维、张尔田到钱穆、余英时诸先生的有关言说,或许可以进一步厘清"清代学术渊源于宋学"这一认识不断发展、演变的脉络。张尔田曾致信王国维谈及宋明学术与清代学术各自之弊病,颇有警醒之意。他说:"人但知宋学末流为空疏,而不知三百年学术末流为破坏。"⑥ 亦指出汉宋学术转化的必然:"宋儒之泽支五百年,汉学昌明亦逾两百(年),文质循环,穷则必变。"⑦ 王国维写给张尔田的回信虽不可见,但结合张尔田在下一封信中的"前谈殊畅"四字来看,王国维应与张尔田意见相似,至少就此问题有过讨论。张尔田所言"文质循环,穷则必变"甚至比王国维更进一步,与钱穆所言"学术之事,每转而益进,途穷而必变"⑧ 虽不尽同,但也颇为相似。其所言"文质循环",盖指

---

① 钱穆:《中国近三百年学术史》,九州出版社,2011,第1页。
② 王国维:《致狩野直喜》,《王国维全集》第十五卷,第839页。
③ 王国维:《论政学疏稿》,《王国维全集》第十四卷,第214页。
④ 王国维:《论政学疏稿》,《王国维全集》第十四卷,第214~215页。
⑤ 朱熹:《四书章句集注》,浙江古籍出版社,2012,第130页。
⑥ 马奔腾辑注《王国维未刊来往书信集》,清华大学出版社,2010,第258页。
⑦ 马奔腾辑注《王国维未刊来往书信集》,第256页。
⑧ 钱穆:《清儒学案序目》,《中国学术思想史论丛》(八),九州出版社,2011,第545页。

"尊德性"与"道问学"的循环。这个规律钱穆虽没有言明，但他在《清儒学案序目》中明显已有此意。其弟子余英时则进一步加以推阐，提出"内在理路说"。"穷则必变"一句与"途穷而必变"实则是一义，只不过张尔田没有提及学术发展"每转"后还会"益进"这一现象。

据钱穆先生在《师友杂忆》中回忆，其在北大任教时，识张尔田、东荪兄弟，之后与熊十力、张氏兄弟时常相聚，"十力好与东荪相聚谈哲理事，余则与孟劬谈经史旧学"。钱先生称："余因孟劬言，乃识清初学风之一斑。"① 可见他颇受张尔田之影响。此时，钱先生正在写作《中国近三百年学术史》一书，在北大所教授的也正是中国近三百年学术史；他还与曾是王国维在清华大学的同事陈寅恪、吴宓来往颇多，陈、吴二人亦推崇宋代学术。如此来看，钱穆对清学与宋学之关系的认识，似与王国维、张尔田等人关联密切。

除"清代学术与宋明学术的关系"这一重要问题外，对清代学术各个阶段"学术偶像"的选择亦是近代以来学人争论的一大焦点。如章太炎先生之《清儒》，先言顾炎武；于乾嘉间推挹吴派惠栋，皖派江永、戴震；晚清则称道俞樾、孙诒让；此外，亦言及浙东黄宗羲、万斯同等人；对桐城、常州两派及晚清今文经学则颇为不屑。梁启超先生之《清代学术概论》，稍异章氏之说，于清初则顾炎武、黄宗羲、王夫之、颜元并言，但仍以顾炎武为首；乾嘉则吴、皖分说，类于章先生；晚清则更多以康有为为中心。又其《中国近三百年学术史》一书则类于前说，但以"阳明学派之余波及其修正""清代经学之建设""实践实用主义""科学之曙光"等分述清初诸家的贡献，颇有等量齐观之意。钱穆先生之《中国近三百年学术史》一书，置黄宗羲于首位，次及王夫之；于乾嘉则弃惠栋不顾，亦不满戴震之学，而对章学诚颇为欣赏；晚清则推重曾国藩、陈澧。又其《清儒学案序目》，更是置孙奇逢于首位，是书所收几乎全为理学家。此一取舍，与章、梁等人大相径庭。

若把问题置于时代本身，亦是众说纷纭。清初理学家多推崇从祀两庑的陆世仪，浙东学派则称道黄宗羲；至乾嘉，吴派学人祖述惠士奇、惠栋，皖派学者则效法江永、戴震；晚清今文经学派视庄存与、龚自珍为先

---

① 钱穆：《八十忆双亲·师友杂忆》，九州出版社，2012，第159页。

驱，坚守旧学者则以俞樾、孙诒让为领袖。此外关学之李颙、湘学之王夫之，继来者亦多道及，诸如此类，不胜枚举。而具体到每位学人，则其学术偶像更是各异，这实际上体现了不同学术团体及学者学术旨趣的不同。

王国维于《国朝学术》中以黄、王、顾、江诸先生为开清初风气者，开乾嘉风气者，则推东原戴氏为首；在《沈乙庵先生七十寿序》中，则以顾炎武、戴震、钱大昕为开创者，前后大同小异。但若探讨他的"学术偶像"，则顾炎武与程瑶田、段玉裁三人尤须关注。于学术理念他推重顾炎武，而治学方法则更推重程瑶田、段玉裁。

对王国维治学取向影响颇多的罗振玉，曾为王国维指明一条治学之路。罗先生曾回忆道：

> 初公治古文辞，自以所学根柢未深，读江子屏《国朝汉学师承记》，欲于此求修学途径。予谓江氏说多偏驳，国朝学术实导源顾亭林处士，厥后作者辈出，而造诣最精者为戴氏震、程氏易畴、钱氏大昕、汪氏中、段氏玉裁及高邮二王，因以诸家之书赠之。[①]

近人探究罗、王之学，对这段文字多有关注，并常以此为罗振玉影响王国维步入乾嘉汉学途径之证据。然而，江藩《国朝汉学师承记》一书正是为表彰乾嘉汉学而作，何以罗振玉不屑此书，而刻意强调清代学术要"导源顾亭林处士"并谓"江氏说多偏驳"呢？这实因他不满乾嘉汉学拘于门户，舍宋学不讲之故。他在后来的《本朝学术源流概略》一书中亦言：

> 本朝钦定诸经注，皆汉、宋兼采，折中至当，乃后来诸儒，悉贵汉而轻宋。夫以顾氏炎武为本朝学者所服膺，而亭林在关中建朱文公祠，江氏永、王氏懋竑汉学甚深，而一注《近思录》，一为《朱子年谱》，初未敢轻宋学也。又予尝见段氏玉裁与王石臞书，有"今日之弊，在不尚品行政事，而尚抄说，汉学亦与河患相同，然则理学不可不讲"语。在百年以前，已慨乎言之。今日士气消沉，不能不归咎于

[①] 罗振玉：《海宁王忠悫公传》，《王国维全集》第二十卷，第228页。

重训诂、轻义理。①

江藩因顾炎武不废义理之学，所讲非纯正汉学，置顾炎武于卷八，而列不法程朱的阎若璩、胡渭于卷首。这也正是罗振玉反对王国维以《汉学师承记》为修学途径的根本原因。罗振玉提倡顾炎武之学实乃兼顾其"博学于文"与"行己有耻"并言之，并非仅视其为汉学开山而已，他反对的是所谓的纯粹汉学。

王国维于顾氏之学亦注目有加，对其文集诸文成文时间多有考订。赵万里曾整理《王静安先生手校手批书目》，于《顾亭林文集》一项下注"先生于顾氏之书致力至勤"②，可见王国维对顾炎武学术倾心之一斑。而论及清初之学，王国维同样目顾炎武为开山之人，其所推重的也正是顾炎武裨益世道人心的"经世之学"。他认为：

亭林之学，经世之学也，以经世为体，以经、史为用。③

王国维之学友多以当世亭林推许他。这其中固然有遗民情结在内，然而更多的还是希望王国维能够继承顾炎武"经世之学"的道统。如罗振玉在与王国维的书信中就提到：

弟尚有厚望于先生者，则在国朝三百年之学术不绝如线，环顾海内外，能继往哲开来学者，舍公而谁？④

又言：

鄙友王静安征君者，今之亭林梨洲也，其文章学行，并世无俦，

---

① 罗振玉：《本朝学术源流概略》，载罗继祖主编《罗振玉学术论著集》第十一集，第239页。
② 赵万里辑《王静安先生手校手批书目》，《王国维全集》第二十卷，第194页。
③ 王国维：《沈乙庵先生七十寿序》，《王国维全集》第八卷，第618~619页。
④ 王庆祥、萧立文校注，罗继祖审订《罗振玉王国维往来书信》，东方出版社，2000，第33页。

与弟交二十年，久而弥敬。①

又言：

> 连日梅雨至闷，日读《亭林文集》与《日知录》自遣。凡我辈今日之所忧，亭林先生则已言之，其所著书，诚以守先待后为职志，无一字无用之文，洵三百年来学者之冠冕也。他人不能抗衡也。其书于弱冠前后屡读之，今值陵谷之变，读之尤有味。今日之亭林，先生勉之，亦无可让也。②

这不仅是罗振玉等人之希望，王国维自己亦素有此志。在与罗振玉的书信中，他自明心迹道：

> 《殷周制度论》于今日写定……此文于考据之中，寓经世之意，可几亭林先生。惟文字未能修饰尽善耳。③

也就是说，王国维之于顾炎武，非惟景仰而已，其作《殷周制度论》便是要效法顾先生，"于考据之中，寓经世之意"。了解王国维之于"经世"的这一态度，对于我们进一步了解他的后期学术研究的思路十分关键。

在学术方法上，王国维则更近于"兼通水地、声律、工艺、谷食之学"④的程瑶田。张尔田曾评价王国维说：

> 尝谓君学极近歙派，而尤与易畴为似，使东原见之定有后来之畏。⑤

王国维曾代罗振玉为自己的《观堂集林》作序，他亦自明己学道：

---

① 王庆祥、萧立文校注，罗继祖审订《罗振玉王国维往来书信》，第308页。
② 王庆祥、萧立文校注，罗继祖审订《罗振玉王国维往来书信》，第382页。
③ 王庆祥、萧立文校注，罗继祖审订《罗振玉王国维往来书信》，第290页。
④ 章太炎：《清儒》，《章太炎全集》（三），上海人民出版社，1984，第156页。
⑤ 马奔腾辑注《王国维未刊来往书信集》，第237页。

余谓征君之学，于国朝二百余年中，最近歙县程易畴先生及吴县吴愙斋中丞。程君之书，以精识胜而以目验辅之。其时古文字、古器物尚未大出，故其启途虽启，而运用未宏。吴君之书，全据近出之文字、器物以立言，其缘出于程君，而精博则逊之。征君具程君之学识，步吴君之轨躅，又当古文字、古器物大出之世，故其规模大于程君而精博过于吴君。①

王国维之所以以程瑶田为榜样，乃因其"兼具实物以考古籍"，不仅精密胜过戴震，且独辟蹊径，扩大了考订范围，释虫、释草，以"目验"辅之，科学且客观，与自己"二重证据法"实有相通之处。他评论程瑶田说：

　　其《磬折古义》《考工创物小记》等书，精密远出于戴氏之上，而《释虫小记》《释草小记》《九谷考》等，又于戴氏之外，自辟蹊径。②

对于"目验"二字，王国维尤其看重。他曾说，"许叔重之说，自不能无误。乾嘉诸儒过信其说，不复质之古书，是末师而非往古，重传说而轻目验，吾不能从之矣"③，严谨的态度可见一斑。

程瑶田之外，王国维颇为推崇段玉裁，其考订甲骨文、金文，于段氏《说文解字注》征引较多。在他看来，程瑶田与段玉裁是乾嘉小学的两个方向的集大成者，曾有"小学之奥，启于金坛，名物之赜，理于通艺"④之论。他结合金石、甲骨与古文字学来考订名物制度的治学方法，受益于程瑶田与段玉裁良多。在与罗振玉的书信里，王国维亦将程、段二人并称，引之为知己。他说："使能起程、段诸先生于九原，其能知我二人，

---

① 罗振玉：《观堂集林·序二》，《王国维全集》第八卷，第3页。
② 王国维：《东山杂记》，《王国维全集》第三卷，第381页。
③ 王国维：《浙江考》，《王国维全集》第八卷，第373页。
④ 王国维（代罗振玉作）：《国学丛刊序》，《王国维全集》第八卷，第606页。

亦当如我二人之相知也。"①

王国维倾心于段玉裁之学，不仅因段氏《说文解字注》《六书音均表》二书之精审，"直透纸背"，亦因其论学心平气和。所以，他不仅表示"平生于小学最服膺懋堂先生"，而且认为段氏是"许洨长后一人也"。②

王国维之推崇程瑶田、段玉裁而非戴震，似乎有点奇怪，实则他有自己的考量。对于戴震开乾嘉学术科学、精密方法风气之先河的作用，王国维并不否认，但他强调：

> 东原学问才力固自横绝一世，然自视过高，鹜名亦甚。其一生心力专注于声音训诂、名物象数，而于六经大义所得颇浅。晚年欲夺朱子之席，乃撰《孟子字义疏证》等书，虽自谓"欲以孔孟之说还之孔孟，宋儒之说还之宋儒"，顾其书虽力与程、朱异，而亦未尝与孔孟合。③

方法精良固是重要，但不能推而广之，又心存私见，则学问必然不能精益求精，更不能大成。追求"为学术而学术"的王国维并不是那种盲目信古，认为"凡古必真，凡汉皆好"，他推崇程瑶田、段玉裁而不是戴震，实则体现了其对学术客观性、公正性近似苛刻的追求。

对于清代学术价值的评判亦是一个有趣的问题。王国维眼中的清代学术，并非尽善尽美。他在早年就认为"近世哲学之流，胶浅枯涸"，但也指出清代"学盛而艺衰"实因"物莫能两大，亦自然之势也"④，对清代学术朴实无华的特点把握较为准确，态度也十分平正。整体来看，王国维对清代学术评价并不算低。他曾指出：

> 自汉以后，学术之盛莫过于近三百年。此三百年中，经学、史学皆足以凌驾前代，然其尤卓绝者，则曰小学。⑤

---

① 王庆祥、萧立文校注，罗继祖审订《罗振玉王国维往来书信》，第42页。
② 王国维：《段懋堂手迹跋》，《王国维全集》第十四卷，第434页。
③ 王国维：《聚珍本戴校水经注跋》，《王国维全集》第十四卷，第478~479页。
④ 王国维：《东山杂记》，《王国维全集》第三卷，第380页。
⑤ 王国维：《周代金石文韵读序》，《王国维全集》第八卷，第255页。

除钱穆外，近代诸家讨论清代学术史，多以经学为中心，如梁启超就说："清儒的学问，若在学术史上还有相当价值，那么，经学就是他们惟一的生命。"① 虽然他也认为小学这个"经学之附庸"在清代蔚为大观，但显然没有王国维如此推重，于经学之外，把小学独自标出，并称其为清代学术之"卓绝者"。王国维尤其看重清代文字、音韵、训诂等小学方面的成就，并以清代小学方法为治学之基础，固然因其最能体现清代学术中科学、严谨的特点，是"纯学术"的方法，但他显然还有更深远的意味。他曾说：

　　盖别分理，类物情，以一教化，以贯古今者，莫大乎文字。②

求其真，更要明其中大义之所在。王国维治学，乃是要由"文字、声韵以考古代之制度文物，并其立制之所以然"③。不仅要知其然，还要知其所以然，王国维先生的后期学术以小学为基础，实非仅以之为考古之资。

此外，通过王国维先生对清代学术各个时期学术高下的评判，也能大体看出其学术旨趣的微妙变化。关于清初之学与乾嘉之学、道咸以降之学的高下，王先生起初更认可乾嘉之学，此乃从是否系统、科学的角度着眼。在发表于1913年的《国朝学术》一文中，他评判道：

　　国初诸老根柢本深，规模亦大，而粗疏在所不免。乾嘉诸儒亦有根柢，有规模，而又加之以专，行之以密，故所得独多。嘉道以后，经则主今文，史则主辽金元，地理则攻西北，此数者亦学者当有事。诸儒所攻，究亦不为无功，然于根柢规模，逊前人远矣。④

其后，能否"经世"却后来居上，逐渐成为王国维评价清代学术更加重要的标准。他在写于1919年的《沈乙庵先生七十寿序》一文中说：

---

① 梁启超：《中国近三百年学术史》，第59页。
② 王国维：《创设广仓学会启》，《王国维全集》第十四卷，第688页。
③ 罗振玉：《观堂集林·序二》，《王国维全集》第八卷，第4页。
④ 王国维：《东山杂记》，《王国维全集》第三卷，第381页。

> 亭林之学，经世之学也，以经世为体，以经、史为用；东原、竹汀之学，经、史之学也，以经、史为体，而其所得往往裨于经世。①

此时王国维以"大、精、新"来论清代学术的三个阶段，其所言国初之学"大"，乃是就经世之志而言；其所言乾嘉之学"精"，乃是就治学之法而言，但他特意强调乾嘉之学所得"裨于经世"。从"经世"的角度来看，不仅清初、乾嘉殊途同归、各有所得，道咸以降之学亦与清初、乾嘉一脉相承。

对于道咸以降之学术，王国维起初并不满意，前文提及的《论近年之学术界》一文便是一例。当然，那时他所说的道咸学术还仅是就晚清今文经学而言，而在《国朝学术》中，他已留意到道咸以降的史地之学，但仍认为道咸学术"根柢规模，逊前人远矣"。何以在《沈乙庵先生七十寿序》一文中却认为其"虽不逮国初、乾嘉二派之盛，然为此二派所不能摄"②呢？一方面可能是由于新文化运动的兴起，在他眼中，当下之学术风气比道咸以降尚不如，故而对道咸学术评价已不似之前苛刻；另一方面，则是因为他要以道咸以降之"新"学的领袖来推挹沈曾植。更为重要的是，王国维所言的道咸以降之"新"学实则包含了他自己的学术理想。他称道沈曾植的"其于人心、世道之污隆，政事之利病，必穷其源委，似国初诸老；其视经、史为独立之学，而益探其奥窔、拓其区宇，不让乾嘉诸先生"③，其实更符合他自己的学术精神，亦有几分自我期许的味道。因此，探究王国维所言的道咸以降之"新"学，或许更应从他自身的学术来考察。

四 从传统中求新——王国维的道咸以降之"新"学

王国维的学术本身，或许正是对他自己心目中道咸以降之"新"学的履践。他所言道咸以降"新"学之"新"，并非对清初及乾嘉之学的抛弃，

---

① 王国维：《沈乙庵先生七十寿序》，《王国维全集》第八卷，第 618~619 页。
② 王国维：《沈乙庵先生七十寿序》，《王国维全集》第八卷，第 619 页。
③ 王国维：《沈乙庵先生七十寿序》，《王国维全集》第八卷，第 619 页。

而是清初、乾嘉"二派之合而稍偏至者"①。对比清代学术，我们或许能够更好地理解王国维所言道咸以降之"新"学新在何处。

提倡"为学术而学术"虽与乾嘉学人相似，但王国维并非对国家、社会漠不关心，相反，他很重视清初诸儒的经世之学，把学术视作天下兴亡的关键。在他眼中"国家与学术为存亡"②，正因如此，他总能针对学术界出现的新问题，提出新的解决方法。当学术界急功近利的风气盛行，新旧学人各执己见，拘于门户时，他提倡要重视"无用之学"的价值，主张"为学术而学术"，建议输入新学语，提出了"学无新旧也，无中西也，无有用无用""中、西二学，盛则俱盛，衰则俱衰"③等至今仍为人称道的学术主张。当近世学人矫枉过正，轻疑古人，弃古人之说如敝屣时，他则认为不应轻信古人之说，亦不该轻疑古人之说，以"释古"之态度对待古史，其所言"二重证据法"至今仍被许多学人奉为经典。他时常站在时代潮流的反面，冷眼旁观。虽然不把经世长挂嘴边，但其学术往往能切中时弊，回应时代的问题。在学术求真务实的基础上，王国维心中亦高悬一个"经世明道"的理想，这或许才是他心目中道咸以降之"新"学的核心所在。

更加重视学术研究的系统性与科学性，是王国维不同于晚清诸多学人之处。在早年为日本人所著《东洋通史》《欧罗巴通史》等书作序时，王国维就指出："凡学问之事，其可称科学以上者，必不可无系统。"④他的学术研究亦具有这一特点。如梁启超所言，王国维"观察各个方面都很周到，不以一部分名家。他了解各种学问的关系，而逐次努力做一种学问"⑤。王国维研究诗词、戏曲均做了大量考订、校勘、辑佚等基础工作。在转向经史之学后，从小学入手，同时精读《三礼》《尚书》，向沈曾植请教音韵，同时吸取罗振玉的《殷墟书契前后编》的成果，又著《宋代金文著录表》《国朝金文著录表》等书，以资征引。正是因为有这些客观、切实的工作在前，其《殷周制度论》才敢言"经世"二字。这与康有为

---

① 王国维：《沈乙庵先生七十寿序》，《王国维全集》第八卷，第618页。
② 王国维：《沈乙庵先生七十寿序》，《王国维全集》第八卷，第620页。
③ 王国维：《国学丛刊序》，《王国维全集》第十四卷，第129~131页。
④ 王国维：《欧罗巴通史序》，《王国维全集》第十四卷，第3页。
⑤ 梁启超：《王静安先生墓前悼词》，《王国维全集》第二十卷，第200页。

《新学伪经考》《孔子改制考》之"万事纯任主观"的"经世"迥然不同。因此,"以科学新法理董旧学"①,是王国维道咸以降之"新"学的重要内涵。

对于旧有的学术领域的旧问题,王国维常有新讨论。如其《明堂庙寝通考》对前人之说多有颠覆;其《补高邮王氏说文谐声谱》是对前人研究的补阙;对《水经注》问题的研究,于前人研究成果之外亦有所发明;校注蒙古史料,也发现了大量前人未曾留意的史实,等等。不仅如此,王国维治学还善于"自命题目"。他研究《红楼梦》不似清代学人"以考证之眼读之"②,而以美学之眼光观之。对于世人所轻视的宋元戏曲,他亦挖掘其学术价值,彰明其义,开风气于前。在他看来,"新学问起,大都由于新发见"③,因此他十分重视新出之材料。他曾总结中国新发现之学问,将其分为"殷墟甲骨文字""敦煌塞上及西域各地之简牍""敦煌千佛洞之六朝唐人所书卷轴""内阁大库之书籍档案""中国境内之古外族遗文"④五类,还曾给马衡写信,建议北大开设满、蒙、藏文讲座⑤,以便运用新材料。用现在的话来说,王国维一直走在学术的前沿,为很多中外学人所不及。由此而言,善于发掘新材料、发现新问题、提出新见解,对传统学术领域加以拓展,也是王国维所言道咸以降之"新"学的一大方面。

相较于乾嘉学人,王国维还建立了一个更加广泛的学术交游圈。他与日本学者狩野直喜、铃木虎雄等时常往来书信,交流学术;与欧人伯希和等人亦时有接触。在国内,他与胡适、马衡、沈兼士,与梁启超、陈寅恪、吴宓,与张尔田、沈曾植、罗振玉、柯劭忞、缪荃孙等持不同学术观点的学者都有联系。他认为,"学术之盛衰,其故万端,而传播之道亦居其一焉"⑥,对书籍、报刊业发达带来的学术进步认识十分清楚。他早年担任《时务报》书记,主笔《教育世界》,助罗振玉创办《国学丛刊》,主

---

① 金梁:《王忠悫公哀挽录书后》,《王国维全集》第二十卷,第222页。
② 王国维:《〈红楼梦〉评论》,《王国维全集》第一卷,第76页。
③ 王国维:《最近二三十年中中国新发见之学问》,《王国维全集》第十四卷,第239页。
④ 王国维:《最近二三十年中中国新发见之学问》,《王国维全集》第十四卷,第239~243页。
⑤ 王国维:《致马衡》,《王国维全集》第十五卷,第808页。
⑥ 王国维:《叙学术丛编》,《王国维全集》第十四卷,第686页。

编《学术丛编》，不仅先后出版了《静安文集》《观堂集林》，亦常在《国粹学报》《学衡》《国学季刊》等刊物上发表文章。这些书籍的流传，提高了王国维在中外学术界的影响力。

以上这些特征，皆体现了晚清以来学术演进和转型中的一些新气象、新走势。

余　论

王国维先生的学术生涯，在某种程度上或许可视为清末民初学术发展的一个缩影。如其前期对哲学与文学之探讨与后期对经史、小学的研究并非毫无关系的两个部分一样，清末民初学术转向中的传统与现代亦不能截然划分。王先生在建构自己的道咸以降之"新"学的同时不断向传统靠拢的事实表明，现代并不是对传统的断裂，而是对传统的继承与超越。近代学术所遭遇的诸多问题与诸多解决方案，都可以从近三百年学术史中找到类似的影子。

清代学术之所以成为近代以来学术界关注的焦点，正因这三百年中不仅蕴含了由宋明理学转向清代朴学的动因，亦蕴含了中国学术由传统走向现代的动因。如王国维一样，近世许多学人一面尝试理解并诠释清代学术中的诸多问题，一面从中吸纳经验与教训，构建自己的学术体系。幸运的是，清代学术既为后来者提供了失败的教训，亦为他们提供了成功的经验；既有国初经世之学的宏大目标，又有乾嘉经史之学的精深方法。或如王国维先生所言，近世学术"其所以继承前哲者以此，其所以开创来学者亦以此"[1]。

（作者单位：中国社会科学院）

---

[1] 王国维：《沈乙庵先生七十寿序》，《王国维全集》第八卷，第620页。

学术争鸣

明清鼎革与华夷之辨

李治亭

摘　要：明清鼎革是中国历史上又一次社会大变动。以往研究，多探讨明清兴亡的过程及原因，忽视了一个重大问题：因应明清鼎革而引起社会观念即"华夷之辨"的传统民族观念的大变革。本文阐发"华夷之辨"的内涵及其由来与发展，至清入关前，清太宗首倡"满蒙汉一体"的新民族观，具有划时代意义，为清入关及创建"大一统"的多民族国家奠定了思想与理论基础。正确解释新的民族观是正确评价明清兴亡与清朝历史地位的重要依据。

关键词：明清鼎革　华夷观

一　引言

在中国史上，明清鼎革是具有划时代意义的大事件之一。明与清（后金）历经近百年的反复较量，以清兴明亡而告终，从而完成了新旧王朝更迭的历史性转变。清朝以满洲为主导，确立了她在中国的统治地位。如从民族的内涵加以界定，明清鼎革也可称为"华夷鼎革"。

明清鼎革给我们提出的问题是：明清鼎革有其必然性，还是偶然性？明清鼎革的过程及其结果，引发中国社会的哪些重大变化？换言之，是推动中国历史向前发展，还是阻碍其发展，甚至把中国社会拉向倒退？还有，作为新兴的民族——满洲，她是明清鼎革一方的主要参与者，也是领导者，应怎样评价其作用？给予什么样的历史定位？等等。研究明清鼎革之重要，直接影响对清朝的整体评价。

多少年以来，从政界到学术界，对这些问题一直存有争议。最早的一种说法，当为明之遗老遗少直指明清易主就"天崩地解"，"中原陆沉，日月无光"。他们把清朝的胜利看成是中国的大灾难。即使到了"康乾盛世",仍时有否定清朝的声音,对故明仍怀有眷恋。大量发生的文字狱就反映了这一现实。

清亡迄今,百有余年,对明清鼎革这一事件的认识与评价,并未从根本上予以改变,从民国到解放后一段时期,否定的意见成"一边倒"之势。直到改革开放时期,人们的认识,主要是学术界的看法,开始有所改变,肯定的评价已成主流。但是,否定与批判的声音不断,其极端性、激烈的程度远迈明之逸民,甚至也已超越了辛亥革命早期反满排满的宣言。举其要者,例如:

有人说,清军入关,"延缓"了中国"100年"的发展;使华夏"亡国亡种";

有人说,清军入关,"打断了中国近代化的历史进程";

有人说,清朝统治中国"250多年",是中国落后的"根本原因"。

同样,排斥与否定满洲也不遗余力,声称:清朝入关后,"满族才开始融入中华民族的历史进程";

又说,李自成、张献忠农民大起义,欲取明而代之,但他们并未分裂中国!"分裂中国"的,恰恰就是"满族努尔哈赤建了后金国"。

还有一种更极端的说法:"后金——清凶残野蛮,代表了邪恶与黑暗。"

这些说法或观点,既不符合历史事实,亦失理性思考。就说满洲本是中国固有的一个古老民族,却被说成入关后才开始融入中华民族,言外之意,入关前满洲不属于中华民族的一员!诸如此类的常识性谬误,是无须辩驳的!

以上所举的几个问题,人们很容易想到,也容易看得到,确已吸引更多的学者展开研究,在这方面,已取得了不少研究成果。但是,还有一些问题,迄今尚未引起关注。例如,明清鼎革时期,社会意识形态,主要是人们的思想观念到底发生了哪些变化呢?以往的研究,往往忽略社会观念的变革,只看到外部有形的变化,而对无形的如人们头脑中的观念却忽略而不计。历史的经验证明,人们观念的变化是社会变革的先声,或称为变革的晴雨表。一种观念,恰恰就是社会变革的原动力!对每个人而言,亦是如此。有什么样的观念,就有什么样的行为,换言之,行为是其意识观念的具体而真实地反映。

可以肯定，明清鼎革时期，社会意识形态领域发生了多方面深刻变化。在各种观念中，起决定性的作用，并指导未来社会发展的思想观念，就是民族观念的大变化。这种新变化，集中表现在：突破数千年沿袭的传统的"华夷之辨"的民族观，提出并确立一种新的民族观，即"满蒙汉一体"的民族观。这正是本文提出并予论证的问题。我的意图，通过这个问题的论证，以期获得对明清鼎革历史的正确认识，亦有助于正确评价清史。

二　"华夷之辨"的由来与发展

"华夷之辨"是清以前历朝历代占统治地位的民族观，据此而制定并实行的民族政策，也为历代相互所承袭，已在社会中形成一种根深蒂固的传统观念。这一观念直接影响与制约着中央王朝对边疆民族的统治，也影响汉民族与周边各少数民族关系的进一步发展。

在具体阐述明清之际民族观念的大变化之前，有必要回顾"华夷之辨"的由来与演化，正确解释其内涵，才能正确评价清入关前后提出新民族观的重大历史意义。

追溯源流，"华夷之辨"说，确系由来已久，历长期积淀而形成。

早在夏以前，在现今中国境内，以黄河为中心及其四周，开始形成不同生活方式、不同习俗及不同言语的族群。约当商周之际，以黄河流域为中心集聚于中原的族群，形成为民族，称夏族，或称华夏。夏字之本义为"人"，与蛮夷的"禽兽"相对应。为人当属文明、先进，制礼义而行之，"有礼为之大，故曰夏。有服章之美，谓之华。华夏一也"①。"华"即指为文明发达、有文彩，故"华夏"合称，就是表明这个民族的文明与发达的程度，与蛮夷之不发达形成鲜明对照。这些不同的民族或族群，按其居住的不同地域，概括为"五方之民"，如《礼记·王制》称："中国诸夷，五方之民，皆有其性也，不可推移。"东方曰夷、南方曰蛮、西方曰戎、北方曰狄。"中国、夷、蛮、戎、狄，皆有安居……五方之民，言语不同，嗜欲不同。"这表明，五方之民各有确定的共同地域，各有自己的语言，

---

①　《左传》，定公十八年。

以及习俗嗜好，是为不同的民族。

何为"中国""四夷"？古人也做出了明确解释："居天地之中者，曰中国；居天地之偏者，曰四夷。四夷外也，中国内也。"① 这就是说，周王作为最高的统治者，他所在的都城及其直辖之地，居天地或说居国之中心，故称"中国"即"中心之国"，诸侯不能称国，是居于"中国"之外的地区，各诸侯概称"诸夏"；在"诸夏"之外，四面八方，如今之边疆地区是蛮、夷、戎、狄所居之地，统称为"四夷"。

限于生产发展水平之明显差异，社会文明程度也有高低之分，中原之"诸夏"或属于"中国"的人，明显地高度发达，走到了时代发展的前列，其周礼、周典就是诸夏高度文明的标志。而四夷明显落后，是不懂礼义的"禽兽"。如称"戎，禽兽也""狄，豺狼之德也"。② 类似的说法，充斥于先秦的典籍。

因文化、礼义、地域，乃至血缘不同，遂产生尊卑、贵贱、亲疏有别，严加区分。由此而引发的冲突、战争不断。华夏与四夷严格区别，不予混淆！春秋时，齐国重臣管仲率先提出"尊王攘夷"的政治口号，即"安内攘外"，应是"华夷之辨"观念初步形成的标志。

至孔子著《春秋》，提出："内其国而外诸夏，内诸夏而外夷狄。"这就是与夷狄分清远近、内外、亲疏等关系的严格界限。如管仲所言："戎狄豺狼，不可厌也；诸夏亲匿，不可弃也。"③ 孔子提出的"夷夏观"，标志着"华夷之辨"的民族观已经形成。

孔子所谓："内其国"，实则是"中国"，即周王所居之地，为天地之正中，其外为"诸夏"，而"诸夏"之外，为"四夷"。对"四夷"而言，"诸夏"则居其内。与前引《礼记》如出一辙。

孔子强调"华夷"或"夷夏"内外有别，首先就是各自所居之地域的界线在哪里？确无具体界线，不过以其居地，大致区分罢了。也就是说，以地域论，还没有严格界线。直到秦始皇筑长城，才把"华夷"之分的界线具体化，即长城成为内外、华夷的分界线。长城以内，以中原地区为中

---

① （宋）石介：《徂徕石先生文集》，《中国论》卷10，中华书局，1984，第116页。
② 《左传》襄公四年。
③ 《左传》闵公元年。

心，设置三十六郡及县，凡在此郡县内生活的一切居民、民族都属于"中国"的一部分！秦始皇的这一伟大创举，改写了"中国"的内涵与概念，将"中国"扩大到长城脚下，是奠定当代中国的最初版图的基础。

如东汉人说："秦始皇攘却戎狄，筑长城，界中国……"即"为中国之竟（境）界也。"① 从此，长城便成为中国的地理坐标，华夷的分界线，内与外，或"中外"之别的界标。秦以后，历代所说"内中国外夷狄""内诸夏外夷狄"，皆以长城为界而言的。特别是，"中国"的含义不再指为商周王所居之地，而泛指长城内所设郡县，皆属中国。

那么，"华夷之辨"到底辨什么？迄今，学术界尚未给予解答。现据文献，发现答案就在古人的相关言论中，一些史籍实际也做了解释。概括地说，"华夷之辨"包括三个方面的内容：

首先，辨明地域的内外、中外之分。如"内而华夏，外而蛮貊"，如上引"内诸夏外夷狄""内中国外夷狄"等，无不强调地域之分辨。筑长城后，华夷地域之分才明确起来。明太祖朱元璋还在强调，以长城为界，分内外。他说："自古帝王临御天下，中国居内以制夷狄；夷狄居外以奉中国，未闻夷狄治天下也。"② 朱元璋的这段话，最清楚地表述了以长城为界，分内外的传统观念。"中国"与"夷狄"对称，这在明代典籍或文武大臣的章奏中，乃至民间，已被普遍应用。仅举一例：明嘉靖四十四年（1565）辽东巡抚王之浩为《全辽志》写序，他写道："辽，北拒诸胡，南扼朝鲜……中国得之则足以制胡；胡得之，亦足以抗中国。故其离合实关乎中国之盛衰焉。"③ 显见，"中国"已成中原的特定地域，即指为内地，又是一代王朝的代称。故华夷之辨首辨地域。

其次，辨风俗语言。在华夏（汉）人眼中，夷狄等如同"禽兽"，他们或"被发文身"，或"被发衣皮"，或"衣羽毛穴居"，不食五谷，不吃熟物。④ 又说："夷狄之人，贪而好利……人面兽心，其与中国殊章服，异习俗，饮食不同，言语不通……逐草随畜，射猎为生……其地不可耕而食也，其民不可臣而畜也！是以外而不以内，疏而不戚，政教不及其人，正

---

① 《汉书》卷96，《西域上》，中华书局，2002。
② 张德信等编《洪武御制全书》之"谕中原檄"，黄山书社，1995。
③ （明）《全辽志》，"叙"，载金毓黻《辽海丛书》第一册。
④ 《礼记》，"王制"。

朔不加其国，来者惩而御之，去则备而守之。"①

与夷狄相反，华夏族的文化习俗是先进又优越，如称："中国者，盖聪明徇智之所居也，万物财用之所聚也，贤圣之所教也，仁义之所施也，《诗》《书》《礼》《乐》之所用也，异敏技能之所试也。"②"华夏"之"华"，即为文彩、文明之喻义。以"诸夏"之文明已达到高度发达，与周边的夷狄相比，已遥遥领先，故以"华"称之，与"夏"合用，成一美称！

类似描述华夏文化习俗之先进的文字，俯拾皆是。"夷"与"华"相分辨，文化习俗是关键。

最后，辨族类，分清华夏族与夷族，一个观念："非我族类，其心必异。"③ 故分辨不同族类，十分必要。从上述辨地域即居于内外不同，可知不同族类，还从不同的生活方式、不同的礼俗、不同的语言等，来分辨不同的族属。

通过解析"华夷之辨"的内涵，可知这一观念的本质，以华夏族及其文化为尊贵，是最优秀、最先进的民族与文化；而夷狄最落后，把他们打入非礼非文的"禽兽"之列，因而蔑视夷狄的观念代代相传。到了明代，还是把蒙古族、女真族斥为"狼""兽""犬"之类，又以"野人"专称居住在黑龙江中下游的女真族。概括其思想观念即其民族观，就是"贵中华，贱夷狄"。如唐太宗，为一代明君，也承认："自古皆贵中华，贱夷狄。"④ 唐太宗是总结唐以前历朝历代的民族观念，可谓准确无误！唐以后，又经宋、辽、金、元、明，仍然是"贵中华，贱夷狄"。以宋、明两代分别与契丹（辽）、女真（金）、蒙古（元）、满洲（清）战斗不已，他们对夷狄尤为敌对，评论尤属苛刻。但当这些"夷狄"当政，他们虽然不能"自贱"，都对汉（华夏）"大防"，严加监视，特别是元朝，将国中民族分四等，蒙古为一等，汉人（包括江南部分的汉人）处于低等。这也是"华夷之辨"之一种形式。

自春秋战国以来，历朝历代坚守"华夷之辨"的民族观，"四夷"少数民族只能服从中原王朝，如朱元璋所言："以奉中国"，不能得天下，不

---

① 《史记》卷110，《匈奴列传》。
② 《史记》卷43，《赵世家》。
③ 《晋书》卷102，《刘元海传》。
④ 《资治通鉴》卷198。

能治天下，以夷变夏，是罪恶如天！对夷狄不予信任，更不可共谋国是，却千方百计设防，时刻防御他们的一举一动。所以，自秦始皇修长城，为历代所依赖，几乎个个统一王朝修长城、守长城。可以认为，万里长城就是"华夷之辨"的产物！因为坚持"华夷之辨"的民族观，长城才得到历朝历代的重用不衰。一座长城实为一座土石工程的防御工事，却得到2000年的持续应用，这在中国历史乃至世界史上也是独一无二的！

历朝历代坚守"华夷之辨"，并未从根本上解决民族问题，特别是来自"三北"的"边患"即其游牧民族的代代侵袭，战争不断，不仅造成人员与物质的损失，从长远看，严重妨碍民族大一统与国家大一统的发展，"中国"长期徘徊在长城脚下。"华夷之辨"是解决这些重大问题的一个巨大的思想障碍，它已形成一种历史的惰性力量，阻碍着中国历史的发展。

随着时代的推移，"华夷之辨"的思想越来越成为历史的落后的意识形态，是到了该批判该废止的时候了！一句话，不破"华夷之辨"，中国就不能前进一步！

破解"华夷之辨"的时刻终于来到！明清鼎革提供了最好的历史机遇，由清朝一方把这个困扰中国历史2000年的老大难问题一朝化解，将中国推进到历史发展的新阶段！

三 清入关前首倡"满蒙汉一体"的新民族观

自夏、商、周，至明，绝大多数王朝由华夏族——汉族所建。如上文已专论这些朝代坚持"华夷之辨"的传统思想，"贵中华，贱夷狄"。因而没有一个王朝联合其他夷狄等少数民族共同治理国家的！同样，在少数民族所建的政权中，也没有联合汉族及其他夷狄共治国政的！当然，在这些政权中，汉族入仕为官不在少数，也仅是为官而已，不被以一个民族的身份定位，根本不存在同盟的政治关系。

唯独清朝是一个例外。她大破千百年来"华夷之辨"的民族局限与历史局限，突破传统思想的束缚，提出"满蒙汉一体"的新的民族观，使中国历史面貌顿时改观！这一改变，恰恰始于明清鼎革之时。

（一）努尔哈赤天命时期

清代新民族观的变化，肇始于努尔哈赤建后金国之后，他先是吸收部分蒙古人入其政权,对蒙古既打击又拉拢的双重手段,确也收到不大但颇有实用的效果。同时,从对明的战争中俘获或自愿来降的明之将吏称汉官,也加入他的政权。不过,汉、蒙人归降很少,已归降者,并未得到重用,甚至并不给予信任。特别是努尔哈赤到了辽东地区,一则大量屠杀汉人,一则把生俘的汉人都作为战利品,分别赐给满洲王公贵族为奴。努尔哈赤所奉行的民族政策,基本上还是女真(满洲)人独自执政。从其政治实践及对汉对蒙之民族政策,可见其民族观念,尚无重大变化,基本上还是排他的,唯女真(满洲)为大!

(二) 皇太极天聪——崇德时期

1. 皇太极即位不久,就提出了一个重要思想:"满、汉之人,均属一体,凡审拟罪犯、差徭、公务,毋致异同。"① 他即位时,最严重的社会矛盾,就是满洲与汉人的矛盾。他针对这一矛盾,率先提出"满汉一体"的新观念、新政策、新做法,② 与努尔哈赤相比,有天壤之别!

不要小看皇太极提出这一政策的重大政治意义。须知,在辽东,新兴的满洲已上升为统治民族,汉人及其他民族是被统治的民族,满洲无疑享有种种特权!但皇太极的政策规定,把被统治的民族汉人提升到与满洲一体对待,是一件很了不起的事!综观历史,还没有一个王朝这样做,因而具有开创意义。这正反映以皇太极为代表,其民族观正在发生变化!

2. 扩建八旗,在努尔哈赤仅建满洲八旗的基础上,增建汉军八旗、蒙古八旗。皇太极提出并实现了满蒙汉一体的政治体制,从组织上给予保证,标志后金——清政权以满蒙汉三大民族为核心,建立有各民族参加的民族"大一统",开创出民族关系的新格局。

3. "满洲、蒙古、汉人视同一体"③,这是皇太极称帝之后,即崇德三年七月提出的又一个新思想、新观念。此说不仅进一步巩固了三个民族牢不可破的密切关系,而且又从思想上做了理论论证,证明三个民族"一体"化的必要性及其极端重要性。皇太极把两个强大的被统治的汉、蒙民

---

① 《清太宗实录》卷1,天命十一年九月丙子。
② 参见《清太宗实录》卷17,天聪八年正月癸卯;卷24,天聪九年七月癸酉,载皇太极关于"满汉一体"的思想主张。
③ 王先谦:《东华录》崇德三,第4页。

族与他的统治民族满洲"视同一体",这又是历史的一个大进步!这在历史上,把其他一两个民族拉到与统治民族的地位,一体对待,几乎做不到!就连汉族王朝中的英明统治者也做不到!"华夷之辨"的本质就是"贵中华,贱夷狄"。皇太极的思想无疑是对"华夷之辨"的否定,而"满蒙汉一体"说,闪耀着时代的光华,体现出历史的一次飞跃!

4. 恢复汉人平民身份,把他们从农奴、奴仆的状态下解放出来,实行"编户为民",解放生产力,重要的是确立满与汉、与蒙的新型的民族关系。

5. 皇太极的"天道观"、历史进化论,不分民族,不计地位,不分尊卑,唯才是举。"自古皆贵中华,贱夷狄"的传统思想也被打破,无贵无贱,一体看待。

只要把皇太极的不辨华夷、不辨贵贱的民族观,同历代相比较,便可认识到皇太极的民族观的重要意义,是一种全新的民族观。与其同时代的明朝的民族观相比较,更见明朝统治集团民族观念的落后与低下!我们过去没有注意,只把它看成是一般性的民族政策,因而低估了它的时代与历史的意义!

四 满洲新民族观的理论价值与实践意义

满洲新的民族观,发端于努尔哈赤时期,确立于皇太极之时。皇太极提出:"满洲、蒙古、汉人视同一体",可简化为"满蒙汉一体",便构成新民族观念的基本内涵。皇太极的新观念,并非到此为止,他把民族新观念贯彻于治国的实践中,还在继续发展、完善。皇太极去世后,他的新观念为他的子孙所继承。顺治朝,清军进关,迅即实行新的民族政策。按照皇太极的民族观,代摄皇帝职权的多尔衮倡导:"满汉官民,俱为一家。"[1]世祖亲政后,反复宣传:"不分满汉,一体眷遇"[2]"惟求惠养满汉,一体沾恩"[3]。可见皇太极的民族新观念得到继承,并发扬光大!到康熙朝,圣祖进一步发展了父祖辈的民族新观念,提出"中外一体""中外一视"[4]。这里,"中外"之"中",是指"中国","外"是指长城"外",即"中

---

[1] 《清世祖实录》卷15,顺治二年四月辛巳。
[2] 《清世祖实录》卷72,顺治十年二月丙午。
[3] 《清世祖实录》卷90,顺治十二年三月壬辰。
[4] 《清圣祖实录》卷184,康熙三十六年七月壬辰。

外"，要把长城内外的无论汉人、蒙古人，与满洲人都看成是一家人，他要同等看待，一视同仁！所以，他于康熙三十年（1691）把长城正式废除，不再修理，也无须派兵守卫。长城是游牧民族与农耕民族隔离与对峙的象征，把长城废了，就等于撤去了千百年的隔离，真正成为一家！

清朝的，也是满洲的新民族观真正把它上升到理论，并给予理论解释，是雍正世宗做出的理论贡献，换言之，世宗完成这一观念的理论论证。世宗的理论阐释，详见《大义觉迷录》，在《清世宗实录》中也有记述。这已超出"鼎革"时期的范围，故不予具体说明，点到为止。

现在，要提出一个问题是，为何在明清鼎革时期，由满洲人提出民族新观念？可以肯定，满洲人即皇太极提出的这个新观念，并非个人突发奇想，应看成明清鼎革的历史产物。简单地说，满洲人要同明朝争天下、得天下，除了军事实力，还要在思想上提出战胜明朝的新战略、新方法。像努尔哈赤那样对待汉人，已证明失败，那么，皇太极即位执政，就必须改弦更新！现实已逼使他必须做出改变！这就是他提出联汉联蒙的三族"一体"的新思维、新观念。不能忽略另一个重要因素是，满洲人是新兴的民族，历来被视为"夷狄"而被轻视，而今当其崛起时，采取包容的大政方针，既不报复，也不排斥，亦不轻视，相反，她以一个"主人翁"的姿态，友善地接待外来人即汉即蒙及其他民族。因而就使这一新观念获得了现实意义！一句话，一是"鼎革"斗争的需要，一是新民族新思维。关于这一点，皇太极有清醒的认识。他即位不久，已充分认识到："汉人、蒙古、朝鲜，四境逼处，皆与我对立……"① 这就是被"逼出来"的一种新思想！

民族新观念一经提出，就显示出它的巨大的理论意义。清以前，历代王朝皆为一个民族独掌国家统治权，从未与其他民族搞政治联盟，而三族"一体"论，却让满洲的先前敌人，一是蒙古，一是汉人，进入她的政权的核心，与两个民族分掌国家政权。同时，满蒙世代联姻，汉人中亦有与满洲皇室结亲者。以政治、以血缘关系，来构筑的政治体制更为巩固。清首倡这一民族观，无疑打破了一族独大的统治地位，而让其他民族与她分享。这的确是个民族的也是政治的重大突破。

---

① 《东华录》，天聪五年六月。

  "华夷之辨"的传统观念，如唐太宗所言："自古皆贵中华，贱夷狄。"清之民族观恰恰是突破这一传统不变的观念，不再分贵贱，却是一体相待。当然，"满蒙汉一体"还是由满洲来主导的，如"首崇满洲"就体现满洲的主导地位，或者说，是以满洲为核心的一体制。这多少也反映了满洲的民族局限。

  可见，满洲的民族新观念具有划时代的意义。它给各民族重新定位，重新建构一种新的民族关系，形成民族的新格局。

  当把这种新的民族观应用到政治的、军事的乃至经济的各个方面，迅即产生巨大的实际效用。这就是说，这一观念并非只是说说道理，却具有可实践性。皇太极以"满蒙汉一体"观念处理民族关系，皆得到显著的回报：无数汉官汉将汉民都纷纷投到清（后金）政权，拥戴满洲，并大力支持他去夺取天下！同样，蒙古不归服明朝，几乎都投到了清朝方面。特别是清入关后，如不得民心，是难以获得天下的！从整个中华民族来说，此一新观念有力助推中华民族的"大一统"的最后形成，变为空前"大一统"的多民族国家，把历史上指中原为中国的传统定位，转变为统一国家的中国！

  可以归纳为一个观点，正确认识"华夷之辨"，是解读中国史与清史的一把钥匙，是评价清史的理论依据！

（作者单位：吉林社会科学院）

石塘隘战役考

徐瑞根

摘 要：康熙十五年，在浙江云和县的石塘隘，清军大败耿精忠的战役，是平定三藩之乱战略发生重大转折的著名战役之一，也是处州平叛最后决胜一战，受到朝廷的嘉奖。难能可贵的是，战后当地老百姓以各种方式在流传并纪念这次著名战役，反映了人心的向背。

关键词：平定三藩　石塘隘　战役　功德碑

康熙平定三藩之乱时，在浙江云和县的石塘隘，发生过一次著名战役——石塘隘战役。这是平定三藩之乱中具有战略意义的一次战役，此战之胜利，使清军一鼓作气拿下福建，逼使耿精忠投降，清军得以集中兵力围攻吴三桂。对此战役，似乎没有引起研究者的关注。本文拟对战役之背景、经过及影响作一考证，以求教于方家。

一

康熙十二年（1673）十一月，平西王吴三桂于云南起兵叛清。次年（1674）一月，靖南王耿精忠幽禁福建总督范承谟于福州，举兵叛乱；平南王尚可喜长子尚之信在广东响应，此即历史上著名的"三藩之乱"。

耿精忠起兵后，自称总统兵马大将军，取向衢州、温州、处州（今丽水市）三路入犯浙江。其中，曾养性攻温州、台州；马九玉攻衢州、金华；连登云、徐尚朝攻处州。并很快攻陷台、温、处等府城。此时，浙江的清军则处于守势，力主防御。

康熙十三年六月，清廷遣"奉命大将军"杰书和宁海将军固山贝子傅喇塔等南下浙江，清军在浙江战场很快从守势转为局部反攻。从康熙十四年（1675）开始，清军在金华、温州屡败叛军，并收复台州、处州府城。

据《处州府志》记载,康熙十三年正月,"耿精忠作乱……三月,耿精忠遣伪总兵徐尚朝等陷龙泉,随陷遂昌、松阳、云和、景宁等县……四月十三日,处州府城遂陷,男妇逃匿一空,官舍民房拆毁,杀伤无数"[①]。期间,青田、缙云、宣平都被耿精忠占据。处州和处州各县都处于耿精忠控制之中。康熙十四年二月,康亲王杰书遣总兵李荣、陈世凯等,在处州的桃花岭击败耿藩总兵沙有祥等,并乘胜收复处州府城。

总览全局,康熙十三年十二月至十五年初夏,是康熙皇帝最为难熬的时光——西线英勇善战的王辅臣突然加入叛乱,使清廷大为震惊。而主战场吴三桂攻至湖南长江边后向两翼扩展:一路攻江西,策应耿精忠,一路攻陕西,助威王辅臣,欲形成对清军大包围的高压态势。局势极为严峻。此时,清以十万重兵围平凉,八个月畏葸不前;而正面战场,面对叛军盛势,清军不敢渡长江,形成两军对峙状态;东线乃清廷主要赋税基地,康熙帝派出的三支大军,虽打了许多胜仗,收复了一些城府,但浙向闽的东路(温州向南)、中路(处州经石塘岭)、西路(衢州大溪滩经仙霞关)三条进军通道,都被耿精忠重兵堵塞,久攻不下。

对此,康熙十五年五月二十日,时任兵部侍郎、总督浙江军务的李之芳在给康熙帝的《再请调发邻省官兵疏》中分析了浙江省的战场形势:

> 自奉命大将军和硕康亲王、宁海将军固山贝子傅喇塔、平南将军都统臣赖塔等相继抵浙,遣调官兵各路堵御,屡奏捷功,臣复督饬各镇将及文武等官相机抚内地,渐次安堵。今温州尚有逆贼曾养性、祖宏勋等拒守未下,处州尚有逆贼连登云、徐尚朝等负固石塘……惟衢州一路……逆贼马九玉、朱怀德等见在深沟重垒,死守河西。[②]

耿精忠在浙江战场锋芒受挫后,认定石塘是浙中入闽要隘,即派都尉连登云以重兵2万驻屯石塘。为加强防备,连登云强行拆毁云和城西金村、白水等村的房屋,利用全部砖瓦木料,在石塘上一里许四周环山的一片开阔圩地上,据险建造营盘(此处后来就称营盘),设栅筑寨60余处。在

---

① 光绪《处州府志》卷12,《武备》。
② 李之芳:《李文襄公奏疏》卷5,康熙刻本。

"最险要害之处据守天险，屡败清军"，妄想"坐镇一方，自立为王"[①]。从而堵塞了清军自浙中入闽腹地的进军道路。所以，李之芳在奏折中特别强调"处州尚有逆贼连登云、徐尚朝等负固石塘"这一重要军情。

二

康熙十五年六月，平三藩战略形势首报转折，抚远大将军图海力排众议，决定先夺平凉咽喉虎山墩。当时战斗十分残酷，代价极其沉重。至关键时刻，图海大将军亲临前线督阵，拿下了平凉虎山墩决胜一战，平凉城内叛军惶恐震惊。清军兵临城下，加上周昌（周培公）力劝，六月七日，王辅臣终投降，清廷振奋！

趁热打铁，康熙帝随即抓住东线郑经在耿精忠后院掠地攻城的良机，果断下令：驻浙之奉命大将军杰书、宁海将军固山贝子傅喇塔、浙江总督李之芳等弃温州，全力下福建"速剿闽冦"，"勿坐失事机"[②]。七月，大将军杰书和宁海将军傅喇塔会兵衢州，议定兵分二路：杰书攻打衢州大溪滩后，取道仙霞关向闽挺进；傅喇塔从处州攻取石塘岭，向福建进发。

八月，宁海将军固山贝子傅喇塔为攻破石塘天险进行了精心准备：他抽调各路平叛大军的精兵强将，如平阳镇总兵官王廷梅，温州镇总兵官陈世凯、副都统沃申、巴都鲁，及温处道姚启圣等数万满汉兵马，从处州向石塘开进。于八月二十日到达"石塘岭"[③]，实施作战部署。

二十一日夜，傅喇塔命陈世凯先带北路清军出发。二十二日二更，经双岭张村口（今金山下），翻山越岭至石门坑，一路伐树背木，向石门坑口大溪北岸进发；三更，南路清军向石塘南绕山岭突进；五更，鸣鼓各路拼力奋进。正面清军主力突袭石塘老巢并得之，耿兵复聚回击，傅喇塔登山，亲督指挥应战；其后，南路清军夺得马岭坳、石塘岭，即从石塘岭脚包抄叛军后营；北路清军到达石门坑口，扫清谷堆山叛兵"望军"后，以

---

① 云和县志编委会《云和县志》第五章"耿精忠兵犯云和"小节，浙江人民出版社，1996，第470页。
② 《清圣祖实录》卷61，康熙十五年六月己卯。
③ 石塘上游五里山坳称石塘岭，下游五里山坳也有个（下）石塘岭。文献中或称石塘岭。贝子兵马从处州来石塘破耿，只能先达下石塘岭。此战后，下石塘岭改称"将门岭"。见同治《云和县志》卷3，《山水》。

木扎筏，连夜奋力渡河，抢占营盘窝寨。经三路合围，"两军迎合更迭六阵"，"炮火不停，火光烛天"，清军奋勇刺杀一昼夜，终于突破天险，火烧木筑营盘窝巢，连破九寨、七营，烧毁二十八座木栅，消灭耿精忠部约七千人。而四散落水、爬山逃亡者无数，其部将49名被擒。

对于石塘隘大败耿精忠决胜一战，很多文献都有记录，其中，《宁海将军固山贝子功绩录》是这样描述的：

二十一日，贝子命陈世凯即刻进兵，自统步骑继发。约五鼓共抵贼寨，是日二更，于双岭张村口伐木取路，历级而上，天明抵贼寨，夺贼龙帜，斩寨大进，连破九寨。贝子驻马于高山之岭指挥调度。于时，石塘老巢虽破，其众犹自力战，两军迎合更迭六阵，始及岭下。乘胜连夜渡河，贼营放炮不停，火光烛天，我师奋勇驰击，竭一日夜之力，破数年坚守之寨，烧营七座，砍栅二十有八，斩首六千有奇，获炮十五位，衣甲器械累万；伪都尉连登云等数万之众剿灭已尽。从此耿逆束手乞命，东瓯全复，两浙疆宇尺寸，尽为朝廷之完土者，实贝子之伟功丰烈，直与日月争光，以垂史册，而耀无穷。①

同治三年修《云和县志》是这样记载的：

康熙十四年四月，伪都尉连登云退守保石塘，拥众二万为负隅计。积岁余弗拔。十五年八月十八日，宁海将军贝子傅喇塔从世凯议，先攻石塘。二十日至石塘岭，简精锐兵，分满汉为三，遣世凯领兵先进，自率步骑继发。三更至桑岭、张村口，伐木取路，五鼓已抵贼营。贼猝不及防备，各相奔命，连破九寨，遂过石塘，贼众复聚战。贝子亲督指挥，追奔逐北。遂至岭下，乘势渡河，奋勇追击，焚贼营七，破贼栅二十八，斩贼首七千有奇，生擒伪将四十九。登云等窜去。二十五日遂复云和。②

---

① 佚名：《宁海将军固山贝子功绩录》，清指海本。
② 同治《云和县志》卷6，《兵制》。

康熙十五年八月，浙江战场经衢州大溪滩突袭歼灭战和上述石塘隘战役重创叛军后，"贼为气夺"①，从此，耿精忠兵败如山倒。九月一日，浙江总督李之芳向康熙帝上《石塘剿杀逆贼大捷疏》，奏明此事，为将士请功：

> 石塘逆贼伪都尉连登云等凭险死拒，为日已久。宁海将军固山贝子傅喇塔调发满汉、绿旗官兵分路进剿，于八月二十二日攻破石塘贼寨，将木城尽行焚毁，斩贼不计，余贼败溃，夺获伪关防、牌札、铳炮、器械等项，连登云等逃遁，官兵见在追袭。此皆仰赖朝廷天威，大将军康亲王指授方略，固山贝子身亲决胜，各将士用命获此捷功，除在事有功各官容臣一面查明另叙外，所有攻破石塘贼巢杀贼情形合先密疏题报，仰祈睿鉴施行。②

九月十四日，户部侍郎浙江总理大兵粮饷事务达都报奏：

> 浦城县（实为云和县——录用者注）石塘地方，系由浙入闽之要隘；耿逆令伪都尉连登云等重兵盘踞，以阻我师。八月二十二日，固山贝子傅喇塔令副都统倭申巴图鲁、总兵官陈世凯、温处道姚启圣等带领满汉官兵分路进剿，自寅至亥，连破九营，杀贼甚众；直抵石塘贼寨，焚毁木城，获伪关防、马匹、铳炮无算。本月二十四日，乘胜发兵进取云和县。得旨嘉奖，下部议叙。③

三

衢州大溪滩突袭歼灭战七天后，清军又在石塘隘大败耿精忠，此役不仅是处州平耿最后决胜战役，更是清军平三藩之乱中，攻坚克难、大破天险的战例之一。这两次关键性战役后，东线两路清军势如破竹，很快攻到

---

① 王鸣盛：《西庄始存稿》卷39，乾隆三十年刻本。
② 李之芳：《李文襄公奏疏》卷6，康熙刻本。
③ 《清圣祖实录》卷63，康熙十五年九月癸巳。

闽建宁府会师,并一鼓作气、马不停蹄,向耿精忠老巢福州奋进。一个月后的九月二十七日,耿精忠宣布投降。十月初,大将军杰书与宁海将军傅喇塔等,统领清军进入福州接受耿精忠投降,标志着平定三藩之乱东线取得全胜!从而瓦解了三藩联盟,使清政府得以有足够的精力剿杀吴三桂等其他叛军。

康熙十八年,清军反击吴三桂叛军的形势一片大好。为了进一步鼓舞士气,重臣李之芳又上疏康熙帝,为在石塘大捷中英勇立功的将士们请功嘉奖:

> 臣看得处属石塘地方,自逆贼变叛以来,伪都尉连登云等率领贼兵二万有余,盘踞要口,共扎营盘二十八座,势甚猖獗,先经宁海将军固山贝子傅喇塔同副都统总兵等官,亲见贼营扼险拒守,最为坚固,若此路不克,势难夹攻入闽,因激励官兵奋勇用命,功成之日,许照攻克府城之例议叙。当经温州镇总兵官陈世凯等亲领,各官兵奋不顾身,冲锋破垒,并协同满汉官兵,会合进剿,随于康熙十五年八月二十二日杀贼,大败焚毁营盘,斩获甚多。二十五日恢复云和县。经固山贝子石塘报,大将军康亲王具题,奉有"在事有功人员,着议叙"之旨。钦遵谕,臣造册具题。兹行据各镇、营,造报履历前来。臣查石塘天险,官兵环攻难拔,幸固山贝子许照攻取府城之例,鼓励议叙,而总兵官陈世凯等冒险迎锋,首先破敌,游击李回亲冒矢石,各官兵捐躯用命,戮力疆场,故能成此大捷,恢复地方,在事人员功诚难泯。前大将军康亲王疏内所报获捷情形,在事绿旗有功人员,例难备载,惟于总兵官陈世凯、王廷梅之下开列等字。又臣于题报疏称"在事有功人员,容臣一面查明另叙",良以血战之功,未便遗漏,先为声明在案。伏乞皇上俯念总兵官陈世凯等克此最险要害,功绩甚伟。敕部准照固山贝子傅喇塔鼓励照攻克府城之例,将册内人员一体从优议叙,庶立功将士益知用命,除揭送吏兵二部核叙外,相应题报,伏乞皇上睿鉴施行。①

---

① 李之芳:《李文襄公奏疏》卷8,康熙刻本。

不难看出，该奏疏首先重申石塘"贼营扼险拒守，最为坚固，若此路不克，势难夹攻入闽"的战略重要性和关键性，实关平叛全局；接着李之芳复述"石塘天险，官兵环攻难拔，幸固山贝子许照攻取府城之例，鼓励议叙，而总兵官陈世凯等冒险迎锋，首先破敌，游击李回亲冒矢石，各官兵捐躯用命，戮力疆场，故能成此大捷"，即清军将士力克天险，奋勇杀敌，换来了胜利战果。换句话说，前线一品重臣意在：朝廷对关键战役中冒死杀敌和战死疆场的将士重奖，能进一步鼓舞士气，严明赏罚，激励前线将士奋勇杀敌，以尽快夺取平定三藩的最后胜利。

据《八旗通志》记载，李之芳的奏疏起了积极的作用，除石塘隘战役总指挥宁海将军傅喇塔因劳累过度，于当年十一月二十七日病故于福州军中，朝廷赐重丧祭奠，谥"惠献"；大败耿精忠战役之主将陈世凯已"仕至浙江提督，骑都尉世职"外，其他在石塘隘大捷中战死的功臣皆给予恩赐，如"德尔根，满洲正红旗人，康熙十四年随都统喇哈达败贼于石塘，寻击伪将连登云，力战阵亡，恩赐云骑尉世职承袭"；"图礼，满洲镶白旗人，十五年随宁海将军富喇塔击伪都督连登云等于云和之石塘岭，力战殁于阵，恩赐云骑尉世职承袭"；"刘绍烈，汉军正红旗人，袭父阿尔泰佐领署领事，康熙十五年耿逆伪都督连登云等率诸寇屯聚处州，八月宁海将军富喇塔等统兵击贼于云和石塘岭，毁其木城斩获无算，贼溃走追之，绍烈以力战死，恩赐云骑尉世职承袭"①。

毋庸讳言，耗时八年，平定祸及大半个中国的三藩之乱中，大小战斗何止成百上千，战死的清兵亦不止成千上万，而只有清廷认定对战局有重大意义，并有统领将军许诺重奖的决胜战役中奋战沙场者，才有望被皇帝"恩赐世职承袭"重奖！可见，石塘隘战役在平定三藩之乱的战略转折中的重要地位。

四

耿精忠占云和、霸石塘三年，老百姓遭受重重磨难，是云和县有史以来最为严重的人为灾难。据1986年版《云和县地名志》可知，当时约1万多人的云和，三年动乱到平息耿精忠时仅存5000人左右。灾难之重，悲

---

① 《八旗通志》卷230，人物志第九十四、九十五、一百十，文渊阁四库全书本。

惨之状，触目惊心、难以想象！

云和县原本山多、地少、人稀，比较贫困，耿精忠盘踞石塘时，数万人马粮饷军秩全部勒令县内乡民按户摊派，不仅不堪重负，稍有迟缓，乡民即遭鞭笞凌辱或肆意屠戮，无数被打死者丢入山林深沟喂野狼，生者逃入深山避难。如同治《云和县志》载："初贼至县……民负老携幼，匿林莽间……未几，贼自郡遁，负险固守，以军需匮，按户派饷。民遭拷，比死者，委沟壑；生者复窜山谷，日引领盼大兵。""云遭耿逆盘踞石塘三载始平，境内荒凉。"① 世住石塘730多年的顾氏，在其《顾氏宗谱》中也有"康熙甲寅遭耿逆盘踞，石川族众逃亡在外"的记载②。石塘周边绝户荒村的更比比皆是。笔者曾走访了许多老人，多数人都知道石塘周边的石门坑口、半岭、桃树窟、吕山畈、坑头等村，是在耿精忠叛乱时被杀绝，连村落都消失了。后来，云和知县林汪远实行"以抚以养"的政策，云和人得以休养生息。如石塘周边的滩下、石门坑、西滩头、石塘岭脚、营盘、续莫圩、坪地塘等村庄，都是在平叛后，由福建、江西等地迁入者在废墟上重建起来的新村。也有石塘隘大战逃亡者在山间隐居留下来的，战后重新创业，使几成废墟的石塘一带渐有起色。

衢州大溪滩突袭歼灭战和石塘隘战役大捷，使清军打通了自浙江夹击福建耿精忠老巢的通道，奠定了平耿精忠叛乱的基石，成为平定三藩整体战略从退却、僵持转向反攻的重要转折点。不知何故，对这样一个重要战役，研究者似乎很少关注，更无专文论及。而1986年所编《云和县地名志》，在《营盘村》一文中却称"这是一场统治阶级内部狗咬狗的战争"，显然是不妥也不符合历史事实的。应该说，石塘隘战役很得民心，不仅当时受到百姓的欢迎，还被后人铭记和怀念。我们完全可以从战后百姓的态度看一看人心向背。

石塘隘大捷后，"忽见贼鸟兽散，疑石塘破，不敢遽出。有壮而健者，间道越山岭瞻我师。喜曰：'信矣！'父老乃焚香，迎惠献贝子"③。足见当地百姓的喜悦心情——得民心者得天下，顺民心者得太平！清军平叛的胜

---

① 同治《云和县志》卷7，《祠祀》；卷10，《宦绩》。
② 石塘《顾氏宗谱》，光绪乙未年（1896）增修本序言。
③ 见现存的石塘龙亭山将军殿《惠献福公功德碑》，及同治《云和县志》卷7，《祠祀》。

利,得到战地老百姓的感激和拥戴。

乾隆六年(1741),由本县士民王宗老人撰稿,勒刻"惠献福公功德碑"石碑于石塘孤山,以表"邑士民不忘德泽",而将平叛功绩勒石,"以垂永久"①。这是本县士民拥护统一的最好见证。

乾隆二十八年(1763),云和知县王栾在石塘孤山功德碑的位置上建造了铭恩亭②,以铭记并感恩平叛的清军将士。铭恩亭建后,石塘百姓称其为龙亭,故龙亭所在的山,就被老百姓叫龙亭山了。③

嘉庆二十一年(1816),云和县的岁贡生柳翔凤上石塘龙亭山瞻仰功德碑时,写下《纪功碑歌》一首。诗中称耿精忠"穷寇负隅踞石塘,黔黎遁入深山哭";挥毫清军在石塘隘平叛战役是"洒血成渠滚江水,万人鼓舞途路中";浓墨战后百姓"从此买犊归春农……"正义放歌:"指点遗营说故侯……心脾元气足千秋。"④这浩然正气歌,让读者为之一振,更加珍惜统一、稳定的大好河山。

随着云和、石塘的逐步恢复和发展,道光六年(1826),石塘人重建古老的"新桥",桥屋"画梁飞桥新结构"更新颖漂亮。并将重建的"新桥"改名"庆云桥"⑤,以庆贺云和、石塘遭耿精忠危害荒凉后的重生和发展。

为了纪念石塘隘大捷,《云和县志》(下)把石塘岭改为将门岭,又把石塘的文笔峰改为"将军岗"⑥,以纪念指挥石塘隘战役的宁海将军。

咸丰三年(1853)石塘再次筹金,在石塘龙亭山的铭恩亭故址上增扩建惠献福公祠,并将先前的"惠献福公功德碑"石碑围入⑦。由于老百姓只记得感激将军平藩,俗呼"将军庙"。2011年云和县全国第三次文物普查时,惠献福公祠登记名为"将军殿"。将军殿3间1天井,进深13米,主房宽10米,南大门面宽8.7米,内有长方形天井,柱基古镜式,梁坊、

---

① 见现存的石塘龙亭山将军殿《惠献福公功德碑》,及同治《云和县志》卷7,《祠祀》。
② 同治《云和县志》卷8,《古迹》。
③ 同治《云和县志》卷3,《山水》。
④ 同治《云和县志》卷8,《古迹》。
⑤ 同治《云和县志》卷4,《水利·桥梁》。
⑥ 同治《云和县志》卷3,《山水》。
⑦ 同治《云和县志》卷7,《祠祀》。

牛腿、雀替雕刻武士、花卉，檀架，泥砖山墙，阴阳和瓦，原建筑主体保存完好。原惠献福公功德碑嵌于将军殿西墙，石碑有风化现象，但基本完好。碑文于"文革"时用石灰浆抹过，洗后字迹尚可辨认。1966年"破四旧"时，有人提出要把"功德碑"敲掉或凿掉。当时的大队负责人不敢说不能敲或凿，灵机一动答曰："敲有危险，凿太累，用石灰浆一抹省力。"该碑就这样被幸运地保存了下来。可惜至今，将军殿和此碑，虽已列入文物保护名单，但还不是文物保护单位。

统观平定三藩的全过程，康熙帝确有策略上的不少问题。但历史不可以假设，也不能用今人的智慧来考量古人。历史上三藩内乱及平定三藩的战争还是发生了，三藩之乱也平定了。三藩之乱的平定，避免了一次国家的大分裂，利于国家统一，具有深远的历史意义。

在平定三藩过程中，择势先定东南耿精忠。这对加快推进平定三藩、收复台湾战略，至关重要。

所以，清军石塘隘大败耿精忠战役后，云和、石塘百姓树碑、立亭、建祠及改桥名、岭名、山名等一系列生动、朴实的纪念活动，以及保存至今的功德碑、将军殿等，是战场的老百姓拥护统一、反对分裂使命感与责任感的体现，是纪念康熙平定三藩全国罕见幸存的珍贵纪念物，更是重要的历史文化遗产和爱国主义传统教育的生动教材。它在昭示后人：分裂、动乱的灾难不能忘记，统一、稳定的福祉要格外珍惜。

（作者系浙江云和县石塘镇农民）

读史札记

明德王府末代王补证

王 欣

摘 要：关于明末德王府亲王世系，《明史》等官私文献存在严重的误载、漏载。德王府末代两位亲王，实为朱由楥和朱慈炱。而清初的所谓德王，应为德王府其他宗室。

关键词：德王府 末代王 朱由楥 朱慈炱

《明史》所记载，明英宗第二子朱见潾，景泰三年（1452）封荣王，天顺元年（1457）改封德王，成化三年（1467）就藩山东济南府，至崇祯十二年（1639）正月清兵克济南，德王朱由枢被俘，共传7世6王，追封王1，世子1。民国年间，李晋华先生曾根据"德府纂进玉牒""德王由楥奏本"对德王府末代王进行了考证，得出德王府并无朱由枢其人。"德府纂进玉牒"目前很难见到，不知是否存世；"德王由楥奏本"，虽被收入在《明清史料》之中，但难以说明问题，加之又发表于民国年间，流传未广，故尚未被学界认可。且继朱由楥之后，德王府应还有一位亲王，李晋华先生并未考证出。笔者拟在李晋华先生考证的基础上，结合地方志、档案、《清实录》，对德王府末代两位亲王进行补证、考证，勾勒出完整的德王府亲王世系。

一 李晋华先生考证概述

李晋华先生的考证，见于《历史语言研究所集刊》第8本第2分册，题名《明史德王府世系表订误》，乃其遗稿。其生前在中研院历史语言研究所的明朝档案中发现了崇祯十一年"德府纂进玉牒"一册，与《明史诸王世表》进行了对比，发现"世表错误凡十二处"，其中最大关系者，为"世表所载由楥端王常𤣎庶一子，初封广宗王，万历四十三年改封世子，未袭卒一条"。他查玉牒发现,"由楥于万历三十六年七月封广宗王,四十三年六月进封德世子,崇祯八年六月袭封德王,至十一年八月德府修造玉牒时,王尚在",且由楥也非端王常𣵧庶一子,而是"庶第六子"。而世表载"由枢端王常𣵧庶二子,初封郡王,崇祯中进封,十二年正月大清兵克济南,见执"。查"玉牒,端王常𣵧生九子,至崇祯初,存者惟由楥与由椅,无所谓由枢者,而德府常字排行诸郡王以下,亦无所谓由枢者"。

此外,李晋华先生还在明朝档案中发现了"德王由楥奏稿一页",为"清兵围济南城时,德王请朝廷迅速发兵之事也"。

最后得出结论,"当日具本奏报者为德王由楥,被执者亦必为由楥"。而"明史本纪世表……所云清兵克济南,德王由枢见执,皆误也"。

二 被执德王补证

被清兵所执德王,《明史》等官私史书及近人著述,均记为朱由枢,未闻有异议者。李晋华先生根据"德府纂进玉牒""德王由楥奏本",考证出德府并无朱由枢其人,被清兵所执的实为朱由楥。事实上,有关于朱由楥的记载还散见于《清国史》《清实录》、清朝档案之中,这些史料足以进行补证。

我们看看清朝官方是如何记载的:

崇德四年三月,多尔衮等捷音至,言"自北京至山西界又至山东,攻济南府破之……擒德王朱由楥、郡王朱慈𬭼、奉国将军朱慈𬭼"①。

五月,皇太极敕谕朝鲜国王李倧:"今征西将士俱已凯旋……攻克一府三州五十七城县,枭斩二军门以下文官武将及济南府郡王将军等不能悉数,生擒德王朱由楥、郡王朱慈𬭼、奉国将军朱慈𬭼。"②

七月,"遣把总徐文师、太监王朝进等赍书于明主议和,又令俘获德王朱由具疏于明主,太监冯允昇赍书于明臣,许其议成释还"③。

---

① 《清国史》,太宗本纪卷3,崇德四年三月丙寅。嘉业堂钞本,第1册,中华书局,1993,第53页。
② 中研院历史语言研究所:《明清史料》甲编第七本,《清崇德间与朝鲜往来诏敕章表稿簿》,影印本下册,北京图书馆出版社,2008,第42页。
③ 《清国史》,太宗本纪卷3,崇德四年七月丁巳。嘉业堂钞本,第1册,第54页。

崇德七年二月，"明济南府德王朱由楷病故。谕礼部以礼葬之"①。

清军入关后，顺治二年十月，"给故明德王朱由楷妃岁银八十两"②。

以上记载均出自清朝官方史书、档案，已经说得很明白了，被执德王就是朱由楷。然而《明史》亦为清朝所官修，但朱由楷却变成了朱由枢。这是为什么呢？

众所周知，《明史》是在万斯同《明史稿》的基础上，经过王鸿绪删削改编、张廷玉增损编次而成的。查阅《明史稿》，其中所记德王亦为朱由枢。这点在李晋华先生的文章中已有述及。

翻阅《清实录》，不难发现，里面记载的明朝亲王、郡王，多和《明史》所记不同。

之所以出现这种原因，现在普遍的观点，一是因为史料，崇祯朝没有正规的实录，清初修《明史》，虽征集了部分明朝档案，但似乎并没有很好地利用；二是因为忌讳，查阅《清实录》、清初档案，清政府曾处死过不少包括亲郡王在内的明朝宗室，修《明史》的时候，史官当然不能把这些写进《明史》，更不可能与本朝史书、档案核对。所以就出现了同是官修史书，记载却截然不同的情况。

三　末代德王考证

德王朱由楷被清兵执走后，《明史》德王府后事缺载。据一些文献记载，明朝又册立了一位德王，但此德王具体是谁，说法不一。

《清世祖实录》记载，顺治元年七月，负责山东、河南招抚侍郎王鳌永启报，"济南、东昌、青州、临清等州郡以次抚定，并赍送故明德王朱由㭎降表"③，《清史稿》《东华录》所记与此相同。钱海岳先生《南明史》中，记此德王为纪城温裕王朱常潪之子朱由櫟，崇祯十三年六月进封为

---

① 《清太宗实录》卷59，崇德七年二月戊申。影印《清实录》第2册，中华书局，1985，第798页。
② 《清世祖实录》卷21，顺治二年十月丁未。影印《清实录》第3册，中华书局，1985，第185页。
③ 《清世祖实录》卷6，顺治元年七月丁酉。影印《清实录》第3册，第67页。然据下文《山东河南等处招抚王鳌永揭帖》，朱由㭎为泰安王。按，泰安王始封王恭简王朱祐橚为德庄王朱见潾庶长子，传端懿王厚熑、康惠王载墌，无子封绝。此泰安王朱由㭎不知何所出。

德王。

但据《国榷》记载,"崇祯十二年正月戊子,阅视太监高起潜奏:德王幼子五岁,内臣张国忠等携匿民间";"崇祯十二年三月辛巳,宝坻知县王国儒奏:德王宫人关氏逃尼庵,诉有子五岁,小字金柱,乞完聚其母子"[①]。李晋华先生的《明史德王府世系表订误》一文中,也提及这位德王之子,"玉牒载崇祯八年六月,德王由枢生一子,已奏报"。

按照明朝的制度,德王朱由枢既已有子,例应由其子承袭其王位。那德王府末代王是这位王子吗?如果不是,又到底是谁呢?

崇祯十三年的《历城县志》,对德王府的世系有比较详细的记载:

庄王,英庙之子,天顺元年封济南,成化三年之国,正德十二年薨,谥曰庄。王崇儒重道,忧国爱民,精诗赋,工丹青,孔子杏坛像并赞皆属睿翰,毫不与外事,故称贤。

懿王,庄王子。

怀王,懿王子。

恭王,怀王子。

定王,恭王子。

端王,定王子。遵训守礼,谦恭孝义,通翰墨,闲弧矢,著训后七十二事,抚按交荐,诏建坊以褒异之。

嗣王,端王子,俭朴好佛,崇祯己卯蒙难,嗣子六岁殇,上命纪城府进爵为德王,庚辰六月十六日册封[②]。

从上面的引文可知,因德王朱由枢"嗣子六岁殇",所以,由"纪城府进爵为德王"。时间为崇祯十三年六月十六日。

《历城县志》是崇祯十三年由历城知县宋祖法主修、叶承宗纂的。从时间上来说,《历城县志》修于崇祯十三年春,正是济南之变的第二年,

---

① 谈迁:《国榷》卷97,思宗崇祯十二年,张宗祥点校本,第6册,中华书局,1958,第5831、5835页。
② 崇祯《历城县志》卷3,《建置志上·封建》,民国29年(1940)傅寿崑等抄本,北京大学图书馆藏稀见方志丛刊,北京大学图书馆编,国家图书馆出版社,2013,第175~176页。

虽仅"百三十日有奇而书告成",但"考据博洽,词理腴俊",为县志中的上乘之作;从修纂人来说,叶承宗为济南历城人,天启七年举人;宋祖法,崇祯七年进士,时任历城知县。当地人记当地事,况时间不远,不应存在误载、漏载的情况。

现在可以初步肯定,德王府末代王是由纪城王府进封的,那么这位德王是谁呢?是钱海岳先生《南明史》记载的朱由櫟吗?

我们先看一下纪城王府的世系。纪城王府始封王为德定王翊錧嫡三子朱常澍,万历六年册封,薨,其嫡长子朱由俅于万历三十七年袭封,薨。按照李晋华先生所引"纂进玉牒",朱由俅生有4子,庶一子夭折、庶二子朱慈黉、庶三子朱慈𫖯、庶四子朱慈炏。据一些史料记载,朱由俅薨后,朱慈袭封纪城王,①崇祯十二年正月,与德王朱由枢、奉国将军朱慈黉一起被执赴盛京。清军入关后,朱慈𫖯于顺治元年九月"自沈阳星趋陛见",受到了"住所、食用"②的赏赐。则纪城王府在明朝时能进封德王的,只能为朱慈炏了。这也与《清世祖实录》顺治二年十月"给故明德王朱慈炏妃岁银六十两"③ 以及下文所引《山东巡按朱朗鉾启本》相契合。

崇祯十七年三月十九日,李自成农民军攻入北京,明朝灭亡。李自成随即派部将郭陞率军进驻山东,占领了济南,朱慈炏"随被掳而去"④,不知所终。

四 德王府后事

清军入关后,李自成西撤,山东的明朝官绅趁机发动叛乱,推举朱帅𨮁为"济王"。顺治元年(1644)六月,清政府派王鳌永招抚山东、河南,同时派军收取山东,济王政权因得不到支援,归顺了清朝。⑤ 王鳌永于七月初四日到达济南,次日,"权德府事泰安王朱由㮃率领嘉祥王长子朱慈

---

① 北平故宫博物院编《多尔衮摄政日记》,《历代日记丛钞》第10册,学苑出版社,2006,第13页。
② 中研院历史语言研究所:《明清史料》甲编第一本,《明宗亲朱慈𫖯揭帖》,影印本上册,北京图书馆出版社,2008,第217页。
③ 《清世祖实录》卷6,顺治二年十月丁未。影印《清实录》第3册,第185页。
④ 中研院历史语言研究所:《明清史料》甲编第一本,《山东巡按朱朗鉾启本》,影印本上册,北京图书馆出版社,2008,第245页。
⑤ 顾诚:《南明史》,光明日报出版社,2011,第56页。

药、清平王长子朱慈𤇆、宁海王长子朱由柂、临朐王长子朱由榙、清平镇国将军长子朱慈𤆗、临朐辅国将军次子朱常荇、临朐奉国将军长子朱由𣓀、泰安奉国将军长子朱由栖各具归降表文……"① 由于朱慈炫被掳走，"止遗国母三人，孀居度日，形影相吊，殊堪恻悯"②，府事无人管理、遗产无人继承、香火无人奉祀，德王府宗室遂于同年九月公举"四枝嘉祥王子慈蒳过嗣管理，承受遗产"③，但清政府"不准"④，德王府至此终结。

五 关于清初的德王

笔者在查阅文献过程中，曾接触到两条史料，均提及清初北京有一位德王，但具体是谁，没有说明。笔者觉得有必要在本文最后谈谈自己的看法。

据《謏闻续笔》，清顺治元年五月多尔衮进入北京之后，二十五日，"九王（指多尔衮）居中，德、晋二藩尚左右并坐而受朝"⑤。

关于《謏闻续笔》的作者张怡，清兵入关前后时在北京，书中所记多为其所见所闻。

有学者在引用这条史料时，将"德、晋二藩"改成了"德、晋二王"，并认为这位德王就是朱由枢。⑥ 我们前面已经补证过，德王府并无朱由枢其人，被清兵所执的实为朱由㭎，但他已于崇祯十五年卒于关外，不可能在两年之后进入北京与多尔衮"左右并坐"受朝了。

我们再回过头来看这条史料，"德、晋二藩"，"藩"，可以泛指亲王以下的所有宗室，而"王"，只能指亲王、郡王。晋藩，指的就是山西太原府的晋王朱审烜，李自成攻克太原时被俘，被带到了北京，山海关之役，

---

① 中研院历史语言研究所：《明清史料》丙编第五本，《山东河南等处招抚王鳌永揭帖》，影印本上册，北京图书馆出版社，2008，第225页。
② 中研院历史语言研究所：《明清史料》甲编第一本，《山东巡按朱朗𨧬启本》，影印本上册，第245页。
③ 中研院历史语言研究所：《明清史料》甲编第一本，《山东巡按朱朗𨧬启本》，影印本上册，第245页。
④ 《顺治二年兵部档册不分卷》，清抄本。《罗氏雪堂藏书遗珍》第5册，《中国公共图书馆古籍文献珍本汇刊·丛部》，中华全国图书馆文献缩微复制中心，2001，第401、485页。
⑤ 张怡：《謏闻续笔》卷1，《笔记小说大观（十五）》，江苏广陵古籍刻印社，1984，第255页。
⑥ 郑克晟：《试论多尔衮对明皇室态度之演变》，《社会科学战线》1991年第2期。

又被清兵所获。但此时山东尚未被清军占领，能在北京的德藩宗室，应该是没有的。

前文曾经提到过，崇祯十二年清兵攻克济南，和德王朱由枢一同被俘的还有两位宗室，一位是纪城王朱慈𤏐，一位是奉国将军朱慈黉。朱慈𤏐于清兵占领北京后，自"沈阳星趋陛见"，受到了"住所、食用"①的赏赐。顺治二年闰六月初四日，又"赐晋王朱审烜、纪城王朱慈𤏐……袍服"②。但从其所上揭帖时间上来看，进入北京的时间应在九月，又与史料不符。姑且存疑，留待后证。

另据谈迁《国榷》云："戊子四月己丑，晋王□□、周王绍□、德王□□同遇害，是日大风。"③

关于此德王，也存在问题。戊子，即清顺治五年。前文已经述及，德王府末代两位德王，朱由枢卒于关外，朱慈𤏐被郭陞掳走，嘉祥王子朱慈㶆希冀继嗣德藩，清政府又不准，则德王府已无亲王了，如何到顺治五年又出现一位德王？

从现有史料上来看，清军入关之后，德王府地位比较高的宗室有两位，一位是在王鳌永揭帖中出现的"权德府事泰安王朱由㮞"，另一位是崇祯十二年清军攻克济南时和德王朱由枢一同被俘的纪城王朱慈𤏐。

泰安王朱由㮞，泰安康惠王朱载墀无子封除，这位泰安王朱由㮞不知何所出，或许是管理府事者。《清世祖实录》中则记朱由㮞为德王，应是翻译错误。就目前公布的档案来看，朱由㮞只在王鳌永揭帖中出现过一次，据说还有一份关于他的档案，但是没有公布全文，时间也是顺治元年七月。七月以后，就没有再见到有关他的任何记载。

纪城王朱慈𤏐，前面曾经有过论述，崇祯十二年清军攻克济南和德王朱由枢一起被俘，清军入关之后，由沈阳来到北京。有关他的记载，见于其到北京之后所上的揭帖、《多尔衮摄政日记》之中，据说还有一份关于他的档案，也是没有公布全文。顺治二年闰六月之后，没有再见到关于他的记载。

---

① 中研院历史语言研究所：《明清史料》甲编第一本，《明宗亲朱慈𤏐揭帖》，影印本上册，第217页。
② 北平故宫博物院编《多尔衮摄政日记》，《历代日记丛钞》第10册，第13页。
③ 谈迁：《国榷》卷104，弘光元年，张宗祥点校本，第6册，第6217页。

清军入关之初，利用招徕、恩养政策，使一批明朝宗室投诚，有的来到北京。南下过程中，也有一些宗室投诚，被带到北京。除此之外，又要求各省地方官员严查明朝宗室情况，亲王、郡王一律送到北京。这样，北京就集中了不少明朝宗室。随着清政府对明朝宗室态度的转变，这些宗室的命运也就发生了转变。顺治三年五月，清政府以"京师纷传故明诸王私匿印信，谋为不轨"为名，将十一位明朝宗室处死，其"未与谋者，仍与恩养"①。但这十一位宗室是谁，没有说明。钱海岳先生《南明史》中记为十七位，云其中有德王朱由㰒，是纪城温裕王朱常澍之子，但据李晋华先生所引"纂进玉牒"，朱常澍生两子，一子朱由㧑袭封纪城王，一子夭折，并无朱由㰒。且我们前面考证过，德王府末代王是朱慈炫，已经被郭陞掳走。此朱由㰒，不知钱氏引自何种史料，有误。

谈迁《国榷》所云的顺治五年被杀的德王、晋王、周王，晋王，应指的是晋王朱审烜；周王，据顾诚先生《南明史》所引的"明已薨周王朱恭枵内助臣程氏率未封五子朱绍烸奏本"②，可能是朱绍烸；至于德王，或许是泰安王朱由㮠，也可能是纪城王朱慈𤊎。纪城王朱慈𤊎的可能性大一些，他虽然备受清朝的皇恩，但随着时间的推移，随着清政府对明朝宗室态度的转变，最终恐也难逃厄运。

除了上述两条史料，在《清世祖实录》之中有这样一条："国家遇明朝子孙，素从优厚，如晋德两藩，皆待以殊礼，恩赐有加。今江西益、淮等府，湖广惠、桂等府，四川蜀府，广西靖江府各王，果能审知天命，奉表来归，当一体优待，作宾吾家。"③ 这里面再一次提到了"晋德两藩"。晋藩，指的就是晋王朱审烜；德藩，从上面的分析以及现有史料来看，指的应是纪城王朱慈𤊎和德王府末代两位亲王朱由㭆、朱慈炫的家眷，④ 而不是德王。

上面所引史料，虽还有疑问，但有一点可以肯定，所谓"德藩""德王"，均不是指德王，也不可能是德王，而是德王府的其他宗室。

---

① 《清世祖实录》卷26，顺治三年五月壬戌。影印《清实录》第3册，第220~221页。
② 顾诚：《南明史》，第147页。
③ 《清世祖实录》卷17，顺治二年六月己卯。影印《清实录》第3册，第155页。
④ 《清世祖实录》卷26，顺治二年十月丁未，给故明德王朱由㭆妃岁银八十两，朱慈炫妃岁银六十两，侍女内役月给食米。影印《清实录》第3册，第185页。

六　结语

通过上面的考证，沿用了几百年的错误观点被推翻，德王府的史实被完整揭示出来。

德王府无朱由枢其人，末代王也非朱由栎或朱由櫟。德王府末代两位亲王，实为朱由楶、朱慈炫。而见于《謏闻续笔》《国榷》《清世祖实录》中的"德藩""德王"，应为德王府的其他宗室，而非德王。

至此，我们可以完整地勾勒出德王府亲王世系（见附录）。

附录　重编德府亲王世系表

庄王朱见潾，英宗庶二子，正统十三年（1448）生，初名见清，景泰三年（1452）封荣王，天顺元年（1457）更名见潾，改封德王，成化三年（1467）就藩济南府，正德十二年（1517）薨。

懿王朱祐榕，庄王嫡二子，成化十六年（1480）封世子，正德十六年（1521）袭封德王，嘉靖十八年（1539）薨。

怀王朱厚燆，懿王庶二子，初封镇国将军，嘉靖二年（1523）进封东平王，十三年（1534）进封世子，薨，谥怀顺。嘉靖二十年（1541）追封德王。

恭王朱载墱，怀王嫡二子，初封世孙，嘉靖二十年（1541）袭封德王，万历二年（1574）薨。

定王朱翊錧，恭王嫡一子，嘉靖三十四年（1555）封世子，万历五年（1577）袭封德王，十六年（1588）薨。

端王朱常㵾，定王嫡一子，万历元年（1573）封世孙，六年（1578）进封世子，十九年（1591）袭封德王，崇祯五年（1632）薨。

王朱由楶，端王庶六子，万历三十六年（1608）封广宗王，四十三年（1615）进封世子，崇祯八年（1635）袭封德王，十二年（1639）清兵克济南，被执，十五年（1642）卒于关外。一子夭折。

王朱慈炫，纪城王朱由㑊庶四子，崇祯十三年（1640）进封德王，十七年（1644）被李自成部将郭陞掳走，不知所终。

（作者单位：北京市星震数字系统有限公司）

天命五年所废大福晋再讨论

——兼论满人早期的婚姻制度

常虚怀

摘 要：后金国天命五年获罪大归的大福晋，究竟是富察氏还是乌拉纳喇氏，学界一直争论未决。本文以满洲早期的一些社会习俗作为切入点，重新解读相关史料，认定该大福晋为富察氏，解答了质疑派提出的几个关键问题。并以此为出发点，进一步阐明，满人早年在婚姻方面实行群嫡制，从而顺利解决了皇太极之母生前的地位问题，而这一问题恰恰是大福晋之争的根源所在。

关键词：天命五年 努尔哈赤 大福晋 子以母贵

天命五年（1620）三月，后金国发生了一件不大不小的事情：该国的大福晋被努尔哈赤怒而休弃了。目前流传下来的清初的史料，只有《满文老档》详细记载了此事，不见于别家著述。因系孤证，《满文老档》中又只称"大福晋"而不名，竟使得这一平常的事件在数百年后成了一个悬案，迄今未能确定这位大福晋究竟是何人。

据《清史稿》记载，努尔哈赤一生共有四位大福晋，分别是元妃佟佳氏、继妃富察氏、孝慈后叶赫纳喇氏和大妃乌拉纳喇氏。[①] 佟佳氏名哈哈纳札青，是褚英和代善之母，在努尔哈赤立国之前早已离世；富察氏名衮代，是莽古尔泰和德格类之母，去世于天命五年；叶赫纳喇氏名孟古姐姐，是清太宗皇太极之母，去世于万历三十一年（1603）；乌拉纳喇氏名阿巴亥，是阿济格、多尔衮和多铎之母，去世于天命十一年（1626）。四人当中，佟佳氏与叶赫纳喇氏去世较早，可以排除，学界的争论集中在其

---

① 《清史稿》第30册，中华书局，1976，第8899~8900页。

余两位大福晋身上。

这四位大福晋，如果是依次而立、时序明确的话，本来也不会发生疑问。问题是，史料的记载本身就有矛盾，即若仅据各自相关的史料进行推论，这二人都可以是天命五年的大福晋。我们先来看富察氏。万历二十一年（1593），叶赫等九部联军来攻建州，《清太祖武皇帝实录》载有"滚代皇后"责问太祖之语，① 由此可见，其正室的地位不容置疑。此后直到天命五年之前，史料中并无富察氏被废的记录，则我们完全可以顺理成章地认为，此时的大福晋仍是富察氏。再看乌拉纳喇氏。各种史料俱称，乌拉纳喇氏是在叶赫纳喇氏去世后继立为大妃的，也就是说，自万历三十一年之后她就已居正位，那么说天命五年的大福晋就是此人，自然也没有什么问题。据此可知，史料记载的矛盾之处主要在于叶赫纳喇氏的地位。由于富察氏正位在先，且远比叶赫纳喇氏长寿，那么叶赫纳喇氏是否真如清代官书中所说的曾被立为大福晋，便显得十分可疑。若叶赫纳喇氏生前本未得立，则乌拉纳喇氏又何由而继？关于这一问题，下文将有具体分析。

一

为了进一步探讨的便利，我们有必要将《满文老档》中有关大福晋被休离的整个记载抄录一遍。笔者目前能够见到的，有老档的四种汉文译本。最早的是民国初年金梁组织人力翻译的《满洲老档秘录》（以下简称金梁译本），这个版本翻译十分草率，往往以意为取舍，多有不信不实之处，甚至"窃取《东华录》以欺人"②，孟森先生以为"绝不可信"③。20世纪下半叶，大陆又有辽宁大学历史系所译《重译满文老档》（以下简称辽大译本）和一史馆与社科院历史所合作翻译的《满文老档》（以下简称社科院译本）。④ 近年又有辽宁民族出版社出版的《内阁藏本满文老档》20册，前16册为满文原文影印，第17、18册为罗马字转写，最后两册为汉文译本，其文字与社科院译本大同小异。其中辽大译本不太考虑汉语的表达习惯，虽然纯用口语，读来却不够顺畅。社科院译本则以浅近文言翻

---

① 《清入关前史料选辑》（第一辑），中国人民大学出版社，1984，第315页。
② 孟森：《明清史论著集刊》，中华书局，1959，第208页。
③ 《明清史论著集刊》，第207页。
④ 社科院译本成书在辽大译本之后十余年，据其前言，竟不知有该本之存在，亦颇可怪。

译，尊重而又不尽拘泥于原文，就目前来看是较好的一个本子，本文即以社科院译本照录事件的整个过程，在下文需要探讨之处再酌引其他版本作为参考。

　　塔因查又告汗曰："不仅此事，更有要言相告。"（引者注：前已告发一事。）询以何言，告曰："大福晋曾二次备办饭食，送与大贝勒，大贝勒受而食之。又一次送饭食与四贝勒，四贝勒受而未食。且大福晋一日二三次差人至大贝勒家，如此来往，谅有同谋也。福晋自身深夜出院亦已二三次之多。"汗闻此言，遣达尔汉侍卫、额尔德尼巴克什、雅荪、蒙噶图四大臣往问大贝勒及四贝勒。业经询，四贝勒未食所送饭食属实，大贝勒二次受食所送饭食亦属实。又，所告诸事，俱属实情。对此汗曰："我曾言，待我死后将我诸幼子及大福晋交由大阿哥抚养。以有此言，故大福晋倾心于大贝勒，平白无故，一日遣人来往二三次矣。"每当诸贝勒大臣于汗屋聚筵会议时，大福晋即以金珠妆身，献媚于大贝勒。诸贝勒大臣已知觉，皆欲报汗责之，又因惧怕大贝勒、大福晋，而弗敢上达。汗闻此言，不欲加罪其子大贝勒，乃以大福晋窃藏绸缎、蟒缎、金银财物甚多为词，定其罪。命遣人至界藩山上居室查抄。大福晋恐汗见查出之物甚多，罪更加重，故将其物，分藏各处，分送各家。将三包财物送至山上达尔汉侍卫居所。查者返回汗屋后，大福晋即遣人去山上达尔汉侍卫居所取其所送财物。差人未至山上，误至达尔汉侍卫所住西屋取之。达尔汉侍卫即与差人同来见汗曰："我既知之，岂有收纳福晋私藏财物之理耶？"福晋暗中遣人取其寄藏财物之事，汗本不知。此次得知差人错至达尔汉侍卫居室后，即遣人往山上住所查看，果有其事，遂杀收受财物之女仆。继之又查，蒙古福晋告曰："阿济格阿哥家中之二个柜内，藏有绸缎三百疋。大福晋常为此担忧，唯恐遭火焚水淋，甚为爱惜。"闻此言，即往阿济格阿哥家查看，查得绸缎三百疋。又至大福晋母家查看，抄出煖木面大匣中存放之银两。大福晋又告曰："蒙古福晋处尚有东珠一捧。"遂遣人往问蒙古福晋，其蒙古福晋告曰："系大福晋交与我收藏之。"且又闻，大福晋曾给予总兵官巴都里之二妻一整疋精织青倭缎，以做朝衣；给参将蒙噶图之妻绸缎朝衣一件。又报大福晋背汗，偷将财物给予村民者甚多。汗乃大怒，传谕村民，令将大福晋所与之诸物，尽数退还。并以大福晋之罪示众曰："该福晋奸诈虚伪，人之邪恶，彼皆有之。我以金珠妆饰尔头尔身，以人所未见之佳缎，供尔服用，予以眷养。尔竟不爱汗夫，蒙我耳目，置我于一边，而勾引他人。不诛之者，可乎？然念其恶而杀之，则我三子一女犹如我心，怎忍使伊等悲伤耶？不杀之，则该福晋欺我之罪甚也！"又曰："大福晋可不杀之，幼子患病，令其照看。我将不与该福晋同居，将其休弃之，嗣后该福晋所与之物，无论何人均勿得容受，勿听其言，无论男女，遵此谕令。而听从大福晋之言，收受所与之财者，即杀之矣！"自此，废大福晋。整理该福晋之器皿时，又取出其私藏之衣物，多为大福晋所不应有之物。遂命叶赫之纳纳昆福晋、乌云珠阿巴盖福晋来见隐藏之物，告以大福晋所犯之罪，并将大福晋所制蟒缎被二床、闪缎褥二床，赐与叶赫二福晋各一套。其所藏衣服，除大福晋穿用者仍归其本人外，其余衣服，皆行取回，赐与女儿。小福晋塔因查以举发故，著加荐拔，陪汗同桌用膳而不避。①

针对这篇记载，传统的观点认为文中的大福晋是继妃富察氏（下文简称传统派），后来因为若干史实不合，有些学者产生怀疑，并进而认定该大福晋是乌拉纳喇氏（下文简称质疑派）。

传统派以孟森等老一辈学人为代表。孟森先生的《八旗制度考实》一文在论述莽古尔泰与皇太极的积衅时，先引金梁译本中"大福晋获罪大归"一条全文，而总结云"以上为莽古尔泰兄弟之母"②。唐邦治先生在《清皇室四谱》中谈及富察氏时称："天命五年二月（当为三月之讹），以窃藏金帛，迫令大归，寻莽古尔泰弑之。"③ 通过孟、唐二人的论断我们可以看出，在传统派那里，这是理所当然的事，本不成为一个问题。其根据在于《清史稿·后妃传》中关于富察氏的一条记载："天命五年，妃得罪，

---

① 《满文老档》，中华书局，1990，第134页。
② 孟森：《清史讲义》，中华书局，2007，第50页。
③ 唐邦治：《清皇室四谱》，载周骏富辑《清代传记丛刊》第48册，台北明文书局，1986年影印版，第41页。

死。"① 时间、事由均相符合，所异者仅在于老档未言其死。周远廉先生亦持此说，并认为这是一场旨在争夺汗位继承权的阴谋。②《清皇室四谱》所说的富察氏死因来自《清太宗实录》。天聪五年八月，莽古尔泰御前无礼，皇太极怒称："莽古尔泰幼时，皇考曾与朕一体抚育乎？因其一无所授，故朕每推食食之，解衣衣之，得倚朕为生。后彼潜弑其生母，幸事未彰闻。彼复希宠于皇考，皇考因令附养于贝勒德格类家。"③ 皇太极说莽古尔泰一无所授，附养于德格类家云云，纯属无稽之谈，孟森先生已驳之矣；④至于弑母这种骇人听闻的大罪，则当非妄言。如此一来，传统派的观点更形其牢固。莽古尔泰为何要行此大逆之事，而且并未受到惩罚？一个比较合理的解释便是，其母与他人有暧昧情事（至少舆论如此），莽古尔泰羞愤交加，遂有此举。

再看质疑派的观点。质疑派的产生，主要是基于如下两点史实方面的疑问：

一是年龄问题。富察氏先曾嫁给努尔哈赤的族兄威准，育有一子昂阿拉，后归努尔哈赤，生莽古尔泰等二子一女。莽古尔泰出生于万历十五年（1587），其母既属再嫁，依常理推测，当时大概有二十来岁。（也可能再小几岁，当时女真人普遍早婚，多尔衮之母十二岁即归太祖）即便按照十七岁生莽古尔泰计算，至天命五年富察氏也有五十岁了。质疑派因此以为，大贝勒代善不太可能与这样年老的妇人产生情愫，也就是说，从双方的年龄来看，所谓的暧昧情事站不住脚。

二是子女问题。质疑派注意到，老档中努尔哈赤提到"三子一女犹如我心，怎忍使伊等悲伤耶"，而富察氏与努尔哈赤仅生育二子一女，与史实不合。若说把昂阿拉也算上，但其并非努尔哈赤亲生，恐怕谈不上"犹如我心"。唐邦治先生也注意到了这一问题，他怀疑太祖十六子中"不详所自出"⑤ 的费扬古便是富察氏第三子，"若增入费扬古，则三子一女情事

---

① 《清史稿》第 30 册，第 8900 页。
② 周远廉：《清朝兴起史》，吉林文史出版社，1986，第 143~146 页。
③ 《清太宗实录》卷 9，天聪五年八月甲寅。
④ 《清史讲义》，第 51 页。
⑤ 《清史稿》第 30 册，第 8966 页。

宛合"①。实则费扬古并非不详所出，《清太祖武皇帝实录》载："辛亥年八月十九日，太祖同胞弟打喇汉把土鲁薨，年四十八岁。生六子，长曰阿敏，次曰扎撒革吐，三曰土龙，四曰债桑孤，五曰吉儿刚郎，六曰非扬古。"② 可见费扬古是舒尔哈齐幼子，盖曾养于太祖宫中，遂被误认为太祖之子。唐氏这一假说不成立。更为要紧的是，努尔哈赤还提到了"幼子患病，令其照看"，而富察氏子女当时俱已成人，又与史实不合。

因此质疑派认为，天命五年获罪的大福晋是乌拉纳喇氏才更合情理。首先，乌拉纳喇氏在天命五年时三十一岁，可谓风华正茂，若说有私情之事便讲得过去。其次，乌拉纳喇氏所生的少子多铎此时还不到七岁，符合"幼子"的讲法。

不过，把大福晋换作乌拉纳喇氏也并未解决全部问题。乌拉纳喇氏生有三子，却无女儿，与"三子一女"之说，亦不相符。同时还带来了另外两个问题：其一，富察氏的大福晋之位是何时何因被废的？其二，天命十一年努尔哈赤去世时，大妃仍是阿巴亥，那么自天命五年被休弃之后，她又是何时得以复立的？对于这两个问题，质疑派并没有给出令人信服的答案。

二

笔者赞同传统派的观点，对于质疑派提出的两点疑问，试解答如下：

第一，年龄问题。如果对满洲当时的社会习俗足够了解的话，我们就会发现，年龄其实根本不是一个问题。努尔哈赤兴起时，满洲正处在原始社会末期向奴隶社会转变的阶段，③ 还残存不少部落陋习。其中一条陋习就是，父亲去世后，嗣子会将庶母和幼弟一起作为遗产继承下来，所以上引的《满文老档》中努尔哈赤才会说"我曾言，待我死后将我诸幼子及大福晋交由大阿哥抚养"。由此可知，富察氏献媚于代善，并非出于男女私情，只是为了长远打算，提前与这位可能性最大的继承人处好关系。努尔哈赤对此其实也是心知肚明，所以只好拿"盗藏金帛"作为幌子。明白了这一点，还可以解释大福晋为何只送饭给大贝勒与四贝勒，而不给他人。

---

① 《清代传记丛刊》第 48 册，第 130 页。
② 《清入关前史料选辑》（第一辑），第 326 页。
③ 参见周远廉《清朝开国史研究》（辽宁人民出版社，1981）中有关当时社会形态分期的提法。

我们知道，当时努尔哈赤之下有代善、阿敏、莽古尔泰、皇太极四大贝勒，其地位明显高于其他众小贝勒，那么继位的人选自然最有可能从这四人当中产生，而阿敏作为努尔哈赤之侄，先天条件不够，基本可以排除，此外便只剩下大、三、四三位大贝勒，这三人中莽古尔泰系富察氏亲生，他若即位，自然不必担心赡养问题，因此富察氏处心积虑要处好关系的，就只有大贝勒和四贝勒。

第二，子女问题。上文已经说了，富察氏不符合"三子一女"的标准，尤其不符合"幼子"的标准。但我们若细读社科院译本的文字，就会发现文中这三子一女以及幼子，并未说是大福晋亲生。辽大译本对此的表述是："然念其这罪恶杀掉，像我的心肝一样的三子一女将是怎样的哭呢？……即使杀了大福晋又怎样呢？他小儿子们如有病，可以叫她看护、照料。"① 也没有说是大福晋亲生。（请注意，"他小儿子们"意指其他的小儿子们，若为大福晋所生的小儿子们，则当如下文用"她"）只有金梁译本称"惟念所出三子一女，遽失所恃，不免心中悲痛"②，至于幼子一节则根本略去未译，此亦可见金梁译本不忠于原文，实难据以为凭。既然并非亲生，大福晋如果被杀，这三子一女何以会悲伤痛哭呢？对此我们的解释是，这三子一女系由大福晋自幼抚养，自然感情深厚。满洲一直盛行领养习俗，居上位者常将他人所生子女自幼小时抱来抚育，清史中这类事例极多，比如代善之子岳讬幼时即由皇太极之母叶赫纳喇氏领养，故而皇太极与岳讬二人名虽叔侄，实同兄弟，远较他人更为亲厚。富察氏作为大福晋，领养努尔哈赤别的妃子所生的子女，甚或是家族中他人的子女，原在情理之中。

至于叶赫纳喇氏的地位问题，尚别有所论。无论是传统派还是质疑派，此前已有不少学者开始怀疑叶赫纳喇氏生前并未做过大福晋。台湾的陈捷先教授说："我怀疑她根本没有当过大妃或大福晋。如果她真的没有被努尔哈赤册立过大妃，那么她的所生子也就没有资格当大汗的继承人。这是关系重大的事，关系到清太宗皇太极继承的合法性，关系到后来多尔衮说他哥哥皇太极'夺立'的正确性，也关系到代善的后人昭梿讲他家祖

---

① 《重译满文老档》第一册，辽宁大学历史系，1979，第101页。
② 《满洲老档秘录》上编叶九。

先礼亲王大贝勒代善'让国'的问题。史料里既没有明确记录孟古哲哲当过大妃，就容我把她列在第四位吧！"①

笔者认同叶赫纳喇氏未做大妃的观点，但若因此而把皇太极视为庶子，并说他"没有资格当大汗的继承人"，则完全不合史实。清（后金）由少数民族的部落政权壮大为全国性的统一政权，它的各种习俗和制度，经历了一个逐步汉化以至最终定型的过程。我们有些学者研究清史时，却往往忽略这一事实，直接拿汉人传承久远的正统观念去绳规满人入关前尚未汉化时的史料，刻舟求剑，焉能得真。具体到婚姻制度，入关之前的满洲虽也有着严格的等级划分，却没有汉人那种绝对的嫡庶之别，如果非要用一个词来形容的话，笔者认为可以叫作"群嫡制"，也就是说，"嫡"是一个等级，并非只有一位。正如张尔田先生在《清列朝后妃传稿》中所说："太祖虽渐华风，粗俗无改，制尚淳朴，礼绝差等，号敌体者并曰福金。"② 当时的后宫，大致分为三个等级：第一等包括大福晋和若干地位极高特别受宠的福晋（可名为次妃）；第二等是侧福晋（侧妃）；第三等是小福晋（庶妃）。三个等级之间界限森严，各等级内部的待遇却是大体相同的，"大福晋"只是一个来归在先的名号，绝非独尊于后宫。

就努尔哈赤的后妃而言，除三位名正言顺的大福晋外，叶赫纳喇氏显然也属于第一等。有人可能要说，这只不过是皇太极继位之后故意抬高自己的生母罢了，正所谓母以子贵；笔者以为不然，因为当时实行的恰恰是子以母贵的制度。我们结合努尔哈赤诸子的待遇来分析一下。元妃所生长子褚英和次子代善：早在建元天命之前，就"使尔同母所生之二子执政，赐国人过半"③，代善后来成为四大贝勒之首，正红旗旗主，崇德元年（1636）封礼亲王。继妃所生五子莽古尔泰和十子德格类：莽古尔泰系四大贝勒之一，正蓝旗旗主；德格类早年亦封贝勒，其兄死后继主正蓝旗。乌拉纳喇氏所生十二子阿济格、十四子多尔衮、十五子多铎：三人当努尔哈赤死时尚且年幼，却都是"分给全旗之子"④，崇德元年二封亲王一封郡王。以上是大妃所生之子。再看侧妃之子。七子阿巴泰，"尔先时尚不得

---

① 陈捷先：《努尔哈齐写真》，商务印书馆，2011，第180页。
② 《清代传记丛刊》第48册，第243页。
③ 《满文老档》，第21页。
④ 《清太宗实录》卷3，天聪元年十二月辛丑。

随五大臣之列,德格类、济尔哈朗、杜度、岳讬、硕讬早已随班议政,尔不与焉。因尔在诸弟之列,幸得六牛录户口,方居贝勒之次"①,在天聪元年(1627)只是一个不主旗的小贝勒,至崇德元年亦只封为多罗贝勒。对比至为明显的是庶妃之子,三子阿拜、四子汤古代,直至天聪八年才被封为三等副将,这还是皇太极加以"优擢"的结果!② 由此可见,当时的宗室制度,是母亲的级别决定儿子的地位。而皇太极位列四大贝勒之一,至努尔哈赤晚年独掌两白旗③,势力最为雄强,因而在努尔哈赤去世后被公推为领袖。试问在这种制度之下,其生母怎么可能不在第一等,其本人又何谈庶出?至于多尔衮所说的"夺立",并非说皇太极得位不正,而是说他违背了努尔哈赤晚年定下的八固山联合执政制度。④

不特此也,从叶赫纳喇氏去世后所享受的待遇,我们也可以看出,其地位绝不下于大福晋。《清太祖武皇帝实录》载:"九月内,中宫皇后薨……太祖爱不能舍,将四婢殉之,宰牛马各一百致祭,斋戒月余,日夜思慕痛泣不已,将灵停于院内,三载方葬于念木山。"⑤《清太祖武皇帝实录》成书于太宗时期,其时众贝勒皆在,皇太极纵有意抬高生母,也不至于编造殉以四婢、停柩三载的谎言。

那么,这种非止一尊、群嫡并列的制度,又是何以产生的呢?笔者认为,这是统一之前各部林立的现实造成的(包括周边的蒙古部落)。当时各部之间的联姻,多带有政治色彩,部落嫁出的女子的地位,取决于该部的实力,但是强大的部落不止一个,嫁予的对象也未必没有元配,所以就形成了这种多头并立的局面。试举数例。万历二十七年(1599),哈达与叶赫相约共抗建州,"孟革卜卤依言,约夜黑人于开原,令二妻往议"。⑥此处"二妻"并列,显无差等。天聪九年(1635),皇太极长子豪格娶察哈尔林丹汗原八大福晋之一的伯奇福晋,哈达公主莽古济口出怨言:"吾

---

① 《清太宗实录》卷3,天聪元年十二月辛丑。
② 《清太宗实录》卷18,天聪八年四月辛酉。
③ 参见孟森先生《八旗制度考实》,《清史讲义》,第44页。
④ 参见孟森先生《八旗制度考实》,《清史讲义》,第37页。
⑤ 《清入关前史料选辑》(第一辑),第322页。
⑥ 《清入关前史料选辑》(第一辑),第320页。

女尚在，贝勒豪格何得又娶一妻也？"① 正因新娶的福晋并非屈居庶位，才导致莽古济的不满。天聪元年，皇太极亲送肫哲公主出嫁（努尔哈赤生前与科尔沁土谢图汗奥巴订下婚约，至此送往），分别时特意嘱咐奥巴派来迎接的使臣道："我荷天眷佑，克承皇考丕基，自当永笃姻好，恩礼勿替。至尔国待我公主之礼，土谢图额驸当自知之。"② 肫哲公主后台强大，奥巴虽然"时已有妻"③，却也不能待以妾礼。次年皇太极致书奥巴，数其罪过，其中一条罪名就是："汝又令汝有罪之妻寝室居前，令吾女寝室居后，且动言汝有罪之妻系大人女，未审为何国君遣嫁者，彼姻属现有著名之贝勒在乎？"④ 家世决定地位，话说得已十分直白。

我们回头来看三位大妃以及皇太极之母的家世。元妃佟佳氏是努尔哈赤未贵时的发妻，可以勿论。继妃富察氏，据日本学者杉山清彦的考证，出身于沙济地方，是阿格巴彦和阿海章京的妹妹，"在努尔哈赤勃兴之前王杲全盛时期，作为王杲的属下的阿格巴彦曾名震一时"，在王杲的遗子阿台被杀之后，他们"投奔新兴的努尔哈赤，继续保持自己的势力。其两者的具体结合就是万历十三至十四年间进行的阿格、阿海兄弟之妹衮代与努尔哈赤的婚姻"。⑤ 皇太极之母叶赫纳喇氏出身于扈伦四部中最为强盛的叶赫部，"初，太祖如夜黑，其国主杨机奴见其相貌非常，言：'我有小女，堪为君配，待长缔姻。'……太祖遂聘之。"⑥ 况且其许嫁时正值"太祖初起兵"⑦，当时叶赫的实力远超建州。最后一位大妃乌拉纳喇氏出身于同属扈伦四部之一的乌拉部，是乌拉贝勒满太之女。正是凭借如此显赫的家世，叶赫纳喇氏与乌拉纳喇氏虽然来归较迟，却一同位居第一等的次妃之位。三人之间，只有来归时间的先后，却无尊卑之别。清代官书讳言太宗之母未曾有过大妃之号，故意含混其词，说乌拉纳喇氏继之为大妃，实则乌拉纳喇氏待富察氏获罪休离之后才正式继为大妃。

---

① 《清太宗实录》卷25，天聪九年九月戊午。
② 《清太宗实录》卷3，天聪元年八月壬子。
③ 《清代传记丛刊》第48册，第184页。
④ 《清太宗实录》卷4，天聪二年十二月丁亥。
⑤ 杉山清彦：《清初正蓝旗考——从姻亲关系看旗王权力的基础构造》，包国庆译，《第三届国际满学研讨会论文集》，第91～131页。
⑥ 《清入关前史料选辑》（第一辑），第312页。
⑦ 《清史稿》第30册，第8899页。

综上所述，本文的观点是：出于政治和军事方面的考量，满洲人早期在婚姻方面实行多头并列的群嫡制度，女性出嫁后地位的高低，基本上取决于其母家势力的大小。正因如此，皇太极之母叶赫纳喇氏在生前虽然并未得到过大福晋的正式名号，但是由于其自身家世的显赫，她与大福晋富察氏的地位大体相等，共同处于努尔哈赤后妃群体中的最顶层，她们所生的儿子均可视为嫡子。稍后来归的多尔衮之母乌拉纳喇氏也是如此。清人入关之后迅速汉化，日渐重视名号，对于这一问题颇有语焉不详之嫌，因此才造成了天命五年大福晋的疑案。实则该大福晋就是莽古尔泰之母富察氏，后人有关其年龄与子女等问题的质疑，均可以从满洲早期的社会习俗中找到合理的解释。

（作者系中国社会科学院研究生院历史系博士研究生）

图书在版编目(CIP)数据

清史论丛.2015年.第2辑/中国社会科学院历史研究所清史研究室编.—北京：社会科学文献出版社,2015.10
ISBN 978-7-5097-7943-9

Ⅰ.①清… Ⅱ.①中… Ⅲ.①中国历史-清代-文集 Ⅳ.①K249.07-53

中国版本图书馆CIP数据核字（2015）第194459号

清史论丛（二〇一五年第二辑）

编　者 / 中国社会科学院历史研究所清史研究室

出 版 人 / 谢寿光
项目统筹 / 宋月华　张倩郢
责任编辑 / 张倩郢

出　版 / 社会科学文献出版社·人文分社（010）59367215
　　　　　地址：北京市北三环中路甲29号院华龙大厦　邮编：100029
　　　　　网址：www.ssap.com.cn
发　行 / 市场营销中心（010）59367081　59367090
　　　　　读者服务中心（010）59367028
印　装 / 三河市东方印刷有限公司
规　格 / 开本：787mm×1092mm　1/16
　　　　　印张：20.75　字数：320千字
版　次 / 2015年10月第1版　2015年10月第1次印刷
书　号 / ISBN 978-7-5097-7943-9
定　价 / 50.00元

本书如有破损、缺页、装订错误，请与本社读者服务中心联系更换

▲ 版权所有 翻印必究